科目別 過去問題集

# 2024高卒認定
## スーパー実戦過去問題集
# 歴史

旧 世界史A・日本史A 収録

編集●J-出版編集部　制作●J-Web School

# もくじ

## 本書について

本書は、新高等学校学習指導要領における「歴史総合」（高卒認定試験の科目名は「歴史」）が旧課程における「世界史Ａ」「日本史Ａ」に代わって新設された科目であることに基づき、「世界史Ａ」および「日本史Ａ」の高卒認定試験の過去問題を掲載しています

## 高卒認定情報ほか



## 問題／解答・解説

# 高卒認定試験の概要

## 1. 高等学校卒業程度認定試験とは

高等学校卒業程度認定試験（高卒認定試験）は、高等学校を卒業していないなどのため、大学等の受験資格がない方に対し、高等学校卒業者と同等以上の学力があるかどうかを認定する試験です。合格者には大学・短大・専門学校や看護学校などの受験資格が与えられるだけでなく、高等学校卒業者と同等以上の学力がある者として認定され、就職、転職、資格試験等に広く活用することができます。ただし、試験で合格要件を満たした者が満18歳に達していないときには、18歳の誕生日から合格者となります。

## 2. 受験資格

受験年度末の3月31日までに満16歳以上になる方。現在、高等学校等に在籍されている方も受験が可能です。ただし、すでに大学入学資格を持っている方は受験できません。

## 3. 実施日程

試験は8月と11月の年2回実施されます。8月試験と11月試験の受験案内（願書）配布開始日、出願期間、試験日、結果通知送付日は以下のとおりです（令和6年度の実施日程を基に作成しています。最新の実施日程については文部科学省のホームページを確認してください）。

| | 第1回（8月試験） | 第2回（11月試験） |
|---|---|---|
| 配布開始日 | 4月1日(月)～ | 7月16日(火)～ |
| 出願期間 | 4月1日(月)～5月7日(火) | 7月16日(火)～9月6日(金) |
| 試験日 | 8月1日(木)・2日(金) | 11月2日(土)・3日(日) |
| 結果通知送付日 | 8月27日(火)発送 | 12月3日(火)発送 |

## 4. 試験科目と合格要件

試験の合格者となるためには、合格要件に沿って8科目もしくは9科目の試験科目に合格することが必要です（「理科」の選択科目によって科目数が異なります）。

| 教科 | 試験科目 | 科目数 | 合格要件 |
|---|---|---|---|
| 国語 | 国語 | 1 | 必修 |
| 地理歴史 | 地理 | 1 | 必修 |
| | 歴史 | 1 | 必修 |
| 公民 | 公共 | 1 | 必修 |
| 数学 | 数学 | 1 | 必修 |
| 理科 | 科学と人間生活 | 2または3 | 以下の①、②のいずれかが必修<br>①「科学と人間生活」の1科目と「物理基礎」、「化学基礎」、「生物基礎」、「地学基礎」のうち1科目（合計2科目）<br>②「物理基礎」、「化学基礎」、「生物基礎」、「地学基礎」のうち3科目（合計3科目） |
| | 物理基礎 | | |
| | 化学基礎 | | |
| | 生物基礎 | | |
| | 地学基礎 | | |
| 外国語 | 英語 | 1 | 必修 |

## 5. 試験科目の出題範囲

| 試験科目 | 出題範囲（対応する教科書名） | |
|---|---|---|
| 国語 | 「現代の国語」「言語文化」 | 令和４年４月以降の高等学校入学者が使用している教科書 |
| 地理 | 「地理総合」 | |
| 歴史 | 「歴史総合」 | |
| 公共 | 「公共」 | |
| 数学 | 「数学Ⅰ」 | |
| 科学と人間生活 | 「科学と人間生活」 | |
| 物理基礎 | 「物理基礎」 | |
| 化学基礎 | 「化学基礎」 | |
| 生物基礎 | 「生物基礎」 | |
| 地学基礎 | 「地学基礎」 | |
| 英語 | 「英語コミュニケーションⅠ」 | |

# 出願から合格まで

## 1. 受験案内（願書）の入手

受験案内（願書）は、文部科学省や各都道府県教育委員会、各都道府県の配布場所などで配布されます。ただし、配布期間は年度毎に異なりますので、文部科学省のホームページなどで事前に確認してください。なお、直接取りに行くことができない方はパソコンやスマートフォンで受験案内（願書）を請求することが可能です。

〈パソコンもしくはスマートフォンで請求する場合〉
　次の URL にアクセスし、画面の案内に従って申し込んでください。　https://telemail.jp/shingaku/pc/gakkou/kousotsu/
○受験案内（願書）は、配布開始時期のおよそ1か月前から出願締切のおよそ1週間前まで請求できます。
○請求後、受験案内（願書）は発送日から通常3～5日程度で届きます。ただし、配布開始日以前に請求した場合は予約扱いとなり、配布開始日に発送されます。
○受験案内（願書）に同封されている支払方法に従って送料を払います。
○不明な点はテレメールカスタマーセンター（TEL：050-8601-0102　受付時間：9:30 ～ 18:00）までお問い合わせください。

## 2. 出願書類の準備

受験案内（願書）を入手したら、出願に必要な次の書類を用意します（令和5年度の受験案内を基に作成しています。内容が変更になる場合もあるため、最新の受験案内を必ず確認してください）。

①受験願書・履歴書
②受験料（収入印紙）
③写真２枚（縦４cm× 横３cm）　※同じ写真を２枚用意
④住民票または戸籍抄本
⑤科目合格通知書　※一部科目合格者のみ
⑥試験科目の免除に必要な書類（単位修得証明書、技能審査の合格証明書）　※試験科目の免除を申請する者のみ
⑦氏名、本籍の変更の経緯がわかる公的書類（戸籍抄本等）　※必要な者のみ
⑧個人情報の提供にかかる同意書　※該当者のみ
⑨特別措置申請書および医師の診断・意見書　※必要な者のみ
⑩出願用の封筒

①受験願書・履歴書

受験願書・履歴書の用紙は受験案内に添付されています。

②受験料（収入印紙）

受験科目が７科目以上の場合は 8,500 円、４科目以上６科目以下の場合は 6,500 円、３科目以下の場合は 4,500 円です。受験料分の金額の日本政府発行の収入印紙（都道府県発行の収入証紙等は不可）を郵便局等で購入し、受験願書の所定欄に貼り付けてください。

③写真２枚（縦４cm× 横３cm）

出願前６か月以内に撮影した、無帽・背景無地・正面上半身の写真を２枚（同一のもの）用意し、裏面に受験地と氏名を記入して受験願書の所定欄に貼り付けてください。写真は白黒・カラーいずれも可です。

④住民票または戸籍抄本（原本）

出願前６か月以内に交付され、かつ「本籍地（外国籍の方は国籍等）」が記載されたものを用意してください。マイナンバーの記載は不要です。海外在住の外国籍の方で提出が困難な場合は、必ず事前に文部科学省総合教育政策局生涯学習推進課認定試験第二係まで問い合わせてください。　TEL：03-5253-4111（代表）（内線 2590・2591）

⑤科目合格通知書（原本）

過去に高等学校卒業程度認定試験または大学入学資格検定において、一部科目に合格している方は提出してください。なお、紛失した場合は受験案内にある「科目合格通知書再交付願」で出願前に再交付を受けてください。結婚等により、科目合格通知書に記載された氏名または本籍に変更がある場合は、「⑦氏名、本籍の変更の経緯がわかる公的書類（戸籍抄本等）」をあわせて提出してください。

⑥試験科目の免除に必要な書類（単位修得証明書、技能審査の合格証明書）（原本）

試験科目の免除を申請する方は受験案内を確認し、必要書類を提出してください。なお、「単位修得証明書」が発行元で厳封されていない場合は受理されません。結婚等により、試験科目の免除に必要な書類の氏名に変更がある場合は、「⑦氏名、本籍の変更の経緯がわかる公的書類（戸籍抄本等）」をあわせて提出してください。

⑦氏名、本籍の変更の経緯がわかる公的書類（戸籍抄本等）（原本）

結婚等により、「⑤科目合格通知書」や「⑥試験科目の免除に必要な書類」に記載された氏名または本籍が変更となっている場合に提出してください。

⑧個人情報の提供にかかる同意書

外国籍の方で、過去に高等学校卒業程度認定試験または大学入学資格検定で合格した科目があり、「⑤科目合格通知書」の氏名（本名）または国籍に変更がある場合は、受験案内を確認して提出してください。

⑨特別措置申請書および医師の診断・意見書

身体上の障がい等により、受験の際に特別措置を希望する方は、受験案内を確認し、必要書類を提出してください。

⑩出願用の封筒

出願用の封筒は受験案内に添付されています。封筒の裏面に氏名、住所、電話番号、受験地を明記し、「出願書類確認欄」を用いて必要書類が揃っているかを再度チェックし、不備がなければ郵便局の窓口で「簡易書留扱い」にして文部科学省宛に送付してください。

## 3．受験票

受験票等（受験科目決定通知書、試験会場案内図および注意事項を含む）は文部科学省から受験願書に記入された住所に届きます。受験案内に記載されている期日を過ぎても到着しない場合や記載内容に誤りがある場合は、文部科学省総合教育政策局生涯学習推進課認定試験第二係に連絡してください。　TEL：03-5253-4111（代表）　①試験実施に関すること（内線 2024・2643）　②証明書に関すること（内線 2590・2591）

## 4．合格発表・結果通知

試験の結果に応じて、文部科学省から次のいずれかの書類が届きます。全科目合格者には「**合格証書**」、一部科目合格者には「**科目合格通知書**」、その他の者には「**受験結果通知**」が届きます。「**合格証書**」が届いた方は、大学入学資格（高等学校卒業程度認定資格）が与えられます。ただし、試験で合格要件を満たした方が満 18 歳に達していないときには、18 歳の誕生日から合格者となります。そのため、大学入学共通テスト、大学の入学試験等については、原則として満 18 歳になる年度から受験が可能となります。大学入学共通テストについては、独立行政法人大学入試センター　事業第一課（TEL：03-3465-8600）にお問い合わせください。「**科目合格通知書**」が届いた方は、高等学校卒業程度認定試験において１科目以上の科目を合格した証明になりますので、次回の受験まで大切に保管するようにしてください。なお、一部科目合格者の方は「**科目履修制度**」を利用して、合格に必要な残りの科目について単位を修得することによって、高等学校卒業程度認定試験合格者となることができます（「**科目履修制度**」については次のページもあわせて参照してください）。

## 科目履修制度（未合格科目を免除科目とする）

### 1. 科目履修制度とは

科目履修制度とは、通信制などの高等学校の科目履修生として未合格科目（合格に必要な残りの科目）を履修し、レポートの提出とスクーリングの出席、単位認定試験の受験をすることで履修科目の単位を修得する制度となります。この制度を利用して単位を修得した科目は、免除科目として文部科学省に申請することができます。高等学校卒業程度認定試験（高卒認定試験）の合格科目と科目履修による単位修得を合わせることにより、高等学校卒業程度認定試験の合格者となることができるのです。

### 2. 科目履修の学習内容

レポートの提出と指定会場にて指定回数のスクーリングに出席し、単位認定試験で一定以上の点数をとる必要があります。

### 3. 科目履修制度の利用

❶ すでに高卒認定試験で合格した一部科目と科目履修を合わせることにより高卒認定試験合格者となる。

高卒認定試験既合格科目 ＋ 科目履修（残り科目を履修） ＝ 合わせて8科目以上 高卒認定試験合格

※最低１科目の既合格科目または合格見込科目が必要

① 苦手科目がどうしても合格できない方　② 合格見込成績証明書を入手し、受験手続をしたい方
③ 残り科目を確実な方法で合格したい方　④ 大学・短大・専門学校への進路が決まっている方

❷ 苦手科目等を先に科目履修で免除科目にして、残りの得意科目は高卒認定試験で合格することで高卒認定試験合格者となる。

科目履修（苦手科目等を履修） ＋ 高卒認定試験科目受験 ＝ 合わせて8科目以上 高卒認定試験合格

※最低１科目の既合格科目または合格見込科目が必要

① 得意科目だけで高卒認定試験の受験に臨みたい方　② できるだけ受験科目数を減らしたい方
③ どうしても試験で合格する自信のない科目がある方　④ 確実な方法で高卒認定試験の合格を目指したい方

### 4. 免除を受けることができる試験科目と免除に必要な修得単位数

| 免除が受けられる試験科目 | 高等学校の科目 | 免除に必要な修得単位数 |
|---|---|---|
| 国語 | 「現代の国語」 | 2 |
|  | 「言語文化」 | 2 |
| 地理 | 「地理総合」 | 2 |
| 歴史 | 「歴史総合」 | 2 |
| 公共 | 「公共」 | 2 |
| 数学 | 「数学Ⅰ」 | 3 |
| 科学と人間生活 | 「科学と人間生活」 | 2 |
| 物理基礎 | 「物理基礎」 | 2 |
| 化学基礎 | 「化学基礎」 | 2 |
| 生物基礎 | 「生物基礎」 | 2 |
| 地学基礎 | 「地学基礎」 | 2 |
| 英語 | 「英語コミュニケーションⅠ」 | 3 |

（注）上記に記載されている免除に必要な修得単位数はあくまで標準的修得単位数であり、学校によっては科目毎の設定単位数が異なる場合があります。

■科目履修制度についてより詳しく知りたい方は、Ｊ-出版編集部にお問い合わせください。
TEL：03-5800-0552
Mail：info@j-publish.net

# 傾向と対策

## 1. 出題傾向

過去３年間の８月試験および 11 月試験の出題傾向は以下のとおりです。世界史はＡとＢのいずれか一方を選んで解答しますが、それぞれで範囲により出題数が異なる部分があります。どちらを選ぶか決めたうえで学習を進めてください。

| 世界史A | 令和３年度第１回 | 令和３年度第２回 | 令和４年度第１回 | 令和４年度第２回 | 令和５年度第１回 | 令和５年度第２回 |
|---|---|---|---|---|---|---|
| **大問１　古代・中世・近代** | | | | | | |
| 古代（〜５世紀） | | ● | | ● | | |
| 中世（〜宗教改革前） | | | ● | ● | | ● |
| 16〜18世紀 | ● | ● | | | ● | |
| 19世紀 | | | ● | | | ● |
| **大問２　古代・中世・近代** | | | | | | |
| 古代（〜５世紀） | ● | ● | ● | ● | ● | ● |
| 中世（〜宗教改革前） | ● | ● | ● | ● | | ● |
| 16〜18世紀 | | | | | | |
| **大問３　中世・近代** | | | | | | |
| 中世（〜宗教改革前） | ● | ● | | ● | ● | |
| 16〜18世紀 | ● | ● | ● | ● | ● | ● |
| **大問４　近代** | | | | | | |
| 16〜18世紀 | | ● | | | ● | ● |
| 19世紀 | ● | ● | ● | ● | ● | ● |
| **大問５　近代・現代** | | | | | | |
| 19世紀 | | ● | ● | | | ● |
| 20世紀〜第二次世界大戦 | ● | ● | ● | ● | ● | ● |
| 戦後 | | ● | | | | |
| **大問６　現代** | | | | | | |
| 戦後 | ● | ● | ● | ● | ● | ● |
| **大問７** | | | | | | |
| 古代 | | | | ● | | |
| 中世 | | | | ● | | |
| 16〜18世紀 | | | | | | ● |
| 19〜20世紀 | ● | ● | ● | ● | ● | ● |

| 日本史A | 令和３年度第１回 | 令和３年度第2回 | 令和４年度第１回 | 令和４年度第２回 | 令和５年度第１回 | 令和５年度第２回 |
|---|---|---|---|---|---|---|
| **原始〜飛鳥時代** | | | | | | |
| 日本のはじまり | | | | | | |
| ヤマト政権の成立と古墳文化 | | | | | | |
| 律令国家の成立 | | | | | | |
| **奈良時代と平安時代** | | | | | | |
| 奈良時代と天平文化 | | | | | | |
| 平安時代のはじまりと弘仁・貞観文化 | | | | | | |
| 摂関政治と荘園の発達 | | | | | | |
| 武士の発生と院政 | | | | | | |
| 国風文化と院政期の文化 | | | | | | |
| **鎌倉時代と室町時代** | | | | | | |
| 鎌倉幕府と創設と執権政治 | | | | | | |
| 鎌倉幕府の衰退と鎌倉文化 | | | | | | |
| 室町時代の政治・社会 | | | | | | |
| 室町時代の文化 | | | | | | |
| 室町幕府の衰退 | | | | | | |
| **安土桃山時代と江戸時代** | | | | | | |
| 安土桃山時代 | | | | | | |
| 幕藩体制の確立（①家康〜③家光まで） | | | | | | |
| 幕藩体制の展開（④家綱〜正徳の治まで） | | | | | | |
| 幕政改革（⑧吉宗からはじまる三大改革） | | | | | | |
| 江戸時代の文化 | | | | | | |
| 江戸幕府の滅亡（幕末の動乱） | ● | ● | ● | ● | ● | ● |
| **明治時代と大正時代** | | | | | | |
| 明治維新と富国強兵 | ● | ● | ● | ● | ● | ● |
| 立憲国家の成立 | ● | ● | ● | ● | ● | ● |
| 明治時代の対外関係 | ● | ● | ● | ● | ● | ● |
| 大正時代の政治 | ● | ● | ● | ● | ● | ● |
| 明治〜大正期の教育・文化 | ● | ● | ● | ● | ● | ● |
| **昭和時代以降** | | | | | | |
| 軍部の台頭 | ● | ● | ● | ● | ● | ● |
| 日中戦争・太平洋戦争 | ● | ● | ● | ● | ● | ● |
| 戦後の政治 | ● | ● | ● | ● | ● | ● |
| 高度経済成長期〜現代へ | ● | ● | ● | ● | ● | ● |

## 2. 出題内容と対策

「歴史」は令和６年からの新設科目で、出題範囲は令和５年までの日本史Ａ・世界史Ａとおおよそ同じ範囲となります。

日本史分野については江戸時代以降、世界史分野については18世紀以降が主な出題範囲です。様々な国がそれぞれの立場で国内政治を行い、外交を行っています。同じ時期にそれぞれの国がどのように動いていたのか、その理由は何で結果はどうなったのかを整理しながら学習していきましょう。どの出来事がどこの国でおきたことなのかが混ざってしまうと点数が伸びませんので気を付けましょう。

この過去問題集は、日本史と世界史それぞれの過去問演習ができるように編集されています。過去問題対策としては、令和５年までの日本史Ａ・世界史Ａの問題それぞれを規定時間以内に合格点をとれるよう演習を重ねていきましょう。世界史の出来事に関心がある人は世界史から、日本史の出来事に関心がある方は日本史から通して過去問演習を行い、一本の歴史の軸をつくっていくと良いですね。たとえば、日本史を通して学習したうえで世界史に取り組むと、日本史の出来事を軸に世界の歴史が整理できるようになります。

間違えてしまった問題は、何を知らなかったから解けなかったのかを解説を読んで理解し、知識として身につけましょう。暗記科目は１度やっただけでは忘れてしまいます。復習をしっかりして本番に挑みましょう。

# 令和５年度 第２回
# 高卒認定試験

# 旧世界史Ａ
# 旧日本史Ａ

# 解答時間　50 分

## 注　意　事　項（抜粋）

＊　試験開始の合図前に，監督者の指示に従って，解答用紙の該当欄に以下の内容をそれぞれ正しく記入し，マークすること。

①**氏名欄**

**氏名を記入**すること。

②**受験番号**，③**生年月日**，④**受験地欄**

**受験番号，生年月日を記入**し，さらにマーク欄に**受験番号**（数字），**生年月日**（年号・数字），**受験地をマーク**すること。

＊　**受験番号，生年月日，受験地が正しくマークされていない場合は，採点できないことがある。**

＊　解答は，解答用紙の解答欄にマークすること。例えば，［10］と表示のある解答番号に対して②と解答する場合は，次の（例）のように**解答番号** 10 の**解答欄**の②に**マーク**すること。

（例）

| 解答番号 | 解　答　欄 |
|---|---|
| 10 | ①　●　③　④　⑤　⑥　⑦　⑧　⑨　⓪ |

# 世　界　史　A

（解答番号 1 ～ 32 ）

**1** 次の文章と図版に関連して，**問1～問2**に答えよ。

長崎県の松浦さんは，修学旅行先の沖縄について，事前学習で見つけた那覇の天妃（てんぴ）小学校という校名に興味を持って，由来について調べた。

松浦さん：「天妃」は航海を守護する女神のことで，すぐ近くにある天妃宮という宮にちなんでいます。

高木さん：長崎市内にある天后堂と，何となく名前が似ていますね。どんな神様なのですか。

松浦さん：媽祖（まそ）という名前の女神です。もとは中国で，宋代の女性が神としてまつられたものでした。船乗りの間で信仰され，いくつかの日本の港町でもまつられるようになりました。

高木さん：沖縄にはいつ頃からあるのですか。

松浦さん：琉球王国が成立して中国の王朝から冊封を受けると，中国からの移住者が那覇に住み着くようになり，彼らが媽祖をまつったそうです。こうして建てられたのが天妃宮の始まりで，15世紀にはすでに建てられていたようです。

高木さん：長崎にある天后堂も媽祖をまつっているのですか。

松浦さん：はい。天后も天妃も，王朝から媽祖に与えられた称号です。(a)清が台湾を併合した際に霊験があったとして，皇后を意味する天后の称号を授けられました。

高木さん：沖縄でも長崎でも，同じ神様がまつられていたのですね。日本以外にもあるのですか。

松浦さん：(b)19世紀以降の中国人の海外進出とともに世界に広がりました。東南アジアはもちろん，アメリカ合衆国やブラジルなど南北アメリカ大陸でも，いろいろな都市に見られます。

長崎の天后堂にある媽祖の像

## III

問 1　媽祖がもたらされた当時の琉球を取り巻く状況と，下線部分清が台湾を併合(a)した時の皇帝との組合せとして正しいものを，次の①～④のうちから一つ選べ。解答番号は 1 。

| | 媽祖がもたらされた当時の琉球を取り巻く状況 | 皇　帝 |
|---|---|---|
| ① | 明が，民間の海上貿易を禁じる海禁政策を採っていた。 | 康熙帝 |
| ② | 明が，民間の海上貿易を禁じる海禁政策を採っていた。 | カール大帝 |
| ③ | 倭が，後漢に使者を派遣して金印を授けられた。 | 康熙帝 |
| ④ | 倭が，後漢に使者を派遣して金印を授けられた。 | カール大帝 |

問 2　下線部分19世紀以降の中国人の海外進出(b)の事例について述べた文として適切なものを，次の①～④のうちから一つ選べ。解答番号は 2 。

① ジャガイモの不作による大飢饉をきっかけに，アメリカ大陸への移民が進んだ。

② マムルークとして，イスラーム王朝の軍事力となった。

③ 日本への留学を進めるドンズー(東遊)運動を行った。

④ アメリカ合衆国で，大陸横断鉄道の建設に従事した。

**2** 次の文章と図版に関連して，問1～問4に答えよ。

辻さんと乾さんが，図を見ながら先生と会話している。

先　生：　図は，ある歴史上の出来事について，後世に描かれた絵です。よく見て，何の出来事か推理してください。

辻さん：　何かの戦いだと思うけど，建物の特徴(a)から場所を絞れないかな。

乾さん：　良いアイデアだと思う。左上の建物はモスクじゃないかな。

辻さん：　本当だ。そうすると，イスラーム教(b)の国が攻められている戦いかな。

乾さん：　馬に乗っている人が勝利のポーズをしているから，騎馬遊牧民が攻めたのかな。騎馬遊牧民といえば，チンギス＝ハン(c)が思い浮かぶけど，どうだろう。

辻さん：　いや，でも服に十字架のマークが描かれているから，キリスト教徒じゃないかな。

先　生：　キリスト教徒がイスラーム教の国を攻めている出来事までは合っています。さらにヒントを出すと，教皇ウルバヌス２世の呼びかけで，聖地イェルサレムの奪回を目指して行われた出来事です。

乾さん：　わかった。 **A** を描いた絵だ。

先　生：　正解です。

図

問 1　下線部分建物の特徴(a)に関連して，紀元前に建てられたエジプトの建造物を，次の①～④のうちから一つ選べ。解答番号は 3 。

①

万里の長城

②

タージ＝マハル廟

③

アンコール＝ワット

④

ピラミッド

問 2　下線部分イスラーム教(b)について述べた文として適切なものを，次の①～④のうちから一つ選べ。解答番号は 4 。

① イエズス会を組織して，積極的な布教を行った。

② 教義統一のために，ニケーア公会議が開かれた。

③ ムハンマドが創始した。

④ ヴェーダとよばれる聖典が編纂(へんさん)された。

問 3　下線部分(c)チンギス＝ハンが建てた国と，彼が行った政策との組合せとして正しいものを，次の①～④のうちから一つ選べ。解答番号は 5 。

| | 国 | 政　策 |
|---|---|---|
| ① | モンゴル帝国 | ナントの王令(ナントの勅令)を発布した。 |
| ② | モンゴル帝国 | ジャムチ(駅伝制)を導入した。 |
| ③ | マリ王国 | ナントの王令(ナントの勅令)を発布した。 |
| ④ | マリ王国 | ジャムチ(駅伝制)を導入した。 |

問 4　 A に当てはまる出来事を，次の①～④のうちから一つ選べ。解答番号は 6 。

① 盧溝橋事件
② アンボイナ事件
③ ワーテルローの戦い
④ 十字軍の遠征

**3** 1～2の文章と図版に関連して，問1～問5に答えよ。

1 岩崎さんは博物館や美術館に興味があり，その歴史を調べてカード1・カード2にまとめた。

カード1

ヨーロッパの博物館は，王侯貴族などの個人コレクションを起源としたものが多い。16世紀後半には，領主などによって「驚異の部屋」とよばれる展示室がつくられた。「驚異の部屋」には，珍しい植物から異国の産物まで，様々なものが並べられた。これらのコレクションには，大航海時代を反映して，(a)南アメリカ大陸からの物品も含まれていた。

「驚異の部屋」の一例

カード2

16世紀頃から，ヨーロッパで，美術品を収集する習慣が広まり始めた。なかでもフランスの宰相マザランは，後世に「フランスへ美術収集のウイルスを持ち込んだ男」と評されるほどだった。彼のコレクションは，死後，(b)ルイ14世に買い取られた。ルイ14世や，その後の王たちによって，美術品は王からの恩恵として公開されることもあった。その多くが，後のルーヴル美術館の収蔵品となった。

マザランとコレクション

問1 下線部分(a)南アメリカ大陸のインカ帝国を征服した人物を，次の①～④のうちから一つ選べ。解答番号は 7 。

① 

玄　奘

② 

アッバース1世

③ 

ピサロ

④ 

ド＝ゴール

問2 下線部分(b)ルイ14世は絶対王政の君主として知られる。絶対王政を正当化した思想を表していると考えられる資料を，次の①～④のうちから一つ選べ。解答番号は 8 。

① 神は国王を自らの代理人とし，国王を介して民を統治する。…全ての力は神に由来する。…不平を唱えることなく従え。不平は反乱のもとであるからだ。

② 王は，その権限によって，議会の同意なしに，法の効力を停止したり，法の執行を停止したりする権力があるという主張は，違法である。

③ 将来の世界戦争においては必ず核兵器が使用されるであろうし，…世界の諸政府に，彼らの目的が世界戦争によっては促進されないことを自覚し，…認めるよう勧告する。

④ ドイツは海外領土に関わる全ての権益，権利を放棄し，これらは主要連合国と協調国に与えられる。

2　渋谷さんは，大英博物館に展示されている日本の磁器について，**レポート**にまとめた。

**レポート**

**○なぜ日本の磁器がヨーロッパで人気を博したのだろうか。**

17世紀に日本からヨーロッパに送られた「柿右衛門（かきえもん）の象」。モチーフはインド(c)などに生息していたアジアゾウのようだ。当時のヨーロッパでは，日本の磁器の様式「柿右衛門」が流行した。その歴史的要因は何だろうか。

「柿右衛門の象」

**○要因①　中国産の磁器の輸入が困難だったから**

16世紀頃からヨーロッパでは，中国産の磁器収集熱が高まっていた。貿易商人たちはこぞって質の良いものを求めていたが，17世紀半ばに明が滅亡する(d)と，中国産磁器の輸入が困難になったため，代わりに日本産の磁器が多く輸入された。

**○要因②　オランダ東インド会社が流通経路を確保したから**

豊臣秀吉の朝鮮出兵をきっかけに，日本には高度な磁器の製作技術が伝わっていた。その後の江戸幕府は，貿易を制限する対外政策(e)を採ったが，オランダ東インド会社は，通商を許されていた。そのため同社は，日本の磁器をヨーロッパに独占的に販売することができた。

**問3**　下線部分インド(c)の17世紀のようすについて述べた文として適切なものを，次の①～④のうちから一つ選べ。解答番号は **9** 。

① 周恩来らによって，平和五原則が唱えられた。

② アウラングゼーブが，人頭税(ジズヤ)を復活させた。

③ アルキメデスが，浮力の原理を発見した。

④ ヌルハチが，八旗を組織した。

問 4　下線部分明が滅亡する(d)に関連して，明の都である北京の略地図中のおよその位置と，明の滅亡のきっかけとなった出来事との組合せとして正しいものを，下の①～④のうちから一つ選べ。解答番号は [10] 。

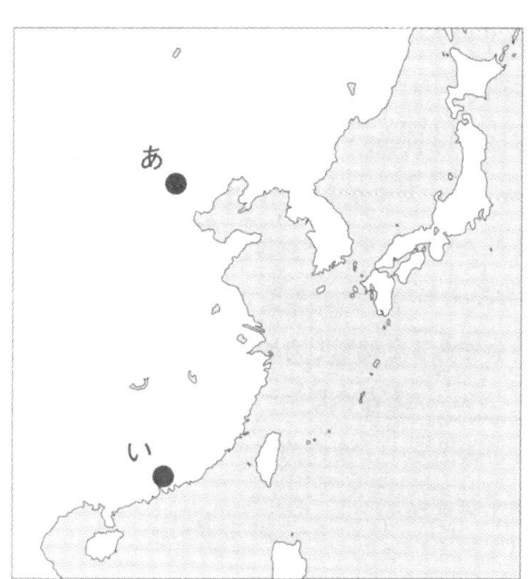


| | 位　置 | 出来事 |
|---|---|---|
| ① | あ | 李自成が，農民反乱をおこした。 |
| ② | あ | ゲルマン人が侵入した。 |
| ③ | い | 李自成が，農民反乱をおこした。 |
| ④ | い | ゲルマン人が侵入した。 |

問 5　下線部分対外政策(e)に関連して，江戸幕府の対外関係について述べた文として適切なものを，次の①～④のうちから一つ選べ。解答番号は [11] 。

① サンフランシスコ平和条約に調印した。

② イギリスと日英同盟を結んだ。

③ 律令制度を導入するために，中国に使節を送っていた。

④ 朝鮮から，朝鮮通信使が派遣されていた。

**4** 1～2の文章と図版に関連して，**問1～問6**に答えよ。

1　生徒と先生が，**資料1**について会話している。

先生：　1848年，アメリカ合衆国で女性の権利を主張する会議が開催されました。**資料1**は，この会議に提出された「所感の宣言」で，エリザベス＝スタントンが作成したものです。

生徒：　**資料1**の内容は，18世紀にアメリカのジェファソンが起草し，「全ての人は平等につくられ」と掲げた［ A ］によく似ていませんか。

先生：　よく気づきましたね。スタントンは，［ A ］の「全ての人」という部分を「全ての男性と女性」に書き換えたのです。こうすることで，建国後のアメリカ合衆国が，実際には男性優位の社会であると批判したのでした。

生徒：　そういえば，フランス革命(a)の授業で学習したオランプ＝ド＝グージュも，フランス人権宣言の文言を書き換えて，女性の権利を主張していました。

先生：　そのとおりですね。

**資料1**

> われわれは，以下のことを自明の真理と考える。…全ての男性と女性は平等につくられ，創造主によって一定の譲り渡すことのできない権利を与えられており，その権利には生命，自由，幸福の追求が含まれている…。

エリザベス＝スタントン

問 1 A に当てはまる語句を，次の①～④のうちから一つ選べ。解答番号は 12 。

① 九十五カ条の論題
② 独立宣言
③ 日米和親条約
④ モンロー宣言(モンロー教書)

問 2 下線部分フランス革命(a)中の出来事について述べた文として適切なものを，次の①～④のうちから一つ選べ。解答番号は 13 。

① ティトーが，パルチザンを組織した。
② 陳勝・呉広の乱がおこった。
③ 国民議会が，封建的特権を廃止した。
④ ヴァイマル憲法が制定された。

2　会津藩士だった柴四朗は，戊辰戦争に従軍後，苦学してアメリカに留学し，経済学を学んだ。帰国後は，東海散士のペンネームで小説『佳人之奇遇（かじんのきぐう）』を発表した。この小説は，イギリス(b)からの自立を求めるアイルランド人らと東海散士との出会いから始まる。作中では，ハイチ革命の指導者 B の活躍など，ヨーロッパやアメリカで抑圧されていた人々や，ヨーロッパ諸国へ対抗するアフリカやアジア諸民族の19世紀の動き(c)が数多く取り上げられている。

日清戦争後，柴は日本公使の顧問として朝鮮（李朝）(d)に渡った。小説には，抑圧された諸民族の独立への願いを描いたが，現実には，日本の介入を嫌う朝鮮の王妃を殺害する事件に関与するなどした。

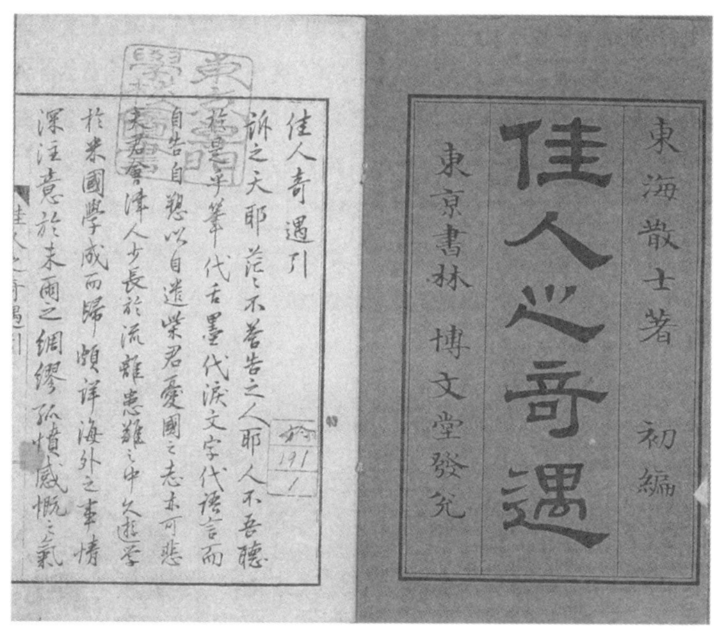


『佳人之奇遇』

問 3　下線部分イギリス(b)の19世紀のようすについて述べた文として適切なものを，次の①～④のうちから一つ選べ。解答番号は 14 。

① 9.11同時多発テロ事件がおこった。

② シェイクスピアが活躍した。

③ ドレフュス事件がおこった。

④ チャーティスト運動が盛んになった。

問 4　 B に当てはまる人物を，次の①～④のうちから一つ選べ。解答番号は 15 。

①

トゥサン＝ルヴェルチュール

②

カヴール

③

ティムール

④

鄧小平

問 5　下線部分(c)アフリカやアジア諸民族の 19 世紀の動きに関連して，**資料 2** は 1876 年に発布されたオスマン帝国憲法の条文である。この憲法を起草したオスマン帝国宰相と，**資料 2** から読み取れる内容との組合せとして正しいものを，下の①～④のうちから一つ選べ。
解答番号は 16 。

**資料 2**

> 第 11 条　オスマン帝国の国教はイスラーム教である。この原則を遵守（じゅんしゅ）し，かつ国民の安全と公共良俗を侵さない限り，オスマン帝国領において認められるあらゆる宗教行為の自由…は，国家の保障の下にある。

| | 宰　相 | 読み取れる内容 |
|---|---|---|
| ① | アイゼンハワー | キリスト教の信仰も認められていた。 |
| ② | アイゼンハワー | 三権分立の原則を定めていた。 |
| ③ | ミドハト＝パシャ | キリスト教の信仰も認められていた。 |
| ④ | ミドハト＝パシャ | 三権分立の原則を定めていた。 |

問 6　下線部分(d)朝鮮(李朝)について述べた文として適切なものを，次の①～④のうちから一つ選べ。解答番号は 17 。

① 安史の乱がおこった。
② 甲午農民戦争がおこった。
③ タバコ＝ボイコット運動がおこった。
④ ポエニ戦争がおこった。

**5**　1～2の文章と図版に関連して，**問1～問7**に答えよ。

1　木村さんと杉浦さんが，ノーベル賞について会話している。

木村さん：　ノーベルは　A　を発明した科学者だと，教科書で紹介されています。なぜノーベル賞には，文学賞や平和賞(a)も設けられたのでしょう。

杉浦さん：　ノーベルは，自然科学3賞と共に，文学賞と平和賞を設けるように遺言状に記しました。これは　A　が産業の発展に貢献した一方，戦争で多くの人の命を奪ったことに，心を痛めていたためといわれています。またノーベルは，科学技術だけでなく文化全般に造詣(ぞうけい)が深い人物で，「文学賞は理想主義的で最も優れた作品を生み出した者に授与する」と遺言に残しました。

木村さん：　受賞者の一覧を見ると，ノーベル文学賞は1914年と1918年(b)，1940年から1943年には受賞者なしとなっていますね。

杉浦さん：　はい，2度にわたる　B　の影響で，授与が中止となったためです。文学という名前ですが，歴史学者や哲学者なども含め，幅広い作者が選ばれています。

木村さん：　イギリスのチャーチル(c)も，文学賞の受賞者なのですね。知りませんでした。

ノーベルの肖像がデザインされた賞のメダル

問 1 A ・ B に当てはまる語句の組合せとして正しいものを，次の①～④のうちから一つ選べ。解答番号は 18 。

| | A | B |
|---|---|---|
| ① | ダイナマイト | ウィーン包囲 |
| ② | ダイナマイト | 世界大戦 |
| ③ | 綿繰り機 | ウィーン包囲 |
| ④ | 綿繰り機 | 世界大戦 |

問 2 下線部分平和賞(a)は，1906年にはアメリカ大統領のセオドア＝ローズヴェルトが選ばれた。受賞理由となった，彼が講和を仲介した戦争を，次の①～④のうちから一つ選べ。解答番号は 19 。

① 南アフリカ戦争（ボーア戦争）　② クリミア戦争
③ 日露戦争　④ 三十年戦争

問 3 下線部分1918年(b)以降，東ヨーロッパでは多くの新興国が誕生した。このことに影響を与えた出来事として適切なものを，次の①～④のうちから一つ選べ。解答番号は 20 。

① ウィルソンが，民族自決を提唱した。
② フランクフルト国民議会が開かれた。
③ 始皇帝が，貨幣や度量衡を統一した。
④ カルヴァンが，予定説を唱えた。

問 4 下線部分チャーチル(c)について，次の**資料**は彼が1938年に行った演説である。この中でチャーチルが批判していると考えられることを，下の①～④のうちから一つ選べ。解答番号は 21 。

**資料**

イギリスとフランスの圧力のもとでなされたチェコスロヴァキアの分割は，ナチスの脅威に対する西側民主主義の完全な敗北と同じことです。…そのような譲歩は平和も安全ももたらさないでしょう。

① エジプトが，スエズ運河国有化を宣言したこと。
② フランスが，大陸封鎖を行ったこと。
③ 「プラハの春」とよばれる民主化運動がおきたこと。
④ イギリスが，ドイツの領土拡大を認める宥和政策を行ったこと。

2　木村さんは，ノーベル文学賞を受賞した作家を調べ，カード1・カード2にまとめた。

カード1

ラビンドラナート＝タゴール(1861～1941年)
1913年受賞。アジア人初のノーベル賞受賞となった。ベンガル語で書き，後に自ら英訳した詩集『ギタンジャリ』が西欧社会で高く評価された。インドの独立運動(d)にも関心を示し，その指導者たちとも生涯にわたり交流があった。平和思想を訴えるため世界各地を歴訪し，日本にも頻繁に訪れたが，日本のアジア進出(e)を非難し，1929年が最後の来日となった。

カード2

パール＝バック(1892～1973年)
1938年受賞。宣教師の両親と共に，生後数か月でアメリカ合衆国(f)から中国に渡った。中国人の乳母に育てられ，家庭では西欧風の教育を受けた。南京大学で教えながら執筆活動を行い，中国の農民の暮らしと激変する中国社会を描いた小説『大地』がベストセラーとなり，映画化もされた。

問5　下線部分独立運動(d)に関連して，アジアでの独立運動の指導者について述べた文として適切なものを，次の①～④のうちから一つ選べ。解答番号は 22 。

① ホー＝チ＝ミンが，ベトナム民主共和国を樹立した。
② メッテルニヒが，ウィーン会議を主導した。
③ アレクサンドル2世が，農奴解放令を発布した。
④ マンデラが，アパルトヘイトの廃止を訴えた。

問 6　下線部分日本のアジア進出(e)によって，満州国が建国された。その執政となり，後に皇帝となった人物を，次の①～④のうちから一つ選べ。解答番号は **23** 。

①

ヴァスコ＝ダ＝ガマ

②

フェリペ２世

③

溥　儀

④

レーニン

問 7　下線部分アメリカ合衆国(f)の対外政策について述べた文として適切なものを，次の①～④のうちから一つ選べ。解答番号は **24** 。

① アフリカ縦断政策を行った。

② グラスノスチ(情報公開)を行った。

③ パナマ運河を建設した。

④ カンボジアを保護国化した。

**6** 1～2の文章と図版に関連して，問1～問6に答えよ。

1 生徒と先生が，図1・図2について会話している。

生徒： 図1を見ると，東ドイツの人々が，西ドイツ(a)へ脱出するのに，ハンガリーを経由しています。なぜ，わざわざハンガリーを経由したのですか。

先生： 1989年，民主化を進めていたハンガリー政府が，ハンガリー国内に留まっていた東ドイツ国民を西ドイツへ脱出させるため，オーストリアとの国境を開放したからです。図2は，その時のようすです。

生徒： 東ドイツの人々は，ハンガリーまでは自由に行けたのですか。

先生： 自国民の移動を制限していた東ドイツですが，同じ社会主義陣営(b)の国へは，旅行を許可していました。ですから，ハンガリーだけでなく，チェコスロヴァキアやポーランドの西ドイツ大使館には，多くの東ドイツ国民が亡命申請に押し寄せていました。

生徒： 東ドイツ政府は，どんな対応をしましたか。

先生： チェコスロヴァキアやポーランドとの国境を閉鎖しました。しかし，このことで，東ドイツ国内の各地で，民主化を求めるデモが発生します。特に首都のデモは50万人を超える大規模なものとなり，政府が，これを抑えることは不可能でした。

生徒： なるほど，この結果，同年に［ A ］のですね。

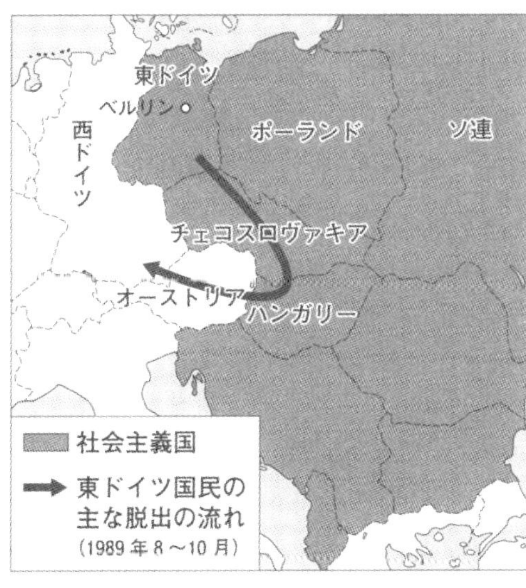


図1 東ドイツ国民の西ドイツへの主な脱出の流れ(1989年)

図2 開放されたハンガリーとオーストリアの国境(1989年)

問 1　下線部分西ドイツ(a)が加盟し，地域統合を目指していた組織を，次の①～④のうちから一つ選べ。解答番号は 25 。

① ヨーロッパ共同体(EC)
② パレスチナ解放機構(PLO)
③ 国際連盟
④ 国際赤十字社

問 2　下線部分社会主義陣営(b)の1950年代のようすについて述べた文として適切なものを，次の①～④のうちから一つ選べ。解答番号は 26 。

① パリ＝コミューンが弾圧された。
② マラーター同盟が台頭した。
③ ワルシャワ条約機構が結成された。
④ アウクスブルクの和議が成立した。

問 3　 A に当てはまる文と，その後の東ドイツについて述べた文との組合せとして正しいものを，次の①～④のうちから一つ選べ。解答番号は 27 。

| | A | その後の東ドイツ |
|---|---|---|
| ① | ベルリンの壁が建設された | ポツダム宣言を受諾した。 |
| ② | ベルリンの壁が建設された | 西ドイツ(ドイツ連邦共和国)と統合した。 |
| ③ | ベルリンの壁が崩壊した | ポツダム宣言を受諾した。 |
| ④ | ベルリンの壁が崩壊した | 西ドイツ(ドイツ連邦共和国)と統合した。 |

2　生徒と先生が，図3について会話している。

先生：　インドとパキスタンが分離独立する時，突然に国境が発表されたことで，両国は大混乱に陥りました。宗教の違いから，多くの人々が移動を強いられたのです。移動に際しては，残虐な行為も発生し，多くの犠牲者が出ました。

生徒：　東西のパキスタンからインド側へ移動したのは，［B］やシク教徒で，インドから東西のパキスタン側へ移動したのは，［C］ですね。インドとパキスタンの対立は，独立の時から続いているのですか。

先生：　そうです，独立後間もなく両国間で，［D］地方の帰属をめぐって戦争が勃発(ぼっぱつ)しました。この時の停戦ラインが，現在の暫定的な国境になっています。その後も，［D］地方では，衝突が繰り返されてきました。

生徒：　東パキスタンは，現在は，別の国になっていますね。

先生：　東パキスタンは，1970年代(c)に，インド軍の支援もあって，バングラデシュとして分離独立しました。

生徒：　宗教対立の他にも，色々な問題がありますね。今後も関心を持っていこうと思います。

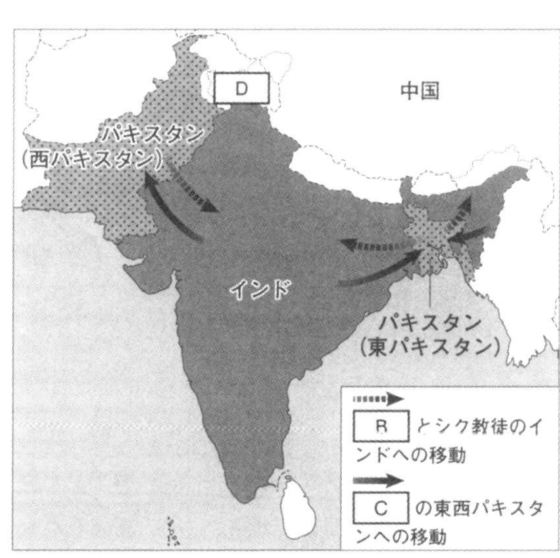


図3　インドとパキスタンの分離独立と住民の移動(1947年)

問4 [B]・[C] に当てはまる語句と，インドの初代首相を務めた人物との組合せとして正しいものを，次の①～④のうちから一つ選べ。解答番号は [28] 。

| | B | C | 首　相 |
|---|---|---|---|
| ① | ヒンドゥー教徒 | ムスリム | ルソー |
| ② | ヒンドゥー教徒 | ムスリム | ネルー |
| ③ | ムスリム | ヒンドゥー教徒 | ルソー |
| ④ | ムスリム | ヒンドゥー教徒 | ネルー |

問5 [D] に当てはまる地名を，次の①～④のうちから一つ選べ。解答番号は [29] 。

① カシミール
② アルザス
③ ルイジアナ
④ フランドル

問6 下線部分 (c)1970年代の世界のようすについて述べた文として適切なものを，次の①～④のうちから一つ選べ。解答番号は [30] 。

① 第1インターナショナルが結成された。
② ヨーロッパで，黒死病(ペスト)が流行した。
③ 石油危機(第1次石油危機)がおこった。
④ 大西洋憲章が発表された。

**7** 次の文章と図版に関連して，**問１～問２**に答えよ。

南極は，古くから存在は知られていたが，実質的には19世紀になって初めて上陸・調査が行われるようになった。しかし，その環境は過酷であり，南極点への到達は，20世紀(a)になってからのことであった。南極の調査は現在でも続いており，その調査の結果，南極大陸の一部において，気温の上昇や氷床の溶融が確認されている。この要因として，二酸化炭素($CO_2$)などの温室効果ガスを原因とする地球温暖化の影響が考えられる。**図**からわかるように，地球温暖化の主要な要因である二酸化炭素の発生は，19世紀半ば以降増加している。これは，18世紀後半から始まる［ A ］が，二酸化炭素を多く発生させる石炭を機械の動力源としたためである。**図**からは，20世紀半ば以降，二酸化炭素の排出量がさらに急増することが見て取れるが，これは，石炭に加えて，二酸化炭素を発生させる［ B ］ためと考えられる。

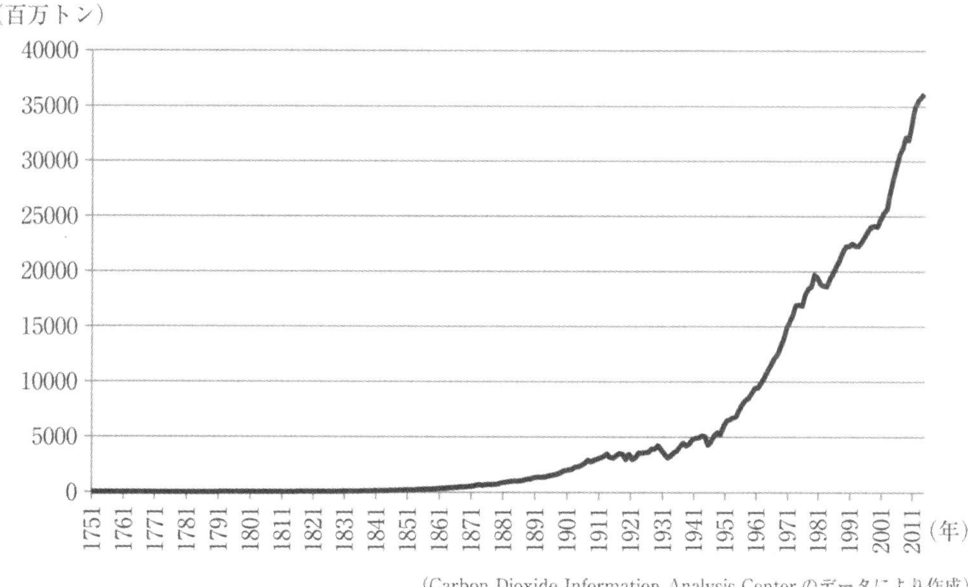

(Carbon Dioxide Information Analysis Center のデータにより作成)

**図**　世界の二酸化炭素($CO_2$)排出量

**問１**　下線部分20世紀(a)における発見や科学技術の発展について述べた文として適切なものを，次の①～④のうちから一つ選べ。解答番号は［ 31 ］。

① コペルニクスが，地動説を唱えた。

② ゼロの概念が生まれた。

③ 蔡倫が，製紙法を改良した。

④ 人工衛星が初めて打ち上げられた。

問２ A に当てはまる語句と，B に当てはまる文との組合せとして正しいものを，次の①～④のうちから一つ選べ。解答番号は 32 。

| | A | B |
|---|---|---|
| ① | 産業革命 | 原子力発電が実現した |
| ② | 産業革命 | 石油がエネルギーの中心となった |
| ③ | ルネサンス | 原子力発電が実現した |
| ④ | ルネサンス | 石油がエネルギーの中心となった |

（これで世界史Aの問題は終わりです。）

# 日　本　史　A

（解答番号 1 ～ 28 ）

**1** もと会津藩士である陸軍軍人柴五郎（しばごろう）の前半生に関連するできごとをまとめた**年表**について，後にある**問1～問8**に答えよ。

年　表

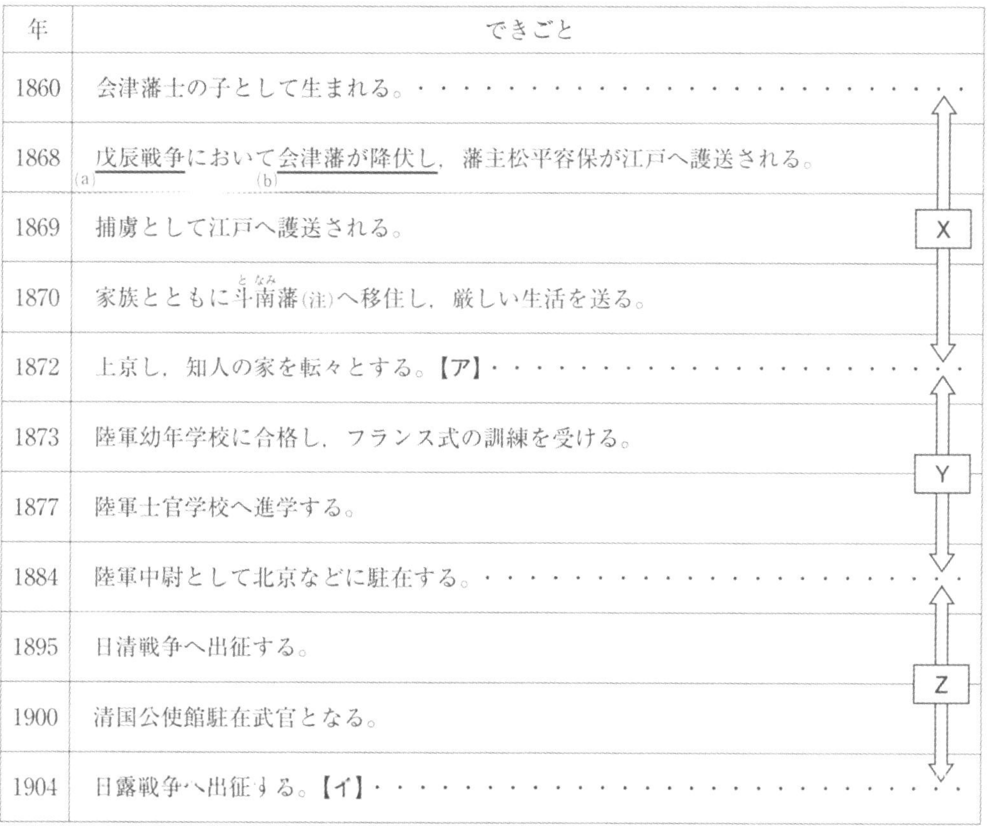

| 年 | できごと | |
|---|---|---|
| 1860 | 会津藩士の子として生まれる。 | ↑ |
| 1868 | 戊辰戦争(a)において会津藩が降伏し(b)，藩主松平容保が江戸へ護送される。 | |
| 1869 | 捕虜として江戸へ護送される。 | X |
| 1870 | 家族とともに斗南藩（となみはん）(注)へ移住し，厳しい生活を送る。 | |
| 1872 | 上京し，知人の家を転々とする。【ア】 | ↓↑ |
| 1873 | 陸軍幼年学校に合格し，フランス式の訓練を受ける。 | |
| 1877 | 陸軍士官学校へ進学する。 | Y |
| 1884 | 陸軍中尉として北京などに駐在する。 | ↓↑ |
| 1895 | 日清戦争へ出征する。 | |
| 1900 | 清国公使館駐在武官となる。 | Z |
| 1904 | 日露戦争へ出征する。【イ】 | ↓ |

(注)　領地を没収された会津藩が下北半島(現在の青森県)で再興を許された藩。

問 1　下線部分戊辰戦争(a)に際して，新政府から会津藩の「討伐」を命じられた仙台藩は，次のような建白書(意訳してある)を新政府に提出しようとした。この建白書で書かれているできごとにおいて，**長州藩がとった行動**と**そのできごとの名称**の組合せとして適切なものを，下の①〜④のうちから一つ選べ。解答番号は［ 1 ］。

> 先年，長州兵が天皇陛下に向かって発砲したことがある。あのときは一時の軽率な過ちであった。ただし過ちといってもやはり宮城(きゅうじょう)に向かっての発砲だから，朝敵の汚名を着せられた。
>
> (『東北の明治維新　痛恨の歴史』より作成)

**長州藩がとった行動**

ア　藩主の行列を横切ったイギリス人を殺傷した。

イ　勢力回復のため，池田屋事件をきっかけに京都へ攻め上った。

**できごとの名称**

ウ　生麦事件　　　　エ　禁門の変

①　ア—ウ　　②　ア—エ　　③　イ—ウ　　④　イ—エ

**問 2** 下線部分(b)会津藩が降伏しに関連して，会津藩と同様に「討伐」の対象とされた庄内藩は，戊辰戦争後旧藩士を中心に荒れ地を開墾し，大規模な養蚕施設群を建設することで国家に貢献して，「賊軍」の汚名をそそごうとした。このことについて述べた**文**の［ A ］［ B ］に当てはまる語句の組合せとして適切なものを，**グラフ1**を参考にして下の①～④のうちから一つ選べ。解答番号は［ 2 ］。

**グラフ1**　1867 年の主要貿易品の割合(単位：%)

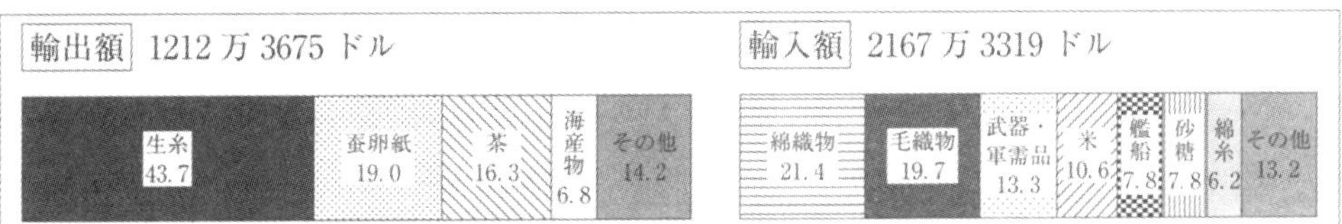


**文**

> 1867 年における幕末の貿易収支は［ A ］の状態にあった。庄内藩士は養蚕業をさかんにすることで［ B ］，外貨を獲得し貿易収支の改善をめざした。

① A—黒　字　　B—生糸の輸出を増やし
② A—黒　字　　B—綿織物および綿糸の輸入を減らし
③ A—赤　字　　B—生糸の輸出を増やし
④ A—赤　字　　B—綿織物および綿糸の輸入を減らし

**問 3** 次の文は，**年表**中の【ア】の時期の東京のようすを述べた柴五郎の回顧録である。この時期の東京のようすとして**適切でないもの**を，下の①～④のうちから一つ選べ。
解答番号は［ 3 ］。

> 東京を出て東京に戻る，その間わずか二年あまりだが，いまや帝都としての偉容を備え，街ゆく人の足どりも変わった。…(中略)…このたび東京へ来て目につくのは，断髪廃刀した姿が多いことだ。
>
> (石光真人『ある明治人の記録　改版』より作成)

① 新橋と横浜が線路で結ばれていた。
② 郵便制度が実施されていた。
③ 電信線が架設されていた。
④ 文化住宅が多く建てられていた。

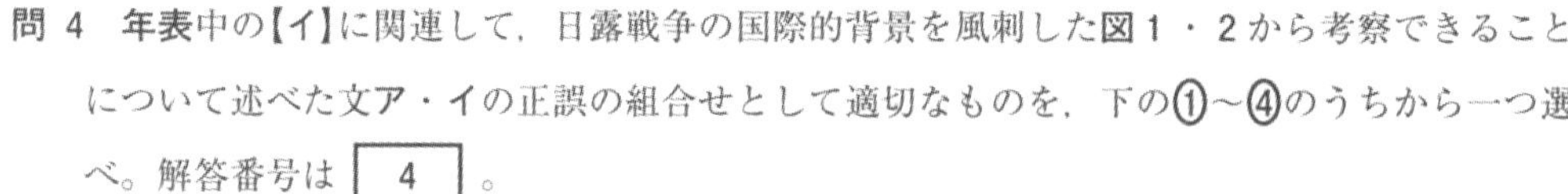

問 4　**年表**中の【イ】に関連して，日露戦争の国際的背景を風刺した**図1・2**から考察できることについて述べた文**ア・イ**の正誤の組合せとして適切なものを，下の①～④のうちから一つ選べ。解答番号は［ 4 ］。

図1　　図2

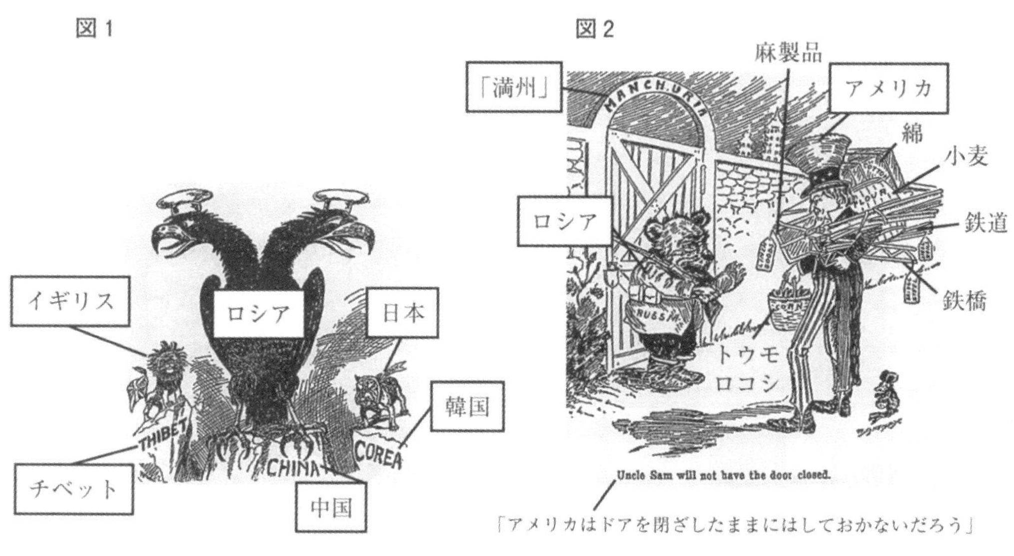


（石和静『風刺画にみる日露戦争』より作成）

**ア**　中国での利権をめぐって日本とイギリスはそれぞれロシアを脅威に感じており，それが日英間の同盟締結の一因となった。

**イ**　アメリカは満州への経済的進出をねらっており，ロシアの満州への影響力を取り除きたいと考えていた。

① ア―正　イ―正　　② ア―正　イ―誤

③ ア―誤　イ―正　　④ ア―誤　イ―誤

問 5　年表中の Z の期間に行われた衆議院議員総選挙の結果を表したグラフ2を参考に，この期間の衆議院の動向について述べた文として適切なものを，下の①～④のうちから一つ選べ。解答番号は 5 。

グラフ2　（円グラフの数字は議席数を表す）

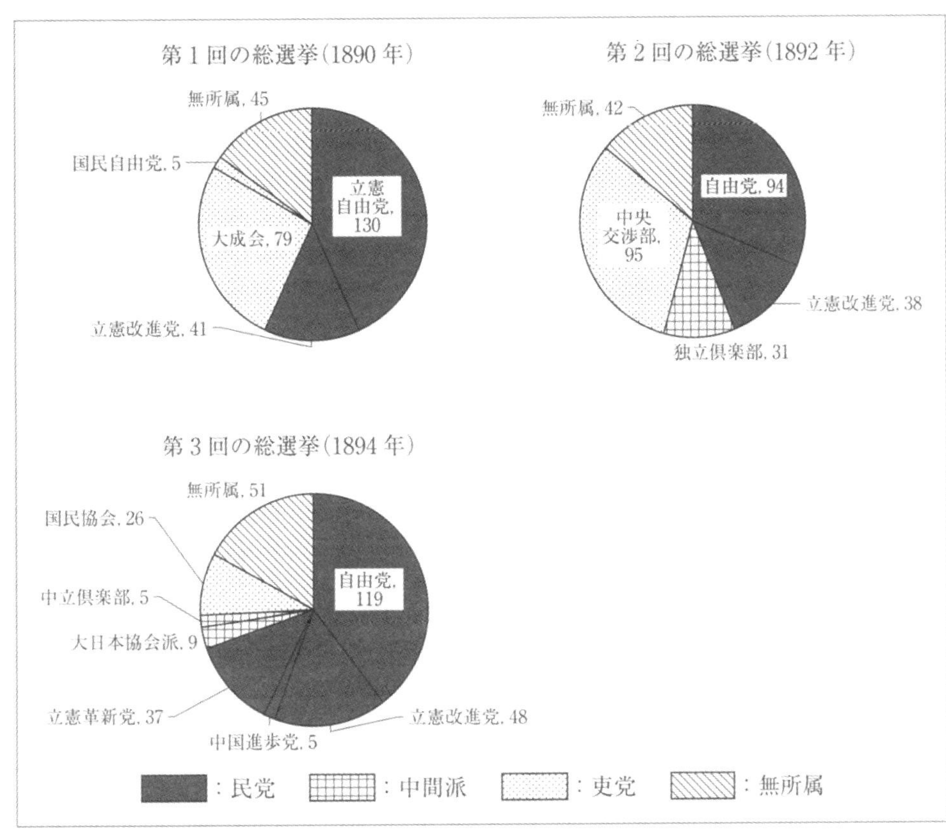


① 第2回の総選挙では品川弥二郎による選挙干渉が行われたが，「民党」が「吏党」を上回る議席を獲得した。

② 第3回の総選挙では条約改正問題を背景に，「吏党」が大きく議席を伸ばした。

③ いずれの総選挙においても，大隈重信が結成した政党が第一党であった。

④ いずれの総選挙においても，「吏党」が過半数の議席を獲得した。

問 6　次の文は，柴五郎が 1901 年に行った講演の記録の一部である。 C に当てはまる語と，講演の前年に C がおこした事件の**背景について述べた文**の組合せとして適切なものを，下の①～④のうちから一つ選べ。解答番号は 6 。

> 近年になってからは，清がだんだん振るわなくなりまして，外国人が清国中のある部分を借りるとか取るとかいうことになり，またキリスト教宣教師がたくさん入り込んで…(中略)…最初は無害でありました C が，一種の激烈なる排外主義の団体に変じたのであります。

**C に当てはまる語**

ア　義和団　　　　イ　中国国民党

**背景について述べた文**

ウ　中国統一をめざす北伐が開始された。

エ　列強諸国による中国分割が進んだ。

①　アーウ　　②　アーエ　　③　イーウ　　④　イーエ

問 7　次の文は，柴五郎の回顧録の一部である。この回顧録の中の手紙が書かれた時期として適切なものを，下の①～④のうちから一つ選べ。解答番号は 7 。

> 兄・四朗から手紙が来た。
>
> 「今日薩摩人に一矢(いっし)放たないと，あの世の方々に対して面目(めんぼく)ないと考え，いよいよ本日征西軍に従軍するために出発する。凱旋(がいせん)の日に会おう。…(後略)…」
>
> （石光真人『ある明治人の記録　改版』より作成）

①　**年表**中の X　　②　**年表**中の Y

③　**年表**中の Z　　④　**年表**中の Z より後

問 8　**年表**中の期間におこったできごとについて述べた次の**ア**～**ウ**を年代の古い順に正しく並べたものを，下の①～④のうちから一つ選べ。解答番号は［8］。

**ア**　地租改正反対一揆がおこった。

**イ**　「ええじゃないか」の集団乱舞が発生した。

**ウ**　民権派が三大事件建白運動を展開した。

①　ア→イ→ウ　　②　ア→ウ→イ　　③　イ→ア→ウ　　④　イ→ウ→ア

**2** 次のⅠ・Ⅱについて，後にある**問1～問8**に答えよ。

Ⅰ

足尾銅山は，栃木県足尾町(現日光市)にかつて存在した鉱山である。足尾銅山は，[ A ]が鉱毒問題を衆議院で取り上げたり，天皇に直訴しようとしたりしたことで広く知られる。足尾銅山は，江戸時代には幕府直轄の鉱山であったが，明治時代に入ると古河市兵衛が買収した。この頃，足尾銅山では大鉱脈が発見され，1884年には銅の生産量(a)が日本一となった。これには技術革新による鉱山開発(b)の進展も大いに関係している。

一方で，銅の精製の際に排出される鉱毒が渡良瀬(わたらせ)川に注がれ，渡良瀬川流域が汚染されるようになった。渡良瀬川流域の住民の不満が高まると，1897年に政府から足尾銅山に対して鉱毒被害を防止せよとの命令が出された。また，足尾銅山の発展に伴い，足尾銅山に従事する労働者も増加した。足尾銅山内では労働者が労働環境や待遇に不満を持っており，1907年には彼らによる暴動が発生したが，(c)軍隊が出動し鎮圧された。

足尾銅山の労働者の中には，県内外から移住してきた者も多くいた。足尾町の人口は，江戸末期には約3,000人だったが，1916年には38,000人をこえた。足尾銅山の周辺には娯楽施設が並び立ち，活況を呈した。足尾銅山の労働者だった人の記録によると，1930年代の足尾銅山周辺では，[ B ]そうである。

問1 [ A ] [ B ]に当てはまる語句の組合せとして適切なものを，次の①～④のうちから一つ選べ。解答番号は[ 9 ]。

① A—田中正造　　B—まだ珍しかったテレビが設置してある店には人だかりができた
② A—田中正造　　B—始まったばかりのトーキー(有声映画)を見に行く人が多かった
③ A—星　亨　　B—まだ珍しかったテレビが設置してある店には人だかりができた
④ A—星　亨　　B—始まったばかりのトーキー(有声映画)を見に行く人が多かった

**問 2** 下線部分(a)銅の生産量について，次の**表 1** は 19 世紀後半における日本国内の銅生産量および銅輸出量の推移を示している。**表 1** から読み取れることについて述べた文**ア**・**イ**の正誤の組合せとして正しいものを，下の①～④のうちから一つ選べ。解答番号は [10]。

**表 1**　日本国内の銅生産量および銅輸出量の推移

| 年 | 銅生産量<br>（トン） | 銅輸出量<br>（トン） |
|---|---|---|
| 1874 | 2,107 | 130 |
| 1879 | 4,628 | 2,696 |
| 1884 | 8,888 | 5,182 |
| 1889 | 16,254 | 10,101 |
| 1894 | 19,908 | 15,242 |

（『足尾鉱毒事件と農学者の群像』より作成）

**ア**　1894 年の銅生産量と銅輸出量は，ともに 1874 年の 10 倍以上であった。

**イ**　足尾銅山の銅生産量が日本一になった年から 1894 年までの**表 1** 中のいずれの年も，日本の銅生産量の 50 % 以上の銅が国外に輸出された。

① ア—正　イ—正　　② ア—正　イ—誤
③ ア—誤　イ—正　　④ ア—誤　イ—誤

**問 3** 下線部分(b)技術革新による鉱山開発が行われた時期は，日本で産業革命が進展していた時期と重なる。1880～90 年代の産業の状況について述べた次の**ア**～**エ**の文の組合せとして適切なものを，下の①～④のうちから一つ選べ。解答番号は [11]。

**ア**　大阪紡績会社が，綿糸の大規模機械生産を始めた。

**イ**　海運業・造船業の活況で，日本は世界第 3 位の海運国となった。

**ウ**　猪苗代・東京間の長距離送電に成功し，大規模水力発電が展開した。

**エ**　製糸業では器械製糸の生産量が座繰製糸の生産量をしのぎ，生産の中心となった。

① ア—ウ　　② ア—エ　　③ イ—ウ　　④ イ—エ

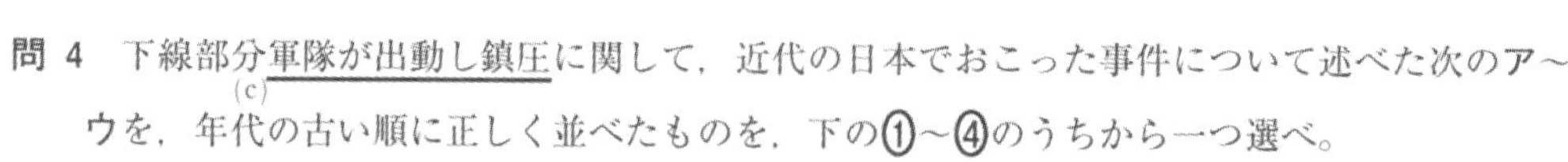



問 4　下線部分軍隊が出動し鎮圧(c)に関して，近代の日本でおこった事件について述べた次のア～ウを，年代の古い順に正しく並べたものを，下の①～④のうちから一つ選べ。
解答番号は 12 。

ア　青年将校たちが首相官邸や警視庁などを襲い，内大臣や大蔵大臣らを殺害したクーデタがおこったが，反乱軍として鎮圧された。

イ　日本支配下の朝鮮で独立を求める運動が盛り上がり，朝鮮全土で大衆運動が展開されたが，朝鮮総督府は軍隊を動員して弾圧した。

ウ　「困民党」を称する農民が負債の減免や減税をさけび，多数の民衆とともに警察や郡役所などを襲撃したが，政府は軍隊を派遣して鎮圧した。

①　ア→イ→ウ　　②　イ→ア→ウ　　③　ウ→ア→イ　　④　ウ→イ→ア

Ⅱ

**表2**　20世紀前半における日本国内の銅生産量と銅の価格の推移

| 年 | 銅生産量（トン） | 1トン当たりの銅の価格（円） |
|---|---|---|
| 1912 | 62,422 | 644.8 |
| 1913 | 66,501 | 631.7 |
| 1914 | 70,643 | 554.4 |
| 1915 | 75,416 | 712.5 |
| 1916 | 100,636 | 1,091.2 |
| 1917 | 108,038 | 1,098.6 |
| 1918 | 90,341 | 1,000.5 |
| 1919 | 78,443 | 861.5 |
| 1920 | 67,792 | 701.8 |
| 1921 | 54,957 | 601.3 |

**表3**　20世紀半ばにおける日本国内の銅生産量と銅の価格の推移

| 年 | 銅生産量（トン） | 1トン当たりの銅の価格（円） |
|---|---|---|
| 1936 | 77,973 | 854.4 |
| 1937 | 86,728 | 1,197.8 |
| 1938 | 95,241 | 1,091.5 |
| 1939 | 96,050 | 1,063.4 |
| 1940 | 99,840 | 1,322.5 |
| 1941 | 98,707 | 1,800.0 |
| 1942 | 101,956 | 1,800.0 |
| 1943 | 111,360 | 1,800.0 |
| 1944 | 111,213 | 1,800.0 |
| 1945 | 40,205 | 1,800.0 |

（**表2**・**表3**はいずれも『本邦鉱業の趨勢』より作成）

**会話文**

生徒X：私は，20世紀前半の時期における，日本の銅の生産について調べました。**表2**がその結果です。1916年から1918年までの期間は，その前後の時期に比べると，銅生産量や銅の価格が大きく上昇しています。

生徒Y：そうですね，この期間はちょうど日本が大戦景気の頃ですね。

生徒X：はい，この頃は［ C ］ので，銅をはじめとした鉱業分野も発展しました。しかし，大戦景気が終わると銅の需要が減り，銅の価格も下がります。このことに伴い，同時に鉱山労働者も減少していくと推測できます。

先　生：この時は足尾銅山でも大規模なリストラが行われようとしていました。それに合わせて結成された労働組合が，解雇の抑制や賃金の引き上げを要求したのです。しかし，そのような苦しい状況下でも，労働者たちは労働の合間の楽しみ(d)として運動会を実施したり文学作品を作ったりもしていました。

生徒Y：それは興味深いですね。私は，20世紀半ばの銅の生産について調べました。**表3**からは，日中戦争が始まると日中戦争前に比べ，銅の生産量もその価格も上昇していることが分かります。私は，この時期には企業の利益も大きくなるので，労働組合は賃金の引き上げを要求したと考えました。

先　生：1941年から太平洋戦争の終結まで，銅の価格が一定であることに注目しましょう。この時期には［ D ］などの影響で，銅山が利益を得にくくなっており，賃金の引き上げを要求できる状態ではありませんでした。

生徒X：時代によって，労働者のおかれた状況(e)も大きく変わるのですね。

先　生：戦後は労働組合の組織も新しくなります。1973年の足尾銅山閉山まで，労働者のための組織として経営者側とさまざまな交渉を行いました。

生徒Y：政治・社会状況(f)と，企業や産業，組合の動きは，密接に結びついているのですね。

問5　[ C ]　[ D ]に当てはまる語句の組合せとして適切なものを，次の①～④のうちから一つ選べ。解答番号は[ 13 ]。

① C―大東亜共栄圏の建設のために物資輸出の必要性が高まった
　D―産業合理化を行ったうえでの金輸出解禁

② C―大東亜共栄圏の建設のために物資輸出の必要性が高まった
　D―国家総動員法に基づく価格等統制令

③ C―ヨーロッパへの軍事関係物資の輸出が増加した
　D―産業合理化を行ったうえでの金輸出解禁

④ C―ヨーロッパへの軍事関係物資の輸出が増加した
　D―国家総動員法に基づく価格等統制令

問6　下線部分労働の合間の楽しみ(d)として足尾銅山で行われた各種行事や文化活動は，当時の世の中を反映しているものも多い。第一次世界大戦の開始から太平洋戦争の終結までの**足尾でのできごと**と，その**背景**の組合せとして適切なものを，下の①～④のうちから一つ選べ。解答番号は[ 14 ]。

**足尾でのできごと**

ア　「銅山体育会」が発足し，全国大会出場をめざし練習に励んだ。全国大会では「国防競技」といった軍事的な競技も行われた。

イ　銅山の閉鎖に伴い，銅山で働いていた人びとが「鉱山閉づる心渇きて雪に伏す」などの俳句を詠んだ。

**背　景**

ウ　国民精神総動員運動の実施などを背景として，あらゆるものごとが戦争と結びつけられた。

エ　産業構造が高度化する中で，石油へのエネルギーの転換が進んだ。

①　ア―ウ　　②　ア―エ　　③　イ―ウ　　④　イ―エ

問 7　下線部分(e)労働者のおかれた状況は時代によって大きく変化した。労働者の状況や労働運動にかかわる次の**ア～ウ**の資料(それぞれ意訳，抜粋してある)を，資料の作成された年代の古い順に正しく並べたものを，下の①～④のうちから一つ選べ。解答番号は 15 。

ア

> 第３条　工場主は15歳未満の者と女子に対して，１日について，12時間を超えて仕事につかせることはできない。

イ

> 一　我らは天皇の統治を翼賛したてまつり，全ての産業を国に報いるべく発展させ，天皇国家の隆盛を期する。

ウ

> 我らはここに日本初の労働祭(メーデー)を挙行する。労働祭は労働者の自覚，訓練，団結を表現する祝祭にして，この祝祭の歓喜は労働者のみこれを知る。

①　ア→イ→ウ　　②　ア→ウ→イ　　③　イ→ア→ウ　　④　ウ→ア→イ

問 8　下線部分(f)政治・社会状況に関して，**表3**に示された期間における日本国内の政治・社会の状況として適切なものを，次の①～④のうちから一つ選べ。解答番号は 16 。

①　国体の変革や，私有財産制度を否認する者を処罰する治安維持法が制定された。
②　資材と資金を石炭・鉄鋼などに集中する傾斜生産方式が採用された。
③　砂糖などの物資が配給制や切符制になるなど，生活必需品の統制が強まった。
④　重要産業統制法が制定され，産業部門ごとにカルテルの結成が認められた。

3　次のⅠ～Ⅲについて，後にある**問1～問8**に答えよ。

Ⅰ

**表1**　日本の貿易額の推移

| 年 | 円で表した額(単位：百万円) | | | ドルで表した額(単位：百万ドル) | | | 赤字 2 に対する赤字 1 の割合 |
|---|---|---|---|---|---|---|---|
| | 輸出額 | 輸入額 | 赤字 1 | 輸出額 | 輸入額 | 赤字 2 | |
| 1946 | 2,260 | 4,069 | 1,808 | 103 | 305 | 202 | 9.0 |
| 1947 | 10,148 | 20,265 | 10,117 | 174 | 524 | 350 | 28.9 |
| 1948 | 52,022 | 60,287 | 8,265 | 258 | 684 | 426 | 19.4 |
| 1949 | 169,843 | 284,455 | 114,613 | 510 | 905 | 395 | 290.2 |
| 1950 | 298,021 | 348,196 | 50,175 | 820 | 974 | 154 | 325.8 |
| 1951 | 488,777 | 737,241 | 248,465 | 1,355 | 1,995 | 641 | 387.6 |
| 1952 | 458,243 | 730,352 | 272,108 | 1,273 | 2,028 | 755 | 360.4 |
| 1953 | 458,943 | 867,469 | 408,526 | 1,275 | 2,410 | 1,135 | 359.9 |
| 1954 | 586,525 | 863,785 | 277,260 | 1,629 | 2,399 | 770 | 360.1 |

（X：1946～1950年，Y：1950～1954年）

**問1**　**表1**中 X の期間について説明した次の文の A B に当てはまる語句の組合せとして最も適切なものを，下の①～④のうちから一つ選べ。解答番号は 17 。

> 「赤字 2 に対する赤字 1 の割合」から，ドルに対する円の価値の推移について考えることができます。このことから， X の期間の為替相場は A が進む傾向にあったと考えられます。また，この期間には，日本経済を国際経済に連結させるために B ，国際競争の中での輸出の振興がはかられました。これらのことが，1949年以降に貿易額が増加した背景だと考えられます。

① A―円　高　　B―1ドル＝360円の単一為替レートが設定され
② A―円　高　　B―為替相場が経済状況に応じて変動するしくみが採用され
③ A―円　安　　B―1ドル＝360円の単一為替レートが設定され
④ A―円　安　　B―為替相場が経済状況に応じて変動するしくみが採用され

**問2**　**表1**中 Y の期間における日本の貿易について述べた文として適切なものを，次の①～④のうちから一つ選べ。解答番号は 18 。

① アメリカ合衆国の軍隊が日本に軍需品を多く発注したことで，日本経済が好況になった。
② 日米通商航海条約が改正され，日本が関税の税率を自由に設定できるようになった。
③ 世界恐慌を背景に，アメリカ合衆国向けの生糸の輸出量が激減し，製糸業が打撃を受けた。
④ アメリカ合衆国との貿易摩擦が激しくなり，牛肉やオレンジの輸入が自由化された。

Ⅱ　日本と大韓民国との間で1965年に得られた合意

**資料1**　日韓基本条約(抜粋)

> 第一条　両締約国間に外交及び領事関係が開設される。両締約国は，大使の資格を有する外交使節を遅滞なく交換するものとする。また，両締約国は，両国政府により合意される場所に領事館を設置する。
>
> 第二条　1910年8月22日以前に大日本帝国と大韓帝国との間で締結されたすべての条約及び協定は，もはや無効であることが確認される。

**資料2**　大韓民国との請求権・経済協力協定(抜粋)

> 第一条　1　日本国は，大韓民国に対し，
>
> (a)　現在において1,080億円に換算される3億合衆国ドルに等しい円の価値を有する日本国の生産物及び日本人の役務を，この協定の効力発生の日から10年の期間にわたって無償で供与するものとする。…(中略)…
>
> 第二条　1　両締約国は，両締約国及びその国民(法人を含む。)の財産，権利及び利益並びに両締約国及びその国民の間の請求権に関する問題が，<u>1951年9月8日にサンフランシスコ市で署名された日本国との平和条約</u>第四条(a)に規定されたものを含めて，完全かつ最終的に解決されたこととなることを確認する。

**問3**　**資料1**，**資料2**について述べた次のア～エの組合せとして最も適切なものを，下の①～④のうちから一つ選べ。解答番号は 19 。

ア　**資料1**の条約に基づき，日本と大韓民国との間の国交が正常化した。

イ　**資料1**の条約によると，二十一カ条の要求が無効であることが確認された。

ウ　**資料2**によると，日本は大韓民国に対して高い金利を設定して資金を貸し付けた。

エ　**資料2**によると，「請求権に関する問題」が解決されたことが確認された。

①　ア―ウ　　②　ア―エ　　③　イ―ウ　　④　イ―エ

**問4**　下線部分<u>1951年9月8日にサンフランシスコ市で署名された日本国との平和条約</u>の内容について述べた文として最も適切なものを，次の①～④のうちから一つ選べ。
解答番号は 20 。

①　日本は，アメリカ合衆国駐留軍の駐留経費を分担することになった。

②　世界の主要国が，国家の政策の手段としての戦争を放棄した。

③　日本は，連合国の占領から脱して主権を回復し国際社会に復帰した。

④　ドイツとイタリアが，東アジア・東南アジアにおける日本の指導的地位を認めた。

Ⅲ

表2　20世紀以降の世界のできごと(できごとは年代の古い順に並べてある)

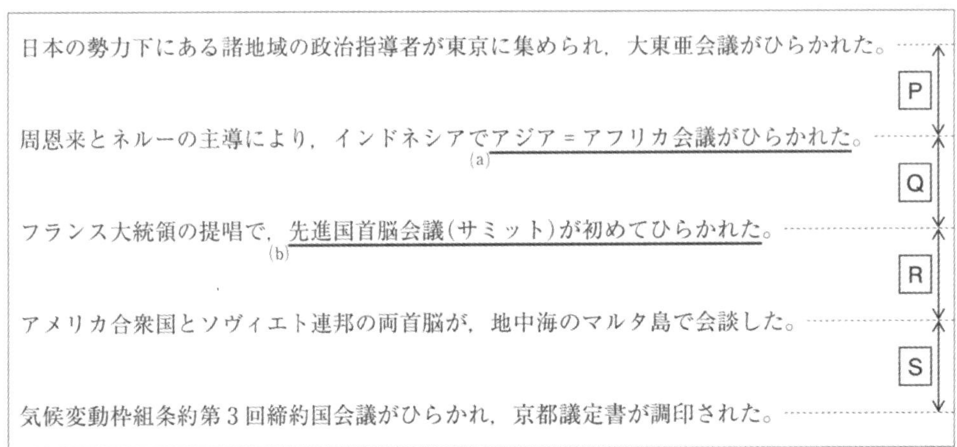

日本の勢力下にある諸地域の政治指導者が東京に集められ，大東亜会議がひらかれた。

P

周恩来とネルーの主導により，インドネシアで(a)アジア＝アフリカ会議がひらかれた。

Q

フランス大統領の提唱で，(b)先進国首脳会議(サミット)が初めてひらかれた。

R

アメリカ合衆国とソヴィエト連邦の両首脳が，地中海のマルタ島で会談した。

S

気候変動枠組条約第3回締約国会議がひらかれ，京都議定書が調印された。

問5　次の①～④のうち，下線部分(a)アジア＝アフリカ会議がひらかれたことと最も関係が深い歴史的事象について述べたものを一つ選べ。解答番号は 21 。

① 「冷戦の終結」が宣言された。

② ブロック経済圏が成立した。

③ 総力戦体制がととのえられた。

④ 「第三世界」の諸国が台頭した。

問6　次の①～④のうち，下線部分(b)先進国首脳会議(サミット)が初めてひらかれた時期に最も近い時期における日本のようすについて述べた文として最も適切なものを一つ選べ。解答番号は 22 。

① 「狂乱物価」と呼ばれる激しいインフレーションがおこった。

② 海外からの復員将兵や民間の引揚者をかかえて，国内の人口がふくれあがった。

③ 公職追放を解かれた政治家が，次々に政界に復帰した。

④ 東京都内の地下鉄車内で神経ガスが使用され，多数の被害者が出た。

**問 7**　次の**資料3**は，**表2**で示された期間に制定された日本の法律の条文の一部を示したものである。この法律が制定された時期として最も適切なものを，下の①～④のうちから一つ選べ。解答番号は 23 。

**資料3**

> 第一条　この法律は，国際連合平和維持活動及び人道的な国際救援活動に対し適切かつ迅速な協力を行うため，国際平和協力業務実施計画及び国際平和協力業務実施要領の策定手続，国際平和協力隊の設置等について定めることにより，国際平和協力業務の実施体制を整備するとともに，これらの活動に対する物資協力のための措置等を講じ，もって我が国が国際連合を中心とした国際平和のための努力に積極的に寄与することを目的とする。

①　**表2**中の P　②　**表2**中の Q　③　**表2**中の R　④　**表2**中の S

**問 8**　**表2**で示された期間におけるできごとについて述べた次の**ア**～**ウ**を，年代の古い順に正しく並べたものを，下の①～④のうちから一つ選べ。解答番号は 24 。

**ア**　イギリスのロンドンでオリンピックが開催されたが，連合国に占領されていたドイツや日本の選手団は参加を認められなかった。

**イ**　ソヴィエト連邦がアフガニスタンに侵攻したことに抗議し，日本・アメリカ合衆国・西ドイツなどの国ぐにが，モスクワで開催されたオリンピックに参加しなかった。

**ウ**　アジアで初めての開催となるオリンピックが東京で実施されるにあたり，日本では鉄道の電化や高速道路網の整備が進み，東海道新幹線が開通した。

①　ア→イ→ウ　②　ア→ウ→イ　③　イ→ア→ウ　④　イ→ウ→ア

**4** 次の**資料1～3**(意訳し，年代の古い順に並べてある)は，日本の教育に関する法令や報告書の一部である。これらの**資料**について生徒が作成した**レポート**を読み，後にある**問1～問4**に答えよ。

**資料1**

人は才能に応じ，努力してこれに従事し，そののち初めて生活し，産業を興し盛んにできる。だから，学問は立身の資本ともいうもので，人であれば皆学ぶべきである。…(中略)…今度文部省で学制を定めいずれ教則も改正して布告するから，今後人民はすべて，たとえば村に不学の家がなく，家に不学の人がいないようにしてほしい。

**資料2**

第一条　大学は国家に必要な学問の理論やその応用を教授し，併せてその学問の奥義を研究することを目的とし，さらに人間形成を担い国家繁栄に向けた考え方を育成することにも配慮しなければならない。

第四条　大学は帝国大学や官立の大学の他にこの大学令の規定によって公立や私立の大学が設置されることを認める。

**資料3**

第一条　皇国の道に則って小学校教育を行い，国民の基礎的錬成を行う。

第四条　国民学校の教科には初等科にも高等科にも，国民科を置き，国民科の中には，修身，国語，国史，地理の科目を置く。

レポート

1　テーマと調査方法について

日本史の学習のまとめとして，身近な題材である学校に関する「教育」をテーマとした。近代以降の明治時代，大正時代，昭和時代の戦前の三つの時期における教育に関する資料を基に調査した。

2　調査の方針

社会や政治の状況と教育政策の関連について考察する。

3　考　察

例えば，**資料１**は明治維新直後の政策について著したものの一部で，それまで幕藩体制の下で各藩の藩校や，各地域の寺子屋などによって支えられてきた教育が明治政府の中央集権の下で改めて推し進められるようすが示されている。**資料１**からは［　A　］という明治政府の考えを読み取ることができる。また，政府は産業育成の模範工場として，［　B　］を設立し，ここで学んだ労働者が日本各地に先進的な知識や技術を伝えることを意図していた。

**資料２**を出した内閣は，寺内正毅内閣が［　C　］の責任を取って倒れたため組織された内閣であった。当時国内の都市化や工業化が進展する中，［　D　］が求められた。そうした中で雑誌や新聞などのマスメディアを通じて大衆社会と呼ばれる社会が形成された。

**資料３**は戦争の影響が教育政策の中にも表れ始めた時期の資料であり，「皇国」という表現からは，教育政策の中に国家主義的な性格を読み取ることができる。実際，この時期には国民生活のさまざまな場面でも戦時体制がとられていた。

以上のように，**資料１～３**より，社会状況に合わせて教育政策が作られていることを考察することができた。

4　今後の課題

戦前の教育政策に関連して，戦後の教育は社会状況に合わせてどのような政策が形作られているのかを，さらに資料を収集したうえで調査したい。

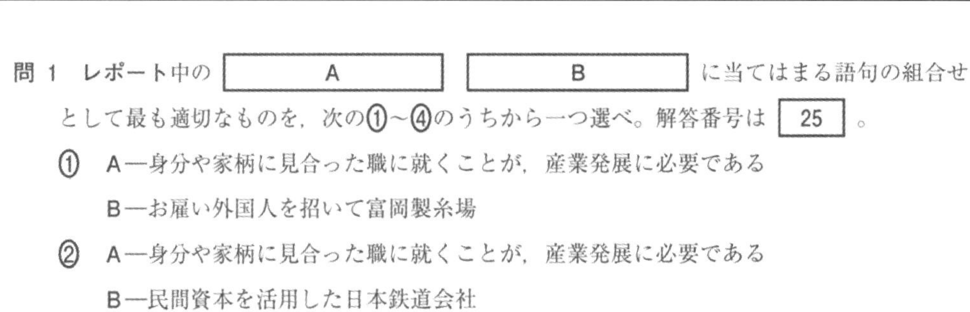

問 1　レポート中の　A　　B　に当てはまる語句の組合せとして最も適切なものを，次の①～④のうちから一つ選べ。解答番号は　25　。

① A―身分や家柄に見合った職に就くことが，産業発展に必要である
　 B―お雇い外国人を招いて富岡製糸場

② A―身分や家柄に見合った職に就くことが，産業発展に必要である
　 B―民間資本を活用した日本鉄道会社

③ A―全ての国民が学業を修めることが産業の発展につながる
　 B―お雇い外国人を招いて富岡製糸場

④ A―全ての国民が学業を修めることが産業の発展につながる
　 B―民間資本を活用した日本鉄道会社

問 2　レポート中の　C　　D　に当てはまる語句の組合せとして最も適切なものを，次の①～④のうちから一つ選べ。解答番号は　26　。

① C―都市民衆や貧農らによる物価高に対する全国的な大騒擾
　 D―重化学工業から先端技術産業への産業の転換を支える技術者

② C―都市民衆や貧農らによる物価高に対する全国的な大騒擾
　 D―会社員・銀行員など知的労働を行う俸給生活者(サラリーマン)のような労働者

③ C―ジャーナリストや都市民衆によって展開された藩閥を批判する護憲運動
　 D―重化学工業から先端技術産業への産業の転換を支える技術者

④ C―ジャーナリストや都市民衆によって展開された藩閥を批判する護憲運動
　 D―会社員・銀行員など知的労働を行う俸給生活者(サラリーマン)のような労働者

問 3　資料3の教育政策の中に国家主義的な性格が含まれた背景を説明しているものとして最も適切なものを，次の①～④のうちから一つ選べ。解答番号は　27　。

① 政府は薩摩，長州，土佐から御親兵をつのって軍事力を固める必要があった。

② 日本は日本海海戦で勝利したものの，兵員や弾薬が不足し戦争の継続が困難となっていた。

③ 朝鮮での大規模な農民の蜂起に対応して朝鮮半島に派兵をした結果，戦争に発展した。

④ 長引く戦争のために，一国一党的な政治体制を確立する必要があった。

**問 4** 次の**資料 4** の報告書を受けて日本政府が**発布したもの**(必要に応じて意訳してある)と，**資料 4 から考えられること**の組合せとして最も適切なものを，下の①～④のうちから一つ選べ。解答番号は 28 。

**資料 4**

使節団の来訪は，少なからぬ自由主義的な日本の教育者たちに希望をかき立てた。このように，軍の招請と日本市民の希望とを一つに結んで，我々は，この歴史的時期に厳粛な気持ちを以て来訪したのである。…(中略)…

軍事的占領が日本側の自由主義的指導者の協力を得て，すでに大まかな地ならしを終わっていることを発見し，我々は大いに安心した。日本の戦争への意志は優勢な力によって打ち砕かれ，国家神道及び武力侵略の精神は，直接的な諸指令によって学校から放逐されつつある。教科課程と教科書の改訂も，教職中の有害分子の周到なる粛清とともに，軌道に乗っている。…(中略)…

もし我々が，日本人の民主主義的な潜在能力を信じず，健全な文化を再建する能力を信じなかったら，ここにこうしてきているはずはないのであるから。

**発布したもの**

ア 教育は，人格の完成を目指し，平和で民主的な国家及び社会の形成者として必要な資質を備えた心身ともに健康な国民の育成を期して行われなければならない。

イ 朕が思うに，歴代の天皇が国を治められたのは，広く遠くまで道徳が行き渡り，道徳が深く厚かったからなのです。国民が忠義に厚く，よく孝行し，億兆の心を一つにして，その世代において美徳をなしてきたことが，我が国の国のあり方の本質であり優れた点であり，教育の根本であり核心部分でもあるのです。

**資料 4 から考えられること**

ウ 「使節団」が日本を訪れた時には，連合国の占領によって日本国内にも自由主義的な考え方が広がりつつあったと評価されていた。

エ 国家神道及び武力侵略の精神をなくすためには，道徳心や忠孝の行いが根本であり，核心部分でもあると考えられていた。

① アーウ　　② アーエ　　③ イーウ　　④ イーエ

(これで日本史Ａの問題は終わりです。)

# 令和５年度　第２回

# 解答・解説

**【重要度の表記】**

Ａ：重要度が高く確実に正答したい設問。しっかり復習する必要のある問題です。

Ｂ：重要度はＡレベルよりすこし下で、やや難易度が高い設問または内容を読み取る設問。高得点を狙う人は復習しましょう！

Ｃ：重要度が低い、または難解な設問。軽く復習する程度でよいでしょう！

# 令和５年度　第２回　高卒認定試験

## 【　世界史Ａ解答　】

| 1 | 解答番号 | 正答 | 配点 | 2 | 解答番号 | 正答 | 配点 | 3 | 解答番号 | 正答 | 配点 | 4 | 解答番号 | 正答 | 配点 |
|---|---|---|---|---|---|---|---|---|---|---|---|---|---|---|---|
| 問１ | 1 | ① | 3 | 問１ | 3 | ④ | 3 | 問１ | 7 | ③ | 3 | 問１ | 12 | ② | 3 |
| 問２ | 2 | ④ | 3 | 問２ | 4 | ③ | 4 | 問２ | 8 | ① | 3 | 問２ | 13 | ③ | 3 |
| - | - | | | 問３ | 5 | ② | 3 | 問３ | 9 | ② | 3 | 問３ | 14 | ④ | 3 |
| - | - | | | 問４ | 6 | ④ | 3 | 問４ | 10 | ① | 3 | 問４ | 15 | ① | 3 |
| - | - | | | - | - | | | 問５ | 11 | ④ | 3 | 問５ | 16 | ③ | 3 |
| - | - | | | - | - | | | - | - | | | 問６ | 17 | ② | 3 |

| 5 | 解答番号 | 正答 | 配点 | 6 | 解答番号 | 正答 | 配点 | 7 | 解答番号 | 正答 | 配点 |
|---|---|---|---|---|---|---|---|---|---|---|---|
| 問１ | 18 | ② | 4 | 問１ | 25 | ① | 4 | 問１ | 31 | ④ | 4 |
| 問２ | 19 | ③ | 3 | 問２ | 26 | ③ | 3 | 問２ | 32 | ② | 3 |
| 問３ | 20 | ① | 3 | 問３ | 27 | ④ | 3 | - | - | | |
| 問４ | 21 | ④ | 3 | 問４ | 28 | ② | 3 | - | - | | |
| 問５ | 22 | ① | 3 | 問５ | 29 | ① | 3 | - | - | | |
| 問６ | 23 | ③ | 3 | 問６ | 30 | ③ | 3 | - | - | | |
| 問７ | 24 | ③ | 3 | - | - | | | - | - | | |

## 【　世界史Ａ解答　】

### 1

問１　清が台湾を併合したのは 1683 年です。「媽祖がもたらされた当時の琉球を取り巻く状況」として、明が海禁政策を採っていたのは 1368 年に即位した洪武帝による政策から 1842 年にアヘン戦争に敗北し南京条約を結ぶまでですので、1683 年のできごととして適切です。もうひとつの選択肢の「倭が、後漢に使者を派遣して金印を授けられた」のは 57 年のできごとです。皇帝について、康熙帝は清の４代皇帝、カール大帝は８～９世紀のフランク王国王です。したがって、正解は①です。

**解答番号【１】：①**　　⇒ **重要度Ｂ**

問２　①ジャガイモの不作による飢饉をきっかけにアイルランドからアメリカへの移民が進んだのは 19 世紀半ばごろの出来事です。②マムルークと呼ばれた奴隷兵士が活躍しマムルーク朝を樹立したのは 13 世紀ごろのことです。③ドンズー運動は 20 世紀のベトナムによ

る政策です。④アメリカ横断鉄道が建設されたのは19世紀の出来事で、このころアメリカでは黒人奴隷制度が廃止され、中国人移民によって建設が進みました。したがって、正解は④です。

**解答番号【2】:④　　⇒重要度A**

## 2

問1　①万里の長城は紀元前220年ごろの中国に作られた城壁です。②タージ=マハル廟は17世紀のムガル帝国皇帝シャー=ジャハーンによって建設された墓廟です。③アンコール=ワットは12世紀カンボジアに建設されたヒンドゥー教の寺院です。④ピラミッドは紀元前26世紀ごろからエジプトで建設されました。したがって、正解は④です。

**解答番号【3】:④　　⇒重要度C**

問2　①イエズス会を組織し、アジアなどにも積極的に布教を行ったのはキリスト教です。②ニケーア公会議はキリスト教の公会議で、アリウス派は異端、アタナシウス派が正統とされました。③ムハンマドが創始したのはイスラーム教です。④ヴェーダが聖典とされたのはバラモン教、ヒンドゥー教です。したがって、正解は③です。

**解答番号【4】:③　　⇒重要度A**

問3　チンギス=ハンが建国したのはモンゴル帝国で、ジャムチと呼ばれる交通システムが導入されていました。誤りの選択肢について、マリ王国はアフリカ大陸にあったイスラーム王朝です。ナントの勅令を発布したのはフランスのアンリ4世です。したがって、正解は②です。

**解答番号【5】:②　　⇒重要度B**

問4　空欄Aの前の先生の発言に注目しましょう。「聖地イェルサレムの奪回を目指して行われた出来事です」とあります。これは十字軍の遠征についての説明です。したがって、正解は④です。①盧溝橋事件は日中戦争のきっかけになった事件、②アンボイナ事件は17世紀以降オランダが東南アジアに進出していくきっかけになった事件、③ワーテルローの戦いは19世紀フランスのナポレオン1世がイギリス・プロイセン・オランダと戦ったものです。

**解答番号【6】:④　　⇒重要度C**

## 3

問1　①玄奘は7世紀の唐の僧侶です。②アッバース1世は16～17世紀サファヴィー朝全盛期の王です。③ピサロはスペインの探検家・軍人でインカ帝国を征服した人物です。④ド=ゴールは20世紀のフランスの政治家です。したがって、正解は③です。

**解答番号【7】:③　　⇒重要度B**

問2　ルイ14世は17～18世紀フランスの王です。このころのヨーロッパ諸国の王は「絶対王政」という姿勢をとっていました。この背景にあるのは王の権利は神から与えれたものであるという王権神授説です。これを表しているのは①です。②は17世紀イギリスで名誉革命後に制定された権利の章典です。③は 1955 年に核兵器廃絶・科学技術の平和利用を訴えた宣言文ラッセル・アインシュタイン宣言です。④は第一次世界大戦後に結ばれたヴェルサイユ条約です。したがって、正解は①です。

**解答番号【8】：①**　　⇒**重要度Ａ**

問３　①周恩来が平和五原則を唱えたのは 20 世紀の中国です。②アウラングゼーブは現在のインドにあたるムガル帝国の皇帝で、アクバルが廃止したジズヤを復活させました。③アルキメデスが浮力の原理を発見したのは紀元前３世紀のギリシャです。④八旗を組織したヌルハチは 17 世紀に後金を創始した人物です。したがって、正解は②です。

**解答番号【9】：②**　　⇒**重要度Ａ**

問４　北京の位置はあです。明が滅亡したきっかけとなった出来事は李自成による農民反乱です。もうひとつの選択肢のゲルマン民族の侵入は４世紀後半からのヨーロッパのできごとです。したがって、正解は①です。

**解答番号【10】：①**　　⇒**重要度Ｃ**

問５　江戸時代は徳川家康が幕府を開いた 1603 年から 1867 年の大政奉還までを指します。①サンフランシスコ平和条約は第二次世界大戦の日本と連合国の講和条約で、1951 年に締結されました。②イギリスと日英同盟を結んだのは 1902 年で、日露戦争開戦の後押しとなりました。③律令制度導入のために中国に送られたのは遣隋使・遣唐使と呼ばれる使者で、７世紀末～９世紀ごろにかけて派遣されていました。④朝鮮通信使は江戸時代に武家政権に対して朝鮮国王が日本に派遣したものです。したがって、正解は④です。

**解答番号【11】：④**　　⇒**重要度Ｃ**

## 4

問１　空欄Ａのある一文を読んでみましょう。「18 世紀にアメリカのジェファソンが起草し、「すべての人は平等につくられ」と掲げたＡ」とあります。この部分から、Ａにはアメリカ独立宣言が入ると判断することができます。①九十五カ条の論題は 16 世紀ドイツのルターが出した意見書で、宗教改革のきっかけとなりました。③日米和親条約は江戸時代末期である 19 世紀半ばに結ばれ、長年鎖国していた日本の開国が決まった条約です。④モンロー宣言は 19 世紀アメリカ大統領のモンローがヨーロッパとアメリカ大陸の相互不干渉を外交理念として発表したものです。したがって、正解は②です。

**解答番号【12】：②**　　⇒**重要度Ａ**

問２　フランス革命が起きたのは 18 世紀末です。①ティトーは 20 世紀ユーゴスラヴィアの政治家で、パルチザンと呼ばれる武装勢力を組織し外国に対抗しました。②陳勝・呉広の乱がおきたのは紀元前２世紀の中国です。③国民議会はフランス革命中に組織され、封建的特権の廃止や人権宣言発布、憲法制定などを行いました。④ヴァイマル憲法は第一次世界大戦後のドイツ（ヴァイマル共和国）で制定されました。したがって、正解は③です。

**解答番号【13】：③**　　⇒**重要度Ｂ**

問３　① 9.11 同時多発テロは 2001 年のアメリカでおきました。②シェイクスピアが活躍し

たのは 16 ～ 17 世紀のイギリスで、「ハムレット」「リア王」「マクベス」などの作品をのこしました。③ドレフュス事件は 19 世紀フランスでユダヤ系軍人がスパイとして告発された事件です。④チャーティスト運動は 19 世紀イギリスで都市労働者が選挙権を求めておこしたものです。したがって、正解は④です。

**解答番号【14】：④　　⇒重要度 A**

問 4　空欄 B の直前を見てみましょう。「ハイチ革命の指導者 B」とあります。これに当てはまるのは①トゥサン=ルヴェルチュールです。②カヴールは 19 世紀のサルデーニャ王国 ( 現在のイタリア ) の首相です。③ティムールは 14 世紀にティムール朝を建国した人物です。④鄧小平は 20 世紀の中国の政治家です。したがって、正解は①です。

**解答番号【15】：①　　⇒重要度 C**

問 5　オスマン帝国の宰相として正しいのはミドハト=パシャです。もうひとつの選択肢のアイゼンハワーはアメリカの大統領です。資料 2 の「あらゆる宗教行為の自由…は国家の保証の下にある」という部分から、キリスト教の信仰も認められていたことがわかります。したがって、正解は③です。

**解答番号【16】：③　　⇒重要度 B**

問 6　①安史の乱は 8 世紀の唐で楊貴妃一族の排除を求めて安禄山が起こした反乱です。②甲午農民戦争は 19 世紀末の朝鮮で発生し、日本・清両国が鎮圧のために出兵したことから対立し日清戦争に発展しました。③タバコ=ボイコット運動は 19 世紀末のカージャール朝で起こった反英運動です。④ポエニ戦争は紀元前 2 世紀～紀元前 1 世紀に古代ローマで起きた戦争です。したがって、正解は②です。

**解答番号【17】：②　　⇒重要度 A**

## 5

問 1　空欄 A の直前を見てみましょう。「ノーベルは A を発明した科学者」「A が産業の発展に貢献した一方、戦争で多くの人の命を奪った」とあります。これに当てはまるのはダイナマイトです。空欄 B については「2 度にわたる B の影響で、授与が中止となった」とあります。授与が中止となったのは 1914 年と 1918 年、1940 年から 1934 年と書かれています。この時期の出来事としては世界大戦が当てはまります。もうひとつの選択肢のウィーン包囲は 16 ～ 17 世紀の出来事です。したがって、正解は②です。

**解答番号【18】：②　　⇒重要度 C**

問 2　セオドア=ローズヴェルトが講和を仲介したのは日露戦争です。ローズヴェルトは 20 世紀アメリカの政治家で大統領を務めた人物ですが、①南アフリカ戦争、②クリミア戦争、③三十年戦争には関連していません。したがって、正解は③です。

**解答番号【19】：③　　⇒重要度 C**

問 3　1918 年、アメリカ大統領ウィルソンが十四カ条の平和原則を発表し、その中にオーストリア=ハンガリー帝国、バルカン半島、オスマン帝国支配下の民族自決が含まれていました。この影響で、東ヨーロッパ諸国の独立が達成されました。②フランクフルト国民会議は 1848 年、③始皇帝による貨幣や度量衡の統一は紀元前 3 世紀、④予定説は 16 世紀と年代が大きく異なります。したがって、正解は①です。

**解答番号【20】：①**　　⇒**重要度B**

問４　資料の「イギリスとフランスの圧力のもとでなされたチェコスロヴァキアの分割は、ナチスの脅威に対する西側民主主義の完全な敗北と同じことです」という部分から、イギリスとフランスがドイツに対してチェコスロバキアに支配を広げることを許した宥和政策をとったことがわかります。①、②、③については資料から読み取ることができません。したがって、正解は④です。

**解答番号【21】：④**　　⇒**重要度B**

問５　①ホー=チ=ミンはベトナム民主共和国樹立を主導した人物ですので、アジアの独立運動の指導者として適切です。②メッテルニヒは 19 世紀オーストリアの外務大臣ですので、アジアの独立運動の指導者として不適切です。③アレクサンドル 2 世は 19 世紀ロシアの皇帝ですのでアジアの独立運動の指導者として不適切です。④マンデラが廃止を訴えたアパルトヘイトは南アフリカで行われていた人種隔離政策ですのでアジアの独立運動の指導者として不適切です。したがって、正解は①です。

**解答番号【22】：①**　　⇒**重要度A**

問６　満州国の皇帝となったのは清の最後の皇帝であった③の溥儀です。①ヴァスコ=ダ=ガマは 15 ～ 16 世紀のポルトガルの冒険家です。②フェリペ 2 世は 16 世紀後半のスペイン全盛期の国王です。④レーニンは 20 世紀の第二次ロシア革命の指導者です。したがって、正解は③です。

**解答番号【23】：③**　　⇒**重要度A**

問７　アメリカ合衆国の対外政策として正しいのは③パナマ運河の建設です。①アフリカ縦断政策を行ったのは 19 世紀後半のイギリス、②グラスノスチを行ったのは 20 世紀のソ連、④カンボジアを保護国化したのは 19 世紀のフランスです。したがって、正解は③です。

**解答番号【24】：③**　　⇒**重要度C**

## 6

問１　西ドイツは現在のヨーロッパ連合（EU）の前身である①ヨーロッパ共同体（EC）が成立したときから加盟し、西ヨーロッパ諸国の統合を目指していました。②パレスチナ解放機構（PLO）はイスラエルが占領しているパレスチナのアラブ人の解放を目指す組織、③国際連盟は平和維持、国際協力のための機関、④国際赤十字社は戦争・紛争犠牲者の救援や医療・保健・福祉事業を行ってる機関ですので、「地域統合を目指していた組織」という条件に当てはまりません。したがって、正解は①です。

**解答番号【25】：①**　　⇒**重要度C**

問２　①パリ=コミューンは 19 世紀のフランスで結成された労働者政権です。②マラーター同盟は 18 ～ 19 世紀のインドで成立したヒンドゥー教諸国同盟です。③ワルシャワ条約

機構は 1955 年に結成された社会主義陣営による相互援助条約です。④アウクスブルクの和議は 16 世紀にルター派の信仰が認められたもので、宗教改革から始まった戦争に決着がつけられました。したがって、正解は③です。

**解答番号【26】:③**　　⇒**重要度A**

問3　空欄Aの前にある先生のことばから、東ドイツで民主化を求めるデモが発生し、その結果空欄Aの出来事がおきたとわかります。これに当てはまるのはベルリンの壁の崩壊です。ベルリンの壁が崩壊した翌年に東西ドイツが統一されました。したがって、正解は④です。

**解答番号【27】:④**　　⇒**重要度A**

問4　インドとパキスタンが分離独立したのは宗教的な理由です。インドにはヒンドゥー教徒、パキスタンにはイスラーム教徒(ムスリム)が集まりました。よって、空欄Bにはヒンドゥー教徒、空欄Cにはムスリムが入ります。インドの初代首相はネルーで、もうひとつの選択肢のルソーは 18 世紀フランスの哲学者です。したがって、正解は②です。

**解答番号【28】:②**　　⇒**重要度B**

問5　空欄Dの周辺を読んでみましょう。「インドとパキスタンの対立は、独立の時から続いているのですか。そうです。独立後まもなく両国間でD地方の帰属をめぐって戦争が勃発しました」とあります。これにあてはまるのは①カシミールです。②アルザスは現在のフランスにある地域で、ドイツとフランスで領有権を争っていました。③ルイジアナは現在のアメリカにある地方で、フランス・スペイン・イギリス領であった時期があります。④フランドルは現在のベルギー・フランス北部にある地方で、フランスとスペインが争っていました。したがって、正解は①です。

**解答番号【29】:①**　　⇒**重要度B**

問6　①第一インターナショナルは 19 世紀にロンドンで結成された世界初の労働者の国際的組織です。②ヨーロッパで黒死病(ペスト)が流行したのは 14 世紀ごろのことです。③第一次石油危機が起きたのは 1973 年で、第四次中東戦争の影響です。④大西洋憲章が発表されたのは第二次世界大戦中の 1941 年です。したがって、正解は③です。

**解答番号【30】:③**　　⇒**重要度A**

## 7

問1　①コペルニクスが地動説を唱えたのは 16 世紀です。②ゼロの概念は 7 世紀までの間にインドで確立されました。③蔡倫は 1 ～ 2 世紀ごろの後漢の人物です。④人工衛星がはじめて打ち上げられたのは 1957 年のソ連です。したがって、正解は④です。

**解答番号【31】:④**　　⇒**重要度C**

問2　まずは空欄Aの周辺を読んでみましょう。「18 世紀後半から始まるAが、二酸化炭素を多く発生させる石炭を機械の動力源とした」とあります。これに当てはまるのは産業革命です。もうひとつの選択肢のルネサンスは 14 世紀イタリアではじまり、ヨーロッパ各国に広がった文化・芸術を指します。次に空欄Bの周辺を読んでみましょう。「20 世紀半ば以降、二酸化炭素の排出量がさらに急増することが見てとれるが、これは、石炭に加えて、二酸化炭素を発生させるＢためと考えられる」とあります。これにあてはまるのは「石油がエネルギーの中心となった」です。もうひとつの選択肢の原子力発電については、発電時には二酸化炭素を排出しません。したがって、正解は②です。

**解答番号【32】：②**　　　⇒ **重要度C**

# 令和５年度 第２回 高卒認定試験

## 【 日本史Ａ解答 】

| 1 | 解答番号 | 正答 | 配点 | 2 | 解答番号 | 正答 | 配点 | 3 | 解答番号 | 正答 | 配点 | 4 | 解答番号 | 正答 | 配点 |
|---|---|---|---|---|---|---|---|---|---|---|---|---|---|---|---|
| 問１ | 1 | ④ | 4 | 問１ | 9 | ② | 3 | 問１ | 17 | ③ | 4 | 問１ | 25 | ③ | 4 |
| 問２ | 2 | ③ | 4 | 問２ | 10 | ③ | 4 | 問２ | 18 | ① | 3 | 問２ | 26 | ② | 4 |
| 問３ | 3 | ④ | 3 | 問３ | 11 | ② | 3 | 問３ | 19 | ② | 3 | 問３ | 27 | ④ | 4 |
| 問４ | 4 | ① | 4 | 問４ | 12 | ④ | 4 | 問４ | 20 | ③ | 4 | 問４ | 28 | ① | 4 |
| 問５ | 5 | ① | 3 | 問５ | 13 | ④ | 3 | 問５ | 21 | ④ | 4 | - | - | | |
| 問６ | 6 | ② | 3 | 問６ | 14 | ① | 4 | 問６ | 22 | ① | 3 | - | - | | |
| 問７ | 7 | ② | 3 | 問７ | 15 | ② | 4 | 問７ | 23 | ④ | 4 | - | - | | |
| 問８ | 8 | ③ | 4 | 問８ | 16 | ③ | 3 | 問８ | 24 | ② | 3 | - | - | | |

## 【 日本史Ａ解答 】

### 1

問１　できごとの名称から考えてみましょう。生麦事件は薩摩藩の大名行列を横切ったイギリス人が殺傷されたもので、薩英戦争につながりました。よって、長州藩がとった行動のア、できごとの名称のウは不適切です。できごとの名称の選択肢エの禁門の変は、八月十八日の政変によって京都から追放された長州藩と、京都を守る会津藩・薩摩藩が衝突した事件です。提示されている建白書の内容は、禁門の変の前に長州藩が起こした事件のことが書かれています。したがって、正解は④です。

**解答番号【１】：④**　　⇒ **重要度Ｂ**

問２　Ａについて、貿易収支を確認するために輸出額－輸入額の計算をしてみましょう。1212万ドル－ 2167 万ドル＝－ 955 ドルとなり、赤字であることがわかります。空欄Ｂについて、直前に「養蚕業をさかんにすることで」とあります。養蚕によって生産されるのは生糸です。したがって、正解は③です。

**解答番号【２】：③**　　⇒ **重要度Ｂ**

問３　不適切な選択肢を選ぶ問題であることに注意しましょう、アの時期は 1872 年です。①新橋～横浜間に鉄道が開通したのは 1872 年です。②郵便制度は 1871 年に開始されたので、1872 年時点でも実施されています。③電信線の架設がはじまったのは 1869 年ですので、1872 年時点でも実施されています。④文化住宅が建てられたのは大正～昭和初期の高度経済成長期です。したがって、正解は④です。

**解答番号【３】：④**　　⇒ **重要度Ａ**

問４　図１より、イギリスと日本の間にロシアが大きなシルエットで存在していることから日本・イギリス両国がロシアの存在を脅威に感じていたことがわかります。1902 年にむすばれた日英同盟の結成は日露戦争開戦の後押しになりました。また、中国が影響力をもっていたチベットについてはイギリスが、韓国については日本が保護国化等の方法で影響力を強めようとしていました。よって、アについては正しい内容となります。図２には、アメリカが様々なものを満州にもっていこうとしているがロシアに阻まれている様子が書かれています。よって、イも正しい内容となります。したがって、正解は①です。

**解答番号【4】:①**　　⇒**重要度C**

問５　①について、第２回の総選挙の結果を見ると、民党（自由党・立憲改進党）が 300 議席中 132 議席、吏党（中央交渉部）が 95 議席と民党のほうが多くの議席を獲得していることから、正しい内容です。②第２回と第３回の総選挙の結果を比べると、第２回での吏党の議席数は 95 議席、第３回では 26 議席と減っていますので、この選択肢は誤った内容です。③大隈重信が結成したのは立憲改進党ですが、第１回～第３回のいずれも第一党になっていませんので、この選択肢は誤った内容です。④第１回～第３回のいずれも吏党は過半数の議席を獲得していませんので、この選択肢は誤った内容です。したがって、正解は①です。

**解答番号【5】:①**　　⇒**重要度B**

問６　「一種の激烈なる排外主義の団体に変じたのであります」とあります。これに当てはまるのは義和団です。義和団事件は義和団が反キリスト教・排外主義をかかげておこした民衆蜂起で、「扶清滅洋」をスローガンに列強に宣戦布告しましたが敗北し、北京議定書を結びました。北京議定書で清は賠償金の支払いや外国軍隊の駐留を認めました。これによって帝国主義列強の中国分割はさらに進みました。したがって、正解は②です。

**解答番号【6】:②**　　⇒**重要度A**

問７　提示された年表が江戸時代末期から明治時代のものであること、兄からの手紙に薩摩の文字があることから、1877 年におきた西南戦争について書かれていることがわかります。西南戦争は明治時代に起きた士族反乱の中でも最大のものでした。したがって、正解は②です。

**解答番号【7】:②**　　⇒**重要度B**

問８　アの地租改正反対一揆がおきたのは 1876 年、イの「ええじゃないか」の集団乱舞は 1867 年、ウの三大事件建白運動は 1887 年のできごとです。したがって、正解は③です。

**解答番号【8】:③**　　⇒**重要度C**

## 2

問１　空欄Ａの周辺を見てみましょう。「足尾銅山は、Ａが鉱毒事件を衆議院で取り上げたり」とあります。これに当てはまるのは田中正造です。もうひとつの選択肢の星亨は三大事件建白運動や大同団結運動を発起した人物です。次に空欄Ｂの周辺を見てみましょう。「1930 年代の足尾銅山周辺では、Ｂそうである」とあります。日本でテレビ放送が始まったのは 1953 年、トーキーがはじまったのは 1931 年からですので、Ｂには「まだ始まったばか

りのトーキー（有声映画）を見に行人が多かった」が入ります。したがって、正解は②です。

**解答番号【9】：②**　　　⇒**重要度A**

問2　アについて、1874年と1894年を見比べると生産量が約9.4倍、輸出量が117倍となっています。生産量が10倍以上ではありませんので、この文は誤りです。イについて、足尾銅山の銅生産量が日本一になったのは1884年であるとⅠに書かれています。生産量と輸出量の割合を計算してみると1884年は生産量の約58％が、1889年は62％が、1894年は76％が輸出されています。よって、この文は正しいです。したがって、正解は③です。

**解答番号【10】：③**　　　⇒**重要度B**

問3　アの大阪紡績会社は1882年に渋沢栄一らによって設立された紡績会社です。イの日本が世界第3位の海運国になったのは1914～1918年におきた第一次世界大戦とその後の大戦景気の時期です。ウの猪苗代から東京まで水力発電で送電に成功したのは1914年です。エの器械製糸の生産量が座繰製糸の生産量を上回ったのは1894年のことです。したがって、正解は②です。

**解答番号【11】：②**　　　⇒**重要度B**

問4　アは1936年の二・二六事件、イは1919年の三・一独立運動、ウは1884年の秩父事件について書かれています。したがって、正解は④です。

**解答番号【12】：④**　　　⇒**重要度C**

問5　空欄Cの周辺を見てみましょう。「この期間はちょうど日本が大戦景気の頃ですね。はい、この頃はCので、銅をはじめとした鉱業分野も発展しました。」とあります。第一次世界大戦中～第一次世界大戦後の大戦景気の時にヨーロッパ諸国への武器輸出が増えたことでこのような動きがおこりましたので、Cには「ヨーロッパへの軍事関係物資の輸出が増加した」が入ります。もうひとつの選択肢の「大東亜共栄圏の建設のために物資輸出の必要性が高まった」のは、第二次世界大戦のころです。次に空欄Dの周辺を見てみましょう。「1941年から太平洋戦争の終結まで、銅の価格が一定であることに注目しましょう。この時期にはDなどの影響で、銅山が利益を得にくくなっており」とあります。第二次世界大戦中のことであることに注目すると、「国家総動員法に基づく価格等統制令」が当てはまることがわかります。もうひとつの選択肢の「産業合理化を行った上での金輸出解禁」は浜口雄幸内閣のもので1930年に行われています。したがって、正解は④です。

**解答番号【13】：④**　　　⇒**重要度C**

問6　足尾での出来事について、アの「「国防競技」といった軍事的な協議も行われた」という部分から、戦時中の国民精神総動員運動が読み取れます。したがって、正解は①です。イについては「鉱山の閉鎖に伴い」がありますが、鉱山の閉鎖は1973年と会話文中に書かれており、第二次世界大戦後のことですので、第一次世界大戦の開始から太平洋戦争終結までの間という条件にあてはまりません。

**解答番号【14】：①**　　　⇒**重要度C**

問7　アは1911年に公布された工場法です。イについては「翼賛」という言葉から1939～1945年の第二次世界大戦中のことであると推察できます。ウのメーデーの第1回は

1920 年のことです。したがって、正解は②です。

**解答番号【15】:②　　⇒重要度C**

問８　表３では 1936 ～ 1945 年の状況が掲載されています。①について、治安維持法は 1925 年に制定されました。②について、傾斜生産方式は 1946 年～ 1949 年の間に行われていました。③について、配給制・切符制は第二次世界大戦中の政策です。④について、重要産業統制法は昭和恐慌への対処として 1931 年に制定されました。したがって、正解は③です。

**解答番号【16】:③　　⇒重要度A**

## 3

問１　円安、円高という言葉がどのような現象を表しているのかを確認しましょう。１ドル 100 円から 110 円になることを円安、１ドル 100 円から 90 円になることを円高といいます。第二次世界大戦後、ドッジ＝ラインによって１ドル 360 円の固定為替相場制となり、戦前に比べて円の価値は 180 分の１程度の円安状態になりました。したがって、正解は③です。

**解答番号【17】:③　　⇒重要度C**

問２　Ｙの期間は 1950 年～ 1954 年を示しています。①について、1950 年に朝鮮戦争が勃発したことによる日本への影響について書かれています。②について、日米通商航海条約が改正されたのは 1911 年のことです。③について、世界恐慌が発生したのは 1930 年代です。④について、アメリカと日本の貿易摩擦が問題となったのは 1980 年代で、1988 年にオレンジ・牛肉の輸入が自由化されました。したがって、正解は①です。

**解答番号【18】:①　　⇒重要度A**

問３　アについて、資料１の「両締約国間に外交及び領事関係が開設される」という部分から読み取ることができます。イについて、二十一カ条の要求は日中間のものですので、韓国と結んだ日韓基本条約には影響しません。ウについて、資料２の「無償で供与するものとする」という部分から誤りであることがわかります。エについて、「完全かつ最終的に解決されたこととなることを確認する」という部分から読み取ることができます。したがって、正解は②です。

**解答番号【19】:②　　⇒重要度B**

問４　①について、アメリカ軍駐留経費の分担が定められたのは 1960 年に結ばれた日米地位協定です。②について、主要国が国家の政策の手段としての戦争を放棄したのは第一次世界大戦後の 1928 年に結ばれた不戦条約です。③について、第二次世界大戦後の 1951 年にサンフランシスコ平和条約を締結し日本は主権を回復し国際社会に復帰しました。④について、1940 年の日独伊三国同盟でドイツ・イタリア・日本のアジア・ヨーロッパ内での指導的地位を相互に認め合いました。したがって、正解は③です。

**解答番号【20】:③　　⇒重要度A**

問５　アジア＝アフリカ会議は、冷戦体制下でアメリカ・ソ連のどちらの参加にも入らなかっ

た第三世界（第三勢力）と呼ばれる国によって行われました。したがって、正解は④です。

**解答番号【21】：④　　⇒重要度Ａ**

問６　先進国首脳会議（サミット）が初めて開かれたのは1975年です。①について、狂乱物価は列島改造計画や第一次石油危機の影響で1974年に日本でおきた地価・物価の高騰をさします。②について、海外からの復員将兵や民間の引揚者によって人口が増えたのは第二次世界大戦後で、1947年までに600万人以上の人々が復員・引揚を完了しました。③について、公職追放からの解放は1952年、サンフランシスコ平和平和条約の発行と同時に行われました。④について、地下鉄車内で神経ガスによる多数の被害者が出たのは1995年の地下鉄サリン事件です。したがって、正解は①です。

**解答番号【22】：①　　⇒重要度Ａ**

問７　資料３の「国際連合平和維持活動及び人道的な国際救援活動に対し適切かつ迅速な協力を行うため」という部分から、1992年に制定されたＰＫＯ協力法であることがわかります。表２中の大東亜会議は1943年、アジア＝アフリカ会議は1955年、第一回先進国首脳会議（サミット）は1975年、マルタ会談は1989年、気候変動枠組条約第３回締結会議は1997年ですので、ＰＫＯ協力法が制定された時期として適切なのは表中のＳの時期となります。したがって、正解は④です。

**解答番号【23】：④　　⇒重要度Ｃ**

問８　選択肢アのロンドンオリンピックは1948年、選択肢イのソ連のアフガニスタン侵攻は1978年から1989年、選択肢ウのアジア初のオリンピックは1964年の東京オリンピックです。したがって、正解は②です。

**解答番号【24】：②　　⇒重要度Ｃ**

## 4

問１　資料１の「学問は立身の資本ともいうもので、人であれば皆学ぶべきである」という部分から、空欄Ａには「全ての国民が学業を修めることが産業の発展につながる」が当てはまると推察できます。空欄Ｂについてはレポートの「政府は産業育成の模範工場としてＢを設立し」とあることから、「お雇い外国人を招いて富岡製糸場」が当てはまります。したがって、正解は③です。

**解答番号【25】：③　　⇒重要度Ｃ**

問２　空欄Ｃの周辺をみてみましょう。「寺内正毅内閣がＣの責任を取って倒れたため」とあります。寺内内閣が総辞職したのはシベリア出兵に起因する米騒動が理由でした。空欄Ｄについて、「重化学工業から先端技術産業への産業の転換を支える技術者」が必要になったのは1970年代のことです。資料２の大学令を出した原内閣は1918年～1921年の間でしたので、「会社員・銀行員など知的労働を行う」のほうが適切であると推察できます。したがって、正解は②です。

**解答番号【26】：②　　⇒重要度Ｃ**

問３資料３の「国民学校」という部分から、第二次世界大戦中のことであるとわかります。①

について、御親兵は明治時代に皇居をまもるために編成されたものです。②について、日本海海戦は日露戦争中のできごとです。③は 1894 年の甲午農民戦争について書かれています。④は第二次世界大戦中について書かれており、一国一党的な政治体制として大政翼賛会が結成されました。したがって、正解は④です。

**解答番号【27】：④　　　⇒ 重要度Ｂ**

問４　資料４中の「軍事的占領が日本側の自由主義的指導者の協力を得て、すでに大まかな地ならしを終わっていること」という部分から、第二次世界大戦後、ＧＨＱによる支配を受けている時の資料であると推察ができます。よって、発布したものとしてはアが、資料４から考えられることとしてはウが適切です。したがって、正解は①です。

**解答番号【28】：①　　　⇒ 重要度Ｃ**

# 令和５年度 第１回
# 高卒認定試験

## 旧世界史Ａ
## 旧日本史Ａ

## 解答時間　50 分

### 注　意　事　項（抜粋）

＊　試験開始の合図前に，監督者の指示に従って，解答用紙の該当欄に以下の内容をそれぞれ正しく記入し，マークすること。

①**氏名欄**

**氏名を記入**すること。

②**受験番号**，③**生年月日**，④**受験地欄**

**受験番号, 生年月日を記入**し, さらにマーク欄に**受験番号**（数字), **生年月日**（年号・数字), **受験地をマーク**すること。

＊　**受験番号，生年月日，受験地が正しくマークされていない場合は，採点できないことがある。**

＊　解答は，解答用紙の解答欄にマークすること。例えば，[ 10 ] と表示のある解答番号に対して②と解答する場合は，次の(例)のように**解答番号** 10 の**解答欄**の②に**マーク**すること。

（例）

| 解答番号 | 解　答　欄 |
|---|---|
| 10 | ① ● ③ ④ ⑤ ⑥ ⑦ ⑧ ⑨ ⓪ |

# 世　界　史　A

（解答番号 1 ～ 32 ）

**1** 次の文章と図版に関連して，問１～問２に答えよ。

ある高校の授業で，生徒が「自然環境と歴史」について，**資料**を見せながら発表している。

渡辺さん：　**資料１**・**資料２**は，フランスのアルプス地方の氷河についての図版と記録です。この地域には，アルジャンティエール氷河，レ＝ボワ氷河など四大氷河とよばれる氷河があります。

菊池さん：　**資料１**は同じ地点の風景のようですね。

渡辺さん：　はい。左は19世紀中頃のアルジャンティエール氷河の版画，右は20世紀中頃に同じ地点から撮った写真です。２枚の図版を見比べると，どんなことに気づきますか。

菊池さん：　背景のようすがずいぶん違います。(a)わずか100年で，氷河がほとんど姿を消しています。

渡辺さん：　その通りです。しかし，**資料２**を見ると，17世紀にはアルジャンティエール氷河が後退するどころかどんどん前進してきていて，周りの村々に迫っていたことがわかります。

菊池さん：　その約200年後の**資料１**でも，左の版画だと氷河はまだ集落の近くまで迫っていますね。その後のわずか100年余りで地球環境が大きく変わってきていることを実感します。

**資料１**

1850年から1860年頃のアルジャンティエール氷河

1966年頃のアルジャンティエール氷河

**資料２**

レ＝ボワ氷河とよばれる氷河は日に日に前進し，８月にはその土地から銃の射程のもう少し先のところまで近づいていて，４年もこうした状態が続けば，(b)教会に納める税の負担地を完全に破壊してしまう危険がある。…ラ＝ロズィエール村は，最大規模のアルジャンティエール氷河に脅かされており，氷河は大きく前進していて村を流し去る危険があった。

（1642年，税務に関する地元の名士からの報告書）

## III

問 1　下線部分(a)わずか100年で，氷河がほとんど姿を消していますということの原因として考えられる事柄と，**資料2**が作成された当時の世界のようすについて述べた文との組合せとして正しいものを，次の①～④のうちから一つ選べ。解答番号は [ 1 ] 。

| | 原因として考えられる事柄 | **資料2**が作成された当時の世界のようす |
|---|---|---|
| ① | 気候が寒冷化している | 「大躍進」政策の失敗で，多くの死者が出た。 |
| ② | 気候が寒冷化している | 三十年戦争で，ドイツの荒廃が進んだ。 |
| ③ | 気候が温暖化している | 「大躍進」政策の失敗で，多くの死者が出た。 |
| ④ | 気候が温暖化している | 三十年戦争で，ドイツの荒廃が進んだ。 |

問 2　下線部分(b)教会に納める税について述べた文として最も適切なものを，次の①～④のうちから一つ選べ。解答番号は [ 2 ] 。

① この税に対して，「代表なくして課税なし」という反対のよびかけがなされた。

② この税は，農民が収穫の十分の一を納める税だった。

③ この税は，非ムスリムに課される人頭税だった。

④ この税は，租調庸（租庸調）とよばれた。

**2** 次の文章と図版に関連して，**問1～問4**に答えよ。

生徒と先生が会話している。

先生： 1世紀から2世紀頃には，東西をつなぐ交易が盛んになりました。

生徒： どのように東西が結びついたのでしょうか。

先生： 東西交易には様々な交易路が存在していましたが，主に三つのルートがありました。中国の絹が主要な交易品であったため，「絹の道(シルク＝ロード)」とよばれることも多いですね。そのうちの一つが，中央アジアの乾燥地帯に点在する［ A ］をつなぐ交易路です。ラクダを利用した隊商交易が行われていました。

生徒： この頃の中国の王朝は，後漢ですね。中央アジアに進出した後漢は，失敗には終わりましたが，(a)ローマ帝国へ使者を派遣しましたね。

先生： 二つ目は北方の「草原の道」で，(b)騎馬遊牧民が活躍しました。そして，三つ目が(c)「海の道」です。1世紀頃には，海上交易が活発になりました。東南アジアでは，メコン川下流域の［ B ］などの港市国家が発展しました。［ B ］の港のオケオからはローマ帝国の金貨が出土しており，当時の交易の広がりを知ることができます。

砂漠を行く隊商

問 1 　[ A ] に当てはまる語句と，[ B ] に当てはまる国との組合せとして正しいものを，次の①～④のうちから一つ選べ。解答番号は [ 3 ] 。

| | A | B |
|---|---|---|
| ① | 荘　園 | 扶　南 |
| ② | 荘　園 | ポーランド |
| ③ | オアシス | 扶　南 |
| ④ | オアシス | ポーランド |

問 2 　下線部分ローマ帝国(a)は395年に東西分裂するが，分裂後の東ローマ帝国(ビザンツ帝国)について述べた文として適切なものを，次の①～④のうちから一つ選べ。解答番号は [ 4 ] 。

① ユスティニアヌス帝が，領土を拡大した。

② ハンムラビ王が，法典を発布した。

③ クロムウェルが，ピューリタン革命を指導した。

④ ウィルソンが，「十四カ条」を提案した。

問 3 　下線部分騎馬遊牧民(b)について，13世紀に大帝国となったモンゴルの君主であり，元の初代皇帝として中国を統治した人物を，次の①～④のうちから一つ選べ。解答番号は [ 5 ] 。

①

孔　子

②

スカルノ

③

マンサ＝ムーサ

④

フビライ＝ハン

問 4　下線部分海の道(c)について，次の**資料**は，１世紀頃の海上交易についての記録である。**資料**から推測される航路はどのようなものか。下の略地図中のおよその航路**あ**～**え**のなかから適切なものを，下の①～④のうちから一つ選べ。解答番号は 6 。

**資料**

舵手(だしゅ)ヒッパロスが初めて…大海横断による航路を発見し，それ以来インド洋で局地的に吹く季節風である南西風は…発見した人にちなみ「ヒッパロス」とよばれる。以来今日まで…自分の航行に都合よい風を得て，沿岸を離れ外海を通って…航海するのである。

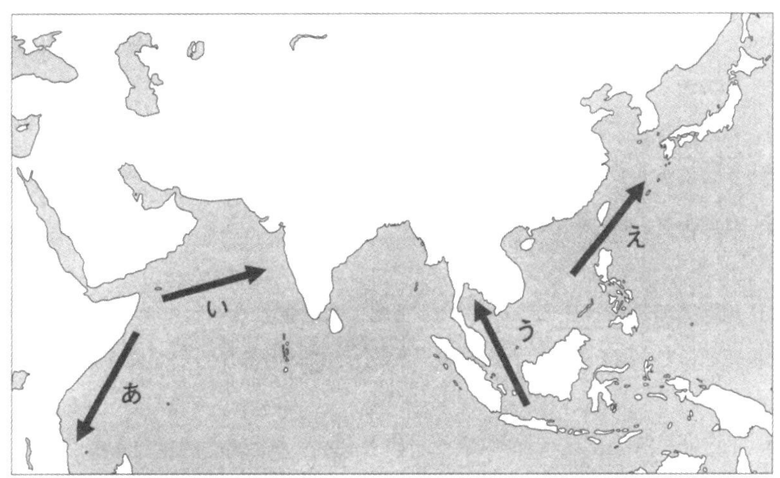


① あ　　② い

③ う　　④ え

**3** 1～2の文章と図版に関連して，問1～問5に答えよ。

1 高校生の湊さんは，世界史の探究学習で「絵画からみる世界史」というテーマを設定した。メモは「泰西王侯騎馬図屏風(たいせいおうこうきばずびょうぶ)」についてまとめたものである。

メモ

「泰西王侯騎馬図屏風」
- この屏風には，左から順に，イギリス王(神聖ローマ皇帝という説もある)，フランス王アンリ4世(a)，アビシニア(現在のエチオピア)王，ペルシア王が描かれている。
- 17世紀前半に描かれたと考えられるこの屏風は，福島県の会津若松城にあったとされている。
- 作者はイエズス会が設立した工房で絵画の修業をした日本人画家と推測されている。
- 日本画の材料である金箔(きんぱく)や岩絵(いわえ)の具(ぐ)を用いつつ，遠近法など西洋画の技法を取り入れている。
- 17世紀の世界地図(b)に類似の騎馬像が掲載されており，この世界地図の絵を基に描かれた可能性もある。

「泰西王侯騎馬図屏風」

問1 下線部分フランス王アンリ4世(a)について述べた文として適切なものを，次の①～④のうちから一つ選べ。解答番号は 7 。

① 郡県制を導入した。

② ペレストロイカとよばれる改革を行った。

③ ナントの王令(ナントの勅令)を発布した。

④ クリミア戦争をおこした。

問 2　下線部分世界地図(b)に関連して，次の世界地図**あ**・**い**のうち，大航海時代以降のヨーロッパにおける新たな地理的知識が反映されていると考えられる世界地図と，その根拠との組合せとして正しいものを，下の①～④のうちから一つ選べ。解答番号は［ 8 ］。

あ

い



| | 世界地図 | 根　拠 |
|---|---|---|
| ① | あ | イェルサレムが世界の中心として描かれている。 |
| ② | あ | 南北アメリカ大陸が描かれている。 |
| ③ | い | イェルサレムが世界の中心として描かれている。 |
| ④ | い | 南北アメリカ大陸が描かれている。 |

2　高校生の洪さんは，ムガル絵画(ムガル細密画)について調べ，**レポート**を作成した。

**レポート**

**○ムガル絵画の成立**

インドのムガル帝国の第２代皇帝が，イランの画家を宮廷に招いたことに始まる。

第３代皇帝アクバル(c)の時代には，宮廷内に工房が設けられ，職人集団が形成された。

ムガル皇帝の回想記などの写本の挿絵として普及していった。

**○ムガル絵画の特徴**

イランで発達した細密画を起源とし，インドの文化の影響を受けている。また，17世紀前半，第４代皇帝ジャハーンギールの時代の画家たちは，ルネサンス(d)期のヨーロッパ絵画の影響を受けたとされている。例えば，この時代に制作された「ジャハーンギール，諸王よりスーフィーを好む」にはオスマン帝国(e)のスルタンに加え，イギリス国王ジェームズ１世の肖像が描かれている。

オスマン帝国のスルタン

「ジャハーンギール，諸王よりスーフィーを好む」

問 3 下線部分(c)アクバルについて述べた文として適切なものを，次の①～④のうちから一つ選べ。解答番号は 9 。

① アフリカ縦断政策を進めた。

② 開発独裁を行った。

③ パナマ運河を建設した。

④ ムスリムとヒンドゥー教徒の融和を進めた。

問 4 下線部分(d)ルネサンスに関連して，「ダヴィデ像」や「最後の審判」などの作品で知られる芸術家を，次の①～④のうちから一つ選べ。解答番号は 10 。

①

魯 迅

②

ピカソ

③

ミケランジェロ

④

ペリクレス

問 5　下線部分(e)オスマン帝国が，ビザンツ帝国を滅ぼした後に都とした都市の略地図中のおよその位置と，都の呼称との組合せとして正しいものを，下の①～④のうちから一つ選べ。解答番号は 11 。

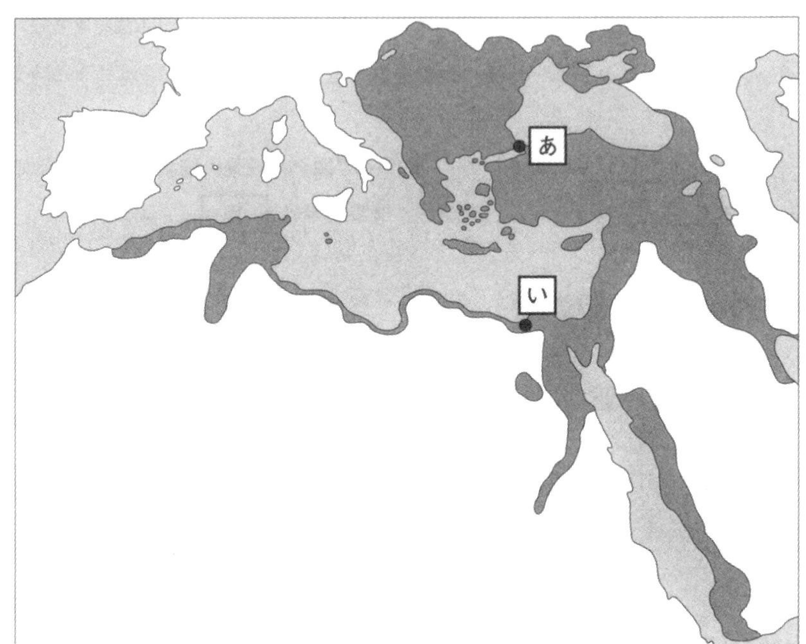


17 世紀のオスマン帝国の領域

| | 位　置 | 呼　称 |
|---|---|---|
| ① | あ | イスタンブル |
| ② | あ | アレクサンドリア |
| ③ | い | イスタンブル |
| ④ | い | アレクサンドリア |

**4** 1～2の文章と図版に関連して，問1～問6に答えよ。

1 星さんと泉さんが，先生と，**表**と**図**を見ながら会話している。

星さん：先生，アメリカ合衆国にはニューヨーク州のように，頭にニューが付く地名が多いですよね。やはり移民が名付けたからなのでしょうか。

先　生：ニューが付く地名については，移民由来のものが多いのは確かです。しかし，州名で最も多いのは，先住民の言葉に由来するものです。**表**を見てください。

泉さん：半数以上が先住民由来ですが，ヨーロッパ諸国が由来の州名も多いです。ヨーロッパ諸国との関わりから領土を拡大した<u>アメリカ合衆国の歴史</u>(a)に関係していそうです。

先　生：一方で，都市の名前になると，その由来は移民由来のものではなく，人名や，他の国の地名にあやかったものが多くなります。**図**を見てください。どこか気になった都市名はありますか。

星さん：ハンバーグはドイツが由来でしょうか。レバノンという<u>西アジア</u>(b)の地名が複数ありますね。

泉さん：英語読みなので分かりづらいですが，アセンズはアテネ，ケーロはカイロですね。他国の首都名がいくつもあります。なぜ外国の地名が由来の都市名が多いのでしょうか。

先　生：地形が似ていたとか，その都市の繁栄にあやかろうとしたからなど，理由は様々です。

泉さん：移民の国，アメリカ合衆国らしい発想ですね。

| 州名の由来 | 数 |
|---|---|
| 先住民 | 27 |
| イギリス | 14 |
| スペイン | 4 |
| フランス | 2 |
| ラテン語 | 2 |
| ポリネシア語 | 1 |

**表** アメリカ合衆国の州名の由来

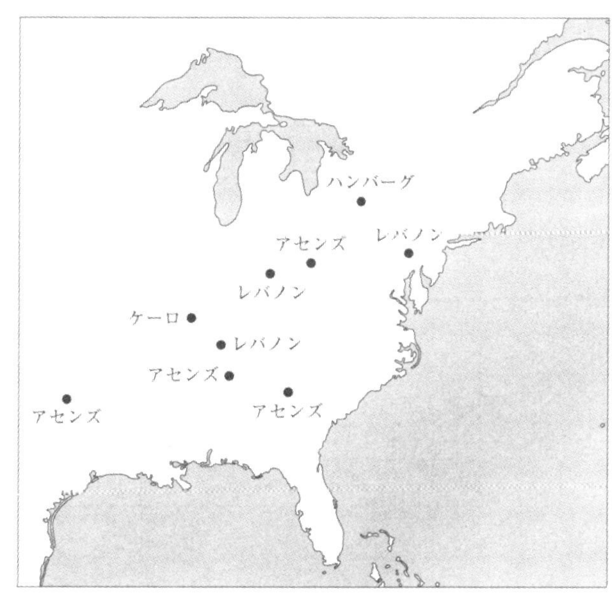


**図** 外国の地名が由来のアメリカ合衆国の都市(一部)

問 1　下線部分アメリカ合衆国の歴史(a)について述べた次の(ア)～(ウ)を，古いものから順に正しく並べたものを，下の①～④のうちから一つ選べ。解答番号は 12 。

(ア)　日本にペリーを派遣し，開国を求めた。

(イ)　北アメリカ大陸の東海岸に，13 植民地が形成された。

(ウ)　アメリカ＝スペイン戦争(米西戦争)で勝利した。

① (ア)→(イ)→(ウ)　② (ア)→(ウ)→(イ)

③ (イ)→(ア)→(ウ)　④ (ウ)→(ア)→(イ)

問 2　下線部分西アジア(b)の 18 世紀のようすについて述べた文として適切なものを，次の①～④のうちから一つ選べ。解答番号は 13 。

①　ワッハーブ運動がおこった。

②　ピラミッドが建設された。

③　チャーティスト運動が高揚した。

④　第 1 回三頭政治が行われた。

2 星さんは，興味を持った都市について調べ，メモにまとめた。

メモ

ウラジヴォストークは「東方を支配せよ」

・19世紀のロシア帝国は，太平洋方面への進出を活発に行った。第2次アヘン戦争ともよばれる，1856年に始まった **A** をきっかけに清から沿海州を獲得したことで，ロシアの領土は日本海に達した。その中心地として1860年に建設されたのがウラジヴォストークである。都市名は「ウラジ(支配する)」と「ヴォストーク(東)」からなる。

・ロシアと清は貿易(c)を行っていたが，この都市はロシアの太平洋進出の軍事的な拠点として重要性が増していった。

・現在の首都モスクワとつながる **B** の東の起点ともなった。

ロシア帝国と日本

・日本とは，1875年に国境に関する **C** を結んだ。

・ウラジヴォストークを拠点とするロシアの東方進出を警戒した日本とは，次第に対立が深まり，1904年に日露戦争(d)で激突することになった。

さらに調べてみたいこと

・ロシアは，南下政策(e)とよばれる領土拡大政策を行っていた。その拠点となった都市があるかどうか調べると，18世紀に「ウラジカフカース」という都市が建設されたことがわかった。他にも「ウラジ」から始まる都市がないか調べてみたい。

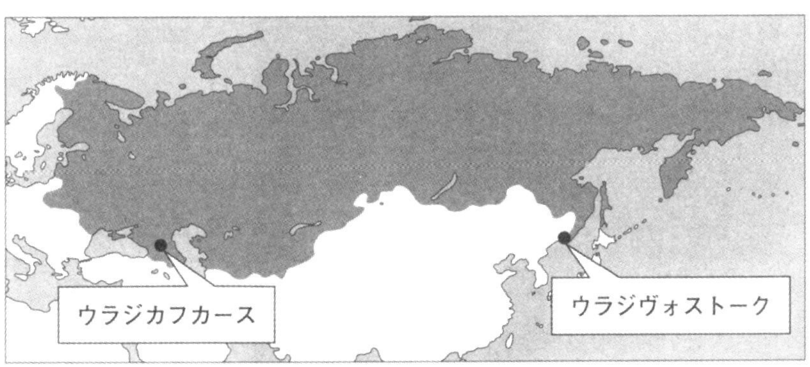

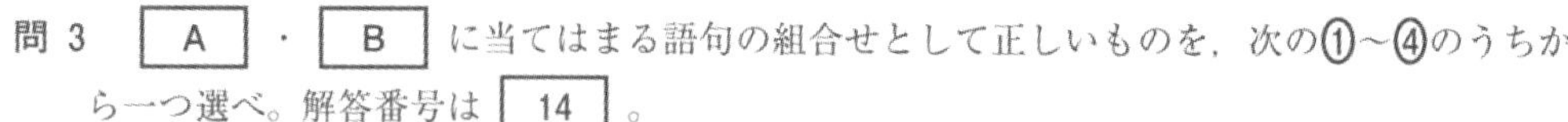

問 3 A ・ B に当てはまる語句の組合せとして正しいものを，次の①～④のうちから一つ選べ。解答番号は 14 。

| | A | B |
|---|---|---|
| ① | ポエニ戦争 | シベリア鉄道 |
| ② | ポエニ戦争 | 大陸横断鉄道 |
| ③ | アロー戦争 | シベリア鉄道 |
| ④ | アロー戦争 | 大陸横断鉄道 |

問 4 下線部分貿易(c)に関連して，ロシアと清の貿易について次の**資料**から読み取れることと，C に当てはまる条約との組合せとして正しいものを，下の①～④のうちから一つ選べ。解答番号は 15 。

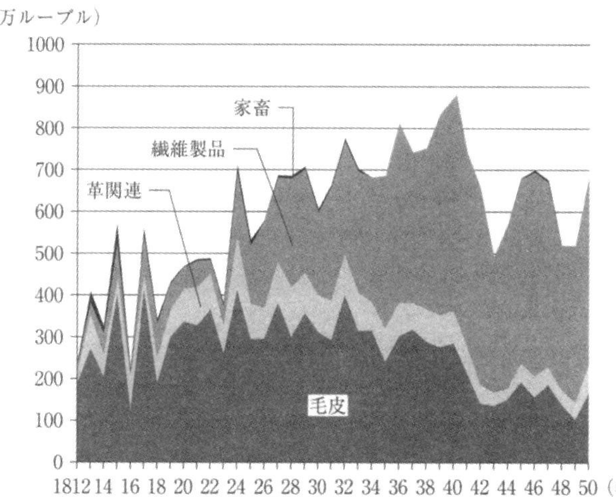


**資料** ロシアから清に輸出された主要な品目とその取引額の変化

| | **資料**から読み取れること | C |
|---|---|---|
| ① | 1812 年と 1850 年を比べると，繊維製品の輸出額が増加している。 | 樺太・千島交換条約 |
| ② | 1812 年と 1850 年を比べると，繊維製品の輸出額が増加している。 | ブレスト＝リトフスク条約 |
| ③ | 1812 年から 1850 年にかけて，毛皮の輸出額は，一貫して増加している。 | 樺太・千島交換条約 |
| ④ | 1812 年から 1850 年にかけて，毛皮の輸出額は，一貫して増加している。 | ブレスト＝リトフスク条約 |

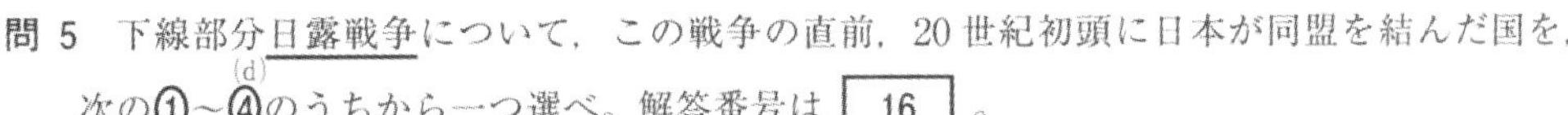

問5　下線部分日露戦争(d)について，この戦争の直前，20世紀初頭に日本が同盟を結んだ国を，次の①～④のうちから一つ選べ。解答番号は 16 。

① ドイツ　　② イギリス

③ ブラジル　　④ インド

問6　下線部分南下政策(e)に関連して，ロシアが行ったこととして適切なものを，次の①～④のうちから一つ選べ。解答番号は 17 。

① 黄河と長江を結ぶ大運河を建設した。

② インカ帝国を滅ぼした。

③ 真珠湾を攻撃した。

④ イランのカージャール朝と戦った。

**5** 1〜2の文章と図版に関連して，**問1〜問7**に答えよ。

1　ブリアンは，フランスの第三共和政の時期の政治家で，ノーベル平和賞を受賞した人物である。彼は，フランス社会党に入党すると，間もなく下院議員に初当選した。その後，25回も閣僚に任命され，そのうちの11回は首相であった。

彼は，1921年から1922年にかけて開催され，海軍軍縮条約や中国に関する九カ国条約などを締結した［A］に参加した。また，1925年に首相に就任した際には，ドイツの賠償金支払いの遅れに端を発し，ドイツで激しいインフレーションを招いた出来事である［B］の終息を図った。さらに，1928年には外交について定めた条約(a)の成立にも尽力した。この条約は1929年(b)に発効した。しかし，彼が中心となって構築した国際協調体制は，1930年代に入ると，ヨーロッパや東アジア(c)など世界各地でほころび始めた。

ブリアン

問1　［A］・［B］に当てはまる語句の組合せとして正しいものを，次の①〜④のうちから一つ選べ。解答番号は［18］。

| | A | B |
|---|---|---|
| ① | ワシントン会議 | 9.11同時多発テロ事件 |
| ② | ワシントン会議 | ルール占領 |
| ③ | トリエント公会議 | 9.11同時多発テロ事件 |
| ④ | トリエント公会議 | ルール占領 |

問２　下線部分条約(a)について，次の**資料**は，1928年にブリアンらの尽力によって成立したこの条約からの抜粋である。この条約を，下の①～④のうちから一つ選べ。解答番号は 19 。

**資料**

> 締約国は，国際紛争解決のために戦争に訴えることを非難し，かつ，相互の関係において国家政策の手段として戦争を放棄することを，各々の人民の名において厳粛に宣言する。

① 不戦条約　② サン＝ステファノ条約
③ 南京条約　④ トルデシリャス条約

問３　下線部分1929年(b)におこった世界恐慌後の，各国の工業生産の変化を表したものが，次の**グラフ**である。世界恐慌に対してイギリスが行った政策と，この**グラフ**から読み取れることとの組合せとして正しいものを，下の①～④のうちから一つ選べ。解答番号は 20 。

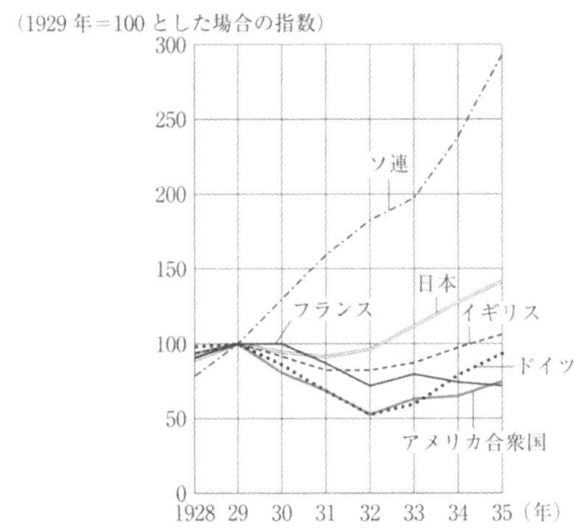


**グラフ**　各国の工業生産指数の変化

| | イギリスが行った政策 | **グラフ**から読み取れること |
|---|---|---|
| ① | イクター制 | ソ連の工業生産は，世界恐慌の影響を受けず，伸び続けている。 |
| ② | イクター制 | 1935年の段階で，アメリカ合衆国の工業生産は，世界恐慌前の水準に回復している。 |
| ③ | ブロック経済 | ソ連の工業生産は，世界恐慌の影響を受けず，伸び続けている。 |
| ④ | ブロック経済 | 1935年の段階で，アメリカ合衆国の工業生産は，世界恐慌前の水準に回復している。 |

問 4　下線部(c)東アジアの 1930 年代のようすについて述べた文として適切なものを，次の①～④のうちから一つ選べ。解答番号は 21 。

① 石油輸出国機構(OPEC)が結成された。

② ズデーテン地方の併合が認められた。

③ ハングル(訓民正音)が定められた。

④ 日中戦争がおこった。

2　陳独秀は，20世紀前半(d)の中国の歴史の中心にいた人物の1人である。1911年に始まった C を経て，1912年に中華民国政府が成立すると，彼は地方で要職に就いた。しかし，袁世凱による議会解散などを機に，職を辞した。その後，彼が発刊したのが，「民主と科学」をスローガンとした『青年雑誌』である。後に『新青年』と改称されたこの雑誌は，新文化運動を推進する役割を担った。

1919年のパリ講和会議で中国の主張が拒否されると，北京の大学生たちによって抗議デモが行われ，これが全国に広がった。この動きを D というが，彼はこの時，民衆の力に深い感銘を受けたという。彼はコミンテルン(e)の指導のもと，民衆を率いて運動を進めたが，第1次国共合作の失敗の責任を追及されて，指導者の地位を辞した。その後，コミンテルンを批判して失脚し，不遇のうちに死去した。

陳独秀

問5　下線部分20世紀前半(d)の南アジアのようすについて述べた文として適切なものを，次の①～④のうちから一つ選べ。解答番号は 22 。

① ダマスクスを都としてウマイヤ朝が成立した。

② カール大帝が，ローマ皇帝の冠を授かった。

③ ガンディーが，「塩の行進」を行った。

④ ガーナ王国が繁栄した。

問 6 C ・ D に当てはまる語句の組合せとして正しいものを，次の①～④のうちから一つ選べ。解答番号は 23 。

| | C | D |
|---|---|---|
| ① | 辛亥革命 | 公民権運動 |
| ② | 辛亥革命 | 五・四運動 |
| ③ | 七月革命 | 公民権運動 |
| ④ | 七月革命 | 五・四運動 |

問 7 下線部分(e)コミンテルンを創設したレーニンについて述べた文として適切なものを，次の①～④のうちから一つ選べ。解答番号は 24 。

① ボリシェヴィキを指導した。

② 九十五カ条の論題を発表した。

③ ティムール帝国を建てた。

④ 『神曲』を著した。

**6** 1～2の文章と図版に関連して，**問1～問6**に答えよ。

1 高校生の関さんが作った**図**を見ながら，関さんと林さんが話し合っている。

関さん： アメリカ合衆国と中華人民共和国の握手は，対立していた両国の関係改善を表しています。

林さん： 「1972」の数字は，アメリカ合衆国大統領の **A** が中国を訪問した年を表していますね。「ソ連に対抗で一致」は，両国の接近を示しているのですね。

関さん： 「国境紛争」は，中国とソ連が，珍宝島(ダマンスキー島)で武力衝突したことを指しています。

林さん： アメリカ合衆国とソ連の間には，両国の対立を象徴する「冷戦」という言葉がありますね。(a)1940年代後半から，冷戦の対立構造がつくられていきますね。

関さん： そうです。アメリカ合衆国とソ連の対立に始まった冷戦は，中国とソ連の対立も加わり，(b)1970年代になると，**図**のように複雑な対立構造になっていきました。

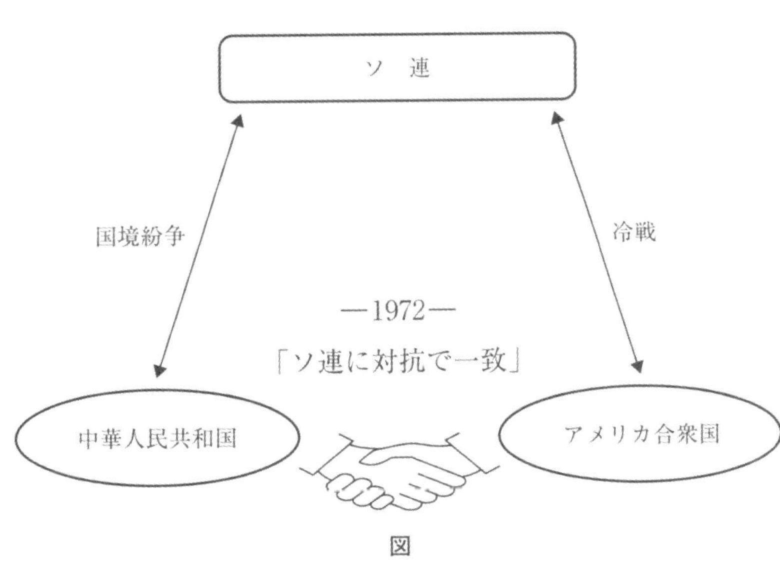


**図**

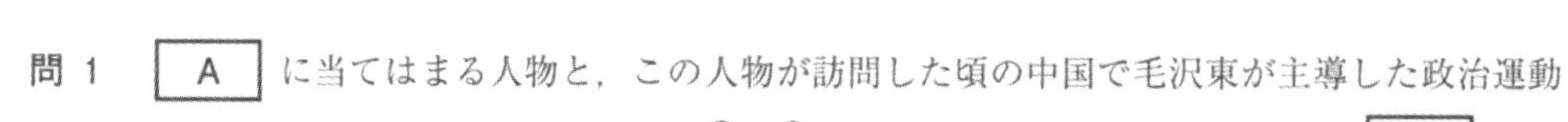



問1 [A] に当てはまる人物と，この人物が訪問した頃の中国で毛沢東が主導した政治運動との組合せとして正しいものを，次の①～④のうちから一つ選べ。解答番号は [25] 。

| | A | 政治運動 |
|---|---|---|
| ① | ニクソン | 文化大革命 |
| ② | ニクソン | 血の日曜日事件 |
| ③ | ラ＝ファイエット | 文化大革命 |
| ④ | ラ＝ファイエット | 血の日曜日事件 |

問2 下線部分1940年代後半(a)におけるアメリカ合衆国とソ連の対立について述べた文として適切なものを，次の①～④のうちから一つ選べ。解答番号は [26] 。

① 十字軍の遠征が行われた。

② 農奴解放令が出された。

③ ベルリン封鎖が行われた。

④ 三国干渉が行われた。

問3 下線部分1970年代(b)の国際関係について述べた文として適切なものを，次の①～④のうちから一つ選べ。解答番号は [27] 。

① 南蛮貿易が行われた。

② ドイツが，3B政策を進めた。

③ イギリスが，無敵艦隊(アルマダ)を破った。

④ 先進国首脳会議(サミット)が始まった。

2 生徒がパレスチナ問題について調べ，発表用のパネルを作成した。

パネル

テーマ：イスラエルとPLO(パレスチナ解放機構)の関係の変遷

I PLOの対話路線への転換とラビンのイスラエル首相就任

1) イスラエルに故郷のパレスチナ地方を追われたパレスチナ人の一部は，1964年にPLOを設立し，当初はイスラエルに対して武装闘争路線を採った。
→その後，アラファトがPLO議長となり，闘争が激化する。

2) アラファトが，1988年にイスラエルとの共存を求める国連決議を受け入れ，対話路線に転換した。
→1991年の湾岸戦争(c)で，イラクを支持し国際社会で孤立する。

3) 1992年，イスラエルの首相にラビンが就任する。パレスチナ人との和平交渉を最優先課題とする。

II パレスチナ地方に関する [ B ] に至る経緯

1) 1991年にスペイン(d)のマドリードで行われた中東和平会議では，PLOを排除したため，成果が出なかった。→ラビンは，PLOとの直接交渉の必要性を認識する。

2) 1993年にイスラエルとPLOが，秘密交渉を開始し，和平に関する原則を作成，合意に至る。

3) [ B ] 内容
・ガザ地区とヨルダン川西岸地区におけるパレスチナ人政府の発足。
・イスラエル政府とパレスチナ人との交渉を継続し，最終解決を目指す。

アメリカ合衆国の仲介で握手を交わすラビン(左)とアラファト(右)

問 4 下線部分(c)湾岸戦争について述べた文として適切なものを，次の①～④のうちから一つ選べ。解答番号は 28 。

① サライェヴォ事件がきっかけとなった。

② クウェート侵攻をめぐって戦われた。

③ ガリバルディが，軍を率いて戦った。

④ アケメネス朝が滅んだ。

問 5 下線部分(d)スペインも参加した，冷戦期における西側陣営の軍事同盟を，次の①～④のうちから一つ選べ。解答番号は 29 。

① 北大西洋条約機構(NATO)

② 国際通貨基金(IMF)

③ 国際赤十字社

④ 三国協商

問 6 B に当てはまる語句として適切なものを，次の①～④のうちから一つ選べ。解答番号は 30 。

① バルフォア宣言の発表

② モンロー宣言(モンロー教書)の発表

③ 暫定自治協定の調印

④ GATT(関税と貿易に関する一般協定)の調印

**7** 次の文章と図版に関連して，**問1**～**問2**に答えよ。

国連難民高等弁務官事務所（UNHCR）は，1950年に設立された国際連合の難民問題に関する機関である。設立当初は，第二次世界大戦によって生じたヨーロッパの難民の救済を目的としていた。その後，スターリン批判の影響を受けて1956年に［A］で自由化を求めた動乱がおこった。それによって生じた避難民の支援を行ったことを契機に，様々な地域の難民の問題を扱うこととなった。(a)1960年代以降は，世界各地において難民支援に取り組んでいる。中東・北アフリカの各地で2011年に［B］とよばれる民主化運動が展開したが，騒乱や内戦がおこったため，特にシリアで多くの難民が生じた。また，2022年にロシアがウクライナに侵攻したことにより，ウクライナで多くの難民が生じた。UNHCRは，シリア難民，ウクライナ難民の支援も行っている。

国連難民高等弁務官事務所（UNHCR）のロゴ

**問1** ［A］に当てはまる国と，［B］に当てはまる語句との組合せとして正しいものを，次の①～④のうちから一つ選べ。解答番号は［31］。

| | A | B |
|---|---|---|
| ① | アルゼンチン | シパーヒーの反乱 |
| ② | アルゼンチン | アラブの春 |
| ③ | ハンガリー | シパーヒーの反乱 |
| ④ | ハンガリー | アラブの春 |

問 2　下線部分(a)1960年代以降は，世界各地において難民支援に取り組んでいるに関連して，難民に関して次の図から読み取って考察したことについて述べた下の(ア)・(イ)の正誤を判断し，その組合せとして正しいものを，下の①～④のうちから一つ選べ。解答番号は 32 。

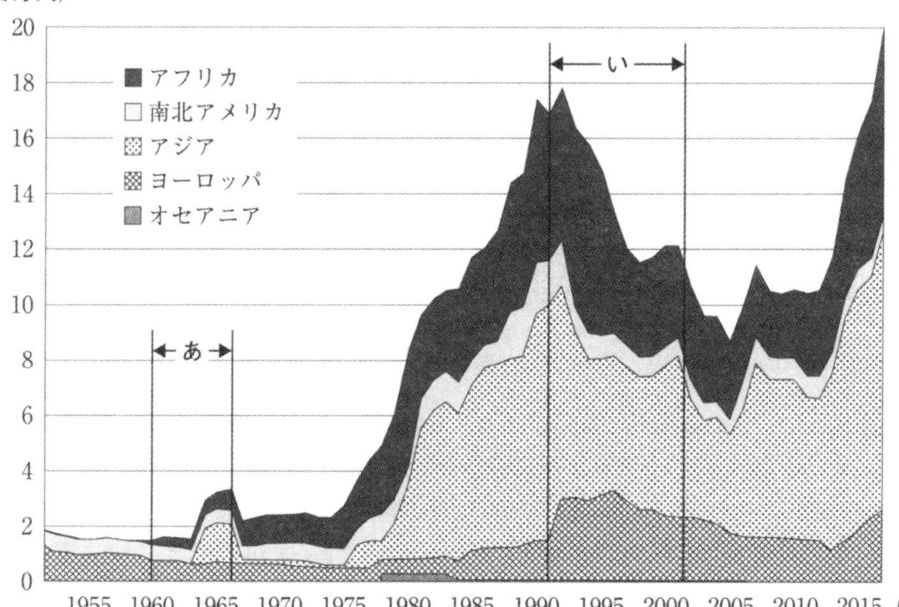


図　難民の推定数

(ア)　あの時期のアフリカにおける難民の発生は，多くの国家が宗主国から独立した際の混乱によって生じたと考えられる。

(イ)　いの時期のヨーロッパにおける難民の増加は，ユーゴスラヴィアの内戦によって生じたと考えられる。

| | | | |
|---|---|---|---|
| ① (ア)―正 | (イ)―正 | ② (ア)―正 | (イ)―誤 |
| ③ (ア)―誤 | (イ)―正 | ④ (ア)―誤 | (イ)―誤 |

（これで世界史Aの問題は終わりです。）

# 日　本　史　A

（解答番号 1 ～ 28 ）

**1** 次の会話文1・2を読み，後にある問1～問8に答えよ。

会話文1

先　生：日本において，国民が政治に参加できるようになったと言えるのはいつ頃だと考えますか。

生徒X：明治新政府が成立した頃ではないでしょうか。徳川慶喜(a)が［ A ］後に成立した新政府によって五箇条の誓文が出され，広く会議を開いて国のまつりごとを決めるということが宣言されたので，国民が政治に参加できるようになったと言えると思います。

生徒Y：私は，もう少し後の時期だと思います。なぜなら，この時期より後に，板垣退助らが政府に［ B ］を提出し自由民権運動(b)がおこっているからです。

先　生：具体的には，いつ頃だと考えますか。

生徒Y：大日本帝国憲法(c)が発布された頃だと考えます。なぜなら，現在の国会にあたる帝国議会が開かれることになり，衆議院議員は選挙によって選ばれることになったからです。

問1 ［ A ］［ B ］に当てはまる語句の組合せとして適切なものを，次の①～④のうちから一つ選べ。解答番号は 1 。

① A―朝廷に政権を返上した　B―東洋大日本国国憲按
② A―朝廷に政権を返上した　B―民撰議院設立の建白書
③ A―東京を首都に定めた　B―東洋大日本国国憲按
④ A―東京を首都に定めた　B―民撰議院設立の建白書

問2 下線部分徳川慶喜(a)が将軍に就任するよりも前のできごとについて述べた文として適切なものを，次の①～④のうちから一つ選べ。解答番号は 2 。

① 秩禄処分が行われ，華族や士族の家禄が廃止された。
② 近代的な軍隊の創設がめざされ，徴兵令が公布された。
③ ロシアとの間で条約が結ばれ，得撫島（ウルップ）と択捉島（エトロフ）の間が国境とされた。
④ えた・非人などの称が制度上廃止され，平民とされた。

問 3　下線部分(b)自由民権運動を思想面で支えた**人物**と，その人物についての**説明文**の組合せとして最も適切なものを，下の①～④のうちから一つ選べ。解答番号は 3 。

**人　物**

ア　中江兆民　　　　イ　小林多喜二

**説明文**

ウ　ルソーの社会契約説を紹介した。

エ　労働者の生活に根差した作品を発表した。

① アーウ　　② アーエ　　③ イーウ　　④ イーエ

問 4　下線部分(c)大日本帝国憲法について述べた次の文**ア・イ**の正誤の組合せとして適切なものを，下の①～④のうちから一つ選べ。解答番号は 4 。

ア　憲法の草案は，ドイツ人顧問らの助言を得て起草された。

イ　立法権をもつ議会は，衆議院と参議院の二院制であった。

① アー正　イー正　　② アー正　イー誤
③ アー誤　イー正　　④ アー誤　イー誤

会話文 2

先　生：明治政府の要人たちが，近代化した欧米諸国に日本も追いついたと感じられるようになったのはいつ頃だと考えますか。

生徒X：私は，江戸時代の末期に相次いで締結した不平等条約(d)が改正されたときだと考えます。条約改正のための交渉は何度も失敗しましたが，［ C ］の整備が進められたことによって条約の一部分が改正されました。

先　生：たしかに，近代国家に必要なものが整備されたから条約の改正が実現したと考えることができます。他には，どのようなことが考えられますか。

生徒Y：私は，日清戦争(e)に勝利したときだと考えます。

先　生：なぜそのように考えるのですか。

生徒Y：日清戦争の講和条約によって得た賠償金の一部も利用して，［ D ］に移行することができたからです。当時，欧米の主要国は［ D ］を採用しており，日本もそれにそろえることによって，為替相場の安定や貿易の発展につなげようとしたのだと考えます。

先　生：なるほど。経済のしくみに着目したのですね。日本の近代化(f)がどのようになされたのかを考えるには，ほかにどのような視点をもつ必要があるのかも検討してみましょう。

**問 5**　［ C ］［ D ］に当てはまる語句の組合せとして最も適切なものを，次の①～④のうちから一つ選べ。解答番号は［ 5 ］。

① C―憲法や民法，商法などの法典　　D―金本位制
② C―憲法や民法，商法などの法典　　D―管理通貨制度
③ C―ラジオ放送や新聞などのマスメディア　　D―金本位制
④ C―ラジオ放送や新聞などのマスメディア　　D―管理通貨制度

**問 6**　下線部分江戸時代の末期に相次いで締結した不平等条約(d)に関して，締結の経緯や締結後の日本社会のようすについて述べた文として**適切でないもの**を，次の①～④のうちから一つ選べ。解答番号は［ 6 ］。

① アメリカ合衆国使節のペリーは，開港を強硬にせまった。
② 日本は，オランダ・ロシア・イギリスなどと不平等な条約を結んだ。
③ 条約締結の際の日本側の代表は，伊藤博文であった。
④ 生糸や茶などが輸出されて品不足になり，物価が上がった。

問 7　下線部分日清戦争(e)よりも前のできごとについて述べた文として適切なものを，次の①〜④のうちから一つ選べ。解答番号は [ 7 ] 。

① 日本とイギリスの間で，日英同盟が成立した。

② 日本とアメリカ合衆国の間で，桂・タフト協定が結ばれた。

③ 清国で，三民主義を掲げる孫文を中心に辛亥革命がおこった。

④ 朝鮮で，金玉均らが国内改革を進めようとしてクーデタをおこした。

問 8　下線部分日本の近代化(f)に関連するできごとについて述べた次の**ア**〜**ウ**を年代の古い順に正しく並べたものを，下の①〜④のうちから一つ選べ。解答番号は [ 8 ] 。

ア　府知事・県令からなる地方官会議が設置された。

イ　廃藩置県が実施され，中央から府知事・県令が派遣される体制になった。

ウ　すべての藩主が，天皇に領地と領民を返還した。

① ア→イ→ウ　　② ア→ウ→イ　　③ ウ→ア→イ　　④ ウ→イ→ア

**2** 次のⅠ・Ⅱは1927年に東京で生まれたある人物の回顧録の一部である。Ⅰ・Ⅱを読み，後にある**問1～問8**に答えよ。なお，出題のため，改変してある。

Ⅰ

麻布区霞町22番地の祖父・芳澤謙吉の家で生まれました。現在の住居表示だと港区西麻布3丁目です。…(中略)…西麻布の交差点には，(a)当時，「霞町」という市電の停留場があって，市電の7番が走っていたのを覚えています。…(中略)…

総理大臣になる前の曾祖父と，当時赤ん坊だった私が一緒に撮った写真がありまして，そういう写真を見て，［A］という偉い人が身近にいたということは知っていました。［A］が殺害された五・一五事件のときは私はまだ4歳でしたし，当時は家族でアメリカにいましたから，曾祖父の［A］についての実際の記憶はありません。…(中略)…そういう事件もありましたから，私の家は一貫して反軍部でした。…(中略)…

戦後(注1)，博士論文で満州事変の研究を始めたときに，荒木貞夫元陸軍大将に話を聞きに行ったのですが，なんとも言えない気持ちがしました。(b)国際協調を維持しようとした首相の［A］は，満州事変後の軍部を抑えるつもりで荒木を陸軍大臣に据えたのですが，その彼が(c)国際連盟脱退を推進したわけです。…(中略)…

1937年の夏休みに(父の赴任先の)香港から東京に船で帰るとき，［B］が始まりました。上海で，父の知り合いの方が「とうとう始まったね」と言われたのを覚えています。

(注1) 第二次世界大戦後。

**問1** ［A］［B］に当てはまる語句の組合せとして適切なものを，次の①～④のうちから一つ選べ。解答番号は［9］。

① A―原　敬　B―日中戦争
② A―原　敬　B―山東出兵
③ A―犬養毅　B―日中戦争
④ A―犬養毅　B―山東出兵

問 2　下線部分当時，「霞町」という市電の停留場があって(a)に関して，市電の**写真**と**当時の都市のようす**について述べた文の組合せとして最も適切なものを，下の①～④のうちから一つ選べ。解答番号は［10］。

**写　真**

ア

イ

**当時の都市のようす**

ウ　ザンギリ頭が流行し，警察官の制服など，洋服姿の人が見られるようになった。

エ　映画館やデパートなどが立ち並び，電話交換手などとして働く女性が見られるようになった。

①　アーウ　　②　アーエ　　③　イーウ　　④　イーエ

問 3　下線部分国際協調(b)について，この国際協調が進められていた1920年代の日本について述べた次の文ア・イの正誤の組合せとして適切なものを，下の①～④のうちから一つ選べ。解答番号は［11］。

ア　デモクラシーを求める声が高まり，普通選挙法が成立した。

イ　さまざまなきっかけから恐慌が度々おき，不況が続いた時期であった。

①　アー正　イー正　　②　アー正　イー誤

③　アー誤　イー正　　④　アー誤　イー誤

問4　下線部分国際連盟脱退(c)を通告した際に，日本が発表した次の**資料**を読み，日本が国際連盟を脱退するに至った背景について述べた文として**適切でないもの**を，下の①～④のうちから一つ選べ。解答番号は 12 。

**資料**(意訳してある)

> 臨時総会の採択した報告書は，日本が東アジアの平和を確保しようとしているだけであることを顧みることなく，事実誤認している。特に柳条湖事件以降の日本軍の行動を自衛権の発動ではないとし，また，同事件に至るまでの緊張状態に関する中国の責任を見過ごし，東アジアの国際関係に新しい争いのもとを作った一方，満州国成立の真相を無視して同国を承認した日本の立場を否認し，東アジアにおける事態安定の基礎を破壊した。そのため，日本は平和維持の方法が国際連盟とは全然異なっていると確認した。よって，日本はこれ以上国際連盟と協力する余地はないと信じ，脱退を通告するものである。

① 日本は，国際連盟が採択した報告書の内容は間違っていると主張した。

② 国際連盟は，柳条湖事件がおきたのは中国の責任だと主張した。

③ 日本は満州国を承認したが，国際連盟は満州国を承認しなかった。

④ 日本は，日本と国際連盟では東アジアの国際情勢を安定させるための方法が異なると主張した。

Ⅱ

> (太平洋戦争が始まった)当日のことはあまりよく覚えていないのですが，雨天体操場で何か運動をしていたときに，大本営の発表があったように思います。子どもながらに，あんな大きな国と戦争する(d)なんて大丈夫だろうかと思いました。…(中略)…
>
> 中学の5年生(注2)になってからみんな出動しないとならなくなって，明治ゴムの大きな工場でタイヤを作る手伝いをしました。…(中略)…工場通いが増えて，学校へは週に1回行くだけになりました。家では軍部の進める戦争を批判する話が相変わらず続いていましたし，母は「女学生まで動員する(e)なんて何てことでしょう」などと言っていましたが，私自身はお国のために働こうと一生懸命だったと思います。軍国少女だったわけではありませんが，そういう時代だったのです。…(中略)…
>
> 3月10日の東京大空襲の時は，みんな郊外の田園調布(f)の自宅にいました。爆撃機が下町を焼いた後，戻るときに残った焼夷弾をパラパラと落としていったのでしょう。「屋根に落ちた！」と誰かが言うと，弟がのぼっていって，火の粉をはたき落としました。うちは大丈夫だったのですが，周りの家が何軒か焼けてしまいました。…(中略)…
>
> 芳澤(注3)の別荘にみんな集まって，食堂続きの座敷に座ってラジオを聞いた(g)のです。聞いたといっても，よく聞こえませんでしたし，不思議な抑揚だと感じただけでした。放送が終わると，祖母は，「陛下がお気の毒で申し訳ない」と涙を流していました。私は日本が負けたという意味だと聞いてびっくりしましたが，これからどうなるのかわかりませんでしたし，驚き以上の感覚はありませんでした。
>
> (注2)　実際には，当時の女子の中等教育機関であった高等女学校。高等女学校は5年制であった。
> (注3)　著者の祖父である芳澤健吉のこと。著者は1945年3月末から軽井沢にある祖父の別荘に疎開していた。

問 5　下線部分(d)あんな大きな国と戦争するについて，**あんな大きな国**と，日本とその国との開戦以前の**関係**の組合せとして最も適切なものを，下の①～④のうちから一つ選べ。
解答番号は [13] 。

**あんな大きな国**

ア　アメリカ合衆国

イ　ソヴィエト連邦

**関　係**

ウ　共産主義を警戒した日本は，国交樹立後もその国への警戒を緩めなかった。

エ　重化学工業化が進展した日本は，その国から石油やくず鉄などを輸入していた。

①　アーウ　　②　アーエ　　③　イーウ　　④　イーエ

問 6　下線部分(e)女学生まで動員するに関連して，当時の社会について述べた文として**適切でない**ものを，次の①～④のうちから一つ選べ。解答番号は [14] 。

①　学生の徴兵猶予が一部を除いて停止された。

②　国民徴用令により，民需産業の労働者が軍需工場で働かされた。

③　物理学者の湯川秀樹が日本人として初めてノーベル賞を受賞した。

④　英語などが敵性語とされ，英語由来の言葉が排除された。

問 7　下線部分田園調布(f)を開発した**田園都市株式会社のパンフレット**から**読み取れること**とパンフレットから読み取れる事業が成り立った**背景**について述べた文の組合せとして最も適切なものを，下の①～④のうちから一つ選べ。解答番号は 15 。

田園都市株式会社のパンフレット

（注3）　豊かで精神的な深い味わい。

読み取れること

ア　自然の残る郊外で，新しい設備のある文化的な生活ができるのが田園都市だと宣伝している。

イ　田園都市株式会社は市街宅地の経営だけではなく，電信・電話事業も扱っている。

背　景

ウ　産業化が進むなかで，都心部では大気汚染が社会課題となっていた。

エ　行政改革の一環として，国営鉄道や電信電話公社の民営化が進められた。

①　アーウ　　②　アーエ　　③　イーウ　　④　イーエ

問 8　下線部分ラジオを聞いた(g)について，この時ラジオで流された放送の**内容**とそれを読み上げた**人物**の組合せとして最も適切なものを，下の①～④のうちから一つ選べ。

解答番号は 16 。

**内　容**

ア　帝国政府ハ爾後国民政府ヲ対手トセス，帝国ト真ニ提携スルニ足ル新興支那政権ノ成立発展ヲ期待シ，是ト両国国交ヲ調整シテ更生新支那ノ建設ニ協力セントス

イ　朕ハ帝国政府ヲシテ米英支蘇四国ニ対シ其ノ共同宣言ヲ受諾スル旨通告セシメタリ

**人　物**

ウ　近衛文麿

エ　昭和天皇

① アーウ　　② アーエ　　③ イーウ　　④ イーエ

**3** 次の**会話文1**を読み，後にある**問1～問8**に答えよ。

**会話文1**

生徒：私も18歳になったので，選挙権を得ました。政治に参加できるのは楽しみなのですが，国の政治は難しくてよくわからないです。

先生：1948年に文部省が『民主主義』という教科書(a)を発行しました。そこに，**資料1**のようなことが書いてあります。

**資料1**　文部省著作教科書『民主主義』より

政治は国の政治だけとは限らない。…(中略)…国の政治はむずかしくてわからない場合でも，町の政治や村の政治ならば，だれにもわかりやすい。…(中略)…日本の国は，一つの都，一つの道，二つの府，四十二の県に分かれている。その中にまた，市があり，区があり，町があり，村がある。それらを地方自治団体(b)という。…(中略)…地方自治団体には，それぞれ自分たちの議決機関と執行機関とがあって，地方民がその任に当たる人々を選挙することになっている。

生徒：あれ。都道府県の数が一つ足りないですよね。

先生：戦後すぐの時点では，まだ，[ A ]が日本の都道府県に含まれない状況でしたよ。

生徒：あ，そうでしたね。この教科書の発行より後に結ばれた[ B ]でも，アメリカの施政下に置かれることになっていましたよね。それにしても，身近な地域のことならわかりやすいのですが，外交などは，機密の事がらも多そうで，私たちが判断できるとは思えません。

先生：たしかに，そういう気がしますよね。しかし，それに対しては，たとえば1973年に，第二次田中角栄内閣(c)のもとで外務大臣を務めた大平正芳が**資料2**のようなことを言っています。

**資料2**　大平正芳外務大臣(当時)の答弁より

秘密外交というのは絶対に民主主義の社会において避けなければならぬことと思うのであります。…(中略)…交渉過程といえども，いつまでもこれは外務省の奥深く退蔵(注1)しておくべきではないと思うのです。だから，…(中略)…外交文書というものを公開するということについて検討するように，私は事務当局に命じたわけでございまして，これは民主主義の根本だろうと思うのでございます。やったことはやましいことではない，ちゃんとしたことをやっておるのだということを，歴史的な検証にたえるだけのことをやらないと申しわけないと思うのであります。

(1973年6月20日，衆議院外務委員会)

(注1)　使用せずにしまいこんでおくこと。

先生：この発言の背景には，当時他国で広がっていた，30年を経た公文書を公開するというルールを大平外相が学び，日本でも適用することをめざしていたことがあります。結局，1976年，外交文書についてこの「三十年ルール」は初めて適用され，公文書の公開が始まりました。

生徒：30年前ということは，このルールが初めて適用された年から遡ると， C ということですか。また，2023年の時点では， D の外交文書は「三十年ルール」に従えば，公開対象になりうるわけですか。

先生：年代を考えれば，どちらもそういうことになりますね。

生徒：しかし，30年以上前のことがわかっても，投票の参考にはできないですよね。

先生：政治というのは，選挙で投票することだけではないのですよ。

**資料3**　文部省著作教科書『民主主義』より

> 多くの人々は，民主主義というのは政治のやり方であって，自分たちを代表して政治をする人をみんなで選挙することだと答えるであろう。それも，民主主義の一つの現れであるには相違ない。しかし，民主主義を単なる政治のやり方であると思うのは，まちがいである。…(中略)…すべての人間を個人として尊厳な価値を持つものとして取り扱おうとする心，それが民主主義の根本精神である。…(中略)…民主主義は，家庭の中にもあるし，村や町にもある。それは，政治の原理であると同時に，経済(d)の原理であり，教育の精神であり，社会の全般に行きわたっていくべき人間の共同生活の根本のあり方である。

生徒：**資料3**に書かれた内容は，(e)戦後に出された憲法や民法の精神と合っていますね。

先生：そうですね。

生徒：民主主義というものが少しだけわかった気がします。これを機会に，民主主義についてもっと勉強してみたいと思います。

**問1** A B に当てはまる語句の組合せとして適切なものを，次の①～④のうちから一つ選べ。解答番号は 17 。

① A―沖縄県　　B―サンフランシスコ平和条約

② A―沖縄県　　B―日ソ共同宣言

③ A―北海道　　B―サンフランシスコ平和条約

④ A―北海道　　B―日ソ共同宣言

問 2 [ C ] [ D ] に当てはまる語句の組合せとして適切なものを，次の①～④のうちから一つ選べ。解答番号は [ 18 ] 。

① C―GHQ の占領期
D―冷戦の終結が宣言された頃

② C―GHQ の占領期
D―アメリカ合衆国で同時多発テロがおこった頃

③ C―日米安全保障条約の改定が進められた時期
D―冷戦の終結が宣言された頃

④ C―日米安全保障条約の改定が進められた時期
D―アメリカ合衆国で同時多発テロがおこった頃

問 3 下線部分教科書(a)について，1946 年から用いられるようになった社会科の国定歴史教科書の**内容**と，このような内容が教科書に記載されるようになったことと関係する**命令**の組合せとして適切なものを，下の①～④のうちから一つ選べ。解答番号は [ 19 ] 。

**内 容**

ア 「遠い遠い神代の昔，伊弉諾尊（いざなぎのみこと），伊弉冉尊（いざなみのみこと）は，山川の眺めも美しい八つの島をお生みになりました。これを大八州（おおやしま）といひます。」という神話を中心とした記述から始まる。

イ 「文化の開けなかった大昔には，人はまだ金属を使ふことを知らず，石で道具を作って，用ひていました。かういふ時代を石器時代といひます。」という考古学的な記述から始まる。

**命 令**

ウ 神道の教義を広めるような教育をしてはならないという命令

エ 天皇中心の国家を支える国民となることの修練をする教育をせよという命令

① アーウ　　② アーエ　　③ イーウ　　④ イーエ

問 4 下線部分地方自治団体(b)の第二次世界大戦後における様相について述べた文として**適切でないもの**を，次の①～④のうちから一つ選べ。解答番号は [ 20 ] 。

① 内務省が地方自治を管轄するようになった。

② 市町村が管理する自治体警察をおいた時期があった。

③ 自治体の首長は革新系の人物が務めることがあった。

④ 教育委員の公選制が行われた時期があった。

問5　下線部分(c)第二次田中角栄内閣について，次の**表**はそのときの閣僚の一部を抜粋したものである。この5人の人物が首相を務めていた1972～87年の時期について述べた文の組合せとして適切なものを，下の①～④のうちから一つ選べ。解答番号は 21 。

**表**

| | | |
|---|---|---|
| 内閣総理大臣 | 田中角栄 | 1972～74年に首相を務めた。<br>首相として石油危機に対処した。 |
| 国務大臣(副総理)<br>環境庁長官 | 三木武夫 | 後の1974～76年に首相を務めた。 |
| 行政管理庁長官 | 福田赳夫 | 後の1976～78年に首相を務めた。 |
| 外務大臣 | 大平正芳 | 後の1978～80年に首相を務めた。 |
| 通商産業大臣 | 中曽根康弘 | 後の1982～87年に首相を務めた。<br>首相在任中にプラザ合意を妥結した。 |

ア　高度経済成長が始まった。

イ　高度経済成長が終わった。

ウ　日本は国際通貨基金(IMF) 8条国に移行した。

エ　ドル高の是正が合意され，円高となり一時的な不況が訪れた。

①　アーウ　　②　アーエ　　③　イーウ　　④　イーエ

**問 6** 下線部分経済(d)についての**グラフ**と**カード1・2**を踏まえた**会話文2**の, [ E ] [ F ] に当てはまる語句の組合せとして適切なものを，下の①～④のうちから一つ選べ。解答番号は [ 22 ] 。

**グラフ** 小作地の割合の変化(出題の都合上，年代は伏せてある)

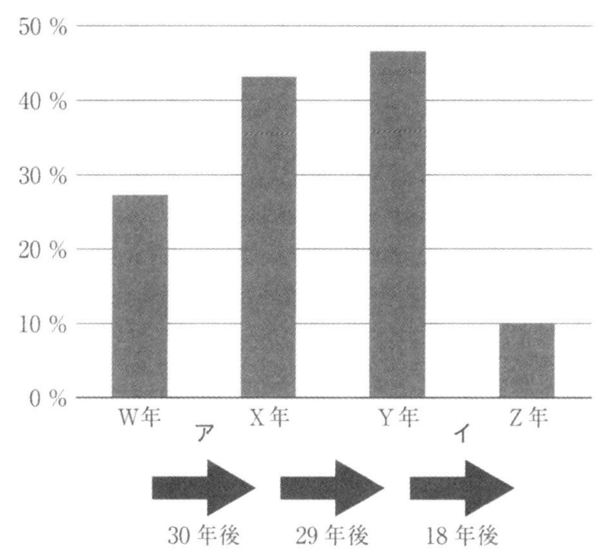


**カード1**

三井銀行，三井鉱山，三井物産などを直系会社とする持株会社の三井合名会社が誕生した。

**カード2**

三菱本社が解散となり，三菱重工業も東日本・中日本・西日本の3社に分割された。

**会話文2**

生徒：グラフの [ E ] の時期にみられる小作地の割合の変化や, [ F ] にみられるようなできごとが，第二次世界大戦後の経済の民主化の中でおこったのですね。

先生：そうということです。

① E—ア　F—カード1
② E—ア　F—カード2
③ E—イ　F—カード1
④ E—イ　F—カード2

問 7　下線部分(e)戦後に出された憲法や民法の説明の組合せとして適切なものを，下の①～④のうちから一つ選べ。解答番号は 23 。

ア　国民が個人として尊重されるとされた憲法
イ　信教や言論の自由などの権利が認められたが法律の範囲内であった憲法
ウ　戸主の権限が強い家族制度を定めた民法
エ　男女同権の家族制度を定めた民法

①　アーウ　　②　アーエ　　③　イーウ　　④　イーエ

問 8　資料2・3で述べられている民主主義が実現されている社会の状況の組合せとして最も適切なものを，下の①～④のうちから一つ選べ。解答番号は 24 。

ア　外交上の内密の交渉や取り決めについて，その後も非公開が守られる。
イ　外交上の内密の交渉や取り決めについて，後に公開される。
ウ　議員を選ぶ以外のさまざまな場面でも人びとの意志が尊重される。
エ　議員を選ぶ際にのみ人びとの意志が尊重される。

①　アーウ　　②　アーエ　　③　イーウ　　④　イーエ

**4** ある生徒は，日本史Aで学習した内容を基に，自分の住んでいる自治体にある文化財や資料についての**レポート**を作成した。それについて，後にある**問1**～**問4**に答えよ。

レポート

通学で使用する駅の北口には，右の**写真1**のような建物がある。明治初期に建造された学校を復元したものだ。重要文化財に指定されており，両開きのガラス窓や黒塗りアーチ形の窓枠などから， A の文化を積極的に取り入れようとした当時の雰囲気が伝わってくる。以前は，駅から少し離れた場所にあったが，駅周辺の拠点形成事業の一環で，歴史景観の再生と市民や観光客の交流ガイダンス施設とすることを目的として，現在の場所に移築された。**写真1**の建設をすすめた当時の県令は， B を意識していたことが次の**資料1**からも分かる。

**写真1**

**資料1**　**写真1**の建設をすすめた当時の県令の考え(意訳してある)

養蚕・製糸業は，日本で一番の生産物で海外でも需要があって，その利益は少なくないものがあります。自分の家を大きくし，国の経済をも潤す素晴らしい産業というべきでしょう。…(中略)…明らかに多くの人に利益をもたらすこの産業を行わないことは，国を富ませ強くすることを妨げることにもつながるのではないでしょうか。

では，**資料1**で推奨された産業はその後どうなったのだろうか。

**表** 1911(明治44)年　県議会選挙の当選議員内訳

（総数30）

| 職業＼党派 | 政友(注1)派 | 非政友派 |
|---|---|---|
| 農　蚕 | 6名 | 6名 |
| 酒　造 | 1名 | 2名 |
| 銀　行 | 1名 | 2名 |
| 製　糸 | 3名 | ／ |
| 土木請負 | 3名 | ／ |
| 絹織物 | 2名 | ／ |
| 医　師 | 1名 | ／ |
| その他 | 2名 | 1名 |

(注1)　立憲政友会のこと。

県が編さんした『県史』や地域に関する文献を基に，**表**を作成した。ここから養蚕・製糸業が重要な産業になったことが分かる。ちなみに**表**の時期は，桂園時代と呼ばれる時期と重なっている。また，次の**資料2**は桂園時代より後の時期に工場で働いていた人の証言を記録したものである。

**資料2**

工場法の施行で，警察に工業懇談会(注2)というのができ，警察官が係になっていて時々調べに来た。しかし昔のことだから戦後(注3)のように厳しいということはなく暇なときに回ってくるくらい。労働時間も工場法では12時間ですが，女工さんは朝5時ころやってきて，夜は7時くらいですから14時間。あまり守られていなかった。

(注2)　工場経営者と警察，県工場課による労働者対策を協議，実行する組織。

(注3)　第二次世界大戦後。

**写真2**

県内でかつて養蚕が盛んであった地域には「蚕」がつく神社があることをインターネットで知り，その一つを訪れ，**写真2**の石碑を見つけた。この地域出身の人たちを慰霊したこの石碑は，石碑に記された地域から生還した人たちの主導によって建てられたという。毎年8月には，地域や遺族の方々によって，この神社で慰霊祭が行われている。

今回は，毎日見る建物から調べ学習を始めたが，一つ調べると他のことにも興味がわき，さらに新しいことについて調べることができた。その他にも，レポートを作成していくなかで，［　　C　　］ことが分かった。

問1 [A] [B] に当てはまる語句の組合せとして最も適切なものを，次の①～④のうちから一つ選べ。解答番号は [25] 。

① A―欧米諸国　　B―江戸時代から治める領地のさらなる発展
② A―欧米諸国　　B―中央政府の政策を，任地で実行すること
③ A―東アジア諸国　　B―江戸時代から治める領地のさらなる発展
④ A―東アジア諸国　　B―中央政府の政策を，任地で実行すること

問2 レポート中の**表**と**資料2**について述べた文として**適切でないもの**を，次の①～④のうちから一つ選べ。解答番号は [26] 。

① **表**から，当時の国政で重要な役割を担っていた政党が，地方でも影響力を及ぼしていたことが分かる。
② **表**中の政友派の議員の職業に土木請負業があることは，政友派の政策の特徴を表している。
③ **資料2**の工場法では，業種や工場の規模に関係なく，一律の規則が定められた。
④ **資料2**中の「戦後」には，労働基準法が制定され，労働者の権利が保障されるようになった。

問3 レポート中の**写真2**の石碑が建てられた**目的**と，この石碑に記された碑文に関係する**ことがら**の組合せとして最も適切なものを，下の①～④のうちから一つ選べ。解答番号は [27] 。

**目　的**

ア　シベリア出兵で亡くなった戦没者を慰霊するため。
イ　引揚げの際に亡くなった人たちを慰霊するため。

**ことがら**

ウ　ロシア革命がおこり，社会主義政権が誕生した。
エ　世界恐慌の後，国の政策で多くの人びとが大陸へ渡った。

① ア―ウ　　② ア―エ　　③ イ―ウ　　④ イ―エ

問4 この生徒が**レポート**をまとめる上で [C] に記したものとして**適切でないもの**を，次の①～④のうちから一つ選べ。解答番号は [28] 。

① 歴史の学習や調査に必要となる材料を残すことは，国家や為政者のみができることである
② 文化財は地域の歴史を伝えるだけでなく，まちづくりや観光の拠点としての役割ももつ
③ 地域の歴史を伝える手段として，文書資料のみでなく石碑や儀式，語り継ぎなどがある
④ インターネットのみでなく，文献や文化財に触れることで，歴史の学習はより充実する

（これで日本史Aの問題は終わりです。）

# 令和５年度　第１回

# 解答・解説

**【重要度の表記】**

Ａ：重要度が高く確実に正答したい設問。しっかり復習する必要のある問題です。

Ｂ：重要度はＡレベルよりすこし下で、やや難易度が高い設問または内容を読み取る設問。高得点を狙う人は復習しましょう！

Ｃ：重要度が低い、または難解な設問。軽く復習する程度でよいでしょう！

# 令和５年度 第１回　高卒認定試験

## 【　世界史Ａ解答　】

| 1 | 解答番号 | 正答 | 配点 | 2 | 解答番号 | 正答 | 配点 | 3 | 解答番号 | 正答 | 配点 | 4 | 解答番号 | 正答 | 配点 |
|---|---|---|---|---|---|---|---|---|---|---|---|---|---|---|---|
| 問１ | 1 | ④ | 3 | 問１ | 3 | ③ | 3 | 問１ | 7 | ③ | 3 | 問１ | 12 | ③ | 3 |
| 問２ | 2 | ② | 3 | 問２ | 4 | ① | 3 | 問２ | 8 | ② | 4 | 問２ | 13 | ① | 3 |
| - | - | | | 問３ | 5 | ④ | 4 | 問３ | 9 | ④ | 3 | 問３ | 14 | ③ | 3 |
| - | - | | | 問４ | 6 | ② | 3 | 問４ | 10 | ③ | 3 | 問４ | 15 | ① | 3 |
| - | - | | | - | - | | | 問５ | 11 | ① | 3 | 問５ | 16 | ② | 3 |
| - | - | | | - | - | | | - | - | | | 問６ | 17 | ④ | 3 |

| 5 | 解答番号 | 正答 | 配点 | 6 | 解答番号 | 正答 | 配点 | 7 | 解答番号 | 正答 | 配点 |
|---|---|---|---|---|---|---|---|---|---|---|---|
| 問１ | 18 | ② | 3 | 問１ | 25 | ① | 3 | 問１ | 31 | ④ | 3 |
| 問２ | 19 | ① | 3 | 問２ | 26 | ③ | 3 | 問２ | 32 | ① | 3 |
| 問３ | 20 | ③ | 3 | 問３ | 27 | ④ | 4 | - | - | | |
| 問４ | 21 | ④ | 4 | 問４ | 28 | ② | 3 | - | - | | |
| 問５ | 22 | ③ | 3 | 問５ | 29 | ① | 3 | - | - | | |
| 問６ | 23 | ② | 3 | 問６ | 30 | ③ | 3 | - | - | | |
| 問７ | 24 | ① | 3 | - | - | | | - | - | | |

## 【　世界史Ａ解答　】

### 1

問１　下線部ａ「氷河がほとんど姿を消しています」とあります。これは温暖化によって氷河が溶けてしまったためと考えられます。資料２は 1642 年の報告書と書かれています。この資料２が作成された当時（1642 年 =17 世紀）の世界の様子として適切なのは三十年戦争です。三十年戦争は 17 世紀にドイツを中心としたヨーロッパでおきた宗教戦争です。したがって正解は④です。もうひとつの選択肢の「大躍進」政策は第二次世界大戦後中国で行われた農作物・鉄鋼の増産政策をさします。

**解答番号【１】：④**　　⇒ **重要度Ｂ**

問２　この問題は消去法で解いていくのが良いでしょう。資料１、２ともにヨーロッパについての内容であることから、「協会」はキリスト教の教会を指していると推測できます。①「代表なくして課税なし」は 18 世紀後半のアメリカ植民地がイギリス本国による印紙法に反

対した時のスローガンです。③「非ムスリムに課せられる人頭税」はイスラーム教国に関する記述です。ムガル帝国ではアクバル帝、シャー=ジャハーン帝の時はジズヤが廃止されていました。④租調庸は古代東アジアの制度で、収穫した米や布、特産物などを税として納めていました。したがって正解は②です。

**解答番号【2】:②　　⇒重要度C**

## 2

問１　Aについて、直前の「中央アジアの乾燥地帯に点在する」という部分から「オアシス」があてはまります。もうひとつの選択肢の「荘園」は政府や王の支配を受けず貴族や武士が所有・支配する土地を指します。Bについて、直前の「メコン川下流域の」という部分から「扶南」が当てはまります。扶南は現在のカンボジア・ベトナムに存在した古代王国で、メコン川は中国から東南アジアを流れる大河です。もうひとつの選択肢の「ポーランド」はヨーロッパの国です。したがって正解は③です。

**解答番号【3】:③　　⇒重要度C**

問２　①ユスティニアヌス帝は6世紀の東ローマ帝国の皇帝でヴァンダル王国、東ゴート王国を滅ぼして地中海世界を再統一し、ローマ法典の編纂などを行いました。②ハンムラビ王がハンムラビ法典を発布したのは紀元前18世紀のメソポタミアでの出来事です。③ピューリタン革命は17世紀イギリスの絶対王政に対する反発からおきたものです。④ウィルソンの十四カ条の平和原則では第一次世界大戦終結後1918年に秘密外交の禁止・軍備縮小などの項目が発表されました。したがって正解は①です。

**解答番号【4】:①　　⇒重要度B**

問３　①孔子は春秋戦国の中国の思想家で、その教えは『論語』としてまとめられています。②スカルノは20世紀インドネシアをオランダから独立させた大統領です。③マンサ=ムーサは14世紀マリ王国の王です。④フビライ=ハンはモンゴル帝国の5代目の皇帝で、モンゴル帝国が中国を支配した時元朝の皇帝としては初代にあたります。したがって正解は④です。

**解答番号【5】:④　　⇒重要度B**

問４　「インド洋」「沿岸を離れ外海を通って」という部分がヒントになります。この条件にあてはまっているのは「い」です。したがって正解は②です。

**解答番号【6】:②　　⇒重要度C**

## 3

問１　①郡県制は秦の始皇帝によって始められた地方統治方法です。②ペレストロイカは1980年代にソ連でゴルバチョフ政権が行った改革です。③ナントの王令は16世紀フランスでユグノー戦争後に成立したブルボン朝初代国王アンリ4世によってプロテスタント信仰が認められたものです。④クリミア戦争は19世紀ロシアが南下政策の一環としてオスマン帝国に宣戦布告してはじまりました。戦争はイギリス・フランスがオスマン帝国を支援したことでロシアが敗北し、パリ条約で講和しました。したがって正解は③です。

**解答番号【7】:③　　⇒重要度B**

問２　問題文に「大航海時代以降のヨーロッパにおける新たな地理知識が反映されていると考えられる」とあります。大航海時代によって、ヨーロッパの人々は南北アメリカ大陸を発見しましたので、それが地図に反映されているものが適切であると考えましょう。したがって正解は②です。

**解答番号【8】：②　　⇒ 重要度B**

問３　アクバルはムガル帝国の全盛期、３代目の皇帝です。首都アグラへの遷都、非イスラーム教徒への人頭税（ジズヤ）廃止などの政策を行いました。①アフリカ縦断政策を進めたのは 19 世紀のイギリスです。同じころフランスはアフリカ横断政策を行っており、両者が対立したのがファショダ事件です。②開発独裁を行っていたのは第二次世界大戦後のアジアの発展途上国で、韓国・フィリピン・インドネシアなどがあります。③パナマ運河は中央アメリカにある太平洋とカリブ海を南北につなぐ運河です。④ムガル帝国で行われたムスリムとヒンドゥー教徒の融和政策として、アクバルによるジズヤの廃止があります。したがって正解は④です。

**解答番号【9】：④　　⇒ 重要度A**

問４　ルネサンスとは 14 世紀イタリアからはじまり、ヨーロッパ各国に広がった文化・芸術をさします。①魯迅は 20 世紀辛亥革命後の中国の文学者で『阿Ｑ正伝』などを著しました。②ピカソはスペイン出身、フランスで活躍した画家で『アビニョンの娘たち』『ゲルニカ』などの作品で知られます。③ミケランジェロは 15 世紀イタリアで活躍した画家で、レオナルド・ダ・ヴィンチ、ラファエロと並びルネサンスの３大巨匠と呼ばれます。④ペリクレスは古代アテナイ（現在のギリシャ）最盛期を築いた政治家・軍人です。したがって正解は③です。

**解答番号【10】：③　　⇒ 重要度C**

問５　オスマン帝国の都は 15 世紀半ばにビザンツ帝国を滅ぼし、ビザンツ帝国の首都であったコンスタンティノープルに遷都しました。コンスタンティノープルはオスマン帝国の首都としてはイスタンブルと呼ばれます。イスタンブルの場所は地図上の「あ」です。したがって正解は①です。もうひとつの選択肢のアレクサンドリアはエジプトの都市の名前です。

**解答番号【11】：①　　⇒ 重要度C**

## 4

問１　（ア）日本にペリーを派遣したのは 1853 年（19 世紀）です。（イ）北アメリカ大陸に 13 植民地が形成されたのは 17 ～ 18 世紀です。（ウ）アメリカ=スペイン戦争で勝利したのは 1898 年（19 世紀）です。したがって正解は③です。

**解答番号【12】：③　　⇒ 重要度B**

問２　西アジアはアラビア半島やその周辺を指します。①ワッハーブ運動は 18 世紀におきたイスラーム教の原点回帰を目指す運動です。②ピラミッドはエジプト古王国時代（紀元前 27 ～ 22 世紀）に盛んに作られた王の権威を象徴する石造の建築物です。③チャーティスト運動は 19 世紀イギリスで都市労働者が選挙権を求めておこしたものです。④第一回三頭政治は紀元前１世紀、ローマでカエサル・ポンペイウス・クラッススによって行われた政治です。したがって正解は①です。

**解答番号【13】：①　　⇒重要度B**

問3　空欄Ａの周辺を読んでみましょう。「1856 年に始まったＡをきっかけに清から沿海州を獲得し」とあります。これにあてはまるのはアロー戦争の講和条約である北京条約です。もうひとつの選択肢であるポエニ戦争は紀元前３～紀元前２世紀にローマとカルタゴが争ったものです。次に空欄Ｂの周辺を読んでみましょう。「現在の首都モスクワとつながるＢの東の起点ともなった」とあります。モスクワを首都としているのはロシアですので、Ｂについてはロシアを通っているシベリア鉄道が当てはまります。もうひとつの選択肢の大陸横断鉄道が通っているのはアメリカです。したがって正解は③です。

**解答番号【14】：③　　⇒重要度B**

問4　「資料から読み取れること」について、「1812 年と 1850 年を比べると、繊維製品の輸出額が増加している」と「1812 年と 1850 年にかけて、毛皮の輸出額は、一貫して増加している」という２つの選択肢があります。まず、繊維製品について 1812 年と 1850 年を比べると、繊維製品の輸出額は増加していることがわかります。次に毛皮について、1812 年から 1850 年の経過をみていくと、前年よりも増加した年も減少した年もありますので、「一貫して増加している」という文は誤りです。次に空欄Ｃの周辺を見てみましょう。「ロシア帝国と日本」について、「日本とは、1875 年に国境に関するＣを結んだ」とあります。これに当てはまるのは樺太＝千島交換条約です。もうひとつの選択肢のブレスト＝リトフスク条約は第一次世界大戦の講和条約としてロシアとドイツなど同盟国が結んだものです。したがって正解は①です。

**解答番号【15】：①　　⇒重要度B**

問5　日露戦争はロシアの南下政策への警戒から 1904 年に発生したものです。1902 年に日英同盟が締結されたことが日露戦争の開戦の後押しになりました。したがって正解は②です。①ドイツと同盟を結んだのは 1940 年の日独伊三国同盟です。③ブラジル、④インドとは同盟を結んでいません。

**解答番号【16】：②　　⇒重要度A**

問6　①黄河と長江を結ぶ大運河のことを京杭大運河といい、６～７世紀の中国（隋）の時に完成しました。② 16 世紀にインカ帝国を滅ぼしたのはスペインのピサロです。③真珠湾を攻撃したのは日本です。これをきっかけに太平洋戦争が開戦しました。④カージャール朝と対立したのはロシア・イギリスです。したがって正解は④です。

**解答番号【17】：④　　⇒重要度C**

## 5

問1　空欄Ａの周辺を見てみましょう。「海軍軍縮条約や中国に関する九か国条約などを締結したＡに参加した」とあります。これにあてはまるのはワシントン会議です。もう一つの選択肢のトリエント公会議は 16 世紀にカトリック教会がローマ教皇の至上権やカトリックの教義を確認した会議です。次に空欄Ｂの周辺を見てみましょう。「ドイツの賠償金支払いの遅れに端を発し、ドイツで激しいインフレーションを招いた出来事であるＢの終息を図った」とあります。これにあてはまるのはルール占領です。第一次世界大戦で敗北したドイツは講和条約で各国への賠償金支払いをすることと定められましたが、その不払いを理由としてフランスとベルギーがドイツ西部の炭鉱地帯であるルールに出兵しました。出兵翌年の1924年に賠償金減額を定めたドーズ案が受け入れられたことで撤兵しています。もうひとつの選択肢の9.11同時多発テロは2001年にイスラム過激派テロ組織アルカイダによってハイジャックされた飛行機がアメリカの世界貿易センタービルに激突した事件です。したがって正解は②です。

**解答番号【18】：②　⇒重要度A**

問２　資料の「国際紛争解決のために戦争に訴えることを非難し、かつ、相互の関係において国家政策の手段として戦争を放棄する」という部分に注目しましょう。これは第一次世界大戦後の1928年に結ばれた不戦条約の内容で、戦争を否定する初の国際的な条約です。したがって正解は①です。②サン=ステファノ条約は19世紀後半の露土戦争の講和条約です。③南京条約は19世紀半ばのアヘン戦争の講和条約です。④トルデシリャス条約は15世紀スペインとポルトガルが両国の支配地の境界を定めた条約です。

**解答番号【19】：①　⇒重要度A**

問３　世界恐慌後にイギリスが行った政策はブロック経済です。ブロック経済は本国と植民地など、いくつかの国がグループ化してできた経済圏で、これによって国内の不況をやわらげようとしました。もうひとつの選択肢のイクター制は10世紀頃イラクにあったブワイフ朝をはじめとしたイスラーム王朝で行われていた給与制です。グラフから読み取れることについて、世界恐慌が発生した1929年以降もソ連の工業生産指数は伸びつづけていますので、「ソ連の工業生産、世界恐慌の影響を受けず、伸び続けている」という文は適切です。「1935年の段階で、アメリカ合衆国の工業生産は、世界工業前の水準に回復している」について、1928年と1935年のアメリカの工業生産指数を比較すると、1928年は100に近い値なのに対し、1935年は50に近い値となっており、回復していないことが分かりますのでこの文は誤りです。したがって正解は③です。

**解答番号【20】：③　⇒重要度B**

問４　①石油輸出国機構（OPEC）は国際石油資本に産油国として共同して対抗することを目的として1960年に結成されました。②ズデーテン地方は第二次世界大戦直前の1938年、ミュンヘン会談でドイツに併合されることが決まりました。その後、ドイツのヒトラーはズデーテン地方だけではなくチェコスロヴァキア全体を支配・保護国化したことから第二次世界大戦が勃発しました。③ハングル（訓民正音）は15世紀半ばに李氏朝鮮で完成されました。④日中戦争は1937年に盧溝橋事件をきっかけとして発生しました。したがって正解は④です。

**解答番号【21】：④　⇒重要度A**

問５　①ウマイヤ朝は7～8世紀、シリアのダマスクスを都として成立しました。②カールの戴冠は8世紀末にフランク王国のカールがローマ教皇からローマ帝国皇帝として認められ皇帝の冠を戴いたことを指します。③ガンディーは1930年にイギリスがインド産の塩の専売制を行っていたことに対して、「塩の行進」を行って生産の自由化を求めました。④ガーナ王国は7～13世紀にアフリカにあった王国です。したがって正解は③です。

**解答番号【22】：③　⇒重要度C**

問６　資料のはじめを見てみましょう。「陳独秀は…1911年に始まったCを経て、1912年に中華民国政府が成立すると、彼は地方で要職について」とあります。1911年に中国で起こったのは孫文が中心となった辛亥革命です。これによって清が崩壊し、中華民国が成立しました。空欄Cのもう一つの選択肢の七月革命は19世紀フランスのシャルル10世の絶対王政に対して起こしたものです。次に空欄Dの前後を見てみましょう。「1919年のパリ講和会議で中国の主張が拒否されると、北京の大学生たちによって抗議デモが行われ、これが全国に広がった。この動きをDというが」とあります。ここに当てはまるのは五・四運動です。空欄Dのもう一つの選択肢の公民権運動は第二次世界大戦後のアメリカでキング牧師を中心として黒人の基本的人権を要求したものです。したがって正解は②です。

**解答番号【23】：②**　　⇒**重要度Ａ**

問７　レーニンは19～20世紀のロシアでボリシェヴィキを指導しロシア革命の中心的人物になりました。したがって正解は①です。②九十五か条の論題は16世紀の宗教改革時にルターが発表したものです。③ティムール帝国は14世紀にサマルカンドを都として建国されました。④『神曲』はルネサンス期にイタリアの詩人ダンテが著しました。

**解答番号【24】：①**　　⇒**重要度Ａ**

## 6

問１　空欄Aの周辺を見てみましょう。「アメリカ合衆国大統領のAが」とあります。これにあてはまるのはニクソンです。もうひとつの選択肢のラ=ファイエットは18世紀フランス人権宣言を起草した人物です。ニクソンが中国を訪問した1972年に中国で毛沢東が指導していた政治運動は文化大革命です。もうひとつの選択肢の血の日曜日事件は20世紀初頭のロシアで第一次ロシア革命勃発のきっかけとなった事件です。したがって正解は①です。

**解答番号【25】：①**　　⇒**重要度Ａ**

問２　問題文中の1940年代後半におけるアメリカ合衆国とソ連の対立とは冷戦をさしています。①十字軍の遠征は11～13世紀、エルサレムをイスラーム教徒から取り戻すことを目的としてキリスト教徒が遠征を行ったことをさします。②農奴解放令は19世紀後半にロシアのアレクサンドル2世によって制定されました。③ベルリン封鎖は冷戦下の1948年に、アメリカを中心とした西側諸国がドイツ国内で新通貨ドイツマルクを導入したことに対してソ連が反発しておこしました。④三国干渉は19世紀の終わりに日清戦争に勝利した日本に対し、ロシア・ドイツ・フランスが下関条約で領有した遼東半島を返還するよう要求したことをさします。したがって正解は③です。

**解答番号【26】：③**　　⇒**重要度Ｃ**

問３　①南蛮貿易が行われたのは16世紀の日本とスペイン・ポルトガル間です。②3B政策を進めたのは19世紀末のドイツ皇帝ヴィルヘルム2世です。③イギリスがスペインの無敵艦隊を破ったのは16世紀末オランダ独立戦争を支援したときです。④先進国首脳会議は1970年代以降に行われるようになり、1975年の第一回にはフランス・西ドイツ・イタリア・イギリス・アメリカの首脳が出席しました。したがって正解は④です。

解答番号【27】：④　　⇒ 重要度B

問４　湾岸戦争はイランがクウェートを侵攻したことから始まりました。したがって正解は②です。①サライェヴォ事件がきっかけとなっておきたのは第一次世界大戦です。③ガリバルディが戦ったのは 19 世紀後半のイタリア統一戦争です。④アケメネス朝は紀元前６～紀元前４世紀に存在したオリエント・ヨーロッパ・アフリカにまたがる大帝国です。

解答番号【28】：②　　⇒ 重要度A

問５　冷戦下において、東側陣営とはソ連を中心とした社会主義諸国、西側陣営はアメリカを中心とした資本主義諸国を指します。①北大西洋条約機構（NATO）はアメリカを中心とした集団安全保障機構です。②国際通貨基金（IMF）はブレトン=ウッズ協定に基づき 1945 年に作られた国連の専門機関です。③国際赤十字社は戦争や災害の時に被害者を国境を越えて保護・救援する組織です。④三国協商は 19 世紀後半～ 20 世紀にロシア・フランス・イギリス間で成立しました。したがって正解は①です。

解答番号【29】：①　　⇒ 重要度A

問６　空欄Ｂの内容について見てみましょう。「・ガザ地区とヨルダン川西岸地区におけるパレスチナ人政府の発足　・イスラエル政府とパレスチナ人との交渉を継続し、最終解決を目指す」とあります。これはパレスチナ暫定自治協定です。したがって正解は③です。①バルフォア宣言は 1917 年にイギリスがユダヤ人にパレスチナ国家建設を認めた宣言です。これはフセイン・マクマホン協定、サイクス・ピコ協定と矛盾しており、パレスチナ問題の原因となっています。②モンロー宣言は 19 世紀にアメリカ第５代大統領モンローが南北アメリカ大陸とヨーロッパの相互不干渉を表明したものです。④ＧＡＴＴ（関税と貿易に関する一般協定）は貿易の自由化を推進するために 1947 年に発足しました。

解答番号【30】：③　　⇒ 重要度C

## 7

問１　まずは空欄Ａの周辺を見てみましょう。「スターリン批判の影響を受けて 1956 年にＡで自由化を求めた動乱がおこった」とあります。これはハンガリー事件についての説明です。次に空欄Ｂの周辺を見てみましょう。「中東・北アフリカの各地で 2011 年にＢと呼ばれる民主化運動が展開したが」とあります。これに当てはまるのはアラブの春です。もうひとつの選択肢のシパーヒーの反乱は 19 世紀にムガル帝国で東インド会社傭兵がおこしたものです。したがって正解は④です。

解答番号【31】：④　　⇒ 重要度C

問２　（ア）について、1960 年は「アフリカの年」と呼ばれ、17 か国が独立しています。よってこの文は正しいといえます。（イ）について、ユーゴスラヴィアの内戦は 1991 ～ 1995 年に起きました。よってこの文は正しいといえます。したがって正解は①です。

解答番号【32】：①　　⇒ 重要度C

# 令和５年度 第１回 高卒認定試験

## 【 日本史Ａ解答 】

| 1 | 解答番号 | 正答 | 配点 | 2 | 解答番号 | 正答 | 配点 | 3 | 解答番号 | 正答 | 配点 | 4 | 解答番号 | 正答 | 配点 |
|---|---|---|---|---|---|---|---|---|---|---|---|---|---|---|---|
| 問１ | 1 | ② | 4 | 問１ | 9 | ③ | 3 | 問１ | 17 | ① | 3 | 問１ | 25 | ② | 4 |
| 問２ | 2 | ③ | 3 | 問２ | 10 | ④ | 3 | 問２ | 18 | ① | 4 | 問２ | 26 | ③ | 4 |
| 問３ | 3 | ① | 3 | 問３ | 11 | ① | 3 | 問３ | 19 | ③ | 3 | 問３ | 27 | ④ | 4 |
| 問４ | 4 | ② | 4 | 問４ | 12 | ② | 4 | 問４ | 20 | ① | 4 | 問４ | 28 | ① | 4 |
| 問５ | 5 | ① | 4 | 問５ | 13 | ② | 4 | 問５ | 21 | ④ | 3 | - | - | | |
| 問６ | 6 | ③ | 3 | 問６ | 14 | ③ | 3 | 問６ | 22 | ④ | 4 | - | - | | |
| 問７ | 7 | ④ | 3 | 問７ | 15 | ① | 4 | 問７ | 23 | ② | 3 | - | - | | |
| 問８ | 8 | ④ | 4 | 問８ | 16 | ④ | 4 | 問８ | 24 | ③ | 4 | - | - | | |

## 【 日本史Ａ解答 】

### 1

問１　空欄Ａの周辺を見てみましょう。「徳川慶喜がＡ後に成立した新政府によって五箇条の御誓文が出され」とあります。これに当てはまるのは「朝廷に政権を返上した」です。この出来事を大政奉還といいます。もうひとつの選択肢の東京を首都に定めたのは1869年（明治２年）です。次に空欄Ｂの周辺を見てみましょう。「板垣退助らが政府にＢを提出し自由民権運動がおこっているからです」とあります。これに当てはまるのは「民撰議院設立建の白書」です。もう一つの選択肢の「東洋大日本国国憲按」は植木枝盛が起草した私擬憲法のひとつです。したがって正解は②です。

**解答番号【１】：②　　⇒ 重要度Ａ**

問２　徳川慶喜が将軍に就任したのは江戸時代末期の1866年です。①秩禄処分は1876年の出来事で、明治時代に入ってからです。②徴兵令が公布されたのは1873年の出来事で、明治時代に入ってからです。③得撫島と択捉島の間を国境としたのは1854年の日露通商条約です。④えた・非人が廃止されたのは1871年の身分解放令で、明治時代に入ってからです。したがって正解は③です。

**解答番号【２】：③　　⇒ 重要度Ｃ**

問３　人物について、中江兆民は1881年に西園寺公望らと『東洋自由新聞』の刊行をはじめ、自由民権確立をめざす言論活動の場となりました。小林多喜二はプロレタリア文学の代表的な小説家で『蟹工船』などの作品で知られています。説明文について、「ルソーの社会契約説を紹介した」のは中江兆民です。「労働者の生活に根差した作品を発表した」のは小林多喜二です。したがって正解は①です。

**解答番号【3】：①**　　⇒**重要度C**

問４　アの文は大日本帝国憲法についての内容として適切です。大日本帝国憲法はロエスレルなどのドイツ人法学者の助言を得て草案が起草されました。イの文章は第二次世界大戦後に制定された日本国憲法についての文です。したがって正解は②です。

**解答番号【4】：②**　　⇒**重要度A**

問５　空欄Ｃの周辺を見てみましょう。「条約改正のための交渉は何度も失敗しましたが、Ｃの整備が進められたことによって条約の一部分が改正されました。」とあります。明治時代、条約の一部改正の背景となったのは大日本帝国憲法や法律の整備でした。もう一つの選択肢のラジオ放送や新聞などのマスメディアが発達したのは大正時代のことで、1925年にラジオ放送が開始された他、娯楽雑誌『キング』創刊号発売などマスメディアが発達していきました。次に空欄Ｄの周辺を見ていきましょう。「日清戦争の講和条約によって得た賠償金の一部も利用してＤに移行することができたからです。当時、欧米の主要国はＤを採用しており、日本もそれにそろえることによって、為替相場の安定や貿易の発展につなげようとしたのだと考えます。」とあります。これに当てはまるのは金本位制です。したがって正解は①です。

**解答番号【5】：①**　　⇒**重要度A**

問６　①ペリーが来航したのは江戸時代末期の1853年です。翌年再度来航し、日米和親条約を結びました。② 1858年アメリカ・オランダ・ロシア・イギリス・フランスと修好通商条約を締結しました。各国との条約を総称して安政の５か国条約といいます。③伊藤博文が日本側の代表として締結したのは日清戦争の講和条約として結ばれた下関条約で、1895年のことです。④日米修好通商条約を結び欧米諸国と貿易を行ったことにより、国内で物不足が発生し、物価が上昇しました。したがって正解は③です。

**解答番号【6】：③**　　⇒**重要度B**

問７　日清戦争が発生したのは1894年です。①日英同盟を締結したのは1902年のことです。日本はこの同盟を背景に日露戦争を戦いました。②桂・タフト協定はアメリカがフィリピンで、日本が朝鮮で支配権を持つことを相互に承認したもので、1905年に結ばれました。③辛亥革命が起きたのは1911年のことで、これによって清が事実上崩壊し、中華民国が建国されました。④金玉均は1884年に甲申事変というクーデターを起こし、清と閔妃を倒そうとしました。したがって正解は④です。

**解答番号【7】：④**　　⇒**重要度C**

問８　地方官会議が設置されたのは1875年～1881年のことで、計３回開かれました。廃藩置県が実施されたのは1871年のことです。版籍奉還によって、領地・領民を藩主から天皇に返還されたのは1869年です。したがって正解は④です。

**解答番号【8】：④**　　⇒**重要度C**

## 2

問１　２つめの空欄Ａの周辺を見てみましょう。「Ａが殺害された五・一五事件」とあります。ここに当てはまるのは犬養毅です。もうひとつの選択肢の原敬は大正時代の総理大臣で、初の爵位を持たない総理大臣として平民宰相と呼ばれました。次に空欄Ｂの周辺を見てみましょう。「1937 年の夏休みに（父の赴任先の）香港から東京に船で帰るとき、Ｂがはじまりました。」とあります。ここに当てはまるのは日中戦争です。もうひとつの選択肢の山東出兵は 1927 年のことで、蔣介石が行った北伐に対して日本人居留民保護のために行われました。したがって正解は③です。

**解答番号【9】：③　　　⇒ 重要度Ａ**

問２　市電の写真として適切なのはイです。日本で初めて開通したのは 1895 年の京都です。この当時の都市の様子として適切なのはエです。もうひとつの選択肢の「ザンギリ頭が流行し、警察官の制服など、洋服姿の人が見られるようになった」のは 1871 年の断髪令が出された後のことです。したがって正解は④です。

**解答番号【10】：④　　　⇒ 重要度Ｃ**

問３　アについて、大正デモクラシーと呼ばれる 1910 ～ 1920 年代に起こった自由主義・民主主義運動・思想をさします。イについて、第一次世界大戦後、戦後恐慌・震災恐慌・金融恐慌・昭和恐慌と 1919 年～ 1930 年代まで不況が続いています。どちらの選択肢も正しい内容です。したがって正解は①です。

**解答番号【11】：①　　　⇒ 重要度Ａ**

問４　①について、資料の１～２行目「臨時総会の採択した報告書は～事実誤認している」という部分から読み取ることができます。②について、資料の２～３行目「柳条湖事件以降の～中国の責任を見過ごし」という部分から、柳条湖事件が起きたのが中国の責任だと主張しているのは国際連盟ではなく日本側だということが読み取れますので、選択肢の内容は適切ではありません。③について、資料の４～５行目「満州国成立の真相を無視して同国を承認した日本の立場を否認し」という部分から読み取ることができます。④について、資料の６行目「日本は平和維持の方法が国際連盟とは全然異なっていると確認した」という部分から読み取ることができます。したがって正解は②です。

**解答番号【12】：②　　　⇒ 重要度Ｂ**

問５　傍線部ｄの前の行に「（太平洋戦争が始まった）」とあります。太平洋戦争は日本とアメリカの戦争です。選択肢ウはソ連、エはアメリカとの関係について書かれています。したがって正解は②です。

**解答番号【13】：②　　　⇒ 重要度Ａ**

問６　①②④は第二次世界大戦中のできごとです。③は第二次世界大戦後 1949 年のできごとです。したがって正解は③です。

**解答番号【14】：③　　　⇒ 重要度Ａ**

問７　アについて、パンフレットの右下の「田園郊外の趣味を享楽し併て文明の施設を応用出来る地は他にありません」という部分から読み取ることができます。イについて、パンフレット左下の営業項目に「電話・電信事業」は書かれていません。背景については、パンフレット右上の「煤煙飛ばず塵埃揚らず」と書かれていることから、都市部で社会問題になっていた大気汚染の心配がないことを売りにしていたと考えることができます。したがって正解は①です。

**解答番号【15】:①**　　⇒**重要度C**

問８　Ⅱより、ラジオ放送を聞いたのは第二次世界大戦中であったこと、傍線部ｇの２～３行あとに「私は日本が負けたという意味だと聞いてびっくりしましたが」とあることから、ポツダム宣言を受け入れ無条件降伏したことを国民に知らせる玉音放送であったことがわかります。この内容として適切なのはイ、読み上げた人物として適切なのはエです。したがって正解は④です。もうひとつの選択肢のアは日中戦争のときに日本の南京占領を機にだされた第一次近衛声明です。

**解答番号【16】:④**　　⇒**重要度A**

## 3

問１　空欄ＡとＢを含む文を見てみましょう。「戦後すぐの時点では、まだＡが日本の都道府県に含まれない状況でしたよ」「あ、そうでしたね。この教科書の発行より後に結ばれたＢでも、アメリカの施政下に置かれることになっていましたよね」と書かれています。Ａについて、戦後アメリカの占領下に置かれたのは沖縄県と小笠原諸島です。Ｂについて、沖縄がアメリカの施政下に置かれることが書かれていたのは第二次世界大戦に関する連合国と日本の講和条約であるサンフランシスコ平和条約です。もうひとつの選択肢の日ソ共同宣言は 1956 年に調印され日本とソ連の国交を回復したものです。したがって正解は①です。

**解答番号【17】:①**　　⇒**重要度A**

問２　空欄C、空欄Ｄがあるひとつ前の先生のせりふを見てみましょう。「1976 年、外交文書についてのこの「三十年ルール」は初めて適用され、公文書の公開が始まりました。」とあります。空欄Ｃの直前を見ると、「このルールが初めて適用された年から遡ると」とあります。1976 年から 30 年遡った 1946 年、日本はGHQの占領下にありましたので、Cには「GHQの占領期」が入ります。もうひとつの選択肢の「日米安全保障条約の改定が進められた」のは 1960 年頃の出来事です。次に空欄Ｄで求められている 2023 年時点ではいつまでの外交文書が公開対象になるのかについてを考えていきます。2023 年の 30 年前は 1993 年です。マルタ会談で冷戦の終結が宣言されたのは 1989 年のことです。もうひとつの選択肢の「アメリカ合衆国で同時多発テロが起こった」のは 2001 年の出来事です。したがって正解は①です。

**解答番号【18】:①**　　⇒**重要度B**

問３　命令のほうから見てみましょう。第二次世界大戦後、ＧＨＱ占領下で行われた教育では、戦前の天皇中心の国家方針は否定され、民主的な教育を行うよう定められました。よって、エは不適切であり、ウの「神道の教義を広めるような教育をしてはならない命令」が適切

であるとわかります。内容について、ウが適切であるということは、アのような神道の記述については教科書に掲載してはいけないということになりますので、イが正しい内容となります。したがって、正解は③です。

**解答番号【19】：③**　　⇒**重要度C**

問４　①内務省は 1873 年に設置された、警察・地方行政などの内政を管轄する行政機関です。②自治体警察は 1947 年に公布された旧警察法によって人口 5000 人以上の市町村に設置されていた組織です。1954 年に公布された現行警察法によって廃止されました。③革新系とは社会党・共産党など、敗戦前は取り締まりの対象だった政党を指します。戦後は五大改革指令で圧政的諸制度の撤廃が行われ、革新系政党からも自治体の長が選出されるようになりました④ 1948 年に制定された教育委員会法で教育委員の公選制が採用されましたが、1956 年の地方教育行政の組織及び運営に関する法律で公選は廃止され首長が議会の同意を得て任命することになりました。したがって、正解は①です。

**解答番号【20】：①**　　⇒**重要度C**

問５　高度経済成長期と呼ばれるのは 1954 ～ 1973 年の間です。アについて、高度経済成長期がはじまったと書かれていますが、開始時期は 1972 ～ 87 年の間ではありません。イについて、高度経済成長期が終わったのは 1973 年ですので、1972 ～ 87 年の間として適切です。ウについて、日本がＩＭＦ８条国へ移行したのは 1964 年ですので、1972 ～ 87 年の間ではありません。エについて、プラザ合意でドル高を是正する為替レートの安定化に関する合意されたのは 1985 年ですので、1972 ～ 87 年の間として適切です。したがって、正解は④です。

**解答番号【21】：④**　　⇒**重要度C**

問６　カード１に書かれている三井合名会社が設立されたのは 1909 年、カード２に書かれている三菱本社が解散となり分割されたのは 1945 年の財閥解体です。会話文２に「第二次世界大戦後の経済の民主化の中で」とありますので、空欄Ｆには戦後のできごとであるカード２が入ります。戦後の小作地の割合の変化の原因として考えられるのは農地改革です。農地改革によって自らの土地を持たない小作農は戦前の 70％から 40％に減少しましたので、時期としてはイが適切です。したがって、正解は④です。

**解答番号【22】：④**　　⇒**重要度C**

問７　選択肢アについて、「国民が個人として尊重される憲法」は第二次世界大戦後に公布された日本国憲法です。明治時代に公布された大日本帝国憲法では国民は臣民と表現され、臣民の権利は制限付きでの保障でした。選択肢イについて、「信教や言論の自由などの権利が認められたが法律の範囲内であった憲法」は明治時代に公布された大日本帝国憲法です。選択肢ウについて「戸主の権限が強い家族制度を定めた民法」は明治時代にドイツ民法の影響を受けて作られたものです。選択肢エについて、「男女同権の家族制度を定めた民法」は第二次世界大戦後に公布された民法です。したがって、正解は②です。

**解答番号【23】：②**　　⇒**重要度A**

問８　選択肢ア、イについて、資料２の「外交文書というものを公開するということについて検討するように」という部分から読み取ることができます。選択肢ウ、エについて、資料３の「民主主義は、家庭の中にもあるし、村や町の中にもある」という部分から読み取ることができます。したがって、正解は③です。

**解答番号【24】：③　⇒ 重要度Ｂ**

# 4

問１　空欄Ａについて、写真１や「両開きのガラス窓や黒塗りアーチ形の窓枠など」という部分から、「欧米諸国」風の建物であることがわかります。空欄Ｂについて、直前に「当時の県令は」と書かれており、県令は明治時代になってから設置された役職であることから、「中央政府の政策を、任地で実行すること」が適切であると判断できます。したがって、正解は②です。

**解答番号【25】：②　⇒ 重要度Ｂ**

問２　①について、製糸、土木請負、絹織物、医師を職業とする県議会議員は非政党派の人物がいないことから、国政で大きな役割を担っていた政友派（立憲政友会）が地方でも影響力を持っていたことが読み取れます。②について、土木請負を職業としている政友派の議員が３名いることが読み取れます。③について、「労働時間も工場法では 12 時間ですが、女工さんは朝５時ころやってきて、夜は７時くらいですから 14 時間。」とあることから、一律の規則が定められていたとは読み取れません。④について、第二次世界大戦後の 1947 年に労働基準法が制定され、賃金、就業時間、休息などの労働条件の最低基準が定められました。したがって、正解は③です。

**解答番号【26】：③　⇒ 重要度Ｂ**

問３　写真２の石碑の「満州開拓殉難者慰霊碑」という文字から、中国の満州地方に関係するものだとわかります。よって、目的の選択肢アは誤りであると判断することができます。ことがらについて、1932 年から 14 年にわたって、農村の土地不足・人口増を解消することと植民地経営を目的として日本から満州への移民政策があったことから、エが正しい内容となります。したがって、正解は④です。

**解答番号【27】：④　⇒ 重要度Ｃ**

問４　不適切な選択肢を選ぶ問題であることに注意しましょう。①について、資料２は工場で働いていた人の証言を記録したもので、国家や為政者による発言ではありませんので、不適切です。②について、レポート内に「市民や観光客の交流ガイダンス施設とすることを目的として、現在の場所に移築された」とありますので、適切です。③について、資料２に関する説明の「桂園時代より後の時期に工場で働いていた人の証言を記録したもの」という部分や、石碑が資料として提示されていることから読み取ることができますので、適切です。④について、「かつて養蚕が盛んであった地域には「蚕」がつく神舎があることをインターネットで知り、その一つを訪れ」とあります。また。レポートには文献や文化財に触れた記述もありますので、適切です。したがって、正解は①です。

**解答番号【28】：①　⇒ 重要度Ｂ**

# 令和４年度 第２回
# 高卒認定試験

# 旧世界史Ａ
# 旧日本史Ａ

## 解答時間　50分

### 注　意　事　項（抜粋）

＊　試験開始の合図前に，監督者の指示に従って，解答用紙の該当欄に以下の内容をそれぞれ正しく記入し，マークすること。

**①氏名欄**

**氏名を記入**すること。

**②受験番号，③生年月日，④受験地欄**

**受験番号，生年月日を記入**し，さらにマーク欄に**受験番号**（数字），**生年月日**（年号・数字），**受験地をマーク**すること。

＊　**受験番号，生年月日，受験地が正しくマークされていない場合は，採点できないことがある。**

＊　解答は，解答用紙の解答欄にマークすること。例えば，［10］と表示のある解答番号に対して②と解答する場合は，次の（例）のように**解答番号 10 の解答欄**の②に**マーク**すること。

（例）

| 解答番号 | 解　答　欄 |
|---|---|
| 10 | ① ● ③ ④ ⑤ ⑥ ⑦ ⑧ ⑨ ⓪ |

# 世　界　史　A

（解答番号 1 ～ 32 ）

**1** 次の文章と図版に関連して，問1～問2に答えよ。

高校生の高岩さんは，文明と環境の関係に関心を持ち，ラテンアメリカの文明の成り立ちについて調べてレポートにまとめた。

レポート

**ラテンアメリカの古代文明はなぜ栄えたか**

**疑　問**

X　インカ文明(a)が，ユーラシア大陸・アフリカ大陸の文明よりも，より赤道に近い地域で成立できたのはなぜだろうか。

Y　アメリカ大陸には，ユーラシア大陸・アフリカ大陸で文明を支えた小麦も稲もなかったのに，文明は何によって支えられていたのだろうか。

**考　察**

**Xの疑問に対する考察**：適度な気候の高地だったから。

・気温は，赤道に近い地域ほど高くなるが，高度が高い土地ほど低くなる。アンデス地方は緯度でいえば熱帯に当たるが，標高が高く，中心地域は標高約3400m前後の高原だった。

・熱帯でも高原の気温は低く，疫病の危険も少なかった。そのかわり体の順応が必要で，侵入したスペイン(b)人も高山病に苦しんだ。

**Yの疑問に対する考察**：小麦や稲に相当する作物が存在したから。

・アンデス地方では，標高3000m以上の高原地帯と，それより低い山地部とで，高度によって作物や家畜が棲(す)み分けられていた。主作物として，低温に強く生産性が高いジャガイモと，暑さに強く保存に向くトウモロコシとが高度によって作り分けられ，文明を支えた。

アンデス地方とインカ文明

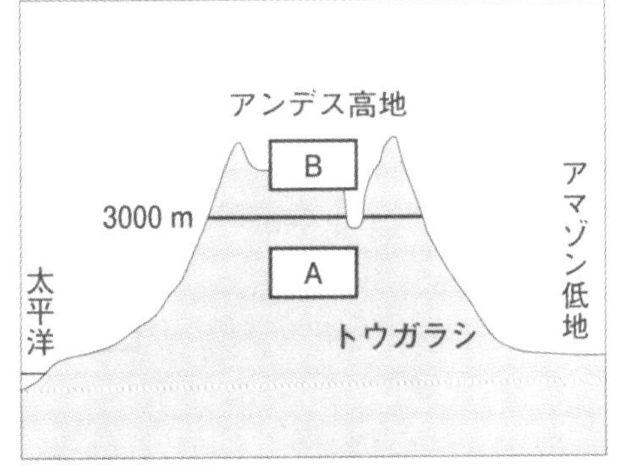


アンデス地方の断面図と主な作物

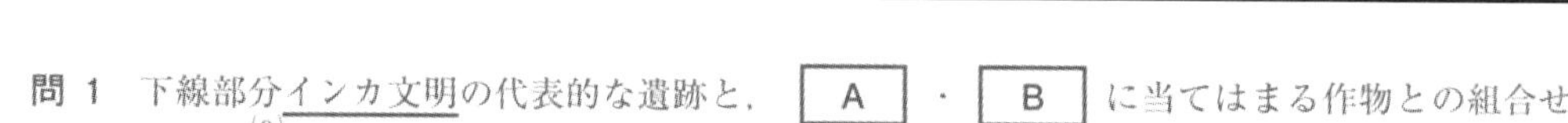



問 1　下線部分(a)インカ文明の代表的な遺跡と，［A］・［B］に当てはまる作物との組合せとして正しいものを，次の①～④のうちから一つ選べ。解答番号は［1］。

| | インカ文明の代表的な遺跡 | A | B |
|---|---|---|---|
| ① | マチュ＝ピチュ | ジャガイモ | トウモロコシ |
| ② | マチュ＝ピチュ | トウモロコシ | ジャガイモ |
| ③ | アンコール＝ワット | ジャガイモ | トウモロコシ |
| ④ | アンコール＝ワット | トウモロコシ | ジャガイモ |

問 2　下線部分(b)スペインによるラテンアメリカ支配のようすについて述べた文として適切なものを，次の①～④のうちから一つ選べ。解答番号は［2］。

① 訓民正音が制定された。

② 一国二制度による統治が行われた。

③ ギリシア正教の布教が進められた。

④ ポトシ銀山などで，銀の採掘が行われた。

**2** 次の文章と図版に関連して，問1～問4に答えよ。

2人の生徒が，**資料1**・**資料2**を見ながら，情報伝達の歴史について会話している。

南さん：　**資料1**は，古代ローマ帝国の情報伝達の仕組みに関する記録です。初代ローマ皇帝である［ A ］が，(a)アケメネス朝の制度を参考にして始めたとされています。

**資料1**

属州のどこで何が起ころうと，それが直ちに，より早く報告され，知ることができるように，最初軍事道路に沿って，適当な間隔ごとに若者の駅夫を置き，後には駅馬車を配置する。

原さん：　広大な帝国を支配するために，このような制度が必要だったのですね。

南さん：　同じような仕組みは，他の地域にもありました。**資料2**は，(b)中世のヨーロッパ人が書き残した，元がつくった制度についての記録です。

**資料2**

さて，どのような道をとろうと，カンバルク(大都)を発って25マイル進むとイヤンと呼ばれる駅に着く。これは「馬の駅」という意味である。この宿駅には大きく美しく豪華な館があり，大ハンの使者はそこに宿泊する。…主要な道の25ないし30マイルごとに，お話ししたような行き届いた駅があるので，…おもだった地方にはどこにでも行くことができる。

原さん：　**資料1**の仕組みと似ていますね。**資料2**はどんな資料から引用されたのでしょうか。

南さん：　ヴェネツィア出身の商人［ B ］が著した『世界の記述(東方見聞録)』からの引用です。彼は，フビライ＝ハンに仕えた後，13世紀末に(c)イル＝ハン国を経由して，ヴェネツィアに帰国したとされています。

フビライ＝ハンに謁見する  とその一行

問 1 [A] に当てはまる人物と，**資料 2** で言及されている制度との組合せとして正しいものを，次の①～④のうちから一つ選べ。解答番号は [3] 。

| | [A] | 制　度 |
|---|---|---|
| ① | キング牧師 | 駅伝制 |
| ② | キング牧師 | イクター制 |
| ③ | オクタウィアヌス(アウグストゥス) | 駅伝制 |
| ④ | オクタウィアヌス(アウグストゥス) | イクター制 |

問 2 下線部分アケメネス朝(a)について述べた文として適切なものを，次の①～④のうちから一つ選べ。解答番号は [4] 。

① 「プラハの春」とよばれる民主化運動がおこった。

② ダレイオス 1 世の時代に，最盛期を迎えた。

③ エリザベス 1 世の時代に，無敵艦隊を破った。

④ レオナルド＝ダ＝ヴィンチが，「モナ＝リザ」を描いた。

**問３**　下線部分(b)中世のヨーロッパに関連して，次の**グラフ**は，11 世紀～16 世紀のイングランド（イギリス）における人口の変遷を示したものである。**グラフ**の**Ｘ**期に急激な人口減少がみられる。この人口減少の原因や影響について述べた３人の生徒の意見を読み，その正誤について述べた文として適切なものを，下の①～④のうちから一つ選べ。解答番号は［ 5 ］。

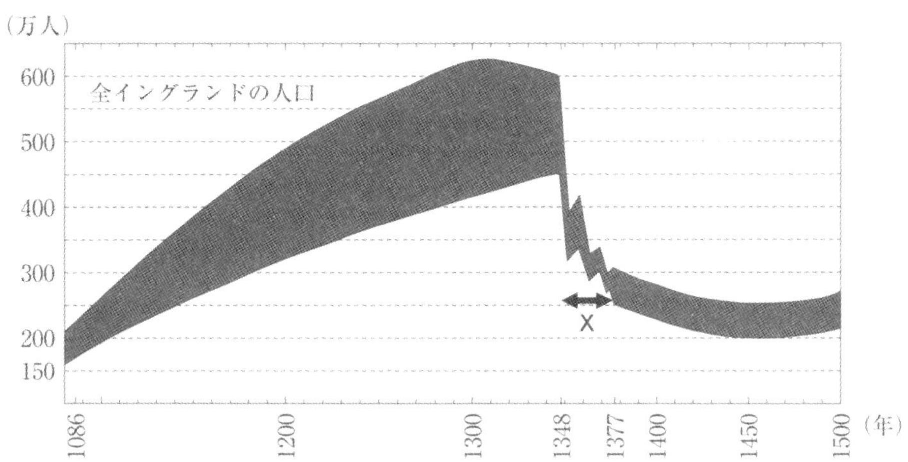


注：グラフは，それぞれの時期における人口の推定値を表している。
推定値にはばらつきがあるため，着色部分の幅が広い所がある。

**グラフ**

英樹さん　：　Ｘ期に氷河期が終わり，人々は農耕・牧畜を始めました。

あかりさん：　Ｘ期の不況に対応するため，ブロック経済が導入されました。

マークさん：　Ｘ期には，ペスト（黒死病）がヨーロッパで流行しました。

① 英樹さんの意見のみが正しい。
② あかりさんの意見のみが正しい。
③ マークさんの意見のみが正しい。
④ 全員の意見が正しい。

問 4 [ B ] に当てはまる人物と，下線部分イル＝ハン国(c)の略地図中のおよその位置との組合せとして正しいものを，下の①～④のうちから一つ選べ。解答番号は [ 6 ] 。

|  | B | イル＝ハン国の位置 |
|---|---|---|
| ① | 張　騫 | あ |
| ② | 張　騫 | い |
| ③ | マルコ＝ポーロ | あ |
| ④ | マルコ＝ポーロ | い |

**3** 1～2の文章と図版に関連して，問1～問5に答えよ。

1　15世紀後半，オスマン帝国では火器の導入が進んだ。最新の火器を用いて，スルタンの［ A ］は，コンスタンティノープル(a)を占領し，ビザンツ帝国を滅ぼした。火器で武装した常備歩兵軍団であるイェニチェリは，16世紀初頭のチャルディランの戦いでも活躍し，サファヴィー朝(b)の騎兵を打ち破った。イェニチェリは常にスルタンの近くにあって，軍事力の中核を占めるようになった。

コンスタンティノープルを攻撃するオスマン軍

問 1 [A] によって，下線部分コンソタンティノープル(a)にあった聖ソフィア聖堂(ハギア＝ソフィア聖堂)は，次の図のようにイスラーム教の礼拝施設へと改築された。[A] に当てはまる人物と，イスラーム教の礼拝施設との組合せとして正しいものを，下の①～④のうちから一つ選べ。解答番号は [7] 。

図

| | A | 礼拝施設 |
|---|---|---|
| ① | メフメト２世 | モスク |
| ② | メフメト２世 | カタコンベ |
| ③ | ド＝ゴール | モスク |
| ④ | ド＝ゴール | カタコンベ |

問 2 下線部分サファヴィー朝(b)について述べた文として適切なものを，次の①～④のうちから一つ選べ。解答番号は [8] 。

① 「世界の工場」と称された。

② インドシナ戦争がおこった。

③ シーア派を国教とした。

④ 甲午農民戦争(東学党の乱)がおこった。

2　ヨーロッパから東アジア諸国にもたらされた鉄砲は，様々な軍事的影響を与えた。日本では，ポルトガル(c)の鉄砲をもとに，命中精度の高い鉄砲が製造されるようになった。日本の鉄砲は，16世紀末に始まった明(d)・朝鮮との戦いで，両国に伝わり，それぞれの鉄砲の性能を向上させた。やがて，明は，各地で勃発した反乱や女真人との戦いに鉄砲隊を投入するようになった。朝鮮も強力な鉄砲隊を組織した。17世紀には，清がロシア(e)と対立し，援軍として朝鮮に鉄砲隊の派遣を要請した。

女真人と戦う明軍の鉄砲隊

問 3　下線部分(c)ポルトガルに関連して，初めて喜望峰を経由してインドに到達したポルトガルの航海者を，次の①～④のうちから一つ選べ。解答番号は 9 。

①

ヴァスコ＝ダ＝ガマ

②

モーツァルト

③

マルクス

④

ウラービー(オラービー)

問 4　下線部分(d)明について述べた文として適切なものを，次の①～④のうちから一つ選べ。解答番号は 10 。

① 第1回万国博覧会が開かれた。

② 李自成に北京を占領されて滅んだ。

③ 王安石が，改革を進めた。

④ ガンダーラ美術が生まれた。

問 5　下線部分(e)ロシアについて述べた文として適切なものを，次の①～④のうちから一つ選べ。解答番号は 11 。

① チュラロンコン王(ラーマ5世)が，近代化政策を進めた。

② ルターが，九十五カ条の論題を発表した。

③ ドイモイ(刷新)政策により，市場経済が導入された。

④ ピョートル1世が，サンクト＝ペテルブルクを建設した。

**4**　1～2の文章と図版に関連して，**問1～問6**に答えよ。

1　富山さんは綿工業について授業で発表することになり，調べたことを**パネル1**にまとめた。

**パネル1**

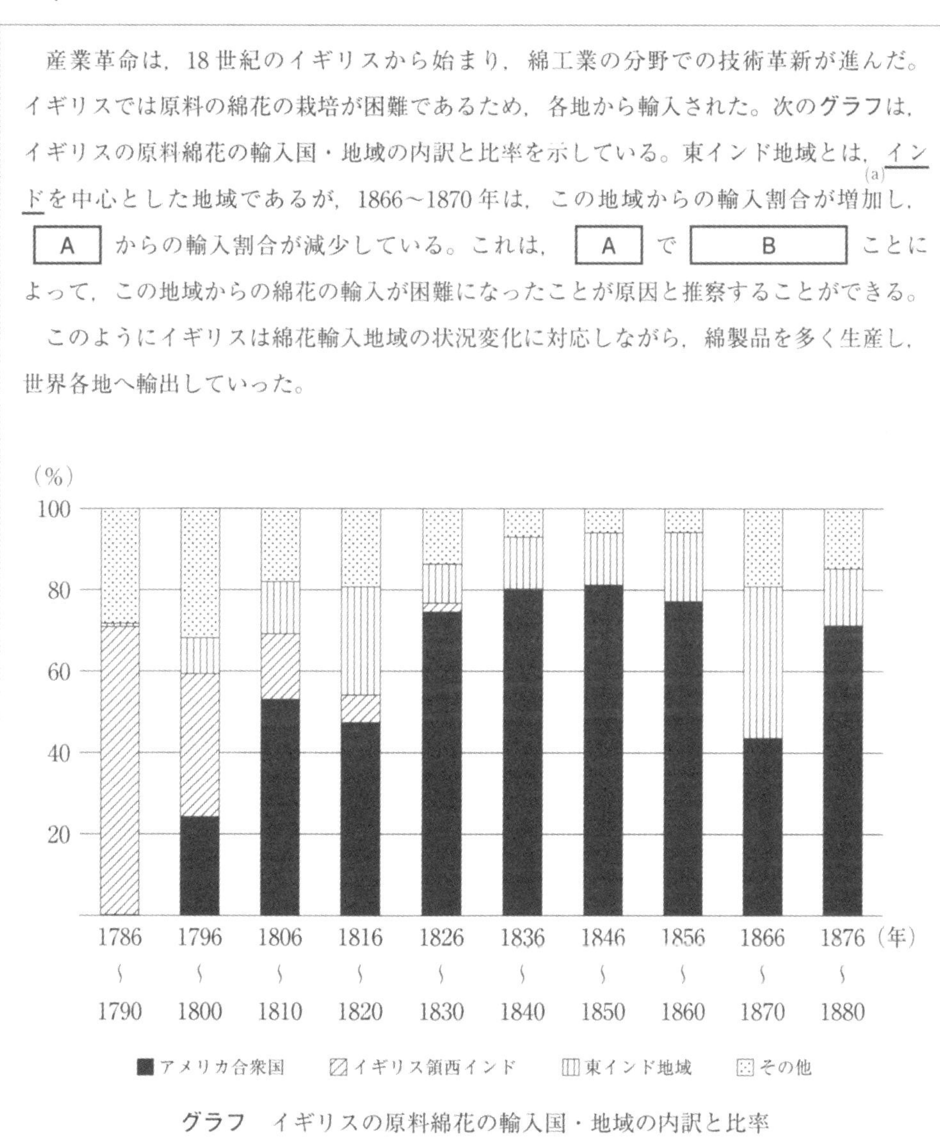

産業革命は，18世紀のイギリスから始まり，綿工業の分野での技術革新が進んだ。イギリスでは原料の綿花の栽培が困難であるため，各地から輸入された。次の**グラフ**は，イギリスの原料綿花の輸入国・地域の内訳と比率を示している。東インド地域とは，<u>インド</u>(a)を中心とした地域であるが，1866～1870年は，この地域からの輸入割合が増加し，［A］からの輸入割合が減少している。これは，［A］で［B］ことによって，この地域からの綿花の輸入が困難になったことが原因と推察することができる。

このようにイギリスは綿花輸入地域の状況変化に対応しながら，綿製品を多く生産し，世界各地へ輸出していった。



**グラフ**　イギリスの原料綿花の輸入国・地域の内訳と比率

問 1　下線部分インド(a)の 19 世紀のようすについて述べた文として適切なものを，次の①～④のうちから一つ選べ。解答番号は 12 。

① ムガル帝国が滅んだ。

② 理藩院が藩部を統括した。

③ 両税法が実施された。

④ タンジマート(恩恵改革)が実施された。

問 2　A に当てはまる語句と，B に当てはまる文との組合せとして正しいものを，次の①～④のうちから一つ選べ。解答番号は 13 。

| | A | B |
|---|---|---|
| ① | イギリス領西インド | 黄巾の乱がおこった |
| ② | イギリス領西インド | 南北戦争がおこった |
| ③ | アメリカ合衆国 | 黄巾の乱がおこった |
| ④ | アメリカ合衆国 | 南北戦争がおこった |

2　石川さんは作家とその活動について授業で発表することになり，調べたことをパネル2にまとめた。

パネル2

ゾラはフランス自然主義を代表する<u>19世紀</u>(b)の作家で，1869年に20の作品からなる「ルーゴン＝マッカール叢書(そうしょ)」の執筆を始めた。この叢書には「<u>第二帝政</u>(c)下における一家族の自然的，社会的歴史」という副題がつけられており，作品を通じて社会や人間の抱える問題を分析し表現しようとしたゾラの姿勢がうかがわれる。

また，ゾラは1894年にフランスでおこったユダヤ人将校 C のスパイ冤罪(えんざい)事件でも知られる。 C は軍法会議でスパイ容疑を否認したが，<u>南アメリカ</u>(d)のフランス領ギアナにある監獄島での終身流刑の判決を受けた。これに対してゾラは，1898年1月31日付けの小新聞『オーロール』紙で「私は弾劾する」と抗議した。この小新聞は1日で30万部以上が売れ，再審を求める世論が高まり， C の再審への道が開かれた。

次の肖像画は彼と交流のあったマネの作品である。背景には<u>日本</u>(e)の歌舞伎役者の浮世絵が描かれ，当時流行していたジャポニスムの影響が見られる。

Cinq Centimes

L'AURORE

Littéraire, Artistique, Sociale

J'Accuse...!

LETTRE AU PRÉSIDENT DE LA RÉPUBLIQUE

Par ÉMILE ZOLA

LETTRE

A M. FÉLIX FAURE

ゾラの投稿が掲載された『オーロール』紙

マネが描いたゾラの肖像画

問3　下線部分<u>19世紀</u>(b)のエジプトのようすについて述べた文として適切なものを，次の①～④のうちから一つ選べ。解答番号は 14 。

① ムハンマド＝アリーが，改革を進めた。

② サラディン(サラーフ＝アッディーン)が，アイユーブ朝を建てた。

③ マグナ＝カルタ(大憲章)が発布された。

④ ピカソが，「ゲルニカ」を描いた。

問 4　下線部分第二帝政(c)に関連して，フランス第二帝政末期におこったプロイセン＝フランス戦争(普仏戦争)中の出来事と，[C] に当てはまる人物との組合せとして正しいものを，次の①～④のうちから一つ選べ。解答番号は [15] 。

| | 出来事 | C |
|---|---|---|
| ① | ホー＝チ＝ミンが独立を宣言した。 | ドレフュス |
| ② | ホー＝チ＝ミンが独立を宣言した。 | ジャクソン |
| ③ | ドイツ帝国が成立した。 | ドレフュス |
| ④ | ドイツ帝国が成立した。 | ジャクソン |

問 5　下線部分南アメリカ(d)に関連して，南アメリカ諸国の独立直後のようすについて述べた文として適切なものを，次の①～④のうちから一つ選べ。解答番号は [16] 。

① 府兵制が行われた。

② クリオーリョを中心とした社会が形成された。

③ ヒジュラ(聖遷)が行われた。

④ トルーマン＝ドクトリンによって，経済援助が行われた。

問 6　下線部分日本(e)に関連して，石川さんは日本と海外との交流について調べ，次の**資料**を見つけた。**資料**の名称を，下の①～④のうちから一つ選べ。解答番号は [17] 。

**資料**

> 第３条　下田，箱館のほか，次に記す場所を次の期日より開港する。
> 
> 神奈川…1859 年 7 月 4 日
> 
> 長崎…前と同じ
> 
> 新潟…1860 年 1 月 1 日
> 
> 兵庫…1863 年 1 月 1 日
> 
> 第６条　日本人に対し犯罪を犯したアメリカ人は，アメリカ領事裁判所において取り調べの上，アメリカの法律によって処罰する…。

① 異国船打払令　② ウェストファリア条約

③ ポツダム宣言　④ 日米修好通商条約

**5** 1～2の文章と図版に関連して，問1～問7に答えよ。

1 生徒と先生が，第一次世界大戦とアジア・アフリカ各地の関係について会話している。

先　生：ヨーロッパ諸国の間では，第一次世界大戦(a)の前から植民地の獲得競争が激しく行われていました。アフリカでは，縦断政策のイギリスと横断政策のフランスが衝突しかけた［A］がおこりました。

岸さん：私は第一次世界大戦時の，植民地の人々について調べました。イギリスの植民地だったインドからは，多数の兵士がヨーロッパやアジアに送られていました。第一次世界大戦はヨーロッパだけの戦争ではなかったのですね。

東さん：私は，当時ヨーロッパ諸国の植民地だった地域でなく，アラビア半島について調べました。この地域の人々も第一次世界大戦に協力させられたことがわかりました。

岸さん：ヨーロッパ諸国の植民地ではなかったのに，どのように協力させられたのですか。

東さん：イギリスは，当時敵国だったオスマン帝国(b)の動揺を誘うために，オスマン帝国領だったアラビア半島で，アラブ人部隊を組織させて反乱をおこさせました。

先　生：イギリスは第一次世界大戦に協力させた地域の人々に対して，戦後の自治や独立(c)を約束し，戦争に動員していきました。

岸さん：まさに多くの地域を巻き込む世界大戦だったのですね。

第一次世界大戦にインドから動員された兵士

**問1** 下線部分第一次世界大戦(a)後の世界のようすについて述べた文として適切なものを，次の①～④のうちから一つ選べ。解答番号は［18］。

① 日本で，明治維新がおこった。

② イギリスで，チャーティスト運動が展開された。

③ インドで，非暴力・不服従の抵抗運動がおこった。

④ イタリアで，青年イタリアが結成された。

問 2　 A 　に当てはまる語句を，次の①～④のうちから一つ選べ。解答番号は　19　。

①　9.11 同時多発テロ事件　　②　柳条湖事件

③　アンボイナ事件　　④　ファショダ事件

問 3　下線部分オスマン帝国(b)を解体して，トルコ共和国の初代大統領となった人物を，次の①～④のうちから一つ選べ。解答番号は　20　。

①

ムスタファ＝ケマル
（ケマル＝パシャ）

②

サッチャー

③

ティトー

④

フェリペ２世

**問 4** 下線部分(c)戦後の自治や独立に関連して，次の**資料**は第一次世界大戦後に設立された国際連盟の規約の一部である。**資料**から読み取れることと，国際連盟の設立を提唱したアメリカ合衆国大統領との組合せとして正しいものを，下の①～④のうちから一つ選べ。
解答番号は 21 。

**資料**

第 22 条 先の戦争の結果これまでの支配国の統治を離れた植民地や領土で，…人々の福祉と発達を図ることが文明の神聖なる使命であり…この原則を実現する最善の方法は，そのような人々に対する貢献の任務を，資源や経験あるいは地理的位置によってその責任を引き受けるのに最も適し，かつそれを進んで受諾する先進国に委任し，連盟に代わる受任国としてその国に貢献の任務を遂行させることである。

| | **資料**から読み取れること | アメリカ合衆国大統領 |
|---|---|---|
| ① | 植民地だった地域の統治を，他国に委任する。 | マテオ＝リッチ |
| ② | 植民地だった地域の統治を，他国に委任する。 | ウィルソン |
| ③ | 植民地だった地域は，国として独立する。 | マテオ＝リッチ |
| ④ | 植民地だった地域は，国として独立する。 | ウィルソン |

2　岡田さんは戦争に関連した街並みや建造物について調べ，**カード1・カード2**にまとめた。

**カード1**

ポーランドの首都ワルシャワには，中世から<u>20世紀前半</u>(d)までの多彩な建築様式の建造物が連なっている。この街は1939年，<u>ドイツのポーランド侵攻</u>(e)によって，その支配下となった。侵攻の前にヒトラーは，東西両面での戦争を避けるため，スターリンと **B** を結んだ。この条約の秘密条項に基づき，ポーランドは分割されることになった。ドイツ侵攻後，戦争で破壊されたワルシャワの旧市街は，第二次世界大戦後に市民によって細部までよみがえった。

ワルシャワの旧市街

**カード2**

中国の北京郊外に位置する石造りの盧溝橋は，12世紀末に建造された。1937年7月7日，この橋の付近で，北京に駐屯していた日本軍と，この付近を守備していた中国軍との軍事衝突がおこった。この事件をきっかけに，日本は中国への派兵を決定し，<u>日中戦争</u>(f)に発展していった。現在の盧溝橋は，史跡保存のため，交通が制限されている。

盧溝橋

**問5**　下線部分<u>20世紀前半</u>(d)の世界の出来事について述べた文として適切なものを，次の①～④のうちから一つ選べ。解答番号は **22** 。

① イベリア半島で，レコンキスタ(国土回復運動)が完了した。

② フランク王国で，カールの戴冠が行われた。

③ ローマ帝国で，キリスト教が国教化された。

④ アメリカ合衆国で，ニューディールが行われた。

問 6　下線部分ドイツのポーランド侵攻(e)について，略地図中のポーランドのおよその位置と，[B]に当てはまる条約との組合せとして正しいものを，下の①～④のうちから一つ選べ。解答番号は [23] 。

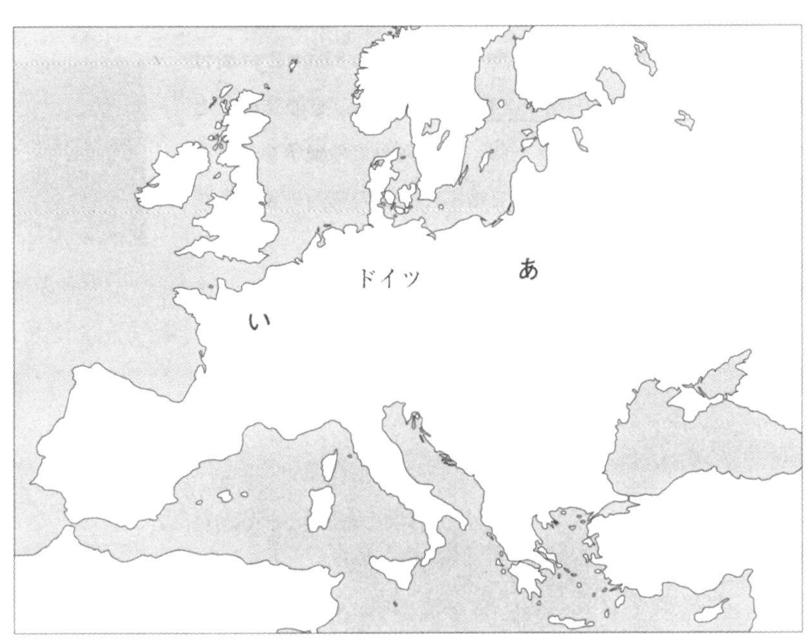


| | 位　置 | B |
|---|---|---|
| ① | あ | 独ソ不可侵条約 |
| ② | あ | 天津条約 |
| ③ | い | 独ソ不可侵条約 |
| ④ | い | 天津条約 |

問 7　下線部分日中戦争(f)に関連して，1930年代におこった出来事について述べた文として適切なものを，次の①～④のうちから一つ選べ。解答番号は [24] 。

① ジャンヌ＝ダルクが，軍を率いて戦った。

② 第2次国共合作が成立した。

③ 李成桂が，朝鮮(李氏朝鮮)を建てた。

④ トゥサン＝ルヴェルチュールが蜂起した。

**6** 1～2の文章と図版に関連して，**問1～問6**に答えよ。

1 「国境をまたぐ20世紀後半の労働者」に関する歴史の授業で，高校生の佐藤さんは**レポート1**をまとめ，先生からアドバイスをもらった。

**レポート1**

**西ドイツ（ドイツ連邦共和国）のトルコ人労働者（20世紀後半）**

1950年代後半の西ドイツ(a)では，労働力不足が深刻化していた。そこで，トルコなど複数の国から労働者を呼び込み，数年間働いたら帰国させて新たに募集した労働者と入れ替えるローテーション方式を取った。しかし，以下の資料のように，このルールはなし崩しになった。

**●1966年から西ドイツで働いていたトルコ人労働者ジェラールの回想の抜粋**

誰一人25年もここで働くことになるとは思っていなかっただろう。…いつの間にか子供たちはドイツ語を覚えたが，トルコ語はできなくなった。

**先生からのアドバイス**

・1950年代の西ドイツは，冷戦下のアメリカ合衆国(b)とソ連の影響を強く受けています。当時の冷戦の背景も追加してみましょう。

・1950年代に社会主義政策を採用した中華人民共和国(c)の労働事情も調べ，比較してみましょう。

**問1** 下線部分西ドイツ(a)について述べた文として適切なものを，次の①～④のうちから一つ選べ。解答番号は 25 。

① クロムウェルが，共和政を打ち立てた。

② ザビエルが，キリスト教を布教した。

③ アデナウアーが首相の時期に，高い経済成長を実現した。

④ 溥儀が，辛亥革命で退位した。

問 2　下線部分冷戦下のアメリカ合衆国(b)が行った政策について述べた文として適切なものを，次の①～④のうちから一つ選べ。解答番号は 26 。

① 北大西洋条約機構(NATO)を創設した。

② 二十一カ条の要求を出した。

③ 第1次ウィーン包囲を行った。

④ モンロー宣言(モンロー教書)を出した。

問 3　下線部分中華人民共和国(c)で，1958年から実施された「大躍進」政策が，四川省の人口に与えた影響をまとめたものが次のグラフである。「大躍進」政策を実施した主席と，グラフから読み取れる内容との組合せとして正しいものを，下の①～④のうちから一つ選べ。解答番号は 27 。

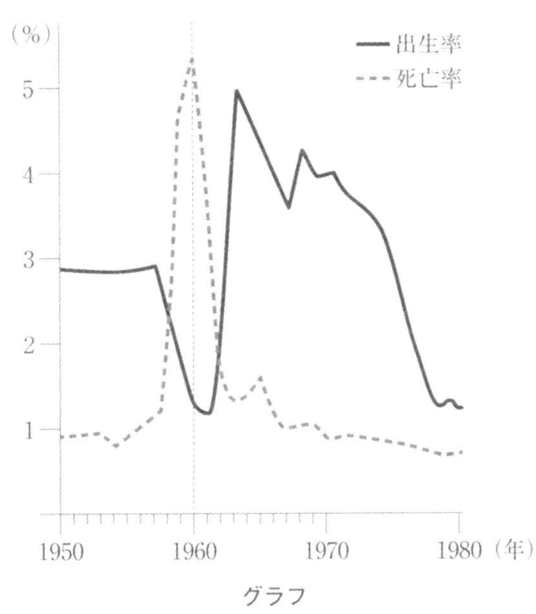

グラフ

| | 主　席 | グラフから読み取れる内容 |
|---|---|---|
| ① | 孔　子 | 1958年から1960年にかけて，出生率が増加した。 |
| ② | 孔　子 | 1958年から1960年にかけて，死亡率が増加した。 |
| ③ | 毛沢東 | 1958年から1960年にかけて，出生率が増加した。 |
| ④ | 毛沢東 | 1958年から1960年にかけて，死亡率が増加した。 |

2 「国境をまたぐ20世紀後半の労働者」に関する歴史の授業で，高校生の高橋さんは**レポート2**をまとめ，先生からアドバイスをもらった。

**レポート2**

## フランスのアルジェリア人労働者（1980年代）

1962年以降，(d)フランスではアルジェリア人の移民と，その子供が増えた。そのため，フランスでは，以下の資料のように，異文化尊重を重視する学校教育を展開した。

**●フランスの公立小学校に通うアルジェリア人生徒への言語・文明教育に関する通達（1982年）の抜粋**

フランスの小学校におけるアルジェリア人移民労働者の子供の存在は…，フランスとアルジェリアの2国間の実際的な協力の機会および歴史的につながりをもつ2国民間の理解を深める上で，この上ないチャンスを提供する。

**先生からのアドバイス**

・アルジェリアを含む，(e)アフリカ諸国の独立の歴史を調べてみましょう。
・世界各地の，(f)20世紀後半の労働者の動きも調べてみましょう。

**問 4** 下線部分(d)フランスの第二次世界大戦後のようすについて述べた文として適切なものを，次の①～④のうちから一つ選べ。解答番号は **28** 。

① 権利の章典を出した。

② 聖像禁止令を出した。

③ 義和団事件がおこった。

④ ヨーロッパ経済共同体（EEC）に加盟した。

問 5　下線部分(e)アフリカ諸国の独立の歴史に関連して，次の**地図**はアフリカの独立国と独立の年を示したものである。17 の国が独立した 1960 年を指す呼び名と，**地図**から読み取れる内容との組合せとして正しいものを，下の①～④のうちから一つ選べ。解答番号は 29 。

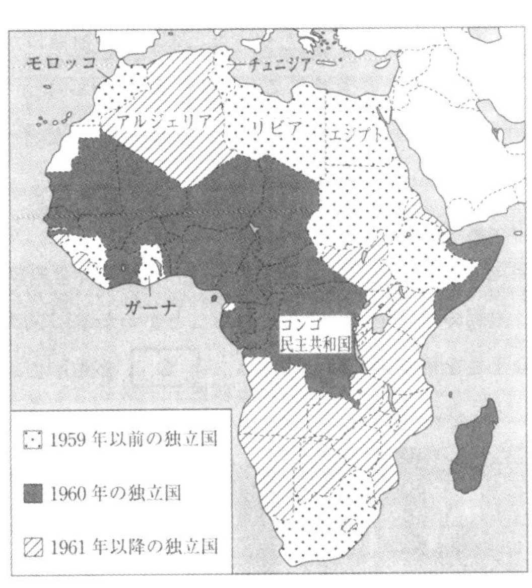


**地図**

| | 呼び名 | **地図**から読み取れる内容 |
|---|---|---|
| ① | アフリカの年 | 1960 年に，ガーナが独立した。 |
| ② | アフリカの年 | アルジェリアは，地中海に面するアフリカの国の中で，最も独立が遅かった。 |
| ③ | パクス＝ロマーナ（ローマの平和） | 1960 年に，ガーナが独立した。 |
| ④ | パクス＝ロマーナ（ローマの平和） | アルジェリアは，地中海に面するアフリカの国の中で，最も独立が遅かった。 |

問 6　下線部分(f)20 世紀後半の労働者の動きについて述べた文として適切なものを，次の①～④のうちから一つ選べ。解答番号は 30 。

① ロシアで，デカブリストの乱がおこった。

② アメリカで，ボストン茶会事件がおこった。

③ ポーランドで，自主管理労働組合「連帯」が結成された。

④ インドで，全インド＝ムスリム連盟が結成された。

**7** 次の文章と図版に関連して，**問1～問2**に答えよ。

作物を効率よく育てていくためには土地を耕す農耕が必要である。そのため，古くから農耕が行われてきた。西アジアでは約2万3000年前に，中国[(a)]では約1万年前に農耕が行われていたことが確認されている。農耕は長い間，人力や，馬・牛などの動物の力によって行われてきた。これらの状況は，19世紀後半以降の機械化によって大きく変わった。土地を耕すための機械がトラクターであり，20世紀初頭から普及し始めた。ソ連では，1920年代から1930年代の **A** が行われた時期に，トラクターが大規模に導入された。

トラクターの利用は農業のあり方をも変えていくこととなった。トラクターの使用台数が最大なのはアメリカ合衆国である。下の**グラフ1**からは，アメリカ合衆国では，トラクターの総馬力が上がるとともに，農場の数は **B** していることがわかる。**グラフ2**を踏まえると，トラクターは，より大きな土地を耕すのに適しており， **C** を促したと考えられる。

19世紀の蒸気式のトラクター(左)と現代の日本製のトラクター(右)

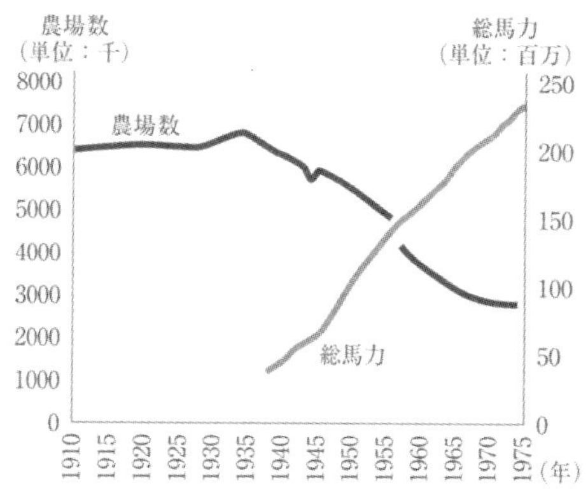


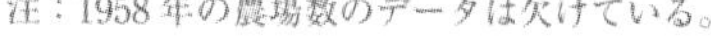
注：1958年の農場数のデータは欠けている。

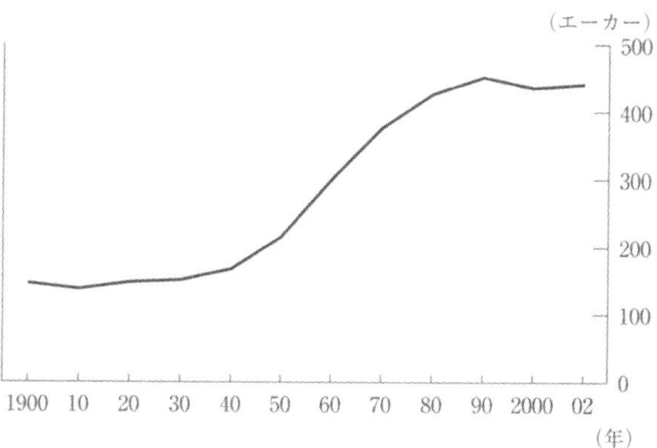


**グラフ1**　アメリカ合衆国におけるトラクターの総馬力と農場数の変遷

**グラフ2**　アメリカ合衆国における農場の平均面積の変遷

問1　下線部分中国(a)の農業に関連する事柄について述べた次の(ア)〜(ウ)を，古いものから順に正しく並べたものを，下の①〜④のうちから一つ選べ。解答番号は 31 。

(ア)　占城稲の導入や新田開発によって江南の開発が進んだ。

(イ)　茶が盛んに栽培され，広州を通じてヨーロッパへ輸出された。

(ウ)　黄河流域において，アワやキビなどの畑作が始まった。

①　(ア)→(イ)→(ウ)
②　(ア)→(ウ)→(イ)
③　(イ)→(ア)→(ウ)
④　(ウ)→(ア)→(イ)

問2　A ・ B ・ C に当てはまる語句の組合せとして正しいものを，次の①〜④のうちから一つ選べ。解答番号は 32 。

| | A | B | C |
|---|---|---|---|
| ① | 農業集団化 | 増　加 | 農場の大規模化 |
| ② | 農業集団化 | 減　少 | 農場の大規模化 |
| ③ | 均田制 | 増　加 | 農場の分散 |
| ④ | 均田制 | 減　少 | 農場の分散 |

(これで世界史Aの問題は終わりです。)

# 日　本　史　A

（解答番号 1 ～ 28 ）

**1** 次の表1について，後にある問1～問8に答えよ。

表1　歴代秋田県知事(注1)

| | 在任期間 | 出身地(注2) | 人物・経歴 | |
|---|---|---|---|---|
| 初代 | 1871年12月～1872年6月 | 佐賀 | のちに佐賀の乱に参加したことで刑死した。 | X |
| 2代 | 1872年7月～1873年5月 | 山口 | のちに枢密顧問官に就任した。 | X |
| 3代 | 1873年5月～1875年5月 | 山口 | | X |
| 4代 | 1875年5月～1883年3月 | 高知 | 適塾(a)出身であり，海援隊に参加した。 | X |
| 5代 | 1883年3月～1886年2月 | 山口 | | X |
| 6代 | 1886年2月～1889年12月 | 福井 | 元老院議官から秋田県知事となった。 | Y |
| 7代 | 1889年12月～1890年3月 | 長崎 | | Y |
| 8代 | 1890年3月～1892年3月 | 宮城 | 長く北海道開拓使(b)で勤務し，のちに貴族院議員となった。 | Y |
| 9代 | 1892年3月～1892年8月 | 滋賀 | 品川弥二郎とともに選挙干渉を行った。(c) | Y |
| 10代 | 1892年8月～1896年9月 | 広島 | 衆議院議員から秋田県知事となり，のちに貴族院議員となった。 | Y |
| 11代 | 1896年9月～1899年4月 | 熊本 | | |
| 12代 | 1899年4月～1902年2月 | 福岡 | | |
| 13代 | 1902年2月～1903年6月 | 長崎 | 内国勧業博覧会(d)に出張中に病死した。 | |
| 14代 | 1903年6月～1904年11月 | 三重 | | |
| 15代 | 1904年11月～1905年12月 | 東京 | | |
| 16代 | 1905年12月～1906年1月 | 鹿児島 | | |

（『新編　日本の歴代知事』『秋田県知事物語　その人その時代』より作成）

（注1）「権令」「県令」も「県知事」に統一して表記している。

（注2）現在の都県名に統一して表記している。

問 1　下線部分適塾(a)についてのレポートを読み，[A] [B] に当てはまる語句の組合せとして適切なものを，下の①～④のうちから一つ選べ。解答番号は [1] 。

レポート

> 適塾には，「学生の読書研究はただ原書を読むのみで，一枚たりとも翻訳してはならない」という塾則があった。
>
> 幕末の日本には外国船が相次いで接近しており，1839 年にはモリソン号事件を批判したとして高野長英らが処罰されるという [A] がおこった。その際，塾を主宰した緒方洪庵も「高野がもし訪れたら申し出ること。もし隠すようなことがあれば厳罰に処す」という命令を受けている。さらに福沢諭吉が適塾に入門する際に藩の上層部から「異国の学問修業は不都合である」と言われていたことや，1850 年に幕府が「みだりに蘭書を翻訳してはならない」という命令を出したことからも，幕府や藩が [B] ことがうかがえる。そのような中で緒方はこのような塾則を作らざるを得なかったのだろう。

① A―安政の大獄　B―蘭学の影響を警戒していた
② A―安政の大獄　B―蘭学を奨励していた
③ A―蛮社の獄　B―蘭学の影響を警戒していた
④ A―蛮社の獄　B―蘭学を奨励していた

問２　下線部分(b)北海道開拓使に関して，当時出されたアイヌ民族に関連する命令についてまとめたカード１・２および，現在のアイヌ民族の生活の実態についてまとめた表２から読み取れることとして最も適切なものを，下の①～④のうちから一つ選べ。解答番号は［２］。

**カード１　北海道開拓使から出された命令**

・北海道の旧土人(注３)に対して，これまでの風習を洗い流し，教化を行い，徐々に人間としての道に入れるために，…(中略)…特に男子の耳輪や生まれてくる女子に対して入れ墨をしてはいけない。…(中略)…もし，違反する者がいれば厳重に処分する。

・これまで土人(注３)たちは毒矢を使って獣類を刺殺する風習があるが，…(中略)…これからは堅く禁止する。それによって旧土人は一時的に生業を失うため，他の新たな生業に移るように。

（『いま学ぶアイヌ民族の歴史』より作成）

**カード２　北海道地券発行条例**

旧土人(注３)が住居している土地は，その種類に関係なく，当分すべてを官有地に編入する。…(中略)…山，林，沢，原野などはすべて官有地として，差し支えない場合は，人々の要望により有料で貸し渡し，または売り渡してもかまわない。

（『いま学ぶアイヌ民族の歴史』より作成）

（注３）　いずれもアイヌを指す。なお，原典の表記をそのまま用いている。

**表２　北海道アイヌ生活実態調査**

【生活保護率】（単位：％）

| | 1972年 | 1979年 | 1986年 | 1993年 | 1999年 | 2006年 |
|---|---|---|---|---|---|---|
| アイヌが居住する市町村全体 | 1.8 | 2.0 | 2.2 | 1.6 | 1.8 | 2.5 |
| アイヌ | 11.6 | 6.9 | 6.1 | 3.9 | 3.7 | 3.8 |

【高等学校への進学率】（単位：％）

| | 1972年 | 1979年 | 1986年 | 1993年 | 1999年 | 2006年 |
|---|---|---|---|---|---|---|
| アイヌが居住する市町村全体 | 78.2 | 90.6 | 94.0 | 96.3 | 97.0 | 98.3 |
| アイヌ | 41.6 | 69.3 | 87.4 | 87.4 | 95.2 | 93.5 |

（『いま学ぶアイヌ民族の歴史』）

① 1972年から2006年にかけての生活保護率は，アイヌ民族が居住する市町村全体とアイヌ民族の両方で低下傾向にある。

② 1972年から2006年にかけてのアイヌ民族の高等学校への進学率は，低下傾向にある。

③ 北海道では地券の発行にともないアイヌ民族が居住していた土地は，すべて国有地に編入されることになった。

④ 北海道開拓使は，アイヌ民族の伝統文化や風習を尊重した政策を行った。

問 3　下線部分(c)品川弥二郎とともに選挙干渉を行ったに関して，このときの選挙や初期議会について述べた文として**適切でないもの**を，次の①～④のうちから一つ選べ。

解答番号は 3 。

① このときの選挙では，25 歳以上のすべての男子が選挙権をもっていた。

② このときの選挙では，民党が吏党を上回る議席を獲得した。

③ 第一議会では，超然主義の立場をとる内閣が民党に攻撃された。

④ 政府と衆議院は，日清戦争直前まで対立を繰り返した。

問４ 下線部分内国勧業博覧会(d)についての**会話文**を読み，［　C　］［　D　］に当てはまる語句の組合せとして適切なものを，下の①～④のうちから一つ選べ。解答番号は［　4　］。

**会話文**

先生：内国勧業博覧会の目的は何でしょう。**資料１**を読んで考えてみましょう。

生徒：［　C　］ことであると読み取れます。

先生：そうですね。次に**図**を見てください。これは第13代知事が参加した博覧会に設置された「台湾館」ですが，なぜこれが作られたのでしょうか。

生徒：この時期には［　D　］からではないですか。

先生：そのとおりです。よく背景を理解していますね。

**資料１**　大久保利通の書簡(意訳してある)

外国からの出品を受け入れることが有益であることは言うまでもないが，この内国博覧会はまず全国の物産を増殖することを目的としているから，…(中略)…もし外国人の出品を許してしまえば当初の目的が変わってしまい，さまざまな不都合が生じてくるだろう。

**図**　「台湾館」外観

① C―外国からの輸入品を展示する　　D―台湾出兵が行われていた
② C―外国からの輸入品を展示する　　D―台湾が日本の植民地となっていた
③ C―国産物品の生産を拡大する　　D―台湾出兵が行われていた
④ C―国産物品の生産を拡大する　　D―台湾が日本の植民地となっていた

問5　初代秋田県知事について述べた次の**ア・イ**の正誤の組合せとして最も適切なものを，下の①～④のうちから一つ選べ。解答番号は [ 5 ] 。

ア　この人物は知事に就任する直前，秋田藩知藩事の地位にあった。
イ　この人物は日露戦争の講和条約に反対する運動に参加した。

① アー正　イー正　　② アー正　イー誤
③ アー誤　イー正　　④ アー誤　イー誤

問6　第15代秋田県知事は退任後，第二次日韓協約に基づき漢城におかれた日本政府の機関で勤務した。この機関の**名称**と，その機関の初代長官を務めた**人物**の組合せとして適切なものを，下の①～④のうちから一つ選べ。解答番号は [ 6 ] 。

**名　称**
ア　統監府　　イ　朝鮮総督府
**人　物**
ウ　寺内正毅　　エ　伊藤博文

① アーウ　　② アーエ　　③ イーウ　　④ イーエ

問７　**資料２**は**表１**の　X　の時期におきたある事件を風刺した歌の一部である。これについて述べた文として**適切でないもの**を，下の①～④のうちから一つ選べ。
解答番号は　7　。

**資料２**

国事に関する罪犯し　入獄ありし大井氏(注４)が　心底如何(いかん)と問うたれば
荒井章吾(注５)を先手(さきて)とし　小林樟雄(注５)を後手となし　都合人数が四十と五人
爆裂弾丸製造なし　品川汽船に乗込みて　行く内に磯山(注５)が　変心(注６)ゆえに発覚し
長崎監倉につながれて　重罪軽罪処分され
苦役の中にこの度の　憲法発布の式を得て　大赦(たいしゃ)(注７)復権あられしは
まことに満足慶賀の至り

(注４)　大井憲太郎のこと。　(注５)　いずれも大井憲太郎の同志。　(注６)　心変わり。
(注７)　政令によって罪を許されること。

① この歌が示す事件がおこったとき，朝鮮半島では義兵運動がおこっていた。
② この歌が示す事件は，武力による朝鮮の内政改革をめざしたものであった。
③ この歌によると，大井憲太郎は**表１**の　Y　の時期に大赦され復権した。
④ この歌によると，大井憲太郎は仲間の心変わりによって逮捕され，長崎で服役していた。

問８　**表１**から読み取れることについて述べた次の**ア**・**イ**の正誤の組合せとして最も適切なものを，下の①～④のうちから一つ選べ。解答番号は　8　。

**ア**　初代から５代までの秋田県知事の出身地には，明治新政府樹立を主導した地域が多くみられる。
**イ**　初代から５代までの秋田県知事の出身地には，奥羽越列藩同盟に属した地域が多くみられる。

① **ア**―正　**イ**―正　　② **ア**―正　**イ**―誤
③ **ア**―誤　**イ**―正　　④ **ア**―誤　**イ**―誤

**2** 次の**表**について，後にある**問1～問8**に答えよ。

**表**　第一次世界大戦から第二次世界大戦までの日本外交に関する主なできごと(年代の古い順に並べてある)

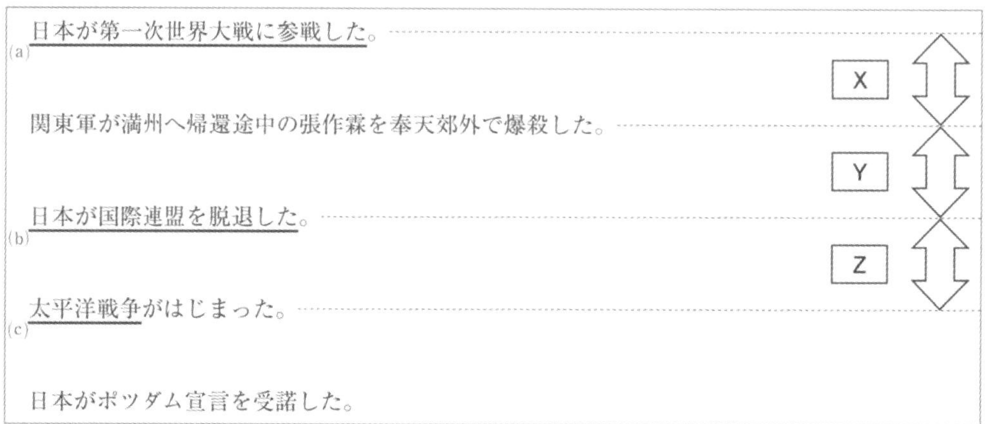

日本が第一次世界大戦に参戦した。(a)

X

関東軍が満州へ帰還途中の張作霖を奉天郊外で爆殺した。

Y

日本が国際連盟を脱退した。(b)

Z

太平洋戦争がはじまった。(c)

日本がポツダム宣言を受諾した。

**問1**　下線部分日本が第一次世界大戦に参戦した(a)に関連して，次の**資料1**についての**説明文**中の［A］［B］に当てはまる語句の組合せとして適切なものを，下の①～④のうちから一つ選べ。解答番号は［9］。

**資料1**

**説明文**

**資料1**は1914年9月2日に発行されたドイツの雑誌に掲載された絵である。日英同盟を根拠に日本は［A］の側に立って参戦した。中央に大きく描かれた人物は日本人であることがうかがえる。彼のとがった爪の先にはアジアにおけるドイツの租借地であった［B］がある。この雑誌が発行された後，［B］は日本に占領された。

① A―三国同盟　B―膠州湾
② A―三国同盟　B―遼東半島
③ A―三国協商　B―膠州湾
④ A―三国協商　B―遼東半島

**問 2**　下線部分日本が国際連盟を脱退した(b)に関して，日本政府は次の**資料 2** の通告文を出した。**資料 2** 中の「国際連盟臨時総会」に出席した**日本代表**と**資料 2** から**読み取れること**の組合せとして適切なものを，下の①～④のうちから一つ選べ。解答番号は［10］。

**資料 2**（意訳してある）

> 今年の二月二十四日の国際連盟臨時総会での報告書は，日本の意図が東洋の平和の確保のみであることを考えず，また事実認識や判断に大きな誤りを犯している。特に九月十八日の事件の際の日本軍の行動を自衛ではないと根拠もなく判断し，またそれ以前の日中間の状態の全責任が中国にあることを見逃し，東洋の政局に新たな混乱の原因を作っている。
>
> 日本政府は，これ以上連盟と協力する余地がないと信じ，連盟規約により日本が国際連盟を脱退することを通告する。

**日本代表**

ア　幣原喜重郎

イ　松岡洋右

**読み取れること**

ウ　国際連盟臨時総会での報告書は日本軍の行動を自衛行為と認めている。

エ　日本政府は，国際連盟臨時総会での報告書に不満を抱いている。

①　アーウ　　②　アーエ　　③　イーウ　　④　イーエ

問3　下線部分(c)太平洋戦争中の日本のようすを示す**写真**とその**説明**の組合せとして適切なものを，下の①～④のうちから一つ選べ。解答番号は 11 。

写　真

ア

イ

説　明

ウ　都市部の空襲が激化して，子どもが空襲の少ない地域に避難するようになった。

エ　日米安全保障条約の改定の内容に反対する人びとが集まった。

①　アーウ　　②　アーエ　　③　イーウ　　④　イーエ

問 4　表の X の時期における農業日雇の賃金の推移を男女別に表したグラフとその会話文を読み，C D に当てはまる語句の組合せとして適切なものを，下の①～④のうちから一つ選べ。解答番号は 12 。

グラフ

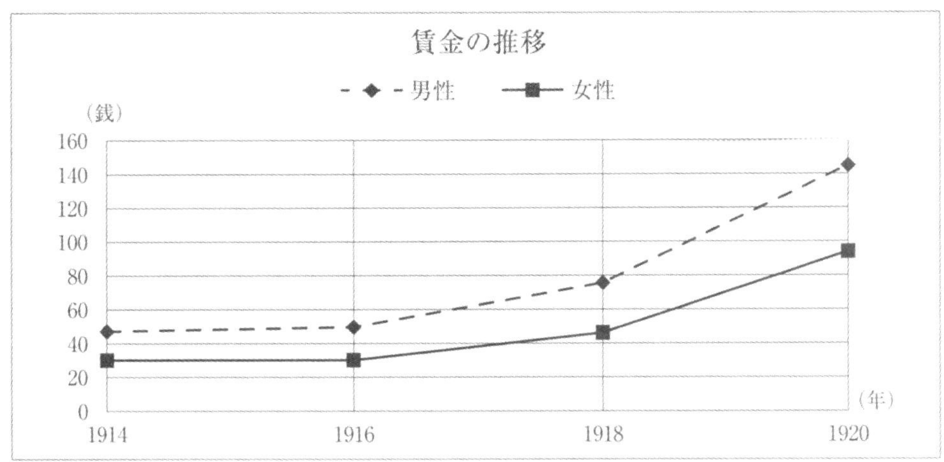


会話文

生徒：グラフから1920年の賃金は，1914年の賃金と比べると C ことが分かります。

先生：このように賃金が推移した背景は何だと考えられますか。

生徒：このグラフの時期には，ヨーロッパを中心に第一次世界大戦が行われていました。このことと何か関係がある気がします。

先生：そのとおりです。第一次世界大戦をきっかけとして， D ことが背景です。

① C―男女ともに2倍を上回っている
D―欧米やアジアへの輸出超過によって日本経済が好況になった

② C―男女ともに2倍を上回っている
D―兌換紙幣が発行されてデフレーションが日本で発生した

③ C―男性の賃金と女性の賃金の金額差が少なくなっている
D―欧米やアジアへの輸出超過によって日本経済が好況になった

④ C―男性の賃金と女性の賃金の金額差が少なくなっている
D―兌換紙幣が発行されてデフレーションが日本で発生した

問5　表の Y の時期におけるできごとについて，次の**資料3・4**について説明した文の組合せとして適切なものを，下の①～④のうちから一つ選べ。解答番号は 13 。

**資料3**　『時事漫画』1931年8月2日号の一部

> 米価騰貴して百姓餓(かつ)ゆ(注1)
> 米が高くなって百姓が喜ぶと思いの外出来(ほかしゅったい)　秋までは小農も中農も大部分は米を買って食べている。
> 今日此頃米価が騰貴して喜ぶのは商人ばかり！

（注1）　飢えている。

**資料4**　1932年に行われた衆議院議員総選挙の時に使用された選挙ビラ（表記については一部書き改めてある）

> 倒せ亡国の醜党(しゅうとう)
>
> 一、非募債政策(注2)は大募債政策に豹変した（民政党）
> 一、国民を救うはずの緊縮政策は国民を苦しめた（民政党政策）
> 一、減税の約束は増税に変わった（民政党）
> 一、インチキ政党を倒せ
> 一、いざこれより救国の巨弾を放たん（政友会）
>
> 立憲政友会　志太正気団

（注2）　財源を公債の発行に頼らない政策。

**ア**　**資料3**は，米価が上がって百姓が困窮しているようすを表している。
**イ**　**資料3**が発行された後に，米騒動がおこった。
**ウ**　**資料4**は，原敬内閣が行った政策を批判している。
**エ**　**資料4**のビラが使用された選挙は，犬養毅内閣のもとで行われた。

①　ア―ウ　　②　ア―エ　　③　イ―ウ　　④　イ―エ

問６　表の Z の時期に結ばれた同盟や条約について，資料５・６から考えられる内容として適切でないものを，下の①～④のうちから一つ選べ。解答番号は 14 。

資料５　日独伊三国同盟

第一条　日本は，独・伊のヨーロッパ新秩序建設における，指導的地位を認める。
第二条　独・伊は，日本の東アジア新秩序建設における，指導的地位を認める。
第三条　締約国のいずれかが，欧州戦争や日中紛争に参加していない国によって攻撃を受けた場合は，三国は政治的・経済的・軍事的方法の相互援助を約束する。

資料６　日ソ中立条約

第二条　日ソ両国の一方が，第三国の軍事行動を受けた場合，他方はその紛争の間中，中立を守ること。

① 資料５の内容は，日独伊三国がヨーロッパと東アジアにおける指導的地位をお互いに認めるものだった。
② 資料６の内容は，日ソ両国間において太平洋戦争終了まで遵守された。
③ 資料５・６は，それぞれ仮想敵国の名前を明確にしていない。
④ 資料５・６の条文は，第二次世界大戦中に出されたものである。

問７　表の時期におけるできごとについて述べた次のア～ウを，年代の古い順に正しく並べたものを，下の①～④のうちから一つ選べ。解答番号は 15 。

ア　寺内正毅内閣は，巨額の資金を貸しつけて日中関係の改善を進める政策をとった。
イ　震災手形の処理をめぐり，銀行の不良経営が問題となり，金融界の混乱が深まった。
ウ　日本軍が南部仏印に進駐したため，アメリカ合衆国は対日石油禁輸を決定した。

① ア→イ→ウ　② イ→ア→ウ　③ ウ→ア→イ　④ ウ→イ→ア

問８　表の時期のできごととして適切なものを，次の①～④のうちから一つ選べ。解答番号は 16 。

① 歌謡曲として「リンゴの唄」が流行した。
② 日本万国博覧会が大阪で開催された。
③ 正岡子規が，写生にもとづく俳句や短歌の革新運動を進めた。
④ 円本と呼ばれる安価な書籍が人気を集めるなど，文学の大衆化が進んだ。

3 第二次世界大戦後のできごとに関する次の**表**について，後にある**問1～問8**に答えよ。

**表**

| 内 閣 | 主なできごと |
|---|---|
| 東久邇宮 | (a)降伏文書が調印された。 |
| (b)吉 田 | サンフランシスコ平和条約・日米安全保障条約が締結された。 |
| | W |
| 池 田 | 日本と中国との間で準政府間貿易が開始された。 |
| | X |
| 田 中 | 第四次中東戦争にともない(c)第一次石油危機が発生した。 |
| 海 部 | (d)湾岸戦争に際し，日本が多国籍軍に90億ドルを支援した。 |
| | Y |
| 小 泉 | 自衛隊がイラクに派遣された。 |

**問1** 下線部分(a)降伏文書が調印された後のできごとについて述べた次の**ア～ウ**を，年代の古い順に正しく並べたものを，下の①～④のうちから一つ選べ。解答番号は 17 。

**ア** 衆議院と貴族院での修正，審議を受け日本国憲法が公布された。
**イ** 民主化を進めるための五大改革指令がGHQより政府に示された。
**ウ** 米軍基地の拡張に反対する砂川事件がおこった。

① ア→イ→ウ　② イ→ア→ウ　③ ウ→ア→イ　④ ウ→イ→ア

問２　下線部分吉田内閣(b)の時期の新聞と，この時期のできごとについて述べた首相の演説の組合せとして適切なものを，下の①～④のうちから一つ選べ。解答番号は 18 。

**新　聞**

ア

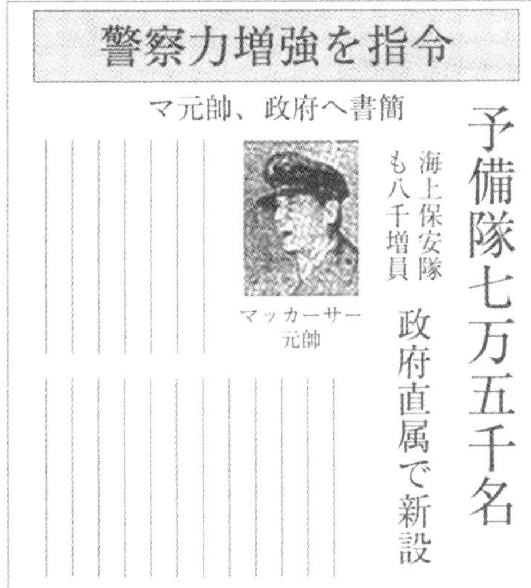

警察力増強を指令

マ元帥、政府へ書簡

予備隊七万五千名

海上保安隊も八千増員

政府直属で新設

マッカーサー元帥

イ

東海道新幹線スタート

晴れの超特急ひかり1号

マーチに送られ初列車

**演　説**

ウ「わが国の復興再建の機運とみに横溢(注１)し，昨年来には辺隅の地(注２)に至るまでまれに見るところの光景を呈したことは，まことに御同慶の至り(注３)であります。目を国外に転ずれば，朝鮮動乱は中共軍(注４)の参加とともに一層の紛糾を生じ，これを中心として冷たい戦争の様相を世界至るところに現しきっております」

（注１）　特に盛んである。　　（注２）　国の片隅。

（注３）　この上なくよろこばしい。　　（注４）　中華人民共和国の軍隊。

エ「政府は，今後10年以内に国民所得を２倍以上にすることを目標とし，この長期経済展望のもとに，さしあたり来年度以降３カ年につき，年平均９％の成長を期待しつつ，これを根幹として政府の財政経済政策の総合的な展開を考えているのであります」

①　ア―ウ　　②　ア―エ　　③　イ―ウ　　④　イ―エ

問 3　**写真 1** は，**表**中の [ W ] の時期のできごとを示したものであり，**記事**は**写真 1** のできごとを受けて，読者が自分の考えを寄せた新聞記事の一部である。**記事**に関する**説明文**の空欄 [ A ] [ B ] に当てはまる語句の組合せとして適切なものを，下の①～④のうちから一つ選べ。解答番号は [ 19 ] 。

**写真 1**

**記　事**

日ソ交渉にどう響くでしょう。鳩山内閣の主張が大分後退したようで残念ですが，抑留同胞(よくりゅうどうほう)(注 5)を一刻も早く帰すこと，この問題だけは政治のかけひきの道具にしてもらいたくない。とにかく新しい構想を立てメンツなどにこだわらず引揚促進に努力してほしい。

(注 5)　強制的にとどめおかれた日本国民。

**説明文**

**記事**では，[ A ] を受け，[ B ] を早く進めてほしいという主張を読みとることができる。この**記事**が書かれた翌年，日ソ共同宣言が発表され，平和条約締結後の歯舞群島・色丹島の返還を約束するとともに，[ B ] が進むこととなった。

① A―社会主義政党の合同　　B―日本国憲法に明記された戦力の不保持
② A―社会主義政党の合同　　B―シベリアなどに連行された日本人の帰国
③ A―新たな保守政党の誕生　　B―日本国憲法に明記された戦力の不保持
④ A―新たな保守政党の誕生　　B―シベリアなどに連行された日本人の帰国

**問 4**　下線部分第一次石油危機(c)に関係する，次の**グラフ1**について**考察できること**について述べた文と**グラフ1**中の Z の時期のできごとの組合せとして適切なものを，下の①～④のうちから一つ選べ。解答番号は 20 。

**グラフ1**　日本の一次エネルギー供給の長期推移

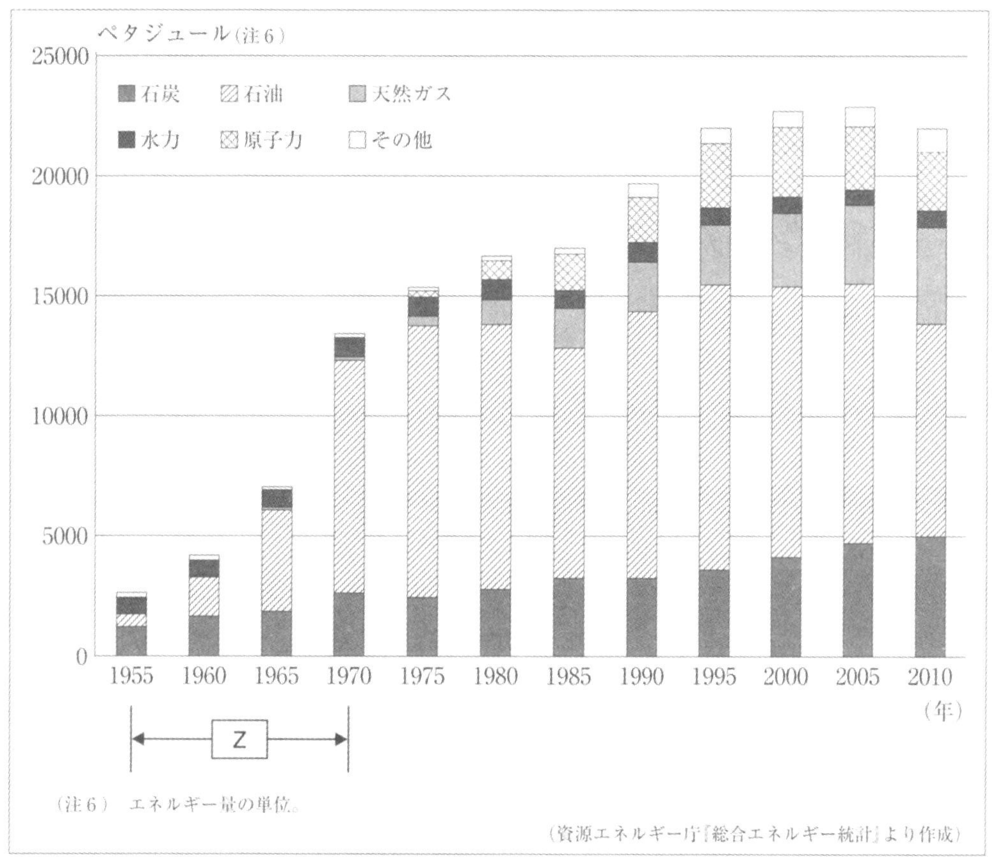

（注6）　エネルギー量の単位。

（資源エネルギー庁『総合エネルギー統計』より作成）

**考察できること**

ア　高度経済成長の時期において，エネルギー供給の総量に占める石炭の割合がほぼ一定であったのは，省エネなどの技術革新が進んだためである。

イ　第一次石油危機が発生する以前とエネルギー供給の総量が最大になった時期を比べてみると，天然ガスや原子力など，エネルギー源の多様化が進んでいる。

Z **の時期のできごと**

ウ　先進国の温室効果ガスの削減目標を定めた京都議定書が採択された。

エ　電気洗濯機などの耐久消費財が家庭に普及していった。

①　ア―ウ　　②　ア―エ　　③　イ―ウ　　④　イ―エ

問 5　表中の X の時期の社会のようすを述べた文として適切なものを，次の①～④のうちから一つ選べ。解答番号は 21 。

① 四大公害訴訟のすべての裁判において，原告が勝訴した。

② 太平洋のビキニ環礁でアメリカ合衆国が水爆実験を行い，日本の漁船が被ばくした。

③ 労働者の不満を背景とした二・一ゼネスト計画が，GHQ の命令によって中止された。

④ 阪神・淡路大震災が発生し，多数のボランティアが活動した。

問 6　下線部分湾岸戦争(d)の結果，自衛隊の海外派遣を可能にする**法律**が制定された。この**法律**の名称と，この**法律**に基づき，自衛隊が初めて海外派遣された**地域**の組合せとして適切なものを，下の①～④のうちから一つ選べ。解答番号は 22 。

**法　律**

ア　テロ対策特別措置法　　　イ　PKO 協力法

**地　域**

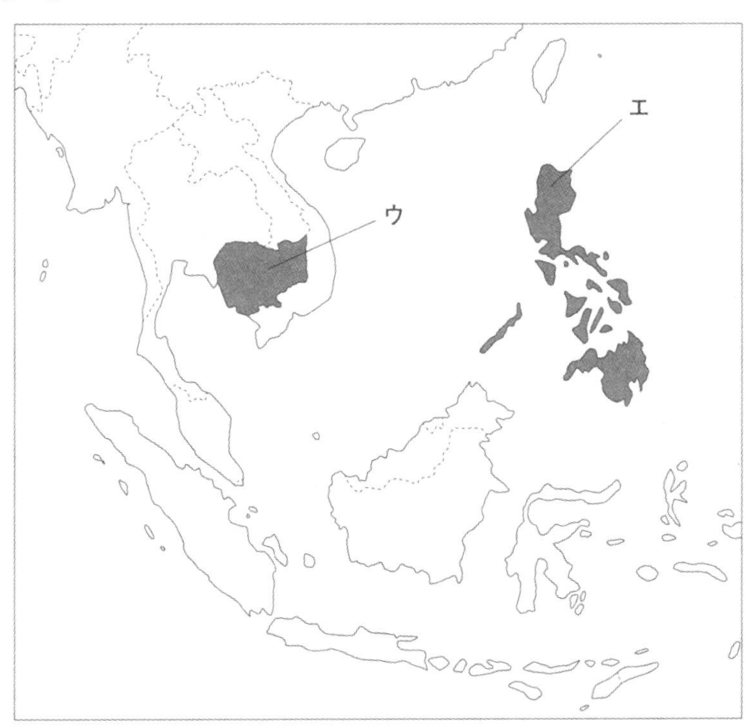


① アーウ　　② アーエ　　③ イーウ　　④ イーエ

問７　グラフ２と資料は表中の Y の期間に行われた選挙の結果を示したもの，グラフ３はその前回の選挙の結果を示したものである。これらのグラフと資料について述べた文として適切なものを，下の①～④のうちから一つ選べ。解答番号は 23 。

グラフ２　第40回衆議院議員総選挙議席数

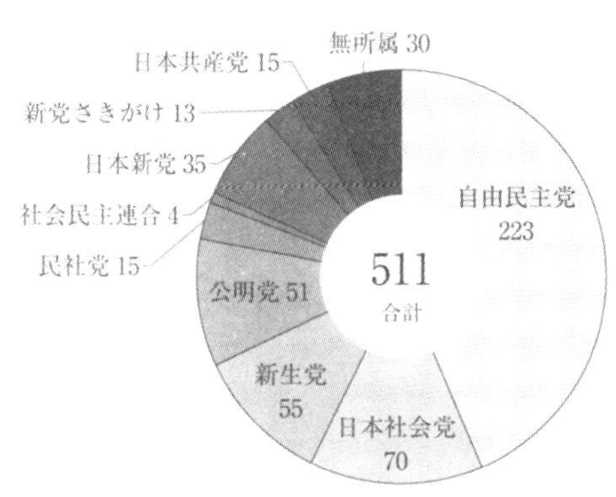


グラフ３　第39回衆議院議員総選挙議席数

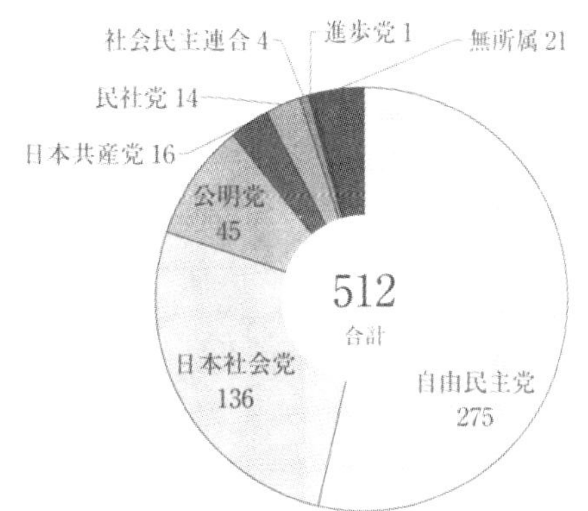


資　料　第40回衆議院議員総選挙の結果組閣された内閣の閣僚とその出身政党等

| 職名 | 出身政党等 | 備考 |
|---|---|---|
| 内閣総理大臣 | 日本新党 | 初入閣 |
| 副総理<br>外務大臣 | 新生党 | 再入閣 |
| 法務大臣 | 民間出身 | 初入閣 |
| 大蔵大臣 | 新生党 | 初入閣 |
| 文部大臣 | 民間出身 | 初入閣 |
| 厚生大臣 | 民社党 | 初入閣 |
| 農林水産大臣 | 新生党 | 初入閣 |
| 通商産業大臣 | 新生党 | 初入閣 |
| 運輸大臣 | 日本社会党 | 初入閣 |
| 郵政大臣 | 公明党 | 初入閣 |
| 労働大臣 | 公明党 | 初入閣 |

| 職名 | 出身政党等 | 備考 |
|---|---|---|
| 建設大臣 | 日本社会党 | 初入閣 |
| 自治大臣<br>国家公安員会委員長 | 日本社会党 | 初入閣 |
| 内閣官房長官 | 新党さきがけ | 初入閣 |
| 総務庁長官 | 公明党 | 初入閣 |
| 国土庁長官<br>沖縄開発庁長官<br>北海道開発庁長官 | 日本社会党 | 初入閣 |
| 防衛庁長官 | 新生党 | 初入閣 |
| 経済企画庁長官 | 日本社会党 | 初入閣 |
| 科学技術庁長官 | 社会民主連合 | 初入閣 |
| 環境庁長官 | 公明党 | 初入閣 |
| 国務大臣 | 日本社会党 | 初入閣 |

① 第40回衆議院議員総選挙の結果，自由民主党は議席を減らしたものの，資料の「出身政党等」からも分かるように，政権与党の地位を保持した。

② 資料において初入閣の閣僚が多いのは，この内閣が，自由民主党を除く複数の党派が連立することで組閣された内閣であるためである。

③ 第39回衆議院議員総選挙の時までは，自由民主党が他の政党に比べて多くの議席数を確保しており，憲法改正の発議が可能な状況であった。

④ 資料において最も多くの閣僚を輩出している政党は，第39回衆議院議員総選挙では議席を獲得していなかった政党である。

問 8　**写真 2** は 1987 年 12 月 8 日にワシントンで撮影された，ある**条約**の調印式のようすである。**写真 2** と**条約**の内容を参考にしながら，当時のソヴィエト連邦及びアメリカ合衆国について述べた文として適切なものを，下の①～④のうちから一つ選べ。解答番号は 24 。

**写真 2**

アメリカ合衆国の大統領

ソヴィエト連邦の共産党書記長

人間生活の非軍事化時代に向けての分水嶺(ぶんすいれい)をしるす日として 1987 年 12 月 8 日が歴史のページに刻まれる日となってほしい。

史上初めて，人類の願いである核兵器の削減を実現する条約だ。

**条　約**

一，米ソ両国は核戦争が人類に与える壊滅的結果を念頭に置き，長，短射程の中距離核ミサイルを廃棄し，今後この種の兵器システムを持たない。

一，長距離ミサイルは発効後三年以内，短距離ミサイルは一年半以内に廃棄される。

一，発効後，双方は十三年間にわたって相手国ならびに基地がある国で現地調査を行う権利を持つ。

① **条約**の締結を受け，欧米各国が加盟する NATO が発足した。

② **条約**を結んだ**写真 2** の共産党書記長はアジア＝アフリカ会議に参加し，平和共存を訴えた。

③ **条約**は中距離核戦力についての軍縮を実現した初めての条約である。

④ **条約**に基づき，相手国で軍縮が行われたかを調査する権限がアメリカ合衆国のみに認められた。

**4** 次の**資料1～3**(意訳し，年代の古い順に並べてある)は，日本史上の戦争の開戦時に出された「宣戦の詔書(勅)」である。それについて生徒が作成した**レポート**を読み，後にある**問1～問4**に答えよ。

**資料1**

天の助けを保有し，万世一系の皇位を受け継ぐ大日本国皇帝は，忠実で勇ましいあなた方国民に示す。私はここに，ロシアに対して宣戦を布告する。我が陸海軍は全力でロシアとの交戦に従事し，我が官僚・役人は各々その職務の中で，権限や職能に応じて国家の目的を達成するよう務めるべきだ。…(中略)…もし満州がロシア領となれば，韓国の保全は期待できずそもそも極東の平和も望めない。よって私は，思い切って妥協することでこの状況を解決し，平和を永遠に維持しようと考え，臣下にロシアへ提案させ，半年の間少しずつ折衝を重ねさせたが，ロシアは少しも譲りあいの気持ちをもって日本の提案を迎えず，無駄に時間を費やし，事態の解決を遅らせ，表向きは和平を唱えるも，裏では海陸の軍備を増大し，日本を屈服させようとしている。ロシアが平和を好む誠意は少しもみて取れない…(後略)…

**資料2**

天の助けを保有し，万世一系の皇位を受け継ぐ大日本国皇帝は，忠実で勇ましいあなた方国民に示す。私はここに，独逸(ドイツ)国に対して宣戦を布告する。我が陸海軍は全力をもって戦闘に従事し，我が官僚・役人のすべては，職務に応じて軍国の目的を達するために励め。国際条規の範囲内において一切の手段を尽くし，間違いがないようにせよ。…(中略)…独逸国の行動はついに私の同盟国グレートブリテン国が開戦せざるをえない状況にし，…(中略)…その艦艇はしばしば東アジアの海洋に出没して日本及び同盟国の通商貿易を威圧し，極東の平和はまさに危機に瀕している。…(中略)…私は，…(中略)…なおも努めて平和的手段を尽くそうと願い…(後略)…

**資料3**

天の助けを保有する万世一系の皇位を引き継ぐ大日本帝国天皇が，忠実で勇ましいあなた方国民に示す。私はここに米国と英国に対して宣戦を布告する。陸海軍将兵は全力をもって交戦に従事し，我が官僚や役人は皆励んで職務に身を捧げ，我が臣民は各々がその本分を尽くし，一億人の国民が心を一つにして国家の総力を挙げて，この戦争の目的を達成するにあたって間違いがないようにせよ。米英両国は…(中略)…さらに帝国の平和的通商にあらゆる妨害を与え，ついに経済断交を行い，帝国の生存に重大な脅威を加えた。私は，政府に事態を平和的に収拾させようとし，苦しさを心に抱きながらも，長い間がまんしてきたが，彼らは少しも譲りあいの精神をもたず，無駄に事の解決を伸ばし続けて，その間ますます経済上軍事上の脅威を増し，日本を服従させようとしている。…(後略)…

レポート

テーマ 「宣戦の詔書(勅)」からみる，国民への開戦説明

1 テーマ設定の理由

太平洋戦争が終了するとき，ラジオ放送で天皇が自ら国民に語りかけたことが印象的だった。日本史の学習を通じて，開戦のときも天皇の名で国民への説明がなされたことを知り，その内容に興味をもったから。

2 調査の方法

明治期以降の主な対外戦争の「宣戦の詔書(勅)」を比較し，それぞれの特徴や違いなどを考察する。

3 考察

まず，三つの詔書(勅)の書き出しをみると，ある程度決められた表現になっており，天皇が国民に示す形式になっていることが分かる。資料中では省略しているが，詔書(勅)の最後には天皇の印と国務大臣の署名がある。内容をみると，どの詔書(勅)でも［ A ］ことが強調されている。一方で，**資料1・2**と**資料3**で異なる表現もみて取れる。以下にそれをまとめてみた。

◆ **資料1・2**では「大日本国皇帝」と記されているが，**資料3**では「大日本帝国天皇」になっている。

◆ **資料1・2**で，交戦に際して努力が求められているのは，軍と役人や官僚のみであるが，**資料3**では一般の民衆まで含まれている。

上のように表現が変化した背景を，授業から学んだことを基に考えてみると，**資料3**が出されたころには，［ X ］

このように**資料1**と**資料2**が似ている部分が多く，**資料3**が少し違うようにみえるが，必ずしもそうではない。書かれた内容をみてみると，資料の後半部分では**資料1**と**資料3**が似ているようにみえる。これは［ B ］経緯があるからだと考えられる。

4 まとめと今後の課題

各詔書(勅)は，開戦における自国の正当性を国民に知らしめ，戦争への協力や団結を呼びかけていたと言える。ただし，詔書(勅)だけが戦争に対する国民の考え方を形成したわけではないだろう。今後は，当時の<u>教育</u>に関わる資料や新聞などを調べ，戦争に対する国民の考え方がどのように形成されていったのかを探究していきたい。

問 1　下線部分教育に関するできごとについて述べた次のア・イと最も近い時期の**資料1～3**の組合せとして正しいものを，下の①～④のうちから一つ選べ。解答番号は 25 。

ア　小学校で使用する教科書に関して，国定教科書制度が開始された。

イ　小学校が，国民学校に改められた。

① ア―資料1　イ―資料2　② ア―資料1　イ―資料3
③ ア―資料2　イ―資料1　④ ア―資料2　イ―資料3

問 2　**資料1～3**について述べた文章として**適切でないもの**を，次の①～④のうちから一つ選べ。解答番号は 26 。

① **資料1**と**資料2**の間の時期より，**資料2**と**資料3**の間の時期の方が長い。

② 日本では**資料2**の戦争での戦死者が最も少なく，**資料3**の戦争での戦死者が最も多かった。

③ **資料1～3**は，すべて異なる天皇によって出された。

④ **資料1～3**が出された時の首相はすべて，その当時軍人であった。

問 3　 A 　 B に当てはまる語句の組合せとして最も適切なものを，次の①～④のうちから一つ選べ。解答番号は 27 。

① A―日本が平和を求める一方，日本と対立している国がそれを乱している
B―戦争を回避するため，長い時間をかけて交渉した

② A―日本が平和を求める一方，日本と対立している国がそれを乱している
B―過去に国境の画定をめぐって，緊張関係を繰り返した

③ A―他国と同盟を結んでいるため，戦争をしても安心である
B―戦争を回避するため，長い時間をかけて交渉した

④ A―他国と同盟を結んでいるため，戦争をしても安心である
B―過去に国境の画定をめぐって，緊張関係を繰り返した

問 4　レポート中 [ X ] の部分に入る文の組合せとして最も適切なものを，下の①～④のうちから一つ選べ。
解答番号は [ 28 ] 。

ア　ヨーロッパでは戦争が始まり，ソ連とドイツが交戦状態に入っていたからではないか。

イ　政府が，国体明徴声明を出していたことと関係しているのではないか。

ウ　戦争は，国家の総力をあげて遂行する必要があることが認識されていたからではないか。

エ　労働者の権利拡大や部落差別からの解放を求める社会運動が，さかんだったからではないか。

①　ア―ウ　　②　ア―エ　　③　イ―ウ　　④　イ―エ

（これで日本史Aの問題は終わりです。）

# 令和４年度　第２回

# 解答・解説

**【重要度の表記】**

Ａ：重要度が高く確実に正答したい設問。しっかり復習する必要のある問題です。

Ｂ：重要度はＡレベルよりすこし下で、やや難易度が高い設問または内容を読み取る設問。高得点を狙う人は復習しましょう！

Ｃ：重要度が低い、または難解な設問。軽く復習する程度でよいでしょう！

# 令和４年度　第２回　高卒認定試験

## 【　世界史Ａ解答　】

| 1 | 解答番号 | 正答 | 配点 | 2 | 解答番号 | 正答 | 配点 | 3 | 解答番号 | 正答 | 配点 | 4 | 解答番号 | 正答 | 配点 |
|---|---|---|---|---|---|---|---|---|---|---|---|---|---|---|---|
| 問１ | 1 | ② | 3 | 問１ | 3 | ③ | 4 | 問１ | 7 | ① | 3 | 問１ | 12 | ① | 4 |
| 問２ | 2 | ④ | 3 | 問２ | 4 | ② | 3 | 問２ | 8 | ③ | 3 | 問２ | 13 | ④ | 3 |
| - | - | | | 問３ | 5 | ③ | 3 | 問３ | 9 | ① | 3 | 問３ | 14 | ① | 3 |
| - | - | | | 問４ | 6 | ④ | 3 | 問４ | 10 | ② | 3 | 問４ | 15 | ③ | 3 |
| - | - | | | - | - | | | 問５ | 11 | ④ | 3 | 問５ | 16 | ② | 3 |
| - | - | | | - | - | | | - | - | | | 問６ | 17 | ④ | 3 |

| 5 | 解答番号 | 正答 | 配点 | 6 | 解答番号 | 正答 | 配点 | 7 | 解答番号 | 正答 | 配点 |
|---|---|---|---|---|---|---|---|---|---|---|---|
| 問１ | 18 | ③ | 3 | 問１ | 25 | ③ | 3 | 問１ | 31 | ④ | 3 |
| 問２ | 19 | ④ | 3 | 問２ | 26 | ① | 3 | 問２ | 32 | ② | 3 |
| 問３ | 20 | ① | 4 | 問３ | 27 | ④ | 4 | - | - | | |
| 問４ | 21 | ② | 3 | 問４ | 28 | ④ | 3 | - | - | | |
| 問５ | 22 | ④ | 3 | 問５ | 29 | ② | 3 | - | - | | |
| 問６ | 23 | ① | 3 | 問６ | 30 | ③ | 3 | - | - | | |
| 問７ | 24 | ② | 3 | - | - | | | - | - | | |

## 【　世界史Ａ解答　】

### 1

問１　インカ文明の代表的な遺跡として選択肢に挙げられている「マチュ＝ピチュ」はペルーにあるインカ帝国の遺跡です。もうひとつの選択肢の「アンコール＝ワット」はカンボジアにあるクメール王朝時代の遺跡です。空欄ＡとＢについて、レポート内の「Ｙの疑問に対する考察」に「低温に強く生産性が高いジャガイモと、暑さに強く保存に向くトウモロコシとが高度によって作り分けられ」とあります。この記述から、高度が低い（＝気温が高い）空欄Ａの地点で「トウモロコシ」が、高度が高い（＝気温が低い）空欄Ｂの地点で「ジャガイモ」が生産されていたと考えることができます。したがって、正解は②となります。

**解答番号【１】：②**　　⇒**重要度Ｂ**

問２　①訓民正音は 15 世紀の李氏朝鮮でつくられた民族文字で、ハングルとも呼ばれます。②一国二制度による統治は 20 世紀以降の中国で行われています。③ギリシア正教はビザ

ンツ帝国皇帝と結び付き、コンスタンティノープル教会を中心に広まりました。④ポトシ銀山はスペインの植民地であった現在のボリビアにあります。ここで採掘された銀は大航海時代にヨーロッパで貿易に使用され、価格革命を引き起こしました。したがって、正解は④となります。

**解答番号【2】：④　　⇒重要度A**

## 2

問１　空欄Ａには、初代ローマ皇帝である「オクタウィアヌス（アウグストゥス）」が当てはまります。もうひとつの選択肢の「キング牧師」は、20 世紀のアメリカで人種差別撤廃を訴え、公民権の実現に尽力した人物です。資料２に、「宿駅には大きく美しく豪華な館があり」、「主要な道の 25 ないし 30 マイルごとに、お話ししたような行き届いた駅があるので」とあります。これは、古代中国やモンゴル帝国、オリエントで発達した「駅伝制」についての説明です。もうひとつの選択肢の「イクター制」は、イスラーム王朝で採用された制度で、官僚と軍人が分け与えられた土地から徴税し収益とする方法です。したがって、正解は③となります。

**解答番号【3】：③　　⇒重要度B**

問２　①「プラハの春」は 20 世紀のチェコスロバキアでおきた民主化運動です。②ダレイオス１世はアケメネス朝全盛期の王で、ペルシア戦争をおこしました。③エリザベス１世は 16 世紀半ば～ 17 世紀はじめのイギリスの女王で、統一法を制定しました。④レオナルド＝ダ＝ヴィンチはイタリア・ルネサンス期の代表的な画家のひとりです。したがって、正解は②となります。

**解答番号【4】：②　　⇒重要度B**

問３　グラフにあるＸ期の矢印は 1348 ～ 1377 年の期間を指しています。英樹さんの「氷河期」が終わったという意見について、氷河期は今からおよそ１万年前に終わったとされています。あかりさんの「ブロック経済」が導入されたという意見について、ブロック経済は 1930 年代の世界恐慌期に導入されたものです。マークさんの「ペスト（黒死病）」がヨーロッパで流行したという意見について、ペストは 1347 ～ 1353 年にヨーロッパにて史上最大規模で流行していました。したがって、正解は③となります。

**解答番号【5】：③　　⇒重要度C**

問４　南さんの発言にある空欄Ｂの前後を見ると、「ヴェネツィア出身の商人」が「著した『世界の記述（東方見聞録）』」とあります。『世界の記述』の著者は「マルコ＝ポーロ」です。もうひとつの選択肢の「張騫」は、漢の武帝が西方に派遣した人物です。イル＝ハン国は現在のイランを中心とした国ですので、およその位置は「い」になります。したがって、正解は④となります。

**解答番号【6】：④　　⇒重要度C**

## 3

問１　空欄Ａの後を見ると、「コンスタンティノープルを占領し、ビザンツ帝国を滅ぼした」

とあります。これに該当する人物は「メフメト２世」です。もうひとつの選択肢の「ド＝ゴール」は、20 世紀のフランスの政治家です。また、イスラーム教の礼拝施設を「モスク」といいます。もうひとつの選択肢の「カタコンベ」は、古代キリスト教徒の地下にある墓のことです。したがって、正解は①となります。

**解答番号【7】：①** ⇒ **重要度A**

問２ ①「世界の工場」と称されたのは産業革命期のイギリスです。②インドシナ戦争は 20 世紀のベトナムの独立に関する戦争です。③シーア派はイスラーム教の一派で、サファヴィー朝はこれを国教としていました。④甲午農民戦争（東学党の乱）は 19 世紀の中国でおきた反乱で、日清戦争が勃発するきっかけとなりました。したがって、正解は③となります。

**解答番号【8】：③** ⇒ **重要度B**

問３ ①「ヴァスコ＝ダ＝ガマ」はポルトガルの航海者で、インド航路の開拓に成功しました。②「モーツァルト」は 18 世紀の音楽家で、『アイネ・クライネ・ナハトムジーク』などを作曲しました。③「マルクス」は 19 世紀の経済学者で『共産党宣言』などを著しました。④「ウラービー（オラービー）」は 19 世紀にエジプトで革命をおこした人物です。したがって、正解は①となります。

**解答番号【9】：①** ⇒ **重要度A**

問４ ①第１回万国博覧会は 19 世紀半ばにイギリスで開催されました。②李自成は 17 世紀に反乱をおこし、明を滅ぼしました。③王安石が改革を行ったのは 11 世紀の中国です。④ガンダーラ美術は１世紀に栄えた仏教美術です。したがって、正解は②となります。

**解答番号【10】：②** ⇒ **重要度A**

問５ ①チュラロンコン王（ラーマ５世）は 19 ～ 20 世紀のタイの国王です。②「九十五カ条の論題」が発表されたのは 16 世紀のドイツです。③ドイモイ（刷新）政策が行われたのは 20 世紀のベトナムです。④ピョートル１世は 17 世紀のロシアの皇帝です。したがって、正解は④となります。

**解答番号【11】：④** ⇒ **重要度A**

## 4

問１ ①ムガル帝国が滅んだのは 19 世紀のインドで、これ以降イギリス国王がインド皇帝を兼任するイギリス領インド帝国となりました。②理藩院は清が支配した藩部を統制する行政機関です。③両税法は８世紀の唐の税制で、租調庸制に代わって実施されました。④タンジマート（恩恵改革）は 19 世紀のオスマン帝国の近代化政策です。したがって、正解は①となります。

**解答番号【12】：①** ⇒ **重要度A**

問２ 空欄ＡとＢの前後を見ると、「1866 ～ 1870 年は」とあり、また「この地域からの綿花の輸入が困難になったことが原因と推察することができる」とあります。空欄Ｂの出来事の影響により、「綿花の輸入が困難となった」状況が生じたと考えているわけですか

ら、空欄Bの出来事は1866～1870年よりもすこし前のことだとわかります。「黄巾の乱」は2世紀に後漢でおき、「南北戦争」は1861～1865年にアメリカ合衆国でおきました。したがって、正解は④となります。

**解答番号【13】：④**　　⇒**重要度A**

問3　①ムハンマド＝アリーは19世紀にエジプトで独立を果たした総督です。②サラディン（サラーフ＝アッディーン）がアイユーブ朝を建国したのは、現在のエジプトおよびシリア周辺で12世紀のことです。③マグナ＝カルタ(大憲章)は13世紀にイギリスでつくられ、憲法の土台となりました。④ピカソは19～20世紀の画家です。したがって、正解は①となります。

**解答番号【14】：①**　　⇒**重要度B**

問4　普仏戦争がおきたのは1870～1871年で、ホー＝チ＝ミンがベトナム独立を宣言したのは1945年、ドイツ帝国が成立したのは1871年です。最初の空欄Cの前後を見ると、「フランスでおこったユダヤ人将校」の「スパイ冤罪事件でも知られる」とありますので、空欄Cに当てはまるのは「ドレフュス」です。もうひとつの選択肢の「ジャクソン」は19世紀のアメリカの大統領です。したがって、正解は③となります。

**解答番号【15】：③**　　⇒**重要度A**

問5　①府兵制は中国で6世紀半ば頃から8世紀半ば頃まで行われた軍事制度です。②クリオーリョはラテンアメリカ生まれの白人を指し、ラテンアメリカの独立運動の中心になりました。③ヒジュラ（聖遷）は、7世紀にムハンマドが迫害を受けて本拠地をメッカからメディナに移したことを指します。④トルーマン＝ドクトリンは20世紀にアメリカのトルーマンが打ち出した対ソ封じ込め政策です。したがって、正解は②となります。

**解答番号【16】：②**　　⇒**重要度B**

問6　資料内の第3条から下田と箱館以外の港が開港されたこと、第6条から領事裁判権が認められたことを読み取ることができます。よって、この資料は「日米修好通商条約」であることがわかります。したがって、正解は④となります。

**解答番号【17】：④**　　⇒**重要度A**

## 5

問1　第一次世界大戦は1914年に勃発し、1918年に終結しました。①明治維新がおこったのは19世紀の江戸時代末期から明治時代です。②チャーティスト運動はイギリスで都市労働者が選挙権を求めた運動で、1838～1848年に展開されました。③第一次世界大戦直後に、インドのガンディーによって非暴力・不服従をスローガンとしたイギリスの植民地支配に抵抗する運動が展開されました。④イタリアで青年イタリアが結成されたのは19世紀で、イタリア統一運動の中心となりました。したがって、正解は③となります。

**解答番号【18】：③**　　⇒**重要度A**

問2　空欄Aの直前に「縦断政策のイギリスと横断政策のフランスが衝突しかけた」とありま

す。この説明は「ファショダ事件」についてのものです。フランスが譲歩したことによって軍事衝突は回避されました。したがって、正解は④となります。①「9.11 同時多発テロ事件」はイスラーム過激派によって行われたテロ事件で、アメリカ合衆国の貿易センタービルに飛行機が衝突しました。②「柳条湖事件」は在中日本軍が南満州鉄道を爆破した事件で、満州事変のきっかけになりました。③「アンボイナ事件」は 17 世紀にオランダとイギリスが東南アジア貿易を巡って衝突した事件で、これに勝利したオランダが東南アジア貿易を掌握しました。

**解答番号【19】：④　　⇒重要度Ａ**

問３　トルコ共和国の初代大統領は「ムスタファ＝ケマル（ケマル＝パシャ）」です。したがって、正解は①となります。②「サッチャー」は 20 世紀のイギリスの政治家です。③「ティトー」は 20 世紀のユーゴスラヴィアの大統領です。④「フェリペ２世」は 16 世紀のスペインの王です。

**解答番号【20】：①　　⇒重要度Ａ**

問４　資料の１行目の「これまでの支配国の統治を離れた植民地や領土」という部分と、４行目から５行目にかけての「その責任を引き受けるのに最も適し、かつそれを進んで受諾する先進国に委任し」という部分から、「植民地だった地域の統治を、他国に委任する」ということがわかります。また、国際連盟の設立を提唱したアメリカ合衆国大統領は「ウィルソン」です。もうひとつの選択肢の「マテオ＝リッチ」は、16 ～ 17 世紀のイエズス会の宣教師で『坤輿万国全図』を作成しました。したがって、正解は②となります。

**解答番号【21】：②　　⇒重要度Ｃ**

問５　①レコンキスタ（国土回復運動）はイベリア半島（現在のスペイン・ポルトガル）からイスラーム勢力を排除する動きで、15 世紀末まで続きました。②カールの戴冠は 800 年にローマ教皇からフランク王国のカール１世がローマ皇帝の冠を授かったことを指します。③ローマ帝国でキリスト教が国教とされたのは 382 年のテオドシウス帝の時代のことです。④ニューディールは 1930 年代にニューヨークの株価大暴落からはじまる世界恐慌への対応としてアメリカ合衆国で行われた政策です。したがって、正解は④となります。

**解答番号【22】：④　　⇒重要度Ａ**

問６　ポーランドのおよその位置は「あ」です。「い」の位置はおよそフランスにあたります。空欄Ｂの直前に「ヒトラーは、東西両面での戦争を避けるため、スターリンと」とあります。よって、空欄Ｂに当てはまるのは「独ソ不可侵条約」です。もうひとつの「天津条約」はアロー戦争の講和条約として 19 世紀に結ばれたものです。したがって、正解は①となります。

**解答番号【23】：①　　⇒重要度Ａ**

問７　①ジャンヌ＝ダルクは 15 世紀に百年戦争を戦ったフランスの少女です。②第２次国共合作は日中戦争を受けて 1937 年に成立しました。③李成桂が李氏朝鮮を建国したのは 14 世紀末です。④トゥサン＝ルヴェルチュールは 18 ～ 19 世紀にハイチ独立を指導した人物です。したがって、正解は②となります。

**解答番号【24】：②　　⇒重要度Ａ**

# 6

問１　①クロムウェルは17世紀半ばのピューリタン革命の指導者です。②ザビエルはスペイン生まれの宣教師です。16世紀にイグナティウス＝デ＝ロヨラらとともにイエズス会を設立し、アジアを中心に布教を行いました。③アデナウアーは20世紀の西ドイツの首相です。西ドイツはマーシャル＝プランなどの支援を受けながら経済復興を果たしました。④辛亥革命は20世紀の中国で発生し、これによって清が事実上崩壊し中華民国が建国されました。したがって、正解は③となります。

**解答番号【25】：③　　⇒重要度B**

問２　①北大西洋条約機構（NATO）は、冷戦下でアメリカが中心となって創設された西側諸国の軍事同盟機構です。②二十一カ条の要求は第一次世界大戦中に日本から中国に対して出されたものです。③第１次ウィーン包囲は16世紀にオスマン帝国のスレイマン１世によって行われた包囲戦です。④モンロー宣言（モンロー教書）は、19世紀にアメリカの第５代大統領モンローが発表した、ヨーロッパ諸国とアメリカ大陸諸国の相互不干渉を表明および要求したものです。したがって、正解は①となります。

**解答番号【26】：①　　⇒重要度A**

問３　「大躍進」政策を実施したのは「毛沢東」主席です。もうひとつの選択肢の「孔子」は春秋戦国時代の思想家です。グラフについて、1958年から1960年にかけて増加しているのは点線で表されている死亡率です。「大躍進」政策による経済的混乱から、とくに農村部で死亡率が増加しました。したがって、正解は④となります。

**解答番号【27】：④　　⇒重要度C**

問４　①権利の章典は17世紀にイギリスで名誉革命直後に制定された法で、王権よりも議会が優位であることを表したものです。②聖像禁止令は８世紀にビザンツ帝国皇帝レオン３世が発布したものです。③義和団事件は19世紀末に中国で「扶清滅洋」をスローガンにおこったものです。④ヨーロッパ経済共同体（ECC）は1958年に発足し、フランスは発足と同時に加盟しています。したがって、正解は④となります。

**解答番号【28】：④　　⇒重要度A**

問５　アフリカで17か国が独立した1960年は「アフリカの年」と呼ばれています。もうひとつの選択肢の「パクス＝ロマーナ（ローマの平和）」は紀元前１世紀末から約200年間続いた平和な時代を指します。また、地図から、地中海に面するモロッコ、チュニジア、リビア、エジプトは1959年以前に独立しているのに対して、アルジェリアは1961年以降に独立したことがわかります。したがって、正解は②となります。

**解答番号【29】：②　　⇒重要度A**

問６　①デカブリストの乱は19世紀にニコライ２世の即位に対して一部の軍人が反乱をおこしたものです。②ボストン茶会事件は18世紀にアメリカで茶法に反対しておきたものです。③ポーランドで「連帯」が結成されたのは20世紀後半です。政権による物価値上げに反対した労働者が結成しました。④全インド＝ムスリム連盟は、イギリス領インド帝国においてインド国民会議と対立し、親英派として設立されました。したがって、正解は③

となります。

**解答番号【30】：③**　　　⇒ **重要度Ｂ**

# 7

問１　（ア）占城稲はチャンパーを原産とした稲です。10 ～ 11 世紀の宋の時代に導入され、これにより二期作が可能になり生産量が増加しました。（イ）茶がヨーロッパに輸出されたのは 17 世紀のことです。（ウ）黄河流域でアワやキビが栽培されたのは紀元前 6000 年頃のことです。したがって、正解は④となります。

**解答番号【31】：④**　　　⇒ **重要度Ｃ**

問２　空欄Ａについて、1920 年代から 1930 年代のソ連で行われていたのは「農業集団化」です。もうひとつの選択肢の「均田制」は、中国で北魏～唐の時代まで実施されていた土地制度です。空欄Ｂについて、グラフ１を見ると、トラクターの総馬力が上がっている一方で、農場数は減っていることがわかります。空欄Ｃについて、グラフ２を見ると、農場の平均面積が 1940 年以降拡大していることがわかります。したがって、正解は②となります。

**解答番号【32】：②**　　　⇒ **重要度Ｃ**

# 令和４年度 第２回　高卒認定試験

## 【　日本史Ａ解答　】

| 1 | 解答番号 | 正答 | 配点 | 2 | 解答番号 | 正答 | 配点 | 3 | 解答番号 | 正答 | 配点 | 4 | 解答番号 | 正答 | 配点 |
|---|---|---|---|---|---|---|---|---|---|---|---|---|---|---|---|
| 問１ | 1 | ③ | 3 | 問１ | 9 | ③ | 3 | 問１ | 17 | ② | 3 | 問１ | 25 | ② | 4 |
| 問２ | 2 | ③ | 4 | 問２ | 10 | ④ | 4 | 問２ | 18 | ① | 4 | 問２ | 26 | ④ | 4 |
| 問３ | 3 | ① | 3 | 問３ | 11 | ③ | 3 | 問３ | 19 | ④ | 4 | 問３ | 27 | ① | 4 |
| 問４ | 4 | ④ | 4 | 問４ | 12 | ① | 4 | 問４ | 20 | ④ | 3 | 問４ | 28 | ③ | 4 |
| 問５ | 5 | ④ | 4 | 問５ | 13 | ② | 4 | 問５ | 21 | ① | 3 | - | - | | |
| 問６ | 6 | ② | 3 | 問６ | 14 | ② | 4 | 問６ | 22 | ③ | 3 | - | - | | |
| 問７ | 7 | ① | 4 | 問７ | 15 | ① | 3 | 問７ | 23 | ② | 4 | - | - | | |
| 問８ | 8 | ② | 3 | 問８ | 16 | ④ | 3 | 問８ | 24 | ③ | 4 | - | - | | |

## 【　日本史Ａ解答　】

### 1

問１　空欄Ａには、モリソン号事件における幕府の対応を批判した渡辺崋山と高野長英が処罰された事件である「蛮社の獄」が当てはまります。空欄Ｂには、その２行前から１行前にかけて「幕府が『みだりに蘭書を翻訳してはならない』という命令を出した」とありますので、「蘭学の影響を警戒していた」が当てはまります。蘭学とは、オランダ語を介した西洋の文化や学術についての学びや研究のことです。したがって、正解は③となります。なお、「安政の大獄」は、江戸幕府第 14 代将軍徳川家茂の大老井伊直弼が孝明天皇の許可なく外国と通商条約を結んだことに反対した者を処罰した事件です。後に 15 代将軍となる一橋慶喜らが謹慎処分となり、吉田松陰らが死刑となりました。

**解答番号【１】：③**　　⇒ **重要度Ａ**

問２　①について、表２の【生活保護率】を見ると、アイヌが居住する市町村全体のほうはどちらかといえば増加傾向にあることがわかりますので誤りです。②について、表２の【高等学校への進学率】を見ると、全体的に増加傾向にあることがわかりますので誤りです。③について、カード２の「北海道地券発行条例」を見ると、「旧土人が居住している土地は、その種類に関係なく、当分すべてを官有地に編入する」という部分から、アイヌ民族が居住している土地はすべて官有地（＝国有地）に編入されることになったことがわかりますので正しいです。④について、カード１の「北海道開拓使から出された法令」を見ると、「これまでの風習を洗い流し、教化を行い」という部分から、アイヌ民族の風習を改めさせようとしていることがわかりますので誤りです。したがって、正解は③となります。

**解答番号【２】：③**　　⇒ **重要度Ａ**

問３　適切でないものを選びます。表１からわかるように「品川弥次郎とともに選挙干渉を行った」のは 1892 年ですが、25 歳以上のすべての男子に選挙権が与えられたのは、第一次加藤高明内閣において普通選挙法が成立した 1925 年のことです。したがって、正解は①となります。

**解答番号【３】：①**　　⇒ **重要度Ｃ**

問４　空欄Ｃについて、資料１にある「この内国博覧会はまず全国の物産を増殖することを目的としている」という部分から、内国勧業博覧会は「国産物品の生産を拡大する」ことを目的としていたことがわかります。空欄Ｄについて、図の「台湾館」に日本の国旗が掲げられていることから、当時の台湾が日本の統治下にあったと考えることができます。したがって、正解は④となります。

**解答番号【４】：④**　　⇒ **重要度Ａ**

問５　「ア」について、1869 年の版籍奉還により、旧藩主は知藩事に任命されて家禄を与えられました。その後、1871 年の廃藩置県により、知藩事は廃止されて東京に住むことが強制され、地方行政は中央政府が派遣した府知事・県令が知藩事に代わって担うことになりました。よって、「ア」は誤りです。「イ」について、「日露戦争の講和条約に反対する運動」とは 1905 年の日比谷焼打ち事件のことを指しますが、表１から初代秋田県知事は 1874 年の佐賀の乱で刑死したことがわかります。よって、「イ」も誤りです。したがって、正解は④となります。

**解答番号【５】：④**　　⇒ **重要度Ｃ**

問６　日露戦争後、第二次日韓協約を締結し、韓国の外交権をはく奪するとともに、韓国の外交を統括する「統監府」を漢城に設置しました。その初代統監は「伊藤博文」です。したがって、正解は②となります。なお、「朝鮮総督府」は 1910 年の韓国併合の際に京城に設置された統治機関で、初代総督には「寺内正毅」が就任しました。

**解答番号【６】：②**　　⇒ **重要度Ｂ**

問７　適切でないものを選びます。資料２は、その１行目にある「国事に関する罪犯し　入獄ありし大井氏が」という部分から、大井憲太郎らがおこした 1886 年の大阪事件に関する歌であることがわかります。①について、義兵運動とは朝鮮における反日武装闘争のことであり、初期の義兵運動は日清戦争後におきました。したがって、正解は①となります。

**解答番号【７】：①**　　⇒ **重要度Ａ**

問８　「ア」について、明治新政府の樹立を主導したのは薩長土肥（薩摩藩・長州藩・土佐藩・肥前藩）と呼ばれる４つの藩で、薩長土肥はそれぞれ現在の鹿児島県、山口県、高知県、佐賀県に相当します。表１の出身地の列を見ると、初代から５代まですべて薩長土肥のいずれかの出身者で占められています。よって、「ア」は正しいです。「イ」について、奥羽越列藩同盟に属したのは東北と越後の諸藩です。よって、「イ」は誤りです。したがって、正解は②となります。

**解答番号【８】：②**　　⇒ **重要度Ｃ**

## 2

問１　空欄Ａについて、三国協商を結んだのはイギリス・フランス・ロシアの三国で、三国同盟を結んだのはドイツ・イタリア・オーストリアの三国です。空欄Ａの前に「日英同盟を根拠に」とありますので、空欄Ａにはイギリスを含む「三国協商」が当てはまります。空欄Ｂについて、19 世紀後半の中国分割によって、ドイツは山東半島の膠州湾を、ロシアは遼東半島の旅順・大連を、イギリスは山東半島の威海衛と九龍（竜）半島を、フランスは広州湾を租借しました。空欄Ｂの直前に「ドイツの租借地であった」とありますので、空欄Ｂには「膠州湾」が当てはまります。したがって、正解は③となります。

**解答番号【9】：③　　⇒重要度B**

問２　日本が国際連盟から脱退する際の日本全権大使は松岡洋右が務めていました。また、資料２の１行目から２行目にかけて、「国際連盟臨時総会での報告書は～事実認識や判断に大きな誤りを犯している」とありますので、日本政府はこの報告書の内容に納得していないことがわかります。したがって、正解は④となります。

**解答番号【10】：④　　⇒重要度A**

問３　太平洋戦争の終盤には本土空襲が激化したことから学童疎開が行われました。したがって、正解は③となります。なお、「ア」の写真は、日米安全保障条約の改定内容に対する反対運動である 60 年安保闘争の様子を示しています。

**解答番号【11】：③　　⇒重要度A**

問４　空欄Ｃについて、グラフから 1914 年の賃金は男性が約 50 銭、女性が約 30 銭で、1920 年の賃金は男性が約 140 銭、女性が約 100 銭であることがわかりますので、空欄Ｃには「男女ともに２倍を上回っている」が当てはまります。空欄Ｄについて、グラフが示す期間に男女ともに賃金が上昇した背景には大戦景気があります。第一次世界大戦中、日本はイギリス・フランス・ロシアなどには軍需品、アメリカには生糸、ヨーロッパの列強国が戦争勃発により撤退したアジア諸国には綿織物を輸出することによって、輸出超過となり、景気が大きく好転しました。したがって、正解は①となります。

**解答番号【12】：①　　⇒重要度B**

問５　表のＹの時期というのは、張作霖爆殺事件と日本の国際連盟脱退の２つの出来事の間ですから、およそ 1928 年から 1933 年までの時期を指します。「イ」について、資料３には 1931 年とありますが、米騒動は 1918 年におきた出来事ですので誤りです。また、「ウ」について、資料４には 1932 年とありますが、原敬内閣は 1918 ～ 1921 年に組閣された内閣ですので誤りです。したがって、正解は②となります。

**解答番号【13】：②　　⇒重要度C**

問６　適切でないものを選びます。1945 年４月にソ連は日本に対して日ソ中立条約の不延長（破棄）を通告し、８月には日本に宣戦布告し、対日戦に参加しました。したがって、正解は②となります。

**解答番号【14】：②　　⇒重要度B**

問７　「ア」について、寺内正毅は第一次世界大戦中に内閣総理大臣に就任しました。「イ」について、震災手形とは1923年の関東大震災によって支払いができなくなった手形のことです。「ウ」について、日本の南部仏印進駐とアメリカによる対日石油禁輸の決定は第二次世界大戦中の1941年の出来事です。したがって、正解は①となります。

**解答番号【15】：①**　⇒**重要度C**

問８　表の時期というのは、日本の第一次世界大戦参戦と日本のポツダム宣言受諾の２つの出来事の間ですから、およそ1914年から1945年までの時期を指します。①について、「リンゴの唄」は第二次世界大戦後に大流行した歌謡曲のため誤りです。②について、日本万国博覧会は1970年の出来事のため誤りです。③について、正岡子規が活躍したのは明治時代ですから誤りです。④について、円本とは、1923年の関東大震災によって打撃を受けた出版界が不況を打破するために１冊１円で刊行した全集類のことです。したがって、正解は④となります。

**解答番号【16】：④**　⇒**重要度C**

## 3

問１　「ア」について、日本国憲法は、1946年に公布ののち、1947年に施行されました。「イ」について、五大改革指令は、1945年に幣原喜重郎が組閣した直後にマッカーサーから口頭で伝えられました。「ウ」について、砂川事件は、1950年代後半におきた米軍基地拡張に対する反対運動です。したがって、正解は②となります。

**解答番号【17】：②**　⇒**重要度B**

問２　「ア」の紙面は、「警察力増強」と「予備隊」とありますので、警察予備隊発足の記事であることがわかります。吉田茂内閣が政権を担っていた1950年に朝鮮戦争が勃発し、在日米軍が朝鮮に出動したことによって日本に自衛の必要が生じたため、マッカーサーの指示により設置されることになりました。また、「ウ」の演説にある「朝鮮動乱」とは朝鮮戦争のことを指します。したがって、正解は①となります。なお、「イ」の紙面は、1964年の東海道新幹線開通の記事で、池田勇人内閣の出来事です。「エ」の演説では、「今後10年以内に国民所得を２倍以上にすることを目標」とした所得倍増計画が述べられています。この演説は1960年に池田勇人首相によって行われたものです。

**解答番号【18】：①**　⇒**重要度B**

問３　空欄Ａについて、写真１を見ると、「新党結成大会」および「党名自由民主」という文字が確認できます。自由民主党は保守政党であるため、空欄Ａには「新たな保守政党の誕生」が当てはまります。空欄Ｂについて、説明文の２行目に「この記事が書かれた翌年、日ソ共同宣言が発表され」とあり、この後に日ソ共同宣言の内容が述べられていますから、空欄Ｂには「シベリアなどに連行された日本人の帰国」が当てはまります。したがって、正解は④となります。

**解答番号【19】：④**　⇒**重要度A**

問４　「ア」について、高度経済成長期とは、1950年代半ばから1973年頃までの約20年間を指します。この時期の石炭の割合がほぼ一定であるのは、石油が廉価で輸入されるよう

になり、エネルギー源が石炭から石油に移ったからです。よって、「ア」は誤りです。「イ」について、第一次石油危機は1973年におこりました。1970年とエネルギー供給の総量が最大になった2005年のグラフを比較してみると、前者は天然ガスとその他の割合はきわめて低いですが、後者はそれらの項目の割合が増加しているだけでなく原子力の項目が加わっていることがわかります。また、「ウ」について、京都議定書の採択は1997年ですから、Ｚの時期の出来事ではありません。「エ」について、高度経済成長期に大衆消費社会が到来し、白黒テレビ・電気冷蔵庫・電気洗濯機（「三種の神器」）の家庭普及率は1960年代に入ると一気に上昇していきました。したがって、正解は④となります。

**解答番号【20】：④** ⇒**重要度Ｂ**

問５　表中のＸの時期というのは、日本と中国の準政府間貿易（LT貿易）開始と湾岸戦争の２つの出来事の間ですから、およそ1962年から1990年までの時期を指します。①について、四大公害訴訟は、1960年代後半から1970年代前半にかけて行われていました。いずれも判決は原告の全面勝訴となりました。②について、アメリカの水爆実験により日本の漁船が被ばくした第五福竜丸事件は1954年の出来事ですから誤りです。③について、二・一ゼネスト計画は吉田茂内閣の打倒を図ったもので、当時はまだGHQの占領下にありましたから誤りです。④について、阪神・淡路大震災は1995年の村山富市内閣のときの出来事ですから誤りです。したがって、正解は①となります。

**解答番号【21】：①** ⇒**重要度Ｃ**

問６　湾岸戦争を受けて、1992年に宮沢喜一内閣のもとで「PKO協力法」が成立し、PKO（国連平和維持活動）への自衛隊の海外派遣が可能になりました。自衛隊が初めて海外派遣された地域はカンボジアです。したがって、正解は③となります。なお、「テロ対策特別措置法」は、2001年のアメリカ同時多発テロ事件を受けて制定されました。

**解答番号【22】：③** ⇒**重要度Ｃ**

問７　第40回衆議院議員総選挙により、細川護煕を首相とする非自民・非共産の８党派からなる連立政権が誕生しました。したがって、正解は②となります。なお、①について、自由民主党は「政権与党の地位を保持した」とありますが、資料を見ると、自由民主党を出身政党とする閣僚は一人として含まれていませんので誤りです。③について、「第39回衆議院議員総選挙の時までは」とありますが、グラフ２を見ると、第40回衆議院議員総選挙時においても、自由民主党がほかの政党よりも多くの議席を獲得していますので誤りです。④について、資料から最も多くの閣僚を輩出している政党は日本社会党であることがわかります。しかし、グラフ３を見ると、日本社会党は第39回衆議院議員総選挙で136の議席を獲得していますので誤りです。

**解答番号【23】：②** ⇒**重要度Ｂ**

問８　写真２のアメリカの大統領の吹き出しに「史上初めて、人類の願いである核兵器の削減を実現する条約だ」とあり、また資料として挙げられている「条約」の条文に「中距離核ミサイルを廃棄し、今後この種の兵器システムを持たない」とあることから、この条約は1987年に米ソ間で締結された中距離核戦力（INF）全廃条約であることがわかります。したがって、正解は③となります。

**解答番号【24】：③** ⇒**重要度Ｃ**

# 4

問１　資料１は２行目の「ロシアに対して宣戦を布告する」という部分から日露戦争の資料であること、また資料２は２行目の「独逸国に対して宣戦を布告する」という部分から第一次世界大戦の資料であること、そして資料３は２行目の「米国と英国に対して宣戦を布告する」という部分から太平洋戦争の資料であることがわかります。「ア」について、小学校用の教科書に関して国定教科書制度が実施されるようになったのは1903年からです。よって、「ア」は日露戦争に最も近い出来事だとわかります。「イ」について、1941年の国民学校令によって小学校は国民学校と改められました。よって、「イ」は太平洋戦争に最も近い出来事だとわかります。したがって、正解は②となります。

**解答番号【25】：②**　　⇒**重要度Ｂ**

問２　適切でないものを選びます。日露戦争開戦時の首相は桂太郎、第一次世界大戦参戦時の首相は大隈重信、太平洋戦争開戦時の首相は東条英機です。３人の首相のうち、大隈重信は軍務に服した経験はなく、第一次世界大戦参戦当時に軍人ではありませんでした。したがって、正解は④となります。

**解答番号【26】：④**　　⇒**重要度Ｂ**

問３　空欄Ａについて、その直前に「どの詔書（勅）でも」とありますので、３つの資料に共通する内容の語句をそれぞれの資料から探します。資料１を見ると、５行目から６行目にかけて「平和を永遠に維持しようと考え」とあり、資料２を見ると、７行目に「なおも努めて平和的手段を尽くそう」とあり、資料３を見ると、６行目から７行目にかけて「政府に事態を平和的に収拾させようとし」とあることから、いずれの詔勅でも日本は平和を希求していることが読み取れます。空欄Ｂについて、その前に「資料の後半部分では資料１と資料３が似ているようにみえる」とありますので、２つの資料に共通する内容の語句をそれぞれの資料から探します。資料１の後半部分を見ると、６行目に「臣下にロシアへ提案させ、半年の間少しずつ折衝を重ねさせた」とあり、資料３の後半部分を見ると、６行目から７行目にかけて「政府に事態を平和的に収拾させようとし～長い間がまんしてきた」とあることから、長い時間をかけて戦争回避のための交渉を行っていたことが読み取れます。したがって、正解は①となります。

**解答番号【27】：①**　　⇒**重要度Ａ**

問４　資料１と資料２では「大日本国皇帝」と記されている一方で、資料３では「大日本帝国天皇」と記されている点については、資料３が出される以前に、国体明徴声明を通して日本は天皇の統治する国家であることが明示されたことと関係があるのではないかと推測することができます。また、資料３では、交戦に際して軍人や役人、官僚のみならず一般民衆までに努力が求められている点については、資料３が出される以前に国家総動員法や国民徴用令が公布されていたことを考慮すると、すでにこの頃には総力戦という概念が浸透していたのはないかと推測することができます。したがって、正解は③となります。

**解答番号【28】：③**　　⇒**重要度Ａ**

# 令和４年度 第１回
# 高卒認定試験

# 旧世界史Ａ
# 旧日本史Ａ

# 解答時間　50分

## 注　意　事　項（抜粋）

＊　試験開始の合図前に，監督者の指示に従って，解答用紙の該当欄に以下の内容をそれぞれ正しく記入し，マークすること。

**①氏名欄**

**氏名を記入**すること。

**②受験番号，③生年月日，④受験地欄**

**受験番号，生年月日を記入**し，さらにマーク欄に**受験番号**（数字），**生年月日**（年号・数字），**受験地をマーク**すること。

＊　**受験番号，生年月日，受験地が正しくマークされていない場合は，採点できないことがある。**

＊　解答は，解答用紙の解答欄にマークすること。例えば，［10］と表示のある解答番号に対して②と解答する場合は，次の（例）のように**解答番号** 10 の**解答欄**の②に**マーク**すること。

（例）

| 解答番号 | 解　答　欄 |
|---|---|
| 10 | ① ● ③ ④ ⑤ ⑥ ⑦ ⑧ ⑨ ⓪ |

# 世　界　史　A

（解答番号 1 ～ 32 ）

**1** 次の文章と図版に関連して，問1～問2に答えよ。

福井県の高校生が，世界史の授業で地元と世界の関わりについて調べ，パネルにまとめて班発表した。

パネル

班発表 **福井県人が目撃した世界史――『韃靼(だったん)漂流記』と漂流民たち**

江戸時代初めの1644（寛永21）年4月，越前(えちぜん)・三国湊(みくにみなと)から松前に向かった商船3隻が，日本海で遭難した。大陸側に漂着した商人一行は，「韃靼国」の役人に救助され，都に連れて行かれて保護された。ちょうどこの年，「韃靼国」が北京に遷都するところだったので，一行も北京に移された。1年余りの滞在の後，日本へ送還されることになり，1646年に朝鮮経由で2年ぶりに帰国を果たした。その見聞記が『韃靼漂流記』である。

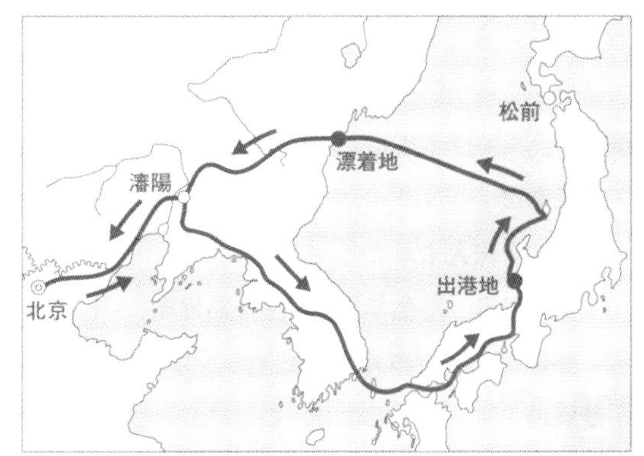


地図　越前商人一行の漂流と帰国の経路

**「韃靼国」とは何か？**

「韃靼」とは北アジアの遊牧・狩猟民を広く指す言葉である。ここでは，東北アジアで建国し，北京に遷都して中国支配を開始した A を指している。

**漂流民たちが目撃した王朝交代**

漂流民たちは，「韃靼国」が中国征服を進めていくさまを目撃した。象徴的なのは髪型だった。

> 一，（韃靼国では）身分の高い者も低い者も皆頭を剃り，頭頂部に一寸（約3cm）四方ほどの毛を残して伸ばし，三本に組んで垂らしていました。
> 一，…韃靼人が手に入れた地域の人たちは，韃靼人のように頭を剃り，少し毛を残していました。

「韃靼人」たちは独特の髪型をしており，ここで述べられていることは，彼らに征服された地域の人々が， B を指している。

問 1 [A] に当てはまる国と, [B] に当てはまる文との組合せとして正しいものを, 次の①~④のうちから一つ選べ。解答番号は [1] 。

| | A | B |
|---|---|---|
| ① | 匈　奴 | 「韃靼国」に服属した証として, 辮髪にしたこと |
| ② | 匈　奴 | 「韃靼国」への抵抗のしるしとして, 辮髪を切ったこと |
| ③ | 清 | 「韃靼国」に服属した証として, 辮髪にしたこと |
| ④ | 清 | 「韃靼国」への抵抗のしるしとして, 辮髪を切ったこと |

問 2 一行が漂着した日本海の対岸地域の出来事について述べた次の(ア)~(ウ)を, 古いものから順に正しく並べたものを, 下の①~④のうちから一つ選べ。解答番号は [2] 。

(ア) ロシアが, ウラジヴォストークを建設した。

(イ) 日本が, シベリア出兵を行った。

(ウ) 渤海が建てられた。

① (ア)→(イ)→(ウ)　　② (ア)→(ウ)→(イ)

③ (イ)→(ア)→(ウ)　　④ (ウ)→(ア)→(イ)

**2** 次の文章と図版に関連して，**問1**～**問4**に答えよ。

私たちがふだん使っているアラビア数字の起源は，インダス文明にある。古代インド数字(ブラーフミー数字)が最初に文献として登場するのは，紀元前3世紀の(a)アショーカ王碑文であった。

インド数字は，その形を変化させながら他の地域へと広がっていった。7世紀半ば，メソポタミアの(b)キリスト教の司教が，その著書の中で9つの古代インド数字を示している。さらにその後には，［ A ］の都バグダードでも用いられていた。

このインド＝アラビア数字がヨーロッパに伝わったのは，(c)イスラーム勢力に支配されていたイベリア半島経由であるとされ，10世紀後半のイベリア半島でインド＝アラビア数字の使用がみられる。表記や計算が容易なインド＝アラビア数字は徐々に浸透し，16世紀頃にはかなり定着が進んだ。

ヨーロッパの数学者らは，(d)インドからヨーロッパへの数字の普及過程を知らなかったため，この数字をアラビア数字と命名し，以降この名称が定着した。

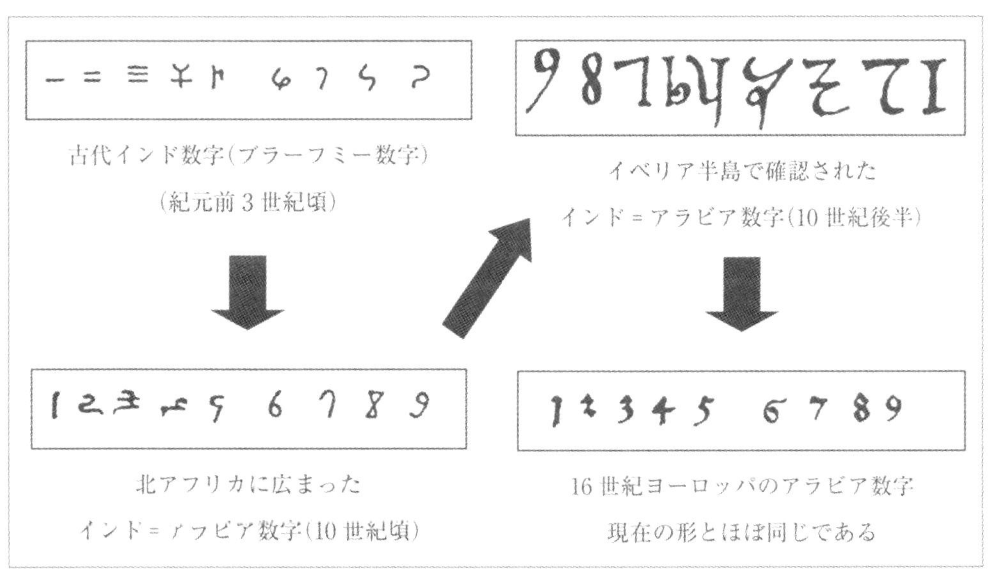


**資料** アラビア数字の変遷

問１　下線部分アショーカ王(a)が行ったことについて述べた文として適切なものを，次の①～④のうちから一つ選べ。解答番号は **3** 。

① 塩の行進を行った。

② ミドハト憲法を発布した。

③ ムガル帝国を建てた。

④ 仏教を保護し，仏典の結集を行った。



問２　下線部分キリスト教(b)を創始した人物として適切なものを，次の①～④のうちから一つ選べ。解答番号は **4** 。

①

ジャンヌ＝ダルク

②

イエス

③

サラディン（サラーフ＝アッディーン）

④

始皇帝

問３　**A** に当てはまる語句として適切なものを，次の①～④のうちから一つ選べ。解答番号は **5** 。

① 北　宋

② ブルボン朝

③ アッバース朝

④ アステカ王国

問 4　下線部分(c)イスラーム勢力に支配されていたイベリア半島において，15 世紀にかけて行われた運動の名称を何というか。また，下線部分(d)インドからヨーロッパへの数字の普及過程について，文章や**資料**から判断できる，略地図中のおよそのルートとして適切なものはどれか。それらの組合せとして正しいものを，下の①～④のうちから一つ選べ。

解答番号は 6 。

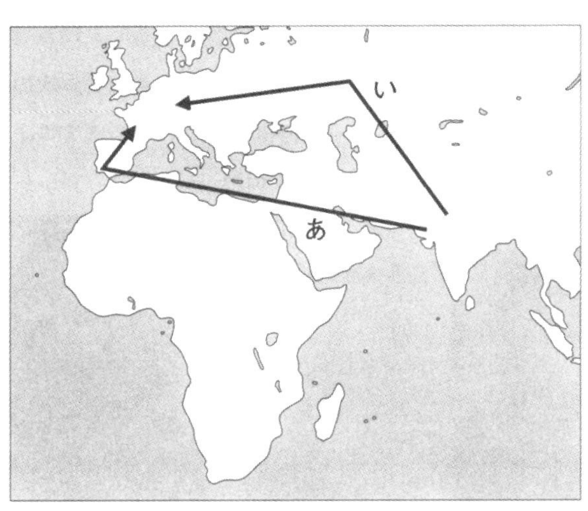


| | 運動の名称 | 地図中のルート |
|---|---|---|
| ① | 国土回復運動(レコンキスタ) | あ |
| ② | 国土回復運動(レコンキスタ) | い |
| ③ | 囲い込み | あ |
| ④ | 囲い込み | い |

3　1～2の文章と図版に関連して，**問1～問5**に答えよ。

1　生徒と先生が，**資料**について会話している。

先生：　**資料**は，フランスの宝石商人シャルダンが，17世紀後半に訪れたサファヴィー朝について，帰還後に書いた旅行記です。**資料**の「大都会」とは，アッバース1世が築いたサファヴィー朝の首都のことです。

生徒：　［　A　］ですね。

先生：　その通り。当時の［　A　］のようすについて，**資料**からはどんなことがわかりますか。

生徒：　様々な宗教を信仰する人々の集まる都市だったことがわかります。

先生：　そうですね。では，なぜシャルダンはこのことを書き残したか，推測してみましょう。

生徒：　当時フランスを治めていたルイ14世は，［　B　］しました。そのため，多様な宗教が共存する［　A　］のようすが，特にシャルダンの印象に残ったのではないでしょうか。

先生：　自文化と異文化を比較して，自文化にはない異文化の特徴を書き留めた，という推論ですね。説得力があります。また，シャルダンは，そのようすをフランスやヨーロッパの人々に知ってもらいたかったから書いた，とも考えられますね。

**資料**

> この大都会には，キリスト教徒，ユダヤ教徒，イスラーム教徒，異教徒，拝火教徒といったあらゆる宗教を信仰する住民がいる。またここには，世界中から来た貿易商が集まっている。ここはまた，全東方世界で最も学問の栄えている町であり，ここから東方世界全体に，とりわけインドに学問が広がっていく。

旅行記の口絵のシャルダン像(中央)

問１　A に当てはまる都市と，略地図中のおよその位置との組合せとして正しいものを，下の①～④のうちから一つ選べ。解答番号は 7 。

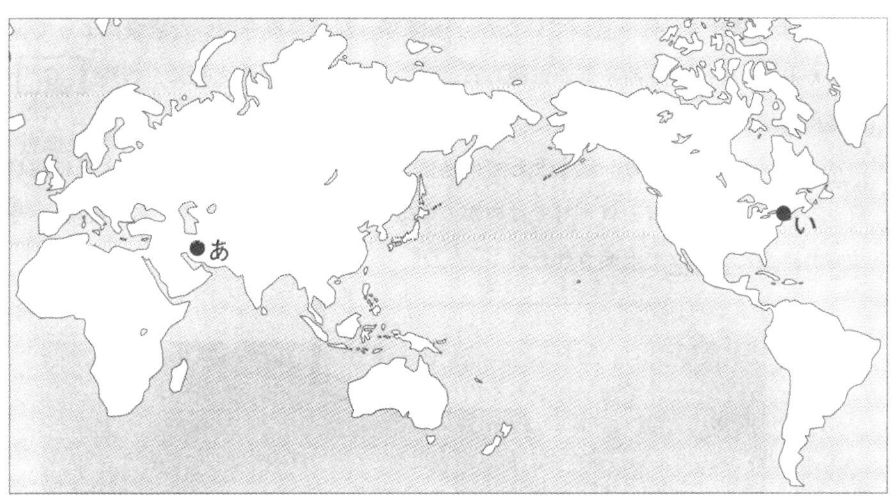


| | A | 位　置 |
|---|---|---|
| ① | イスファハーン | あ |
| ② | イスファハーン | い |
| ③ | ボストン | あ |
| ④ | ボストン | い |

問２　B に当てはまるルイ 14 世の政策として最も適切なものを，次の①～④のうちから一つ選べ。解答番号は 8 。

① 非ムスリムへのジズヤを廃止

② 信仰の寛容策であったナントの王令(ナントの勅令)を廃止

③ スターリンの個人崇拝を否定

④ 議会の優位を認めた権利の章典を制定

2　現在のフィリピンの首都 C に，高山右近という日本人の像が立っている。右近は，1552 年，現在の大阪府の武士の家に生まれ，12 歳でキリスト教の洗礼を受けた。後に織田信長，豊臣秀吉，徳川家康といった戦国大名に仕えた。その間，秀吉が始めたキリスト教徒取り締まりにも屈せず信仰を貫いていたが，1614 年，江戸幕府を開いた家康によって国外追放を命じられた。右近は家族や他の信徒，宣教師など 100 人余りとともに，当時 C にあった日本町に送られ，翌年，病死した。

(a)イエズス会の宣教師は，武士としての地位よりも信仰を貫いた右近の生き様に注目し，ヨーロッパに紹介した。ヨーロッパではやがて尊敬の対象となり，「ユスト右近殿」という演劇もつくられ，主に(b)ドイツで上演された。

C にある高山右近の像と石碑

問3 C に当てはまる都市と，16世紀にこの都市で中国産生糸と取引されていたものとの組合せとして正しいものを，次の①～④のうちから一つ選べ。解答番号は 9 。

| | C | 取引されていたもの |
|---|---|---|
| ① | ロンドン | 東南アジア産のゴム |
| ② | ロンドン | メキシコ銀 |
| ③ | マニラ | 東南アジア産のゴム |
| ④ | マニラ | メキシコ銀 |

問4 下線部分イエズス会の宣教師[(a)]で，中国初の世界地図を作製した人物を，次の①～④のうちから一つ選べ。解答番号は 10 。

①

ヘロドトス

②

マテオ＝リッチ

③

クック

④

ナポレオン3世

問5 下線部分ドイツ[(b)]の17世紀のようすについて述べた文として適切なものを，次の①～④のうちから一つ選べ。解答番号は 11 。

① ペロポネソス戦争がおこった。

② ジャムチとよばれる駅伝制度が整備された。

③ 三十年戦争の主戦場となって荒廃した。

④ ファショダ事件がおこった。

**4** 1～2の文章と図版に関連して，**問1～問6**に答えよ。

1 19世紀前半に活躍したリストは，ドイツのナショナリズムと統一運動(a)に貢献した経済学者として知られている。当時，ドイツにおいては，政治的な統一の機運が高まっていたが，リストはまず経済的な統一を重視した。その運動の最中，政敵に追われたリストはアメリカ合衆国に逃れ，そこで鉄道(b)の重要性を認識した。炭鉱や鉄道事業で成功した後，ドイツに帰国すると，長距離鉄道の敷設計画を立てたが，反対に遭い計画は挫折した。リストはパリに活動の場を移し，その後もドイツの経済的統一を訴え続けた。

リストが描かれたドイツの切手

**問1** 下線部分ドイツのナショナリズムと統一運動(a)の19世紀のようすについて述べた文として適切なものを，次の①～④のうちから一つ選べ。解答番号は 12 。

① 王権神授説が唱えられた。

② ヴィクトリア女王が，皇帝に即位した。

③ パリ＝コミューンが成立した。

④ フランクフルト国民議会が開催された。

**問2** 下線部分鉄道(b)に関して，世界で初めて鉄道の営業運転が行われた国を，次の①～④のうちから一つ選べ。解答番号は 13 。

① ブラジル　　② エチオピア

③ イギリス　　④ ロシア

2　スイスの実業家であったアンリ＝デュナンは，銀行員時代に派遣された<u>アルジェリア</u>(c)で，ヨーロッパとは異なる文化に魅了される一方，現地の人々がヨーロッパ人から不当な扱いを受けていることに憤りを覚えた。彼はまた，<u>アメリカ合衆国</u>(d)の奴隷制度を批判的に描いた小説『アンクル＝トムの小屋』の作者のストウと，ジュネーヴで面会した。これらの経験は，デュナンの「すべての人間は人間らしく扱われるべきである」という信念を確固たるものにした。

後にデュナンは，商談のための旅行中に<u>イタリア統一戦争</u>(e)の悲惨な戦場を目撃し，衝撃を受けた。そして同時に，敵味方の区別なく負傷兵を看護する近隣の村人の姿に感銘を受け，その後 A を創設した。**資料**は， A の基本方針を国際条約の形にまとめたものであり， A のシンボルは，デュナンの祖国スイスの国旗にちなんでいる。デュナンはこの功績から，第1回ノーベル賞を受賞し，1910年にその生涯を終えた。

**資料**

第1条　野戦病院と陸軍病院は局外中立とみなされ，負傷者や病気患者が在院している間，交戦者はそれを保護するべきであり，侵してはならない。

第7条　…局外中立の人員は，腕章を着用することができる。…その旗と腕章は白地に赤い十字のものとする。

アンリ＝デュナン

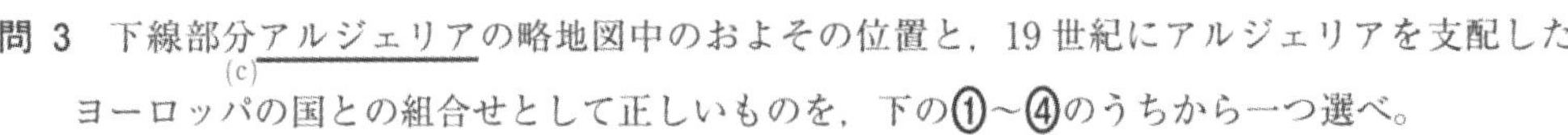

**問 3**　下線部分アルジェリア(c)の略地図中のおよその位置と，19 世紀にアルジェリアを支配したヨーロッパの国との組合せとして正しいものを，下の①～④のうちから一つ選べ。解答番号は 14 。

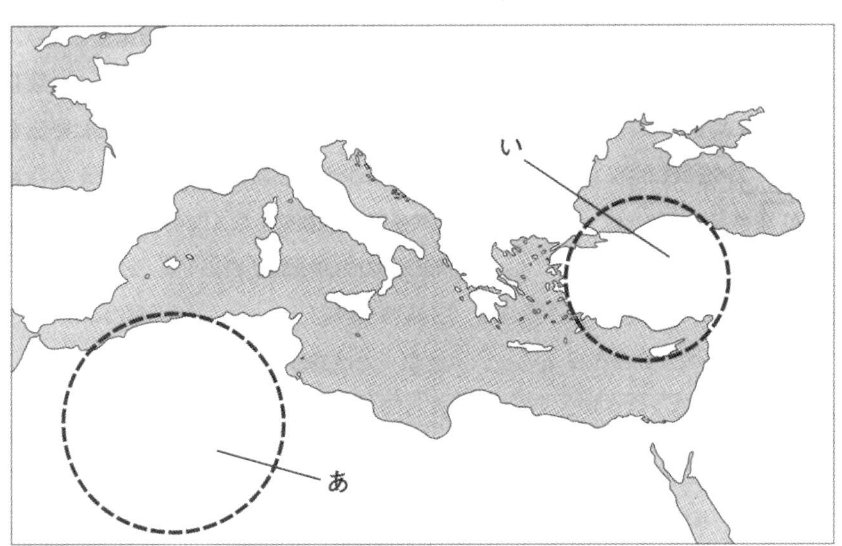


| | 位　置 | ヨーロッパの国 |
|---|---|---|
| ① | あ | ハンガリー |
| ② | あ | フランス |
| ③ | い | ハンガリー |
| ④ | い | フランス |

**問 4**　下線部分アメリカ合衆国(d)の 19 世紀のようすについて述べた文として適切なものを，次の①～④のうちから一つ選べ。解答番号は 15 。

① モンロー教書(モンロー宣言)が出された。

② 三部会が招集された。

③ チャールズ 1 世が処刑された。

④ 諸子百家が活躍した。

問５　下線部分(e)イタリア統一戦争について述べた文として適切なものを，次の①～④のうちから一つ選べ。解答番号は 16 。

① 紅巾の乱がきっかけとなった。

② 下関条約により終結した。

③ サルデーニャ王国が中心となった。

④ レパントの海戦がおこった。

問６　A に当てはまる語句と，**資料**から読み取れることとの組合せとして正しいものを，次の①～④のうちから一つ選べ。解答番号は 17 。

| | A | **資料**から読み取れること |
|---|---|---|
| ① | 国際赤十字 | この組織は，戦時中も中立が保障されており，戦時中の傷病兵の看護を行う。 |
| ② | 国際赤十字 | この組織は，加盟国の全会一致を原則としており，経済制裁を行うことができる。 |
| ③ | ハンザ同盟 | この組織は，戦時中も中立が保障されており，戦時中の傷病兵の看護を行う。 |
| ④ | ハンザ同盟 | この組織は，加盟国の全会一致を原則としており，経済制裁を行うことができる。 |

5　1～2の文章と図版に関連して，**問1～問7**に答えよ。

1　生徒と先生が，**資料1**を見ながら会話している。

先生：　浅羽佐喜太郎は，ベトナム独立運動の指導者ファン＝ボイ＝チャウらを支援した医師です。

生徒：　ファン＝ボイ＝チャウは，ベトナムの青年を日本へ留学させる［A］を行った人ですね。

先生：　そうです。彼は，日露戦争に勝利した日本から武力援助を得ようと来日しました。日本に亡命中の梁啓超(a)を訪ね，政治家の犬養毅と大隈重信を紹介されます。そこで，「武力による革命(b)の前に人材の育成が重要である。」と諭され，［A］を始めました。

生徒：　浅羽医師は，どんな支援を行ったのですか。

先生：　1907年に日本がフランス(c)と協約を結ぶと，留学生への監視が強化され，ベトナムからの送金も途絶えました。このとき，浅羽が行った多額の資金援助が窮状を救ったのです。しかし，ファン＝ボイ＝チャウが日本を離れると，間もなく浅羽は亡くなりました。

生徒：　**資料1**の石碑は，ファン＝ボイ＝チャウが感謝の気持ちから建てたのですね。

**資料1**　「浅羽佐喜太郎公紀念碑」落成写真と碑文訳

前列右から2人目がファン＝ボイ＝チャウ

碑文訳

われらは国難(ベトナム独立運動)のため扶桑(ふそう)(日本)に亡命した。(浅羽佐喜太郎)公は我らの志を憐れんで無償で援助して下さった。思うに古今にたぐいなき義侠(ぎきょう)のお方である。…

大正七年(1918)三月

越南(ベトナム)光復会同人

**問1**　［A］に当てはまる語句を，次の①～④のうちから一つ選べ。解答番号は［18］。

①　チャーティスト運動　　　②　ラダイト運動

③　東遊(ドンズー)運動　　　④　洋務運動

問2 下線部分梁啓超(a)が行った変法運動について述べた文として適切なものを，次の①～④のうちから一つ選べ。解答番号は 19 。

① ムスリムの連帯を訴えるパン＝イスラーム主義を唱えた。

② 革命以前の王朝の支配に戻す正統主義を唱えた。

③ 人民戦線の形成を目指した。

④ 立憲君主制の樹立を目指した。

問3 下線部分武力による革命(b)に関連して，20世紀前半におこった革命と，その革命について述べた文との組合せとして正しいものを，次の①～④のうちから一つ選べ。解答番号は 20 。

| | 革　命 | 革命について述べた文 |
|---|---|---|
| ① | ロシア革命 | ジェファソンが，独立宣言を起草した。 |
| ② | ロシア革命 | 「平和に関する布告」が発表された。 |
| ③ | 名誉革命 | ジェファソンが，独立宣言を起草した。 |
| ④ | 名誉革命 | 「平和に関する布告」が発表された。 |

問4 下線部分フランス(c)の20世紀前半のようすについて述べた文として適切なものを，次の①～④のうちから一つ選べ。解答番号は 21 。

① ヴィシー政府が樹立された。

② ローマ進軍が行われた。

③ 天安門事件がおこった。

④ マグナ＝カルタ(大憲章)が制定された。

2　生徒と先生が，**資料2**を見ながら会話している。

**資料2**　女子英学塾開校式での津田梅子の式辞　1900年

不思議な運命で(d)私は幼い頃米国に参りまして，米国の教育を受けました。…私が帰りましたその頃の日本は，今日とは大分様子も違っていて，第一働く学校もなく，今まで学んだ知識を実際に応用する機会もありませんでした。ところが，今日では女子教育も非常に進み，御承知の通り高等女学校は年々増えて参ります。…婦人に高尚な働きを与える，こういう学校(女子英学塾)は，これからの婦人に無くてはならぬものと考えまして，この塾を創立することにいたしました。

津田梅子

（注）　女子英学塾は，現在の津田塾大学の前身の学校。

先生：　津田梅子は，1871年，日本初の女子留学生の一人として，わずか6歳でアメリカ合衆国へ渡った人物です。(e)ワシントンで初等・中等教育を受け，11年後に帰国しました。

生徒：　梅子が帰国した当時，女性が知識を生かして働くことは難しかったようですね。

先生：　その後，梅子は，華族女学校で英語を教えるかたわら，自ら女性のための学校をつくる夢を持ち続け，1889年に，再度アメリカ合衆国の大学へ留学します。

生徒：　梅子がつくろうとした学校は，どのような学校ですか。

先生：　**資料2**にあるように，現在の中学校・高校に当たる高等女学校は増えていきました。しかし，女子がさらに進学できる上級学校は極端に少なく，特に英語を専門に学ぶ高等教育機関はありませんでした。

生徒：　梅子は，［ B ］自立できるように，英語の教師を養成する学校をつくったのですね。

先生：　そうです。女子英学塾の卒業生の多くが，全国の高等女学校に赴任していきました。

**問5**　下線部(d)私は幼い頃米国に参りましてとあるが，津田梅子が，この滞在期間(1872年～1882年)に体験できたと考えられる事柄を，次の①～④のうちから一つ選べ。

解答番号は［ 22 ］。

① 大陸横断鉄道に乗車した。

② ラジオ放送を聴いた。

③ ディズニー映画を見た。

④ 携帯電話を使用した。

問 6　下線部分ワシントン(e)に関連して，1921 年に開催されたワシントン会議について述べた文として適切なものを，次の①～④のうちから一つ選べ。解答番号は 23 。

① イギリスが，香港島を獲得した。

② 九カ国条約が結ばれた。

③ 十字軍の遠征が提唱された。

④ 北大西洋条約機構(NATO)が成立した。



問 7　資料 2 及び会話文から B に当てはまると考えられる適切な語句と，女性の社会進出にともない 1920 年代に世界に広まった，シンプルで機能的な女性服を考案したフランスのファッションデザイナーとの組合せとして正しいものを，次の①～④のうちから一つ選べ。解答番号は 24 。

| | B | ファッションデザイナー |
|---|---|---|
| ① | 女性が選挙権を獲得し | ココ＝シャネル |
| ② | 女性が選挙権を獲得し | サッチャー |
| ③ | 女性が職業を持ち | ココ＝シャネル |
| ④ | 女性が職業を持ち | サッチャー |

**6**　1～2の文章と図版に関連して，**問1～問6**に答えよ。

1　生徒と先生が，SDGs(エスディージーズ)について会話している。

先生：　SDGsは日本語では「持続可能な開発目標」といいます。これは，(a)国際連合が提唱した，2030年までに世界全体で達成を目指す17の目標(ゴール)です。

生徒：　なぜSDGsが提唱されたのですか。

先生：　現代の世界には多くの課題があるからです。例えば，目標7は「エネルギーをみんなにそしてクリーンに」です。これまでにエネルギーについて学んだことはありますか。

生徒：　19世紀以降に使用が増大した化石燃料は，二酸化炭素を排出するため，産業革命以降の地球温暖化の一因となったことを学びました。

先生：　では，二酸化炭素を排出しないクリーンなエネルギーには，どんなものがありますか。

生徒：　古くから利用されている水力や，20世紀後半以降に発展した原子力，さらには太陽光をはじめとする再生可能エネルギーなどが挙げられます。

先生：　その通りです。しかし，これらのエネルギーにも(b)安全性やコスト面などの問題が残されています。

生徒：　課題は多いのですね。SDGsを達成するために，大切なことは何でしょうか。

先生：　SDGsのキーワードは「誰一人取り残さない」です。国際社会全体で(c)目標達成に向けた協力体制をつくることができるかどうかが鍵ですね。

SUSTAINABLE DEVELOPMENT GOALS

SDGsのロゴデザイン

問1 下線部分(a)国際連合について述べた文として適切なものを，次の①～④のうちから一つ選べ。解答番号は 25 。

① 九十五カ条の論題を発表した。
② 安全保障理事会が設置された。
③ アメリカ合衆国は参加しなかった。
④ ヒジュラ(聖遷)を行った。

問2 下線部分(b)安全性やコスト面などの問題に関連して，次の**資料**に書かれている出来事として適切なものを，下の①～④のうちから一つ選べ。解答番号は 26 。

**資料**

観測データによると，大気中の高い放射線量が記録されたのは，1986年4月29日にポーランド，ドイツ，オーストリア，ルーマニア，4月30日にスイス，イタリア北部，5月1日から2日にかけてフランス，ベルギー，オランダ，イギリス，ギリシア北部，…。

わたしたちは，くる日もくる日もテレビにかじりついて，ゴルバチョフが演説するのを待っていた。政府は沈黙していた…。5月の祝日騒ぎが一段落したあと，ゴルバチョフがやっと口を開いた。みなさん，心配しないでください。状況は管理下にあります…。

① レントゲンが，X線を発見した。
② 石油や電力を新しい動力源とする，第2次産業革命がおこった。
③ ヨーロッパで，ペスト(黒死病)が流行した。
④ チェルノブイリ原子力発電所で，事故がおこった。

問3 下線部分(c)目標達成に向けた協力体制に関連して，アジア・アフリカの新興独立国29カ国の協力体制構築を目標に，1955年にインドネシアの都市で会議が開催された。この会議が開催された都市と，会議に参加した人物との組合せとして正しいものを，次の①～④のうちから一つ選べ。解答番号は 27 。

| | 都市 | 人物 |
|---|---|---|
| ① | バンドン | スカルノ |
| ② | バンドン | シモン＝ボリバル |
| ③ | カイロ | スカルノ |
| ④ | カイロ | シモン＝ボリバル |

2　高校生の大内さんは，SDGs の目標 1「貧困をなくそう」に興味を持ち，世界の貧困の歴史的背景について調べ，**カード 1・カード 2** を作成した。

**カード 1**

貧困に苦しむ国は<u>アフリカ</u>(d)に多い。アフリカ諸国では，独立後も植民地時代からの貧困が続いている。また，植民地時代の境界線が，現在の国境線として引き継がれている国々では，複雑な民族問題を抱えている国もあり，各地で内戦や紛争が発生している。

**カード 2**

1990 年代以降，<u>冷戦下</u>(e)で抑えられていたナショナリズムや<u>地域紛争</u>(f)が世界各地で表面化した。その結果，人々の生活が戦火により破壊され，たくさんの人々が故郷を追われ難民となるなど，新たな貧困を生み出している。

目標 1 のロゴデザイン

問 4　下線部分$\underset{(d)}{\text{アフリカ}}$に関連して，南アフリカ共和国で行われていた人種隔離政策の名称を何というか，次の①〜④のうちから一つ選べ。解答番号は 28 。

① ニューディール　② アパルトヘイト
③ カースト　④ カピチュレーション

問 5　下線部分$\underset{(e)}{\text{冷戦下}}$の出来事について述べた文として適切なものを，次の①〜④のうちから一つ選べ。解答番号は 29 。

① スペイン内戦がおこった。
② インカ帝国が滅亡した。
③ ドイツが，東西に分裂した。
④ 倭寇の活動が活発化した。

問 6　下線部分$\underset{(f)}{\text{地域紛争}}$に関連して，次の文章で説明されている国を，下の①〜④のうちから一つ選べ。解答番号は 30 。

> 複雑な多民族国家であったこの国は，1980年の指導者ティトーの死と，その後の社会主義体制の崩壊により民族対立が激化し，1990年代以降の内戦を経て，解体した。その過程で多くの難民が発生するなど，人々の生活が破壊された。

① アルゼンチン　② オーストラリア
③ カンボジア　④ ユーゴスラヴィア

7 次の文章と図版に関連して，**問1～問2**に答えよ。

森林は人間の営みに様々な恩恵を与えるが，一方で，人間の営みは森林の破壊につながる。森林の破壊は，農地の開墾や焼畑農業，山火事などの災害，薪炭(しんたん)などの燃料や産業への利用などによって，古くから世界の各地でおこっていた。漢や唐が都をおいた A 周辺は，大量の木材が必要とされたため，森林が大量に伐採されたことが知られている。

しかし，地球上の森林の減少速度が加速したのは19世紀以降であり，特に20世紀後半以降，熱帯雨林地域を中心に，森林破壊が急速に進んだ。**図**は，地球上の居住可能な土地における土地利用の割合を示したものである。1万年前から比べると，現在の森林の割合が約3分の2に減少していることがわかる。特に近年では，食肉生産を目的とした B のための土地，人口増加による食料用の農地の割合が大きくなってきている。また，このような土地利用による森林破壊だけでなく，(a)政治的な理由による森林破壊も行われている。

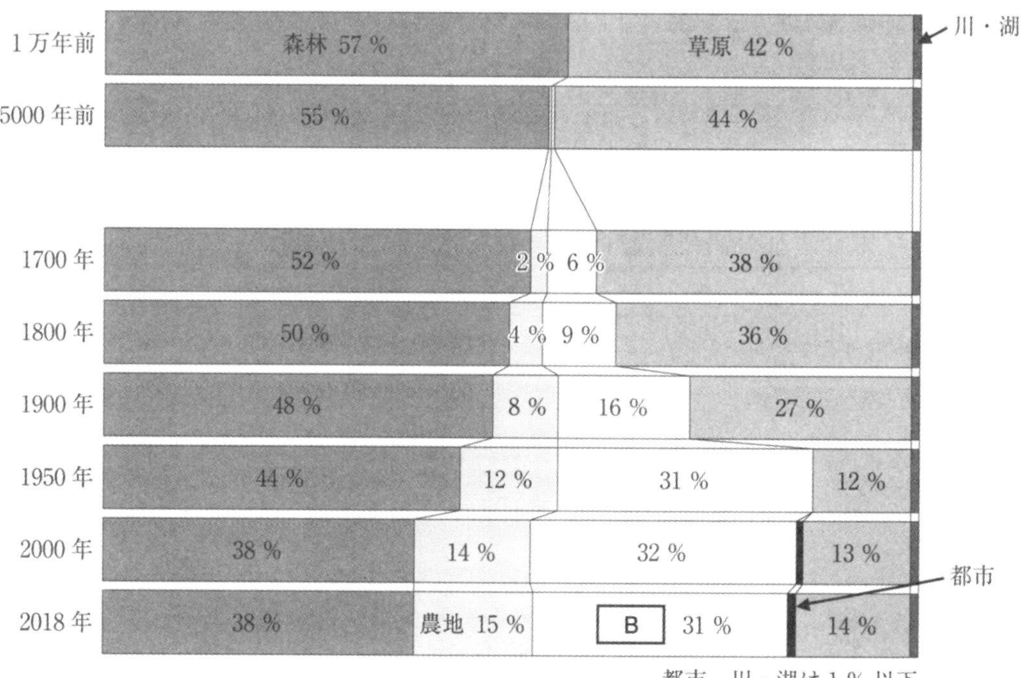


図　1万年前からの土地利用の変化

問1 [A]・[B] に当てはまる語句の組合せとして正しいものを，次の①〜④のうちから一つ選べ。解答番号は [31]。

| | A | B |
|---|---|---|
| ① | 南　京 | 牧　畜 |
| ② | 南　京 | 狩　猟 |
| ③ | 長　安 | 牧　畜 |
| ④ | 長　安 | 狩　猟 |

問2 下線部分(a)政治的な理由による森林破壊について述べた次の(ア)・(イ)の正誤を判断し，その組合せとして正しいものを，下の①〜④のうちから一つ選べ。解答番号は [32]。

(ア) ベトナム戦争では，ゲリラが潜むジャングルを枯らすために，枯葉剤が散布された。

(イ) 湾岸戦争は，クウェートの森林資源をめぐる争いであった。

① (ア)—正　(イ)—正　② (ア)—正　(イ)—誤
③ (ア)—誤　(イ)—正　④ (ア)—誤　(イ)—誤

(これで世界史Aの問題は終わりです。)

# 日　本　史　A

（解答番号 1 ～ 28 ）

**1** 次のⅠ・Ⅱについて，後にある**問1**～**問8**に答えよ。

Ⅰ

会話文1

生徒X：日本史の授業で出された夏休みの課題レポートで，どのようなことを調べましたか。

生徒Y：私は旅行で群馬県を訪れましたが，駅を降りると，中居屋重兵衛（なかいやじゅうべえ）という人物に関する大きな石碑に目が留まりました。近くにある解説を読むと，彼は横浜開港に際して，生糸を売り込んだ有力な商人だったことがわかりました。私は彼について調べてみることにしました。

生徒X：面白そうですね。どのような人物だったのですか。

生徒Y：彼に関する事柄をまとめた**表1**を見てください。彼は現在の群馬県で生まれ，その後江戸，横浜へ出て財を築きました。また，調べているうちに，彼に関する**資料**が江戸の豪商三井家に残されていることがわかりました。この**資料**は，1859年10月に書かれたものです。

生徒X：中居屋重兵衛のことは全く知りませんでしたが，とても活躍した人物なのですね。

生徒Y：そうですね。彼に関する資料はあまり残されていませんが，**表1**にもある通り重兵衛の書いた日記(a)が残されていて，彼の足跡が断片的にわかります。

生徒X：歴史を叙述する上で，資料は本当に大切なのですね。重兵衛が経営する中居屋が周囲に与えた影響は何かありますか。

生徒Y：先ほど見た**資料**の続きには，東日本各地の生糸商人が中居屋の名義を借りて，外国商館に生糸を売っている記述が見られます。おそらく各地の生糸商人が産地から直接横浜に生糸を運搬してきたのだと思います。別の資料からは，江戸の糸問屋が横浜での貿易開始後，生糸の入荷が減ったことを幕府に訴えていることがわかります。

生徒X：中居屋重兵衛が貿易を行っていた時期には，そうした問題(b)が浮上していたのですね。

表1　中居屋重兵衛に関する事柄

| 年 | できごと |
|---|---|
| 1820 | 上野国吾妻郡中居村(現在の群馬県嬬恋村三原)に生まれる。 |
| 1839 | 江戸に出る。親類の書店に身を置きながら，商売の方法を学ぶ。 |
| 1859 | 横浜に新店舗が完成する。店の屋号を「中居屋」とする。<br>「昇平日録」という日記を書き始める。 |
| 1861 | 江戸で死去。 |



資料(意訳してある)

外国人に売った生糸はどれ程の量であるか。…(中略)…オランダとイギリスの両国で，これまでに買い入れた分は合わせて3万5千斤(注1)であった。その内，イギリス人のバルヘル(注2)は2万5千斤を買い入れた。バルヘルはイギリスの国内でも二番目の大商人で，さまざまな品物を多数買い入れている。残りの1万斤は他のオランダとイギリスの商人らが買い入れた。オランダとイギリスへ売った生糸の内，およそ1万7千斤～1万8千斤は，中居屋重兵衛が売ったものである。

(三井文庫「永書」より作成)

(注1)　1斤はおよそ600グラム。　(注2)　商人の名前。

問1　表1の期間におこったできごとについて述べた次のア～ウを，年代の古い順に正しく並べたものを，下の①～④のうちから一つ選べ。解答番号は［1］。

ア　アヘン戦争がおこり，清がイギリスに敗北した。
イ　異国船打払令が出され，外国船を撃退することが命じられた。
ウ　桜田門外の変がおこり，大老の井伊直弼が暗殺された。

①　イ→ア→ウ　　②　イ→ウ→ア　　③　ウ→ア→イ　　④　ウ→イ→ア

問2　資料から読み取れる内容及び資料が書かれる前提となった歴史的背景や事実として適切でないものを，次の①～④のうちから一つ選べ。解答番号は［2］。

①　資料によると，オランダとイギリスに売った生糸の総重量のうち，4割以上は中居屋重兵衛が売ったものであった。
②　日本から外国へ輸出される品物のうち，生糸がその中心となった。
③　外国商人は居留地の外での取り引きが認められていた。
④　幕府が通商条約を結んだ結果，横浜ではイギリスとの貿易が始まっていた。

問３　下線部分日記(a)について，生徒Ｙはその内容を**表２**にまとめた。**表２**から**読み取れる内容**と，**会話文１**及び**表２**の**考察**の組合せとして最も適切なものを，下の①～④のうちから一つ選べ。解答番号は　3　。

**表２**　重兵衛の書いた日記の内容（内容は一部省略してある）

| 日　付 | できごと |
|---|---|
| 1月21日 | 上田藩（現在の長野県にあった藩）の産物を扱う会所の役人と会う。 |
| 1月28日 | 村垣（外国奉行(注３)），岩瀬（外国奉行経験者），稲葉（奏者番(注４)）が来る。 |
| 2月17日 | 会津藩で交易を担当する役人が来る。 |
| 2月21日 | 岩瀬を訪ねる。 |
| 2月29日 | 村垣を訪ね，父と岩瀬の元を訪ねる。紀州藩で産物を扱う役所から手紙が来る。 |

（注３）　江戸幕府の役職名。外交を担当した。

（注４）　江戸幕府の役職名。諸大名や旗本などが将軍に謁見する時，その取り次ぎを行った。

**読み取れる内容**

ア　重兵衛は，幕府の要人や各藩の役人と接触している。

イ　重兵衛は，外国の商人や公使とたびたび面会している。

**考　察**

ウ　重兵衛は，キリスト教の布教活動を熱心に行っていた。

エ　重兵衛は，貿易を進める上での基盤を整備しようとしていた。

①　アーウ　　②　アーエ　　③　イーウ　　④　イーエ

問４　下線部分問題(b)について，この問題に対処するために出された法令とその内容として最も適切なものを，次の①～④のうちから一つ選べ。解答番号は　4　。

①

| 王政復古の大号令 |
|---|
| 天皇を中心とする新政府の樹立をめざす。 |

②

| 徴兵令 |
|---|
| 満20歳に達した男性を一定期間兵役に就かせる。 |

③

| 上知令 |
|---|
| 江戸・大坂の大名・旗本の領地を幕府直轄領にしようとする。 |

④

| 五品江戸廻送令 |
|---|
| 呉服などの開港場直送を禁じ，江戸問屋を経由するよう命じる。 |

Ⅱ

図

会話文2

生徒X：図には激しい戦闘のようすが描かれていますね。

先　生：そうですね。日清戦争で日本軍と清国軍が朝鮮半島(c)で戦った時のようすを描いたものです。

生徒X：図の右下には日本軍兵士以外の人も描かれていますね。甲の人たちは，白いキャンバスに何かを描いているようです。乙の人たちの中には，メモをとっている人もいます。つまり，彼らは［ A ］のようですね。

先　生：その通りです。彼らの成果物は当時のメディアにたびたび掲載されました。戦争で活躍する無名兵士の美談がメディアに取り上げられ，人びとはそれに熱狂しました。国内では戦争協力のため義捐金(ぎえんきん)(注5)を献納する運動も高まりを見せました。つまり，メディアは［ B ］役割を果たしたといえます。

生徒X：この後の戦争とメディアとの関係性も気になりますね。

先　生：日露戦争の前には，さまざまな立場(d)のメディアが登場しました。日露戦争後(e)にもメディアが人びとに与えた影響は大きいものでした。今はインターネットなどの通信技術が発達したことで世界各地の戦争や戦闘のようすをリアルタイムで知ることができますね。

(注5)　寄付されたお金のこと。

問5 [ A ] [ B ] に当てはまる語句の組合せとして最も適切なものを，次の①～④のうちから一つ選べ。解答番号は [ 5 ] 。

① A―画家や新聞記者　B―国民としての一体感をもたせる
② A―画家や新聞記者　B―資本主義の発達を促す
③ A―タイピストや写真家　B―国民としての一体感をもたせる
④ A―タイピストや写真家　B―資本主義の発達を促す



問6 下線部分朝鮮半島(c)について，日清戦争よりも前に朝鮮半島でおこったできごとについて述べた次の**ア**・**イ**の正誤の組合せとして最も適切なものを，下の①～④のうちから一つ選べ。解答番号は [ 6 ] 。

ア 朝鮮総督府のもとで，土地の所有権の確認などを行う土地調査事業が実施された。
イ 朝鮮半島で農民が武装蜂起する甲午農民戦争が勃発した。

① ア―正　イ―正　② ア―正　イ―誤
③ ア―誤　イ―正　④ ア―誤　イ―誤

問7 下線部分さまざまな立場(d)について，生徒Xが抱いた**疑問**とその**疑問に答えるための資料**の組合せとして最も適切なものを，下の①～④のうちから一つ選べ。解答番号は [ 7 ] 。

**疑　問**

ア 日露戦争を行うことに断固として反対の立場を示した人もいたのではないか。
イ 日露戦争の開戦を積極的に支持した人もいたのではないか。

**疑問に答えるための資料**(意訳してある)

ウ 「日本が文明化していくためには，女性の教育が第一と考え，これを教え導くことこそが私の役目だと自覚していた。ただ懸命に，私は東西南北を駆け回り，自分自身の名誉や地位などというものは少しも顧みなかった」(岸田俊子の考え)。
エ 「私は日露非開戦論者である計りではない。戦争絶対的廃止論者である。戦争は人を殺すことである。そうして人を殺すことは大悪罪である」(内村鑑三の考え)。

① ア―ウ　② ア―エ　③ イ―ウ　④ イ―エ

**問 8** 下線部分$\underset{(e)}{\text{日露戦争後}}$について，日露戦争が終結した年のできごとを示した資料として最も適切なものを，次の①～④のうちから一つ選べ。解答番号は [ 8 ] 。

①

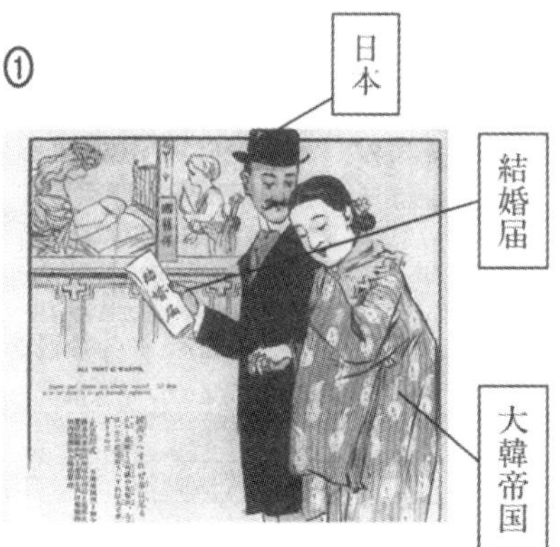


韓国併合に関する風刺画

②

ある海難事故に関する風刺画

③

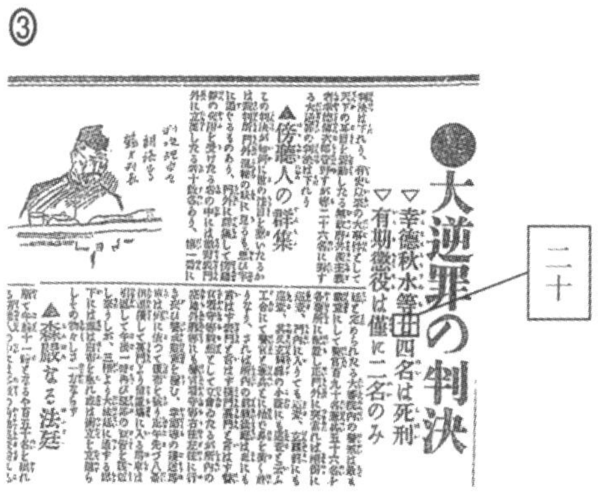
大逆罪の判決
▽幸徳秋水等□四名は死刑
▽有期懲役は僅に二名のみ
▲傍聴人の群集
▲森厳なる法廷


ある事件に関する新聞記事

④

ある講和条約に関する騒動を描いた絵

**2** 次のⅠ・Ⅱについて，後にある**問1**～**問8**に答えよ。

Ⅰ

**資料1** 1914年 外務大臣加藤高明の提言(意訳してある)

> 日本は，今，日英同盟協約(a)の義務によって参戦しなくてはならない立場ではない。条文の規定が日本の参戦を命令するような事態は，今のところ発生していない。ただ，一つはイギリスからの依頼に基づく同盟に対して誠意を示す，もう一つは大日本帝国がこの機会に［A］の根拠地を東洋から一掃して，［B］というこの2点から参戦を断行するのが今の時機にふさわしい良策だと信じている。

**資料2** 1925年 内閣総理大臣加藤高明の演説(意訳してある)

> 政府は，この時代精神の潮流から考えると，すべての国民に国家の義務を負担させ，国運発展のための政治上の重要な責任を引き受けさせることが，現在最も急がなければならないことであると認めたのです。このような趣旨(b)により，普通選挙制を骨子とする衆議院議員選挙法改正案を提出いたしました。

**問1** ［A］［B］に当てはまる語句の組合せとして適切なものを，次の①～④のうちから一つ選べ。解答番号は［9］。

① A—ドイツ　B—国際的な立場を高める
② A—ドイツ　B—国内の不平士族の不満を抑える
③ A—アメリカ合衆国　B—国際的な立場を高める
④ A—アメリカ合衆国　B—国内の不平士族の不満を抑える

**問2** 下線部分日英同盟協約(a)に関連して，次の文章の［C］［D］に当てはまる語句の組合せとして適切なものを，下の①～④のうちから一つ選べ。解答番号は［10］。

> 1921年にアメリカ合衆国大統領ハーディングのよびかけで，海軍の軍縮と太平洋および極東問題を審議するための会議が［C］で開催された。この会議において［D］が結ばれて，日英同盟協約の終了が同意された。

① C—パ リ　D—国際紛争を解決する手段としての戦争を放棄する不戦条約
② C—パ リ　D—太平洋の安全保障を取り決めた四カ国条約
③ C—ワシントン　D—国際紛争を解決する手段としての戦争を放棄する不戦条約
④ C—ワシントン　D—太平洋の安全保障を取り決めた四カ国条約

問 3　下線部分(b)このような趣旨について述べた文として最も適切なものを，次の①～④のうちから一つ選べ。解答番号は 11 。

① 国民は大同団結して，天皇を奉じてすみやかに国家改造の基盤を完成させるべきである。

② 政府は，特定の政党の意向に左右されずに政治を行うべきである。

③ 純然たる社会主義と民主主義によって，貧富の差をなくすべきである。

④ 国民に政治的な責任を負わせることによって，国家をより発展させるべきである。

問 4　**資料 1** の提言がなされてから**資料 2** の演説が行われるまでの時期のできごとについて述べた次の**ア**～**ウ**を，年代の古い順に正しく並べたものを，下の①～④のうちから一つ選べ。解答番号は 12 。

ア　朝鮮半島において，独立を求める大衆運動である三・一独立運動が展開された。
イ　関東大震災後の混乱のなかで，朝鮮人や中国人に対する殺傷事件がおきた。
ウ　日本政府が，袁世凱政府に対して二十一カ条の要求を突き付けた。

① ア→イ→ウ　② ア→ウ→イ　③ ウ→ア→イ　④ ウ→イ→ア

Ⅱ

**資料３**　1938年　近衛文麿首相の声明(意訳してある)

> 日本政府は，［　Ｅ　］を攻略した後も国民政府が反省する機会を与えようとして今日まできている。しかし，国民政府は日本政府の真意を理解せず，軽率に抗戦をし，国内的には中国民衆の苦しみを，国外においては東アジア全体の平和を考慮していない。よって，日本政府は今後，国民政府を対手(あいて)とせず，日本と真に提携するに足る新しい中国政権の成立と発展を期待し，これと両国国交を調整して新しい中国の建設に協力することにする。

**資料４**　**資料３**で示された戦争についての説明文

> 第１次近衛文麿内閣は，日中両軍が盧溝橋で衝突した事件に対して，当初は不拡大の方針を声明したが，その後に中国への派兵を認めたために戦線が拡大し，事実上の戦争状態となった。日本軍が国民政府の首都［　Ｅ　］を占領しても，蔣介石は徹底抗戦を国民によびかけて抵抗を続け，(c)戦争は長期化して日中両国が総力を挙げて戦う全面戦争に発展していった。
>
> その後，日本が東南アジアに進出するとともに，日独伊三国同盟に調印したため，日本とアメリカ合衆国・イギリス陣営との対立が深刻になった。日本政府はアメリカとの交渉を続けたが，アメリカ国務長官ハルからの提案内容を受け入れることはできず，(d)御前会議で開戦が決定された。

問５　［　Ｅ　］に当てはまる**地名**と，地図上での**場所**の組合せとして適切なものを，下の①～④のうちから一つ選べ。解答番号は［　13　］。

**地　名**　　　**場　所**

ア　重　慶
イ　南　京

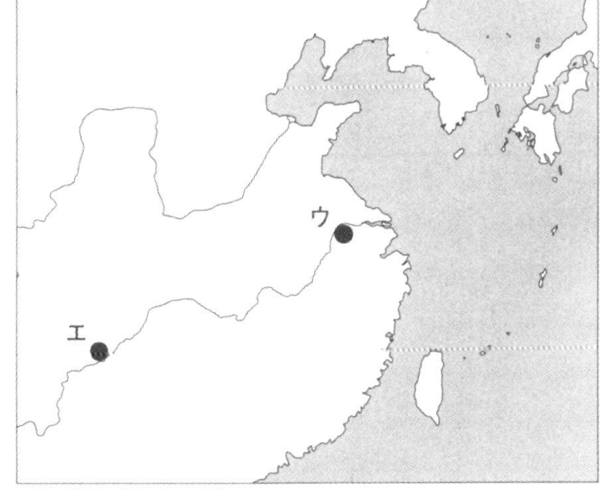


①　アーウ　　②　アーエ　　③　イーウ　　④　イーエ

問 6　下線部分(c)戦争は長期化に関連し，**資料 3** で示された戦争の開戦から太平洋戦争の終戦までの時期に撮影された写真として最も適切なものを，次の①～④のうちから一つ選べ。
解答番号は [ 14 ] 。

①

津田梅子ら留学生たち

②

竹槍訓練をする女性たち

③

衆議院議員選挙での投票

④

新婦人協会の設立

**問 7** 下線部分(d)御前会議で開戦が決定されたよりも前に日本政府が行ったこととして**適切でない**ものを，次の①～④のうちから一つ選べ。解答番号は 15 。

① 日満議定書を取りかわして満州国を承認した。

② ポツダム宣言を黙殺することを発表した。

③ 軍部大臣現役武官制を復活させた。

④ 国体明徴声明によって天皇機関説を否定した。

**問 8** **資料3**の声明が出された時期の日本と中国の関係について述べた次の**ア**・**イ**の正誤の組合せとして適切なものを，下の①～④のうちから一つ選べ。解答番号は 16 。

**ア** 中国では，国民党と共産党が提携し，抗日民族統一戦線を結成して日本に抵抗していた。

**イ** 近衛首相は，蔣介石の政権とは異なる新しい政権が出現することを期待し，その政権と和平交渉をもとうとしていた。

① ア―正　イ―正　　② ア―正　イ―誤
③ ア―誤　イ―正　　④ ア―誤　イ―誤

**3** 次のⅠ・Ⅱを読み，後にある**問1**～**問8**に答えよ。

Ⅰ　次の**資料1**は，1956年に発表された『経済白書』の抜粋である。

**資料1**

戦後日本経済の回復の速やかさには誠に万人の意表外にでるものがあった。…(中略)…しかし敗戦によって落ち込んだ谷が深かった(a)という事実そのものが，その谷からはい上がるスピードを速やかならしめたという事情も忘れることはできない。経済の浮揚力には事欠かなかった。経済政策としては，ただ浮き揚がる過程で国際収支の悪化や［　A　］のを避けることに努めれば良かった。いまや経済の回復による浮揚力はほぼ使い尽くされた。…(中略)…もはや「戦後」ではない(b)。我々はいまや異なった事態に当面しようとしている。回復を通じての成長は終わった。今後の成長は近代化によって支えられる。そして近代化の進歩も速やかにしてかつ安定的な経済の成長によって初めて可能となるのである。…(中略)…

世界の二つの体制の間の対立(c)も，原子兵器の競争から平和的競存に移った。平和的競存とは，経済成長率の闘いであり，生産性向上のせり合いである。戦後10年我々が主として生産量の回復に努めていた間に，先進国の復興の目標は生産性の向上にあった。…(中略)…

我々は日々に進みゆく世界の技術とそれが変えてゆく世界の環境に一日も早く自らを適応せしめねばならない。もしそれを怠るならば，先進工業国との間に質的な技術水準においてますます大きな差がつけられるばかりではなく，長期計画によって自国の工業化を進展している後進国との間の工業生産の量的な開きも次第に狭められるであろう。…(後略)…

**問1**　［　A　］に当てはまる**語句**と，**資料1**が発表されるまでに［　A　］のを避けるという目的で日本政府が行った**政策**の組合せとして最も適切なものを，下の①～④のうちから一つ選べ。解答番号は［ 17 ］。

**語　句**

ア　インフレの壁に突き当たる

イ　アメリカ合衆国との貿易摩擦が激化する

**政　策**

ウ　赤字を許さない予算の編成

エ　農産物の輸入自由化

①　ア－ウ　　②　ア－エ　　③　イ－ウ　　④　イ－エ

問 2 下線部分敗戦によって落ち込んだ谷が深かった(a)と考えられる時期のできごとについて述べた文として最も適切なものを，次の①～④のうちから一つ選べ。解答番号は 18 。

① 国民学校のもとで国家主義的な教育が推進された。

② 昭和恐慌がおこり，貧しい家庭では娘の身売りが行われることもあった。

③ 戦争協力者・職業軍人・国家主義者などが公職から追放された。

④ 国家による思想弾圧が行われ，社会主義者が相次いで転向した。



問 3 下線部分もはや「戦後」ではない(b)に関する次の**会話文 1** を読み， B ・ C に当てはまる語句の組合せとして最も適切なものを，下の①～④のうちから一つ選べ。解答番号は 19 。

**会話文 1**

先　生：**資料 1** に書かれている「もはや『戦後』ではない」という言葉はとても有名ですが，どのような趣旨で用いられているのか，わかりますか。

生徒X：**資料 1** の内容から判断すると，「 B 時代はもう終わったのだ」という意味ですね。そして，日本も世界も変化していく中で，これから日本は C に取り組むべきだ，ということが主張されていますね。

先　生：そのとおりです。

① B―軍事力を背景に植民地を拡大する　　C―技術の革新

② B―軍事力を背景に植民地を拡大する　　C―戦力の放棄

③ B―敗戦からの復興を通して経済成長する　　C―技術の革新

④ B―敗戦からの復興を通して経済成長する　　C―戦力の放棄

問 4 下線部分世界の二つの体制の間の対立(c)が日本に与えた影響について述べた次のア～ウを，年代の古い順に正しく並べたものを，下の①～④のうちから一つ選べ。
解答番号は 20 。

ア　ベトナム戦争に対して反対運動が始まった。

イ　MSA 協定が締結され，自衛隊が発足した。

ウ　GHQ の指令によりレッドパージが行われた。

① ア→イ→ウ　② ア→ウ→イ　③ ウ→ア→イ　④ ウ→イ→ア

Ⅱ　次の**課題**と**会話文2**は，日本史の授業において設定された課題と，それについての会話である。

**課　題**

日本が独立国として主権を回復してから現在までの日本の歴史を，どこかで区切るとしたら，どの時期で区切るのが適切だと考えるか，理由をつけて答えなさい。



**会話文2**

生徒X：私は1970年前後で区切るのが適切だと考えます。戦後社会のさまざまな矛盾が噴出する中で，1960年代末には公害問題，学園紛争などがおこる一方，(d)消費の在り方の変化など，今の生活に近づいた時期でもありました。

生徒Y：私は1980年前後で区切るのが適切だと考えます。(e)日本の経済政策の変化を考えた時に，当時の世界的な変化の中で，日本も現在の社会につながる政策へと舵を切った時期だと思うからです。

生徒Z：私は1990年前後で区切るのが適切だと考えます。［　D　］ことで，平成不況と呼ばれる長い不況が始まって低成長の時代になったことは大きな変化ですし，冷戦の時代が終わったことが，従来の日本の保守と革新の対立構造に与えた影響も大きいと思います。これらのことが，現在の経済や政治につながっていると思います。

先　生：なるほど。どの考え方も歴史的事実にきちんと基づいていて，一理あると思います。自分と異なる意見について，根拠を補足してみましょう。

生徒Z：私は，1970年前後で区切る，という意見に対して補足をします。その頃は高度経済成長で生活が豊かになったことや，カラーテレビが普及したことにより，漫画やアニメがさらに流行するなど，文化が［　E　］時期ですよね。教育熱が高まって大学への進学率が上がるなど，高等教育についても同様の傾向がみられる時期だと言えると思います。

生徒Y：私は，1990年前後で区切る，という意見に対して補足をします。ソ連の解体などを背景として［　F　］時期ですよね。

先　生：そのとおりですね。正解はひとつではありませんが，皆さんの意見から，主権回復後の日本の歴史を多面的，多角的にみることができましたね。

問 5 [ D ] に当てはまる語句として最も適切なものを，次の①～④のうちから一つ選べ。解答番号は [ 21 ] 。

① 変動相場制に移行した
② 管理通貨制度に移行した
③ 寄生地主制が解体された
④ バブル経済が崩壊した

問 6 [ E ] [ F ] に当てはまる語句の組合せとして最も適切なものを，次の①～④のうちから一つ選べ。解答番号は [ 22 ] 。

① E―大衆に広まった　F―経済のグローバル化が進展した
② E―大衆に広まった　F―ブロック経済圏が各地に成立した
③ E―国家による統制を受けた　F―経済のグローバル化が進展した
④ E―国家による統制を受けた　F―ブロック経済圏が各地に成立した

**問 7** 下線部(d)消費の在り方の変化について，各年代の全小売業売上高のうち各業態の占める割合を示した次の**グラフ**から読み取れることとして**適切でないもの**を，下の①～④のうちから一つ選べ。解答番号は 23 。

グラフ

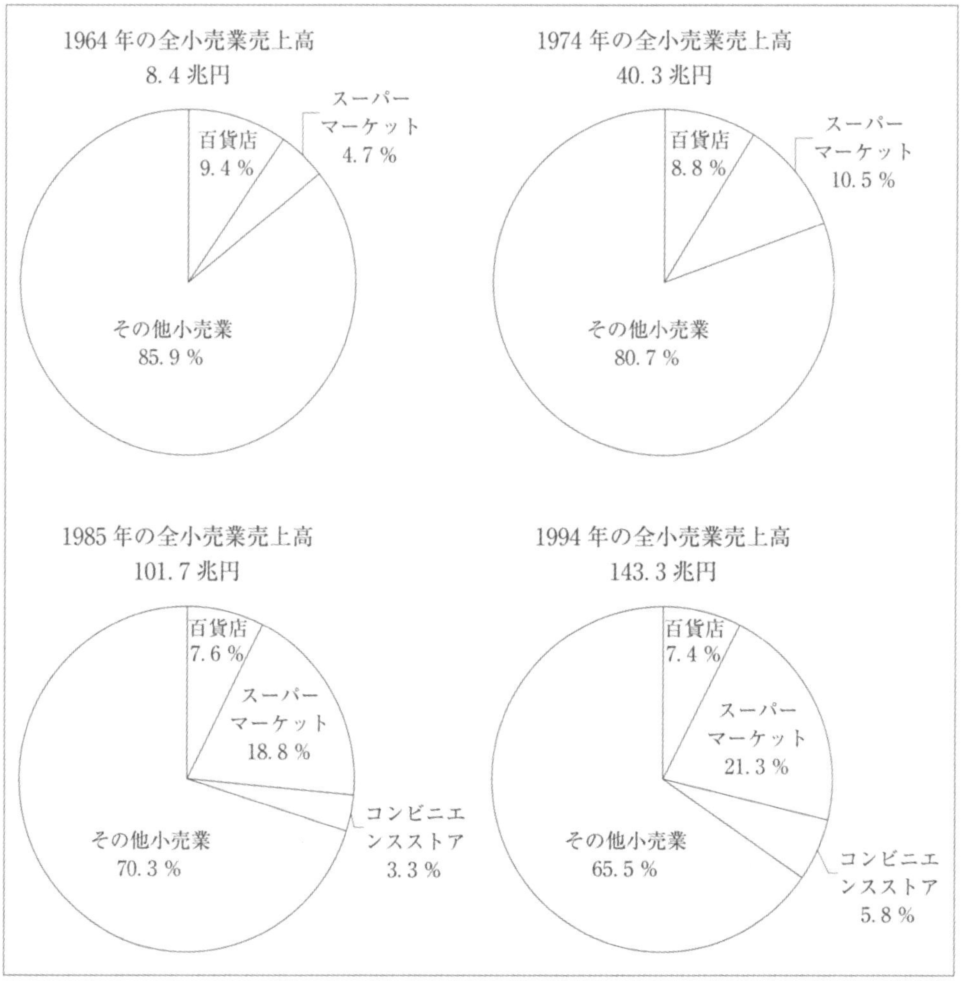

（平野隆「日本における小売業態の変遷と消費社会の変容」より作成）

① 1964 年と 1974 年を比較すると，スーパーマーケットの売上高は 3 倍以上になっている。

② 1994 年の百貨店での売上高は，1964 年に比べて減少している。

③ 1985 年にはスーパーマーケットの売上高は 10 兆円を超えている。

④ 1994 年にはコンビニエンスストアの売上高は 10 兆円に達していない。

問 8　下線部分(e)日本の経済政策の変化について，次の**資料 2** は，1981 年から始まった第 2 次臨時行政調査会の基本答申(1982 年)で重視すべき点をまとめたものの抜粋である。**資料 2** の内容に基づいて行われた日本の政策として最も適切なものを，下の①～④のうちから一つ選べ。解答番号は 24 。

**資料 2**

・民間に対する指導・規制・保護に力点を置いた行政から，民間活力を基本とし，その方向付け・調整・補完に力点を置く行政への移行
・海外の商品・サービス・人材に対する市場開放，より積極的な対外政策への転換　等
・政府直営事業のうち，民間部門の発達により自立的，企業的に行うことが適切となった事業についての民営化

(内閣府 HP「行政改革に関する懇談会(第 1 回)『資料 3 これまでの行政改革の経緯と理念』」(2012 年))

① 財閥解体により株式が公開され，経済の民主化が進んだ。
② 電電公社，専売公社，国鉄が NTT，JT，JR として民間企業になった。
③ 高齢者の医療費を国や自治体が負担する制度が設けられた。
④ 日本は IMF 8 条国に移行し，経済協力開発機構(OECD)に加盟した。

**4** ある生徒が作成した次の**レポート**を読み，後にある**問 1** ～**問 4** に答えよ。

レポート

私たちは，日々生活する上でさまざまな場面で電力を消費しています。私は，日本における発電エネルギーごとの電力量の推移について興味をもち，次の**表**を作成しました。

**表** 発電エネルギーごとの電力量の推移(単位：100 万 kWh)

| 年 | 合 計 | 水 力 | 火 力 | 原子力 |
|---|---|---|---|---|
| 1920 | 5,113 | 3,166 | 649 | — |
| 1925 | 9,093 | 6,742 | 993 | — |
| 1930 | 15,773 | 13,431 | 2,342 | — |
| 1935 | 24,698 | 18,903 | 5,795 | — |
| 1940 | 34,566 | 24,233 | 10,333 | — |
| 1945 | 21,900 | 20,752 | 1,149 | — |
| 1950 | 46,266 | 37,784 | 8,482 | — |
| 1955 | 65,240 | 48,502 | 16,739 | — |
| 1960 | 115,497 | 58,481 | 57,017 | — |
| 1965 | 190,250 | 75,201 | 115,024 | 25 |
| 1970 | 359,539 | 80,090 | 274,868 | 4,581 |
| 1975 | 475,794 | 85,906 | 364,763 | 25,125 |
| 1980 | 577,521 | 92,092 | 402,838 | 82,591 |
| 1985 | 671,952 | 87,948 | 424,426 | 159,578 |
| 1990 | 857,272 | 95,835 | 559,164 | 202,272 |
| 1995 | 989,880 | 91,216 | 604,206 | 291,254 |
| 2000 | 1,091,500 | 96,817 | 669,177 | 322,050 |

X：1940～1950　Y：1970～1980

(注) ・「合計」には，その他の発電エネルギーによる電力量を含む。
・「—」は値がないことを示す。

私は，**表**中 X ， Y の時期における発電量の推移に着目して，次の**課題 1**，**課題 2** を設定しました。

**課題 1** X の時期に，「火力」の発電量が減少しその後増加しているのはなぜなのだろうか。

**課題 2** Y の時期に，それぞれの発電量が変化している背景として，どのようなことが挙げられるだろうか。

これらの課題について，日本史Aで学習した内容をもとに考察しようと考えています。これらの課題について考察した後は，次の**課題3**について追究しようと考えています。

**課題3**　電力の使用が一般的になるまでの時期における人びとの生活は，どのようなものだったのだろうか。



**問1**　**表**から読み取れることについて述べた次の**ア**・**イ**の正誤の組合せとして最も適切なものを，下の①～④のうちから一つ選べ。解答番号は 25 。

ア　1920年から1955年にかけて，発電量の「合計」に占める「水力」の発電量の割合は，**表**中のいずれの年も5割を上回っている。

イ　1980年と2000年における，発電量の「合計」に占める「原子力」の発電量の割合を比べると，1980年の割合は2000年の割合より大きい。

① ア―正　イ―正　　② ア―正　イ―誤
③ ア―誤　イ―正　　④ ア―誤　イ―誤

**問2**　**課題1**について考察した次の文章の A B に当てはまる語句の組合せとして最も適切なものを，下の①～④のうちから一つ選べ。解答番号は 26 。

私は日本史の授業で「 X の時期のうち後半に， A 」ことを学習しました。この知識をもとにして考えると，当時の日本において B が果たしていた役割の一つに，火力発電に用いるエネルギー源としての役割があったといえます。

① A―日本で，重要な産業に資材や資金が優先的に割り当てられた　B―石炭
② A―日本で，重要な産業に資材や資金が優先的に割り当てられた　B―石油
③ A―アメリカ合衆国などの国ぐにが，日本に対する経済封鎖を強めた　B―石炭
④ A―アメリカ合衆国などの国ぐにが，日本に対する経済封鎖を強めた　B―石油

問 3　**課題2**について，次の**資料**は，Y の時期に日本を含む6か国の首脳が集まり意見を交換した初めての会議で出された宣言文の一部である。**レポート**を参考にしながら，**資料**について述べた文として最も適切なものを，下の①～④のうちから一つ選べ。
解答番号は 27 。

**資　料**

フランス，ドイツ連邦共和国，イタリア，日本国，グレートブリテン及び北部アイルランド連合王国及びアメリカ合衆国の元首及び首相は，…(中略)…，次のとおり宣言することに合意した。

…(中略)…

13　世界経済の成長は，エネルギー源の増大する供給可能性に明らかに結びついている。われわれは，われわれの経済の成長のために必要なエネルギー源を確保する決意である。われわれの共通の利益は，節約と代替エネルギー源の開発を通じ，われわれの輸入エネルギーに対する依存度を軽減するために，引続き協力することを必要としている。これらの諸政策及び産油国と消費国との間の双方の長期的利益に応えるための国際協力を通じて，われわれは，世界エネルギー市場におけるより均衡のとれた条件を調和のとれた着実な発展を確保するために努力を惜しまない。

① **資料**に示された6か国には，国際連合の安全保障理事会において常任理事国を務めたことがある国ぐにがすべて含まれている。

② 日本が「いざなぎ景気」とよばれる経済成長を記録したのは，**資料**の宣言文が出されたのちに「代替エネルギー源の開発」のための取り組みが推進された結果であると考えられる。

③ 「輸入エネルギーに対する依存度を軽減」するための取り組みとして，**資料**の宣言文が出された直後の日本では，原子力を利用した発電に依存しない環境づくりが目指された。

④ **資料**の宣言文が出される前に，「産油国」が位置する地域で戦争が始まり，その地域で産出される原油の輸出量の制限や原油価格の引上げが決められた。

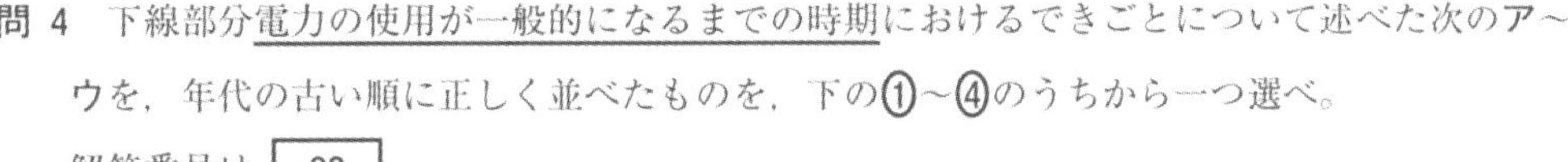

問 4　下線部分電力の使用が一般的になるまでの時期におけるできごとについて述べた次のア～ウを，年代の古い順に正しく並べたものを，下の①～④のうちから一つ選べ。
解答番号は 28 。

ア　横浜に設けられた外国人居留地で，西洋式のガス灯が使用されるようになった。

イ　灯火用の燃料を得るための捕鯨船の寄港地として，アメリカ合衆国が日本に開国を求めた。

ウ　大阪紡績会社が，電灯を備えた工場で昼夜二交替制の操業を行い利益を上げた。

① ア→イ→ウ　② ア→ウ→イ　③ イ→ア→ウ　④ イ→ウ→ア

（これで日本史Aの問題は終わりです。）

# 令和４年度　第１回

# 解答・解説

**【重要度の表記】**

Ａ：重要度が高く確実に正答したい設問。しっかり復習する必要のある問題です。

Ｂ：重要度はＡレベルよりすこし下で、やや難易度が高い設問または内容を読み取る設問。高得点を狙う人は復習しましょう！

Ｃ：重要度が低い、または難解な設問。軽く復習する程度でよいでしょう！

# 令和４年度 第１回　高卒認定試験

## 【　Ａ解答　】

| 1 | 解答番号 | 正答 | 配点 | 2 | 解答番号 | 正答 | 配点 | 3 | 解答番号 | 正答 | 配点 | 4 | 解答番号 | 正答 | 配点 |
|---|---|---|---|---|---|---|---|---|---|---|---|---|---|---|---|
| 問１ | 1 | ③ | 3 | 問１ | 3 | ④ | 3 | 問１ | 7 | ① | 3 | 問１ | 12 | ④ | 3 |
| 問２ | 2 | ④ | 3 | 問２ | 4 | ② | 4 | 問２ | 8 | ② | 3 | 問２ | 13 | ③ | 4 |
| - | - | | | 問３ | 5 | ③ | 3 | 問３ | 9 | ④ | 3 | 問３ | 14 | ② | 3 |
| - | - | | | 問４ | 6 | ① | 3 | 問４ | 10 | ② | 3 | 問４ | 15 | ① | 3 |
| - | - | | | - | - | | | 問５ | 11 | ③ | 3 | 問５ | 16 | ③ | 3 |
| - | - | | | - | - | | | - | - | | | 問６ | 17 | ① | 3 |

| 5 | 解答番号 | 正答 | 配点 | 6 | 解答番号 | 正答 | 配点 | 7 | 解答番号 | 正答 | 配点 |
|---|---|---|---|---|---|---|---|---|---|---|---|
| 問１ | 18 | ③ | 4 | 問１ | 25 | ② | 3 | 問１ | 31 | ③ | 3 |
| 問２ | 19 | ④ | 3 | 問２ | 26 | ④ | 3 | 問２ | 32 | ② | 3 |
| 問３ | 20 | ② | 3 | 問３ | 27 | ① | 3 | - | - | | |
| 問４ | 21 | ① | 3 | 問４ | 28 | ② | 4 | - | - | | |
| 問５ | 22 | ① | 3 | 問５ | 29 | ③ | 3 | - | - | | |
| 問６ | 23 | ② | 3 | 問６ | 30 | ④ | 3 | - | - | | |
| 問７ | 24 | ③ | 3 | - | - | | | - | - | | |

## 【　Ａ解説　】

### 1

問１　空欄Ａの前に「東北アジアで建国し、北京に遷都して中国支配を開始した」とあります。よって、空欄Ａに当てはまるのは「清」です。清は朱元璋（洪武帝）が南京を都として建国し、後に永楽帝が北京に遷都しています。空欄Ｂについて、その１行前に「『韃靼人』たちは独特の髪型をしており」とあります。清を建国した満州民族には辮髪という伝統的な髪形があり、漢人男性もこの髪型にすることを求められる辮髪令が出ていました。したがって、正解は③となります。

**解答番号【１】：③**　　⇒**重要度Ｂ**

問２　（ア）ロシアがウラジヴォストークを建設したのは、アロー戦争の講和条約である北京条約で沿海州を獲得した 1860 年以降です。（イ）日本がシベリア出兵を行ったのは第一次世界大戦後の 1918 ～ 1922 年です。（ウ）渤海が建国されたのは７世紀末です。したがって、正解は④となります。

**解答番号【２】：④**　　⇒**重要度Ｂ**

## 2

問1　①塩の行進は20世紀前半に植民地政府による塩の専売制に反対したガンディーらが行いました。②ミドハト憲法を発布したのは19世紀後半のオスマン帝国宰相ケマル＝パシャです。③ムガル帝国は16世紀前半にバーブルによって建国されました。④紀元前3世紀に、インドのマウリヤ朝のアショーカ王は仏教を保護し、仏典結集を行いました。したがって、正解は④となります。

**解答番号【3】：④　　⇒重要度B**

問2　①「ジャンヌ＝ダルク」は15世紀にフランスで百年戦争を戦った少女です。②「イエス」はキリスト教を創始しました。③「サラディン（サラーフ＝アッディーン）」は12世紀アイユーブ朝を創始しました。④「始皇帝」は紀元前3世紀に中国に秦を統一した皇帝です。したがって、正解は②となります。

**解答番号【4】：②　　⇒重要度A**

問3　バグダードは現在のイラクの首都にあたり、ここにかつて存在していたのは「アッバース朝」です。したがって、正解は③となります。なお、「北宋」は現在の中国、「ブルボン朝」は現在のフランス、「アステカ王国」は現在のメキシコにありました。

**解答番号【5】：③　　⇒重要度C**

問4　イベリア半島からイスラーム勢力を追い払う運動を「国土回復運動（レコンキスタ）」といいます。また、資料に示されている矢印をたどっていくと、インド→北アフリカ→イベリア半島→ヨーロッパというルートで数字が普及していっていることがわかります。したがって、正解は①となります。

**解答番号【6】：①　　⇒重要度A**

## 3

問1　空欄Aにはサファヴィー朝の首都である「イスファハーン」が当てはまります。もうひとつの選択肢の「ボストン」はアメリカの都市名です。サファヴィー朝は現在のイランを中心とした国でしたので、およその位置は「あ」となります。したがって、正解は①となります。

**解答番号【7】：①　　⇒重要度C**

問2　①非ムスリムへのジズヤ（人頭税）を廃止したのはムガル帝国のアクバルです。②ナントの王令（ナントの勅令）を廃止したのはフランスのルイ14世です。③スターリンの個人崇拝を否定したのはソ連のフルシチョフです。④権利の章典を制定したのはイギリスの議会です。したがって、正解は②となります。

**解答番号【8】：②　　⇒重要度A**

問3　空欄Cについて、現在のフィリピンの首都は「マニラ」です。もうひとつの選択肢の「ロンドン」はイギリスの首都です。マニラで生糸と取引されていたものは新大陸（南北アメリカ大陸）産の銀です。したがって、正解は④となります。

**解答番号【9】：④　　　⇒重要度B**

問４　①「ヘロドトス」は古代ギリシアの歴史家、②「マテオ＝リッチ」はイエズス会の宣教師、③「クック」はイギリスの海洋探検家、④「ナポレオン３世」はフランス第二帝政期の王です。したがって、正解は②となります。

**解答番号【10】：②　　　⇒重要度A**

問５　①ペロポネソス戦争は紀元前５世紀後半のギリシアでの戦いです。②駅伝制度は 13 世紀はじめに建国されたモンゴル帝国の交通網です。③三十年戦争は 17 世紀のヨーロッパの戦いです。④ファショダ事件は 19 世紀のアフリカ分割に関するイギリスとフランスの対立です。したがって、正解は③となります。

**解答番号【11】：③　　　⇒重要度A**

## 4

問１　①王権神授説は近世ヨーロッパの絶対王政の背景になった思想です。②ヴィクトリア女王は 19 世紀後半のイギリス女王でインド帝国の皇帝も兼任しました。③パリ＝コミューンは 19 世紀にフランスで成立した社会主義政権です。④フランクフルト国民議会は 19 世紀にドイツで開催され、ドイツ統一と憲法制定を中心テーマとして話し合いが行われました。したがって、正解は④となります。

**解答番号【12】：④　　　⇒重要度A**

問２　19 世紀にスティーブンソンによって蒸気機関車が発明されました。これはイギリスでの出来事です。したがって、正解は③となります。なお、18 世紀後半～ 19 世紀にかけて産業革命がおこり、イギリスは「世界の工場」と呼ばれるようになりました。

**解答番号【13】：③　　　⇒重要度C**

問３　アルジェリアはアフリカ北部の国ですので、およその位置は「あ」です。アルジェリアは 19 世紀に「フランス」によって支配されました。したがって、正解は②となります。

**解答番号【14】：②　　　⇒重要度C**

問４　①モンロー教書（モンロー宣言）は 19 世紀のアメリカで南北アメリカ大陸とヨーロッパの相互不干渉を提唱したものです。②三部会は 14 世紀に設置された身分制議会で、18 世紀末のフランス革命の時期には特権身分への課税を巡って招集されました。③チャールズ１世は 17 世紀のイギリス王で、強権政治によって国民の反感を買い、議会派が設置した特別法廷で有罪となり処刑されました。④諸子百家は中国の春秋戦国時代の思想家で、『論語』で有名な孔子などがいます。したがって、正解は①となります。

**解答番号【15】：①　　　⇒重要度A**

問５　①紅巾の乱は 14 世紀の中国でおきました。②下関条約は 19 世紀の日清戦争の講和条約です。③サルデーニャ王国は 18 ～ 19 世紀にイタリアに存在した国で、赤シャツ隊を率いたガリバルディが建国したナポリ王国を併合しイタリア統一を進めました、④レパン

トの海戦は 16 世紀にオスマン帝国がスペイン・ローマ教皇・ヴェネツィアの連合軍に敗れた戦いです。したがって、正解は③となります。

**解答番号【16】：③　⇒ 重要度A**

問６　最初の空欄Ａの前に「敵味方の区別なく負傷兵を看護する近隣の村人の姿に感銘を受け」とあります。この部分から、空欄Ａに当てはまるのは医療に関する団体であると推察できます。したがって、正解は①となります。

**解答番号【17】：①　⇒ 重要度C**

## 5

問１　最初の空欄Ａの直前に「ファン＝ボイ＝チャウは、ベトナムの青年を日本に留学させる」とあります。よって、空欄Ａに当てはまるのは「東遊（ドンズー）運動」です。したがって、正解は③となります。①「チャーティスト運動」は 19 世紀のイギリスで選挙法改正等を要求した政治運動、②「ラダイト運動」は 19 世紀にイギリスで産業革命によって仕事を失った職人たちがおこした機会打ちこわし運動、④「洋務運動」は 19 世紀後半に中国で李鴻章や曽国藩によって行われた西洋化政策です。

**解答番号【18】：③　⇒ 重要度A**

問２　変法運動は 19 世紀後半に中国で行われた政治改革運動です。この説明として正しいのは④です。したがって、正解は④となります。①パン＝イスラーム主義は 19 世紀後半の中東諸国で帝国主義に基づく植民地支配に反発した思想です。②正統主義はナポレオン戦争後のウィーン会議で提唱されました。③人民戦線はファシズムの台頭に対抗することを目的として結成されました。

**解答番号【19】：④　⇒ 重要度A**

問３　「ロシア革命」は 20 世紀に、「名誉革命」は 17 世紀にイギリスでおきました。また、ジェファソンが独立宣言を起草したのは 18 世紀のアメリカ独立戦争期です。「平和に関する布告」はロシア革命期にレーニンが提唱した即時停戦提案です。したがって、正解は②となります。

**解答番号【20】：②　⇒ 重要度B**

問４　①ヴィシー政府は第二次世界大戦中にフランスでペタンを元首として成立しました。②ローマ進軍は 20 世紀にイタリアでおこったもので、これをきっかけにムッソリーニ政権が成立しました。③天安門事件は 20 世紀後半に中国で民主化を求めたものです。④マグナ＝カルタ（大憲章）は 13 世紀にイギリスで王権を制限した法律文書です。したがって、正解は①となります。

**解答番号【21】：①　⇒ 重要度A**

問５　設問文に津田梅子の米国滞在期間は「1872 年～ 1882 年」とありますから、体験できたと考えられる事柄はこの間にすでに存在していた事柄でなくてはなりません。①大陸横断鉄道は 1869 年に開通しました。②ラジオ放送はアメリカでは 1920 年に、日本では 1925 年にはじまりました。③ディズニーの初めての長編アニメーション映画（『白雪姫』）

と実写映画（『宝島』）は、いずれも 1950 年に公開されました。④アメリカで携帯電話のサービスが開始されたのは 1945 年です。したがって、正解は①となります。

**解答番号【22】:①** ⇒**重要度B**

問６ 1921 ～ 1922 年のワシントン会議では、海軍の軍備制限条約、中国の主権尊重・領土保全を決めた九カ国条約、太平洋地域の現状維持を決めた四カ国条約などが定められました。したがって、正解は②となります。①イギリスが香港島を獲得したのはアヘン戦争後の南京条約を結んだ 1842 年、③十字軍が派遣されたのは 11 ～ 13 世紀、④北大西洋条約機構（NATO）が成立したのは 1949 年です。

**解答番号【23】:②** ⇒**重要度B**

問７ 空欄Ｂの直後に「自立できるように、英語の教師を養成する学校をつくった」とあります。この記述から、空欄Ｂには「女性が職業を持ち」が当てはまることがわかります。「ココ＝シャネル」はフランスのファッションデザイナーで、「サッチャー」はイギリスの政治家です。したがって、正解は③となります。

**解答番号【24】:③** ⇒**重要度C**

## 6

問１ 国際連合は第二次世界大戦後に発足しました。①「九十五カ条の論題」は 16 世紀にルターによって発表されました。②安全保障理事会は国際連合内の機関です。③アメリカ合衆国が参加しなかったのは国際連合の前身である国際連盟です。④ヒジュラ（聖遷）は７世紀にムハンマドがメッカからメディナへ移住したことを指します。したがって、正解は②となります。

**解答番号【25】:②** ⇒**重要度A**

問２ 資料内には「放射線量」「1986 年」「ゴルバチョフ」（ソ連の政治家）といったことばが見られます。①Ｘ線が発見されたのは 19 世紀前半のドイツです。②第２次産業革命は 19 世紀後半にドイツとアメリカを中心におきました。③ペストが流行したのは 14 世紀のヨーロッパです。④チェルノブイリ原子力発電所は、ソ連（現在のウクライナ）にあり、1986 年に爆発事故がおきています。したがって、正解は④となります。

**解答番号【26】:④** ⇒**重要度C**

問３ 1955 年に開かれたアジア＝アフリカ会議はインドネシアの「バンドン」で行われました。もうひとつの選択肢の「カイロ」はエジプトの都市です。この会議の出席者はアジア・アフリカ地域の政治家です。「スカルノ」はインドネシアの政治家であり、「シモン＝ボリバル」はベネズエラの政治家です。したがって、正解は①となります。

**解答番号【27】:①** ⇒**重要度A**

問４ ①「ニューディール」は世界恐慌期のアメリカの政策です。②「アパルトヘイト」はアフリカで行われていた人種隔離政策です。③「カースト」はインドの身分制度です。④「カピチュレーション」はオスマン帝国とフランスが結んだ通商特権です。したがって、正解は②となります。

**解答番号【28】：②**　　⇒ **重要度A**

問5　冷戦は 1945 ～ 1989 年のアメリカとソ連を中心とした対立です。①スペイン内戦は 1936 ～ 1939 年におきました。②インカ帝国の滅亡は 16 世紀です。③ドイツの東西分裂は 1949 年です。④倭寇が活動していたのは 14 ～ 16 世紀です。したがって、正解は③となります。

**解答番号【29】：③**　　⇒ **重要度A**

問6　文章内にある「ティトー」という人物名から、この文章が「ユーゴスラヴィア」について説明されていることがわかります。したがって、正解は④となります。

**解答番号【30】：④**　　⇒ **重要度B**

## 7

問1　空欄Aについて、漢や唐の首都があったのは「長安」です。空欄Bについて、図のグラフを見ると 5000 年前から現代に近づくにつれて割合が増えていることから、空欄Bに当てはまるのは「牧畜」と推察できます。したがって、正解は③となります。

**解答番号【31】：③**　　⇒ **重要度C**

問2　（ア）ベトナム戦争時の正しい内容が書かれています。（イ）湾岸戦争のきっかけはクウェートの石油資源を狙ったイラクに対して多国籍軍が侵攻したことです。したがって、正解は②となります。

**解答番号【32】：②**　　⇒ **重要度C**

# 令和４年度 第１回　高卒認定試験

## 【　日本史Ａ解答　】

| 1 | 解答番号 | 正答 | 配点 | 2 | 解答番号 | 正答 | 配点 | 3 | 解答番号 | 正答 | 配点 | 4 | 解答番号 | 正答 | 配点 |
|---|---|---|---|---|---|---|---|---|---|---|---|---|---|---|---|
| 問１ | 1 | ① | 3 | 問１ | 9 | ① | 3 | 問１ | 17 | ① | 3 | 問１ | 25 | ② | 4 |
| 問２ | 2 | ③ | 4 | 問２ | 10 | ④ | 3 | 問２ | 18 | ③ | 3 | 問２ | 26 | ① | 4 |
| 問３ | 3 | ② | 3 | 問３ | 11 | ④ | 4 | 問３ | 19 | ③ | 4 | 問３ | 27 | ④ | 4 |
| 問４ | 4 | ④ | 4 | 問４ | 12 | ③ | 4 | 問４ | 20 | ④ | 4 | 問４ | 28 | ③ | 4 |
| 問５ | 5 | ① | 3 | 問５ | 13 | ③ | 3 | 問５ | 21 | ④ | 3 | - | - | | |
| 問６ | 6 | ③ | 3 | 問６ | 14 | ② | 4 | 問６ | 22 | ① | 4 | - | - | | |
| 問７ | 7 | ② | 4 | 問７ | 15 | ② | 4 | 問７ | 23 | ② | 4 | - | - | | |
| 問８ | 8 | ④ | 4 | 問８ | 16 | ① | 3 | 問８ | 24 | ② | 3 | - | - | | |

## 【　日本史Ａ解答　】

### 1

問１　「ア」について、アヘン戦争は 1840 年におきた清とイギリスの戦争です。清がイギリスに敗北したことで日本は欧米諸国の強さを痛感し、異国船打払令を緩和することになりました。「イ」について、「異国船打払令」は 1825 年に出されました。「ウ」について、桜田門外の変は、1860 年に大老井伊直弼が暗殺された事件です。井伊直弼は無勅許で日米修好通商条約を締結し、さらには条約締結反対派を安政の大獄で弾圧を加えたため、こうした強権的な政治に反発した浪士が桜田門外の変をおこしました。したがって、正解は①となります。

**解答番号【１】：①　　⇒重要度Ｂ**

問２　適切でないものを選びます。会話文１の３行目から４行目にかけて「彼は横浜開港に際して、生糸を売り込んだ有力な商人」とありますから、資料の歴史的背景には 1858 年に調印された日米修好通商条約や翌年の横浜開港があったことが推測できます。条約調印後、横浜にも居留地が設けられましたが、居留地においてのみ交易が認められていました。したがって、正解は③となります。なお、①について、資料の１行目から２行目にかけて、オランダとイギリスの両国が買い入れた生糸は「合わせて３万５千斤」とあります。これが総重量ですから、その４割の数を計算すると、35,000 × 0.4 ＝ 14,000 となります。資料の５行目から６行目にかけて、オランダとイギリスに売った生糸のうち、中居屋重兵衛が売ったのは「１万７千斤～１万８千斤」とありますので、中居屋重兵衛が売った生糸が４割以上を占めていたことがわかります。

**解答番号【２】：③　　⇒重要度Ｂ**

問３　表２から、中居屋重兵衛が幕府の要人（外国奉行・奏者番）や諸藩（上田藩・会津藩・紀州藩）の役人と接触していることが読み取れます。また、産物を扱う役所や役人、外交もしくは交易を担当する役人と頻繁に接触していることから、貿易を推進しようと奔走していたのではないかと推察することができます。したがって、正解は②となります。

**解答番号【3】: ②**　　　⇒ **重要度A**

問４　下線部分の「問題」とは、その前の生徒Ｙさんの発言から、産地から横浜への生糸の直送や輸出によって、江戸で生糸の品不足が生じたことだとわかります。こうした問題に対処するために、幕府は「五品江戸廻送令」を出し、重要品目である５品（生糸・雑穀・水油・蝋・呉服）は開港場への直送を禁じて江戸の問屋を経由してから輸出するよう命じました。したがって、正解は④となります。

**解答番号【4】: ④**　　　⇒ **重要度B**

問５　空欄Ａについて、その２行前や１行前に「白いキャンバスに何かを描いている」「メモをとっている」とあることから、空欄Ａには「画家や新聞記者」が当てはまることがわかります。空欄Ｂについて、空欄Ｂを含むひとまとまりの先生の発言内容から、日清戦争に際してメディアの影響によって国民の意識が一致団結していったことが読み取れます。したがって、正解は①となります。

**解答番号【5】: ①**　　　⇒ **重要度A**

問６　日清戦争は 1894 年におきた出来事です。「ア」について、1910 年の韓国併合の際に朝鮮総督府が京城に設置されました。よって、「ア」は誤りです。「イ」について、1894 年の甲午農民戦争をきっかけとして日清戦争がおこりました。よって､「イ」は正しいです。したがって、正解は③となります。

**解答番号【6】: ③**　　　⇒ **重要度A**

問７　まず、「ウ」について、この資料の話題は女性の教育であるため、戦争とメディアの関係を主題とする設問内容と合致しません。よって、「疑問に答えるための資料」は「エ」が正しいということになります。次に、「エ」について、「戦争絶対的廃止論者である」と述べられています。「エ」は戦争に強く反対する立場の人の資料ですから、これに対応する「疑問」を選ぶことになります。したがって、正解は②となります。

**解答番号【7】: ②**　　　⇒ **重要度A**

問８　日本は日露戦争に勝利し、1905 年にロシアとポーツマス条約を結びましたが、国民は賠償金のない講和条約に不満を抱き、日比谷焼打ち事件をおこしました。したがって、正解は④となります。なお、①について、韓国併合は 1910 年の出来事です。②について、これは 1886 年のノルマントン号事件の資料です。③について、これは 1910 年の大逆事件の資料です。

**解答番号【8】: ④**　　　⇒ **重要度B**

## 2

問１　資料１は、キャプションに「1914 年」とあり、また１行目に「参戦」とあることから、

第一次世界大戦に関する資料であることがわかります。第一次世界大戦は、三国同盟を結んだ国（ドイツ・イタリア・オーストリア）と三国協商を結んだ国（イギリス・フランス・ロシア）との戦争で、日本は日英同盟協約を結んでいることなどを理由に、三国協商側として参戦しました。よって、空欄Aには敵対国のひとつである「ドイツ」が当てはまります。空欄Bについて、不平士族の反乱は1870年代に西日本各地でおきましたが、1877年の西南戦争を最後に士族の武力反乱はおきていないことから、「国内の不平士族の不満を抑える」という語句が誤りであると推測できます。したがって、正解は①となります。

**解答番号【9】：①**　⇒**重要度A**

問2　文章中の「1921年にアメリカ合衆国大統領ハーディングのよびかけで」という部分から、この文章がワシントン会議について述べられたものであることがわかります。この会議では、同年に四カ国条約が結ばれ、翌年には九カ国条約とワシントン海軍軍縮条約が結ばれました。四カ国条約は太平洋上の安全保障に関する条約ですが、この条約の成立にともない日英同盟協約は廃棄されることになりました。したがって、正解は④となります。

**解答番号【10】：④**　⇒**重要度B**

問3　下線部分の「このような趣旨」とは、「すべての国民に国家の義務を負担させ、国運発展のために政治上の重要な責任を引き受けさせることが、現在最も急がなければならない」という前文の内容を指します。したがって、正解は④となります。

**解答番号【11】：④**　⇒**重要度A**

問4　「ア」について、三・一独立運動は、第一次世界大戦の講和条約であるベルサイユ条約調印と同年の1919年に朝鮮でおきた抗日・独立運動です。「イ」について、関東大震災は、第一次世界大戦後の1923年に発生した関東地震による災害です。「ウ」について、二十一カ条の要求は、第一次世界大戦中の1915年に、第二次大隈内閣が中国における利権拡大をねらいとして袁世凱政府に突き付けた要求です。したがって、正解は③となります。

**解答番号【12】：③**　⇒**重要度C**

問5　日中戦争中、日本は中国国民政府の首都である南京（地図上の「ウ」）を占領しましたが、中国国民政府は首都を奥地の重慶（地図上の「エ」）に移転し、抗戦を続けました。したがって、正解は③となります。

**解答番号【13】：③**　⇒**重要度C**

問6　日中戦争の開戦（1937年）から太平洋戦争の終戦（1945年）までの時期に撮影されたと考えられる写真を選びます。日中戦争は1937年の盧溝橋事件を契機として勃発しましたが、日中戦争の決着がつかぬうちに、太平洋戦争が始まりましたので、1937年から1945年まで常に戦時下にあったことがわかります。したがって、正解は②となります。

**解答番号【14】：②**　⇒**重要度A**

問７　適切でないものを選びます。下線部分の「開戦」とは太平洋戦争の開戦を指します。御前会議で太平洋戦争の開戦が決定されたのは 1941 年のことです。太平洋戦争の終戦間際の 1945 年７月に連合国側から日本の戦後処理事項を内容に含むポツダム宣言が発せられましたが、「黙殺」ののち８月 14 日の御前会議でポツダム宣言の受諾が決定されました。したがって、正解は②となります。

**解答番号【15】：②**　　⇒**重要度Ｂ**

問８　「ア」について、日中戦争の発端となる盧溝橋事件がおきて間もない頃、1936 年の西安事件を契機として、中国では国民党と共産党が協力関係を結び、抗日民族統一戦線が結成されます（第２次国共合作）。よって、「ア」は正しいです。「イ」について、近衛首相は反蒋介石派の一人である汪兆銘を擁立して親日の新政府を樹立させ、汪兆銘政権を通じて和平交渉を行おうと画策していました。よって、「イ」は正しいです。したがって、正解は①となります。

**解答番号【16】：①**　　⇒**重要度Ｃ**

## 3

問１　資料１は 1956 年に発表されたものですので、それまでに日本政府が行った政策とその目的を考えます。まず、「ア」について、インフレとは、物価が継続的に上っていく状態を指します。次に、「ウ」について、経済安定九原則を実施するにあたって、ドッジは具体的施策として赤字を許さない予算（超均衡予算）の編成や単一為替レートの設定などを日本政府に提示しました。こうした財政政策には、傾斜生産方式のもとで進行していた復金インフレを抑えようとする意図がありました。したがって、正解は①となります。なお、「イ」について、日米の貿易摩擦が問題となるのは 1960 年代以降のことです。「エ」について、農作物の輸入自由化が実際に実施されたのは 1990 年代に入ってからのことです。

**解答番号【17】：①**　　⇒**重要度Ｃ**

問２　下線部分に「敗戦によって」とありますので、敗戦後の出来事を選びます。戦後、GHQ の指令によって、職業軍人や国家主義者などは公職から罷免および排除されました。したがって、正解は③となります。①について、戦時中の 1941 年の国民学校令により、小学校は国民学校と改められ、皇国民錬成を目的とする教育が行われました。②について、昭和恐慌は、1929 年にアメリカで発生した世界恐慌と 1930 年に実施された金輸出解禁の影響によっておこりました。④について、1930 年代以降、国家主義の高揚を背景として、滝川事件をはじめとして思想や学問の弾圧が行われ、社会主義者の転向が相次ぎました。

**解答番号【18】：③**　　⇒**重要度Ｂ**

問３　空欄Ｂについて、会話文１を読むと、資料１を基にして「もはや『戦後』ではない」ということばの意味を問われていることがわかります。資料１の下線部分ｂの前後を見ると、「経済の回復による浮揚力はほぼ使い尽くされた」「回復を通じての成長は終わった」とありますので、空欄Ｂには「敗戦からの復興を通して経済成長する」が当てはまることがわかります。また、空欄Ｃについて、下線部分ｂの１行後に「今後の成長は近代化によって支えられる」とありますので、空欄Ｃには「戦力の放棄」ではなく「技術の革新」が当てはまることがわかります。したがって、正解は③となります。

**解答番号【19】：③**　　⇒ **重要度B**

問４　「ア」について、ベトナム戦争は、1961 年にベトナム共和国（南ベトナム）と南ベトナム解放民族戦線（北ベトナム）の内戦を起因とする戦争です。南ベトナムをアメリカが、北ベトナムをソ連が支持したことから、冷戦状態が実際の軍事行動として現れたのがベトナム戦争です。「イ」について、1954 年に MSA 協定が締結され、日本はアメリカから経済・軍事援助を受ける代わりに、自国の防衛力を強化する義務を負うことになります。これによって、自衛隊が発足しました。冷戦下において、アメリカは日本を西側諸国の一戦力として活用しようとしました。「ウ」について、レッドパージとは、GHQ の指令による共産主義者を公職から追放する動きで、1950 年の朝鮮戦争前後に行われました。資本主義を掲げるアメリカと共産主義を掲げるソ連との間の冷戦状態をその背景とし、共産主義を嫌うアメリカは、日本で共産主義者が台頭することを恐れ、レッドパージを行いました。したがって、正解は④となります。

**解答番号【20】：④**　　⇒ **重要度C**

問５　空欄Ｄの直後を読むと、空欄Ｄには平成不況が始まるきっかけとなった出来事が当てはまることがわかります。平成不況はバブル経済が崩壊したことによっておこりました。バブル経済とは、実際の経済成長以上の速さで株式や不動産などの資産価値が上昇する様子を指します。この異常な高騰を食い止めるため、日銀は投資を制限する引き締め政策を実施し、政府は土地に税金をかけて余分な土地所有を抑制しようとしました。しかし、その結果として株価や地価の暴落を招いてしまい、バブルは崩壊しました。これにより、企業の倒産、個人の貧困化、金融機関の経営悪化が見られ、国民の消費意欲が減退し、物価が下落し、平成不況が発生しました。したがって、正解は④となります。

**解答番号【21】：④**　　⇒ **重要度A**

問６　空欄Ｅについて、その前に「カラーテレビが普及したことにより、漫画やアニメがさらに流行するなど」とありますので、ここから大衆化が進んだことが読み取れます。よって、空欄Ｅには「大衆に広まった」が当てはまります。空欄Ｆについて、1989 年の東欧革命、「ベルリンの壁」の崩壊、冷戦の終結、1991 年のソ連解体を経て、旧社会主義経済圏の国々が世界経済に参加することになり、この時期に経済のグローバル化が進展しました。したがって、正解は①となります。なお、ブロック経済とは、植民地を多く有する国が自国と植民地を経済圏（ブロック）として排他的経済圏を形成し、ブロック内では互恵的な貿易を盛んに行い、他国との貿易を控えることで、経済の安定を図るシステムのことです。世界恐慌からの脱出を図って、1930 年代にイギリスやフランスで実施されました。

**解答番号【22】：①**　　⇒ **重要度A**

問７　適切でないものを選びます。②について、1994 年と 1964 年の百貨店での売上高を計算すると、1994 年の売上高は 143.3 兆円× 7.4％（0.074）＝約 10.6 兆円で、1964 年の売上高は 8.4 兆円× 9.4％（0.094）＝約 0.8 兆円です。よって、1994 年の百貨店での売上高は、1964 年と比較すると、減少ではなく増加しています。したがって、正解は②となります。

**解答番号【23】：②**　　⇒ **重要度A**

問８　資料２を見ると、３点目の記述の内容は政府直営事業を一部民営化するというものです。これに基づいて進められたのが国営企業の民営化で、具体的には電電公社、専売公社、国鉄がそれぞれNTT、JT、JRとして民間企業になりました。したがって、正解は②となります。

**解答番号【24】：②**　　　⇒**重要度C**

## 4

問１　「ア」について、表の「合計」と「水力」の列を1920年から1955年まで追ってみると、いずれの年においても、「水力」による発電量が発電量の「合計」のうちの半分以上を占めていることがわかります。よって、「ア」は正しいです。「イ」について、1980年と2000年の発電量の「合計」に占める「原子力」の発電量の割合を計算すると、1980年の割合は82,591÷577,521×100＝約14%で、2000年の割合は322,050÷1,091,500×100＝約30%です。よって、1980年の割合は2000年の割合よりも小さいため、「イ」は誤りです。したがって、正解は②となります。

**解答番号【25】：②**　　　⇒**重要度A**

問２　表のXの時期は1940年から1950年までですから、その後半は日本がまだGHQの占領下にあった時期に相当します。空欄Aについて、戦後の日本経済復興のため、政府は資材と資金を石炭・鉄鋼などの重要基礎産業に重点的に割り当てる傾斜生産方式を採用しました。また、空欄Bについて、火力発電では石炭も石油も燃料として用いていますが、傾斜生産方式では石炭を重要産業のひとつとしていたことから、空欄Bには「石炭」が当てはまることがわかります。したがって、正解は①となります。なお、「アメリカ合衆国などの国ぐにが、日本に対する経済封鎖を強めた」のは、1930年代末から1940年代はじめのことで、南進する日本に対する米・英・中・蘭の経済封鎖網をABCD包囲陣といいます。

**解答番号【26】：①**　　　⇒**重要度B**

問３　設問文に「日本を含む６か国の首脳が集まり意見を交換した初めての会議で出された宣言文」とありますから、本問の資料が1975年の第１回先進国首脳会議（サミット）で出された宣言文であることがわかります。この首脳会議は、1973年の第４次中東戦争が引き金となって生じた第１次石油危機とそれによる世界不況を背景に開催されました。したがって、正解は④となります。

**解答番号【27】：④**　　　⇒**重要度C**

問４　「ア」について、ガス灯は文明開化の象徴のひとつで、横浜の外国人居留地でガス灯が使用されるようになったのは明治初期の1872年のことです。「イ」について、「アメリカ合衆国が日本に開国を求めた」とありますから、開国前の鎖国中の出来事だとわかります。「ウ」について、大阪紡績会社は、1880年代に渋沢栄一らが設立した、蒸気機関を動力に用いた日本初の機械紡績会社です。したがって、正解は③となります。

**解答番号【28】：③**　　　⇒**重要度B**

# 令和３年度 第２回
# 高卒認定試験

## 旧世界史Ａ
## 旧日本史Ａ

# 解答時間　50 分

## 注　意　事　項（抜粋）

＊　試験開始の合図前に，監督者の指示に従って，解答用紙の該当欄に以下の内容をそれぞれ正しく記入し，マークすること。

①**氏名欄**

**氏名を記入**すること。

②**受験番号**，③**生年月日**，④**受験地欄**

**受験番号**，**生年月日を記入**し，さらにマーク欄に**受験番号**（数字），**生年月日**（年号・数字），**受験地をマーク**すること。

＊　**受験番号，生年月日，受験地が正しくマークされていない場合は，採点できないことがある。**

＊　解答は，解答用紙の解答欄にマークすること。例えば，10 と表示のある解答番号に対して②と解答する場合は，次の（例）のように**解答番号** 10 の**解答欄**の②に**マーク**すること。

（例）

| 解答番号 | 解　答　欄 |
|---|---|
| 10 | ① ● ③ ④ ⑤ ⑥ ⑦ ⑧ ⑨ ⓪ |

# 世　界　史　A

（解答番号 1 ～ 32 ）

**1** 次の文章と図版に関連して，問1～問2に答えよ。

世界史の授業で感染症の歴史について調べることになった2人の高校生が，天然痘について発表した。

関さん：　天然痘は，1980年に世界保健機関(WHO)によって根絶が宣言されましたが，それまで，高い致死率を持つ感染症として，世界中で長く恐れられてきました。

南さん：　感染症の流行は，ある程度多くの人口がいるところで定期的に発生します。天然痘は，最初に都市文明の成立した古代オリエント(a)地域で，すでに確認されています。

関さん：　感染症が流行すると，多くの人が亡くなる代わりに，社会全体で感染症に対する抵抗力もつきます。これに対し，流行を経験していない地域に感染症が持ち込まれると，大きな被害が出ました。代表的な例が，ラテンアメリカです。天然痘などのヨーロッパから持ち込まれた感染症のために先住民の人口が激減しました。そこで，減少した労働力を補うために　A　ことになり，住民構成が変わってしまいました。

南さん：　天然痘の脅威は，要人にとっても例外ではありませんでした。例えば，清の康熙帝も，顔に天然痘の痕(あと)があったということです。フランス王　B　によって17世紀末に派遣され，康熙帝に仕えたカトリック宣教師のブーヴェは次のように伝えています。

> この皇帝は…顔立はそれぞれよく整い…少しばかり痘痕(あばた)が残っておりますが，そのために玉体から発する好(よ)い感じが毫(ごう)も損なわれてはおりません。

関さん：　満洲人やモンゴル人は天然痘に対する抵抗力が弱く，中国に入ると罹患(りかん)して命を落とすことも多かったそうです。康熙帝が皇帝に選ばれたのは，一度かかったけれども生き延びたので，もうかからないと考えられたからだ，ともいわれているそうです。

南さん：　人類の歴史は，病気とどう戦い，どう共存していくかの歴史であったといえますね。

康熙帝の肖像(ブーヴェ『康熙帝伝』)

問 1　下線部分古代オリエント(a)について述べた文として適切なものを，次の①～④のうちから一つ選べ。解答番号は 1 。

① 諸子百家とよばれる思想家が活躍した。

② 仏教寺院のボロブドゥール寺院が建てられた。

③ 四つの身分からなるヴァルナ(種姓)が成立した。

④ 王(ファラオ)の権威を象徴するピラミッドが建造された。

問 2　A に当てはまる文と，B に当てはまる人物との組合せとして正しいものを，次の①～④のうちから一つ選べ。解答番号は 2 。

| | A | B |
|---|---|---|
| ① | アフリカから黒人奴隷が移入される | ド＝ゴール |
| ② | アフリカから黒人奴隷が移入される | ルイ 14 世 |
| ③ | 華僑や印僑とよばれる労働移民が流入する | ド＝ゴール |
| ④ | 華僑や印僑とよばれる労働移民が流入する | ルイ 14 世 |

**2** 次の文章と図版に関連して，問1～問4に答えよ。

原田さんは港町の歴史について調べ，次のカード1・カード2を作成した。

カード1　博多

○1世紀に後漢の皇帝 A が，倭の奴国に印綬を与えたことが『後漢書』東夷伝に記録されている。この印綬と考えられる金印が，1784年に博多湾にある志賀島で発見された。このことから，博多が古くから中国と交流していたことが推察できる。

○遣隋使や遣唐使らは，博多から隋・唐や<u>新羅</u>(a)へ向かって出発した。また東アジア各地からの使者や商人も博多を訪れ，博多は大陸文化の窓口となった。

○12世紀には平氏政権が，博多を中継地の一つとして<u>宋</u>(b)との貿易を進めたことによって，交流は一層盛んになり，港やその周辺には中国人街が形成されるほどであった。

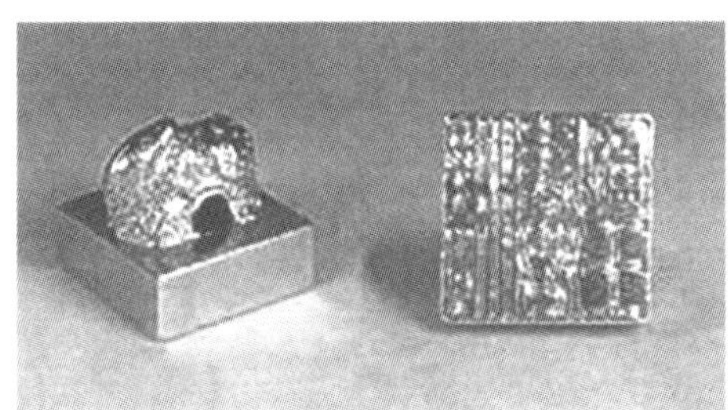

発見された金印

カード2　イスタンブル

○紀元前7世紀，ギリシア人の一派によって植民市として建設され，ビザンティオンと名付けられた。天然の良港である金角湾を擁して栄えた。

○4世紀になると<u>ローマ帝国</u>(c)の都となった。遷都した皇帝の名にちなみ， B とよばれるようになった。

○6世紀にはビザンツ帝国(東ローマ帝国)のユスティニアヌス帝によって，聖ソフィア聖堂が建立された。<u>7世紀になるとビザンツ帝国は次第に勢力圏を縮小した</u>(d)が，その後も， B は東西交易ルートの要衝となった。

○14世紀中頃，ペストが流行し，多くの死者が出た。 B は交易が盛んな都市だったため，ペストはここから内陸部へ広がっていった。

○この都市がイスタンブルとよばれるようになったのは，後世のことである。

ユスティニアヌス帝

問 1 [A] に当てはまる人物と，下線部分新羅(a)に関する説明との組合せとして正しいものを，次の①～④のうちから一つ選べ。解答番号は [3] 。

| | A | 説　明 |
|---|---|---|
| ① | 光武帝 | ゲルマン人が建国した。 |
| ② | 光武帝 | 百済を滅ぼした。 |
| ③ | 玄　宗 | ゲルマン人が建国した。 |
| ④ | 玄　宗 | 百済を滅ぼした。 |

問 2 下線部分宋(b)について，北宋のようすを述べた文として適切なものを，次の①～④のうちから一つ選べ。解答番号は [4] 。

① ガンダーラ美術が生まれた。

② 「プラハの春」とよばれる民主化運動がおこった。

③ ワッハーブ運動がおこった。

④ 王安石が改革を行った。

問 3 下線部分ローマ帝国(c)に関する説明と， [B] に当てはまる語句との組合せとして正しいものを，次の①～④のうちから一つ選べ。解答番号は [5] 。

| | 説　明 | B |
|---|---|---|
| ① | マグナ＝カルタ(大憲章)が発布された。 | コンスタンティノープル |
| ② | マグナ＝カルタ(大憲章)が発布された。 | アムステルダム |
| ③ | 五賢帝時代に最盛期を迎えた。 | コンスタンティノープル |
| ④ | 五賢帝時代に最盛期を迎えた。 | アムステルダム |

問 4 下線部分7世紀になるとビザンツ帝国は次第に勢力圏を縮小した(d)とあるが，その原因として考えられる事柄について述べた文として適切なものを，次の①～④のうちから一つ選べ。解答番号は [6] 。

① イスラーム勢力が進出した。

② ファシスト党が政権を獲得した。

③ ファショダ事件がおこった。

④ 二月革命がおこった。

**3** 1～2の文章と図版に関連して，問1～問5に答えよ。

1 生徒と先生が，図1～図3を見ながら，医学の歴史について会話している。

生徒： 医学の歴史を調べていたら，イスラーム世界(a)における『イル＝ハーン外科術』という本を見つけました。図1の医者は何をしているのでしょうか。

先生： 医療道具を使って出血を止めているシーンです。図2は歯科用の医療道具ですが，他にも多くの医療道具が使われていました。近代医学が始まる前は，イスラーム世界の医学の方がヨーロッパよりも進んでいたのです。特に，イブン＝シーナーが11世紀に著した『医学典範』は，図3のようにラテン語に翻訳され，中世ヨーロッパの大学の教科書として尊重されていたのです。

生徒： そうなのですね。『医学典範』の表紙の左から2番目の人物は，古代ギリシアのヒポクラテスでしょうか。

先生： そうです。『医学典範』は古代ギリシアの影響を色濃く受けていたのです。

生徒： そういえば，ルネサンス(b)も古代ギリシアの影響を受けていましたよね。興味が湧いてきたので，古代ギリシアの文化をもう一度学び直そうと思います。

図1 『イル＝ハーン外科術』の医療場面(15世紀)

図2 ザフラーウィー(1013年頃没)の著作に描かれた歯科用の医療道具

図3 ヴェネツィアで出版された『医学典範』ラテン語版の表紙(1608年)

問 1　下線部分(a)イスラーム世界の出来事について述べた次の(ア)～(ウ)を，古いものから順に正しく並べたものを，下の①～④のうちから一つ選べ。解答番号は 7 。

(ア)　青年トルコ革命がおこった。

(イ)　サファヴィー朝が，イスファハーンを都にした。

(ウ)　ハールーン＝アッラシードの時代に，アッバース朝が最盛期を迎えた。

①　(イ)→(ア)→(ウ)　　②　(イ)→(ウ)→(ア)

③　(ウ)→(ア)→(イ)　　④　(ウ)→(イ)→(ア)

問 2　下線部分(b)ルネサンス期の作品を，次の①～④のうちから一つ選べ。解答番号は 8 。

①

ピカソ「ゲルニカ」

②

ボッティチェリ「ヴィーナスの誕生」

③

ラスコーの洞穴絵画

④

ドラクロワ「民衆を導く自由の女神」

2　調理師を目指す栄さんと先生が，**資料1**・**資料2**を見ながら，料理やレシピの歴史について会話している。

先　生：　興味のある料理の歴史を調べ，資料にまとめる宿題はしてきましたか。

栄さん：　はい。ホットチョコレートの歴史を調べていたら，16世紀半ばのカカオ料理のことが書かれた，『メキシコ征服記』(c)を見つけたので，一部を抜粋して**資料1**を作りました。

先　生：　この後，スペインにカカオ豆を持ち帰って，ホットチョコレートを作ったそうですが，最初の頃は苦く，あまり評判は良くなかったようです。**資料2**はサラダドレッシングのレシピですね。気になったことはありましたか。

栄さん：　イギリスで書かれた1699年頃のレシピのようなのですが，コショウを混ぜているのが面白いなと思いました。

先　生：　すでに東南アジアとヨーロッパの間での交易(d)が盛んでしたからね。コショウがレシピに登場していることからも，そのようすをうかがい知ることができますね。レシピを読むと，その時代に，どの地域とどの地域が関係していたのかが分析できるので，面白いですね。

**資料1**　ホットチョコレートの歴史

> モンテスマの食事が終わると，すぐに続いて警護の者やその他宮中で働く大勢の使用人達の食事が始まった。先に述べたような料理を盛った皿の数は1000を超え，メキシコ風に泡立てたカカオの壺も2000個以上あったように思う。
>
> （ベルナール＝ディアス＝デル＝カスティーリョ『メキシコ征服記』）

**資料2**　サラダドレッシングのレシピ

> 油はよく澄んだものを使い，あまりこってりしたものや，あまり黄色いものはよくない。…卵にオリーヴ・オイル，酢，塩，コショウ，カラシを混ぜてつぶす。サラダを磁器(e)の器…に入れ，ドレッシングが中身すべてに等しく行き渡るようにフォークとスプーンでかき混ぜる。
>
> （ジョン＝イーヴリン『サラダ談義』）

問 3　下線部分(c)メキシコの16世紀のようすについて述べた文として適切なものを，次の①～④のうちから一つ選べ。解答番号は 9 。

① オバマが，「核なき世界」を唱えた。
② 張騫が，西域に派遣された。
③ ナポレオン1世が，大陸封鎖令を出した。
④ コルテスが，アステカ王国を滅ぼした。

問 4　下線部分(d)東南アジアとヨーロッパの間での交易について，交易の中心地の一つとしてマラッカ王国があった。次の**資料3**は，1405年からの鄭和の南海大遠征に同行した人物がマラッカ王国について記したものである。鄭和の南海大遠征を命じた明の皇帝と，**資料3**から読み取れる内容との組合せとして正しいものを，下の①～④のうちから一つ選べ。
解答番号は 10 。

**資料3**

> この国の王様も民もイスラーム教徒で，教えをかたく信じている。土地の物産は，黄連香(おうれんこう)，烏木(こくたん)，打麻児香(ダマル)，錫(すず)などの類である。…各地に行く船舶がここに来ると，交易品を船に積み込み，5月中旬に航海を開始し中国に向かう。

| | 明の皇帝 | **資料3**から読み取れる内容 |
|---|---|---|
| ① | 永楽帝 | マラッカ王国では，錫がとれた。 |
| ② | 永楽帝 | マラッカの国王は，イスラーム教を信仰していなかった。 |
| ③ | フェリペ2世 | マラッカ王国では，錫がとれた。 |
| ④ | フェリペ2世 | マラッカの国王は，イスラーム教を信仰していなかった。 |

問 5　下線部分(e)磁器は宋や明で盛んに作られ，後にヨーロッパに輸出された。陶磁器の名産地である明の都市を，次の①～④のうちから一つ選べ。解答番号は 11 。

① 香　港　　② 上　海
③ 景徳鎮　　④ 青　島

**4** 1～2の文章と図版に関連して，問1～問6に答えよ。

1 アメリカ合衆国の捕鯨業は独立前から盛んであった。当初はニューイングランド地方の沿岸捕鯨だったが，やがて公海捕鯨に転じ，アメリカ合衆国の独立(a)の頃より太平洋に進出した。19世紀半ば頃には700隻を超える漁船が操業していた。

当時の捕鯨業は常に危険が伴い，海難は跡を絶たなかった。1853年のペリー来航(b)をきっかけに，日本とアメリカ合衆国の間で［A］条約が結ばれ，下田と箱館の2港が開港されたが，アメリカ合衆国の動機の一つは，捕鯨船団のための寄港地を確保することにあった。しかしこの頃より，鯨油の需要が減退し，鯨資源の枯渇もあり，捕鯨業は急速に衰退することとなった。

19世紀初めのアメリカ合衆国の捕鯨

問1 下線部分アメリカ合衆国の独立(a)に関連して，独立運動に関わる出来事について述べた文として適切なものを，次の①～④のうちから一つ選べ。解答番号は［12］。

① 選挙権を求めるチャーティスト運動が展開された。

② 印紙法に対する反対運動がおこった。

③ サンフランシスコ会議で，国際連合憲章が採択された。

④ ファン＝ボイ＝チャウが東遊(ドンズー)運動を組織した。

問 2　下線部分ペリー来航(b)について，次の**資料**はペリー来航の記録の一部である。**資料**からわかる，ペリーが日本に向かった地図中のおよその航路と，[ A ] の条約名との組合せとして正しいものを，下の①～④のうちから一つ選べ。解答番号は [ 13 ] 。

**資料**

> 遅滞にしびれをきらした提督は，これ以上僚艦を待つ気になれず，1852 年 11 月 24 日，ミシシッピ号のみでノーフォークを出発し，石炭と食料の供給の便を考えて外回り航路を取り，マデイラ，喜望峰，モーリシャス，シンガポールを経由する計画で，日本への遣使の途についたのである。
> （宮崎壽子監訳『ペリー提督日本遠征記』より）

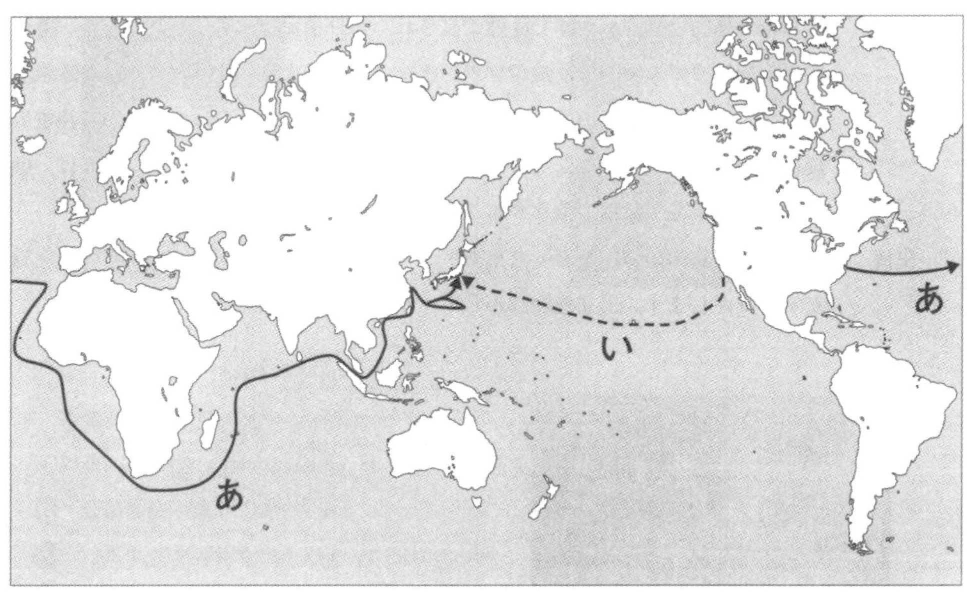


| | 航　路 | A |
|---|---|---|
| ① | あ | 日米和親 |
| ② | あ | 天　津 |
| ③ | い | 日米和親 |
| ④ | い | 天　津 |

2　生徒と先生が，図1・図2を見ながら会話している。

先生：　図1はある施設内のようすを描いた絵です。どこにある施設だと思いますか。

生徒：　南国の植物に見えるものが多くあります。赤道付近の地域でしょうか。

先生：　これはイギリスのロンドンのテムズ川(c)右岸にある王立植物園(キューガーデン)の内部を描いたものです。18世紀半ばにつくられ，1840年に王立植物園となりました。

生徒：　イギリスの植物とは思えません。

先生：　はい。これらの多くはイギリスが進出した地域の植物を採取してきたものです。これらの植物を栽培するためにヴィクトリア女王(d)の治世に建造されたのが図2のパームハウスです。

生徒：　巨大な施設ですね。植物はなんのためにロンドンで育てられたのでしょうか。

先生：　これらの植物は王立植物園で品種改良され，再び植民地に移植されました。その後，天然ゴムやカカオなどが植民地のプランテーションで大量生産され，本国や欧米諸国へ輸出されていきました。植民地にされた地域の経済は，自給自足の経済から特定の種類の農産物を生産・輸出することに限定された経済に変化しました。このように，経済が特定の産物の生産・輸出に依存することを［ B ］といいます。

生徒：　かつて欧米諸国の植民地だった東南アジア(e)などの地域は，現代でも特定の農産物の輸出が多い気がします。王立植物園からイギリスの世界進出が見えてきますね。

図1

図2

問 3　下線部分(c)ロンドンのテムズ川に関連して，次の絵と文章は，1850 年代に水質が悪化したテムズ川のようすを描いた風刺画と，当時のテムズ川についての説明文である。説明文中の X に入る語句と，1850 年代のヨーロッパのようすとの組合せとして正しいものを，下の①～④のうちから一つ選べ。解答番号は 14 。

首都ロンドンを流れるテムズ川は，中世以来人々の飲料水を提供してきた。1850 年代のイギリスは 18 世紀半ばから始まった X を経て「世界の工場」として繁栄期にあったが，商工業の発展は都市への人口集中を招いた。テムズ川は，工場からの産業排水と人口増による生活排水によって汚染がひどくなった。

| | X | 1850 年代のヨーロッパのようす |
|---|---|---|
| ① | ニューディール | ナポレオン 3 世が，帝政を始めた。 |
| ② | ニューディール | カストロが，キューバ革命をおこした。 |
| ③ | 産業革命 | ナポレオン 3 世が，帝政を始めた。 |
| ④ | 産業革命 | カストロが，キューバ革命をおこした。 |

問 4　下線部分(d)ヴィクトリア女王の時代の出来事について述べた文として適切なものを，次の①～④のうちから一つ選べ。解答番号は 15 。

① 黄巾の乱がおこった。

② 湾岸戦争がおこった。

③ ポーランド分割が行われた。

④ インド帝国が成立した。

問 5　B に当てはまる語句を，次の①～④のうちから一つ選べ。解答番号は 16 。

① バブル経済　　② アパルトヘイト

③ モノカルチャー経済　　④ 科学革命

**問6** 下線部分東南アジア(e)に関連して，東南アジア地域で植民地とならず独立を保ったタイの略地図中のおよその位置と，19世紀のタイのようすとの組合せとして正しいものを，下の①～④のうちから一つ選べ。解答番号は 17 。

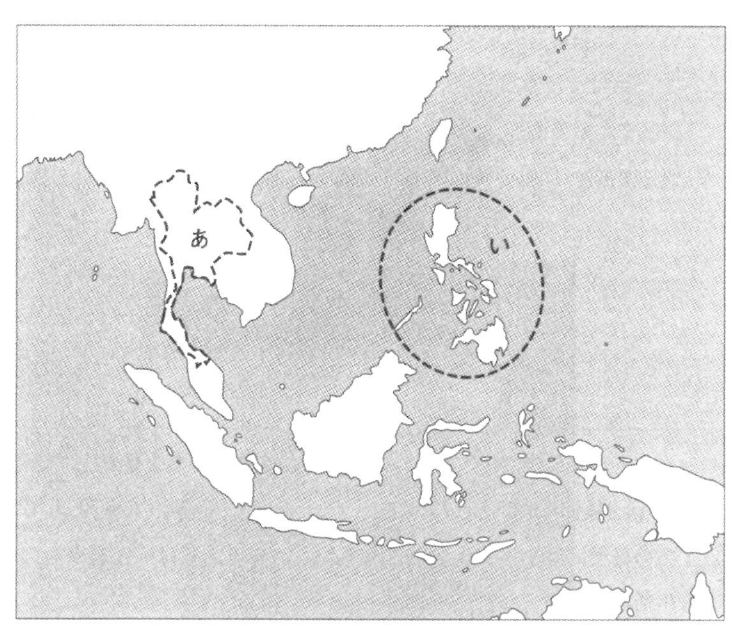


| | 位置 | 19世紀のタイのようす |
|---|---|---|
| ① | あ | 近代化を目指したチュラロンコン王(ラーマ5世)が即位した。 |
| ② | あ | ミドハト＝パシャがアジア初の憲法を起草した。 |
| ③ | い | 近代化を目指したチュラロンコン王(ラーマ5世)が即位した。 |
| ④ | い | ミドハト＝パシャがアジア初の憲法を起草した。 |

**5**　1～2の文章と図版に関連して，問1～問7に答えよ。

1　イギリス人のジョージ＝オーウェルは，1922年，父と同じく(a)インドの官吏となった。しかし，植民地を蔑視する任務のあり方に疑問を持ち，帰国して貧しい生活をしながら，作家を志すようになった。そして，1929年に始まる［　A　］の下での貧民を描いた『パリ・ロンドン放浪記』を，1933年に発表した。

1936年，オーウェルは(b)スペイン内戦に義勇兵として参加し，人民戦線とともに戦った。その経験を，帰国後の1938年に『カタロニア讃歌』として発表した。第二次世界大戦が始まると，ドイツの侵攻に備えるための義勇隊にも参加した。その後も，(c)ソ連の支配を風刺した『動物農場』(1945年刊行)や，生活の隅々まで管理される未来社会を予想した『1984年』(1949年刊行)など，人間らしさを主題とする小説を発表した。

ジョージ＝オーウェル

問1　下線部分(a)インドの1920年代のようすについて述べた文として適切なものを，次の①～④のうちから一つ選べ。解答番号は［　18　］。

①　スエズ運河が開通した。

②　アラビア文字からローマ字への文字改革を行った。

③　非暴力・不服従の抵抗運動が行われた。

④　権利の章典を定めた。

問2 [A] は，ニューヨークのウォール街における株価の暴落を直接の原因として始まった出来事である。[A] に当てはまる語句を，次の①～④のうちから一つ選べ。解答番号は [19] 。

① タバコ＝ボイコット運動　② 世界恐慌

③ 百年戦争　④ 大躍進政策

問3 下線部分スペイン内戦(b)で，人民戦線と敵対する反乱軍を率いた軍人を，次の①～④のうちから一つ選べ。解答番号は [20] 。

①

トゥサン＝ルヴェルチュール

②

ナセル

③

ワット

④

フランコ

問4 下線部分ソ連(c)の20世紀前半のようすについて述べた文として適切なものを，次の①～④のうちから一つ選べ。解答番号は [21] 。

① アクバルが，ジズヤを廃止した。

② ガリレイが，地動説を唱えた。

③ スターリンが，一国社会主義を唱えた。

④ ジョン＝ヘイが，中国の門戸開放を唱えた。

2　ドイツの版画家・彫刻家のケーテ＝コルヴィッツは，1890年代より貧しい人々の苦悩や怒りを題材とする作品を発表し，注目を集めた。世界政策を唱えて積極的に海外に進出しようとしていたドイツ皇帝［B］から，賞の授与を拒否されることもあったが，名声は高まり，女性初のプロイセン芸術院会員となった。1914年，第一次世界大戦に従軍した息子が戦死すると，その悲しみを戦争と平和を題材とする作品で表現しようとした。また，(d)第一次世界大戦後の社会主義運動や平和運動にも関与した。

1933年に首相に就任したヒトラーは，(e)政府に立法権を与える法律を制定するなどして，ドイツに独裁体制を築いた。こうした中で，ケーテ＝コルヴィッツは，反政府的な作家として迫害を受けるようになったが，屈することなく制作を続けた。1942年には第二次世界大戦に従軍した孫を亡くし，翌年には空襲で家や多くのデッサンを失った。1945年4月22日，ドイツ降伏の直前に世を去った。

ケーテ＝コルヴィッツ「母たち」(1922年)

問 5 [B] に当てはまる人物と，[B] の世界政策の一環で建設された鉄道との組合せとして正しいものを，次の①～④のうちから一つ選べ。解答番号は [22] 。

| | B | 鉄 道 |
|---|---|---|
| ① | ヴィルヘルム2世 | バグダード鉄道 |
| ② | ヴィルヘルム2世 | 大陸横断鉄道 |
| ③ | カール大帝 | バグダード鉄道 |
| ④ | カール大帝 | 大陸横断鉄道 |

問 6 下線部分第一次世界大戦後(d)の西アジアのようすについて述べた文として適切なものを，次の①～④のうちから一つ選べ。解答番号は [23] 。

① ロベスピエールが，恐怖政治を行った。

② ホー＝チ＝ミンが，ベトナム民主共和国の建国を宣言した。

③ 李成桂が，朝鮮王朝を建てた。

④ レザー＝ハーンが，パフレヴィー朝を樹立した。

問 7 下線部分政府に立法権を与える法律(e)である全権委任法(1933年制定)の条文を，次の①～④のうちから一つ選べ。解答番号は [24] 。

①
> 第1条　国の法律は，憲法の定める手続によるほか，政府によっても制定され得る。…
> 第2条　政府が制定した国の法律は，憲法と背反し得る。…

②
> 第119条　ドイツは海外領土に関わるすべての権益，権利を放棄し，これらは主要連合国と協調国に与えられる。

③
> 第1条　人間は自由で権利において平等なものとして生まれ，かつ生き続ける。社会的区別は共同の利益にもとづいてのみ設けることができる。

④
> 余は…確信した。…新しい規程により，農奴は，然るべき時期に，自由な農村住民としての完全な権利を受け取る。

**6**　1～2の文章と図版に関連して，**問1～問6**に答えよ。

1　第二次世界大戦後の日本は，様々な困難に向き合いながら，復興と経済成長をはたしていった。**資料1**は，1956年度(昭和31年度)の『経済白書』の一部である。

**資料1**

> 戦後10年日本経済は目ざましい復興を遂げた。…国民所得は，戦前の五割増の水準に達し，一人当りにしても戦前の最高記録昭和14年の水準を超えた。工業生産も戦前の2倍に達し，軍需を含めた戦時中の水準をはるかに上回っている。…
>
> ことに最近その実績が明らかにされた昭和30年度の経済発展にはまことにめざましいものがあった。…世界第二位の輸出増加率を示した昨年の日本経済の姿を，世界経済の奇蹟と称せられた西独(a)経済の発展に比すべきものとして目をみはっている。…今回，発表した経済白書においては，復興過程を終えたわが国が，経済の成長を鈍化させないためには，如何なる方途に進まねばならぬかをその主題としている。…もはや「戦後」ではない(b)。…回復を通じての成長は終わった。…世界の二つの体制の間の対立(c)も，原子兵器の競争から平和的競存に移った。平和的競存とは，経済成長率の闘いであり，生産性向上のせり合いである。…

1956年度(昭和31年度)の『経済白書』の表紙

問 1　下線部分西独(a)(西ドイツ)に関連して，1961 年に建設が始まった建造物はドイツの東西分裂の象徴として知られている。**資料 2** の証言を参考にして，建造物の名称と，その建造目的との組合せとして正しいものを，下の①～④のうちから一つ選べ。解答番号は 25 。

**資料 2**

> 体制に忠実な東ドイツの若い男は，国境警備兵として召集されたとき，自分の世界観が変わらざるをえないと納得した。彼はのちに語っている。
> 「私が壁の全体構造をみたのは，そのときがはじめてです。…私たちの側から実際には誰もむこうへ越えられないように，すべてが造られていました。…」

| | 建造物 | 建造目的 |
|---|---|---|
| ① | 万里の長城 | 東ドイツの人々が西ドイツへ亡命することを防ぐ。 |
| ② | 万里の長城 | 西ドイツの軍が東ドイツへ侵入することを防ぐ。 |
| ③ | ベルリンの壁 | 東ドイツの人々が西ドイツへ亡命することを防ぐ。 |
| ④ | ベルリンの壁 | 西ドイツの軍が東ドイツへ侵入することを防ぐ。 |

問 2　下線部分もはや「戦後」ではない(b)に関連して，この言葉の根拠と考えられる経済的状況として**資料 1** から読み取れることと，その経済的状況をもたらしたと考えられる背景との組合せとして正しいものを，次の①～④のうちから一つ選べ。解答番号は 26 。

| | **資料 1** から読み取れる経済的状況 | 経済的状況をもたらしたと考えられる背景 |
|---|---|---|
| ① | 工業生産が戦前の 2 倍に達している。 | ユグノー戦争がおこった。 |
| ② | 工業生産が戦前の 2 倍に達している。 | 朝鮮戦争がおこった。 |
| ③ | 戦費が戦前の 2 倍に達している。 | ユグノー戦争がおこった。 |
| ④ | 戦費が戦前の 2 倍に達している。 | 朝鮮戦争がおこった。 |

問 3　下線部分世界の二つの体制の間の対立(c)に関連して，この対立に関する国際的な動きについて述べた文として適切なものを，次の①～④のうちから一つ選べ。解答番号は 27 。

① 北大西洋条約機構(NATO)が成立した。

② トリエント公会議が開催された。

③ ウェストファリア条約が結ばれた。

④ ウィーン会議が開催された。

2　資料3は，1989年度(平成元年度)の『経済白書』の一部である。

資料3

世界においても新しい動きがみられる。まず，アジアのNIEsやASEAN(d)の重層的発展である。対米輸出の急増によって急成長を遂げた韓国，台湾などに続いてASEAN諸国も目ざましい発展を示した。次いで，ヨーロッパでは，ECの1992年統合を目指して調整が続けられているが，企業もまたこれを契機に積極的な活動を展開し，設備投資ブームが生じている。さらに，ソ連では経済の停滞を打破するための　A　が推進されている。…ソ連の経済改革には種々の困難が予想される。…また，中南米(e)など発展途上国の累積債務問題の解決にもさらに，先進国の協力が必要とされている。…

小渕恵三官房長官(当時)による元号発表

問4　下線部分ASEAN(d)の加盟国の歴史について述べた文として適切なものを，次の①～④のうちから一つ選べ。解答番号は　28　。

① フランスで，バスティーユ牢獄の襲撃がおこった。

② インドネシアで，スハルトが開発独裁を行った。

③ オランダで，東インド会社が設立された。

④ イギリスで，クロムウェルが共和政を樹立した。

問5　A　に当てはまる語句を，次の①～④のうちから一つ選べ。解答番号は　29　。

① ブロック経済　　② タンジマート(恩恵改革)

③ 洋務運動　　④ ペレストロイカ

問 6　下線部分中南米(e)に関連して，次の略地図中の斜線部は，中南米のメキシコ，ペルー，チリを含む国際的な経済協力の組織に加盟する国々を表したものである。組織の名称を，下の①～④のうちから一つ選べ。解答番号は 30 。

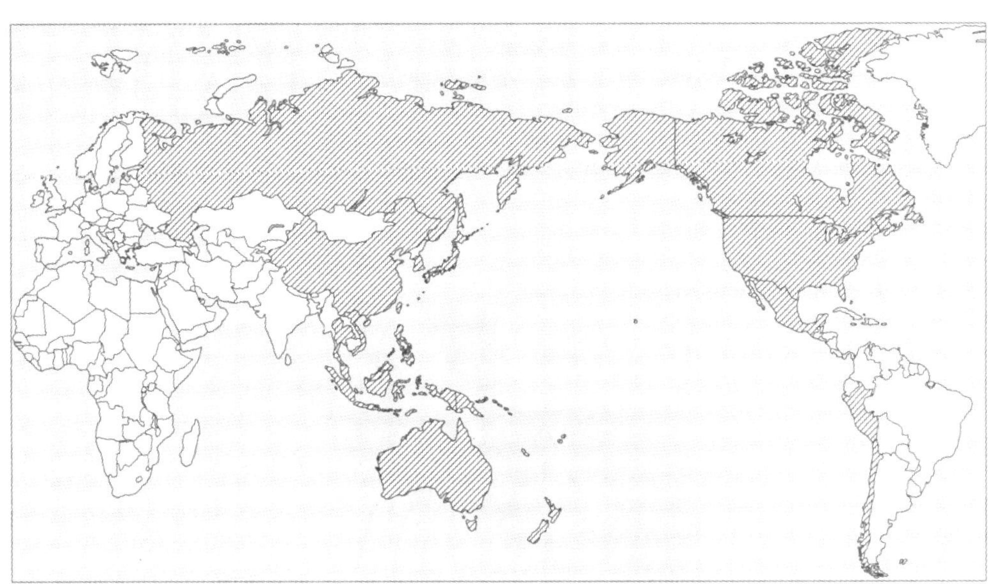

① APEC(アジア太平洋経済協力会議)　　② 国際赤十字社

③ 第1インターナショナル　　④ ハンザ同盟

**7** 次の文章と図版に関連して，**問1～問2**に答えよ。

天気は人間の生活に大きく影響する。そのため，雲や風の動きから天気を経験的に予測することは，古来より行われてきた。現在では，天気の予測のために天気図が用いられている。天気図は，ドイツの気象学者ハインリヒ＝ブランデスによって構想されたが，その時は天気の予測に使うことは想定されていなかった。しかし，電信の発明により， A が可能になったため，天気図を用いた天気の予測が可能になった。天気の変化に関する情報量は膨大であり，20世紀半ば以降には，その情報の処理のためにコンピューターが用いられるようになる。さらに，地球全体の天気に関する情報を収集するために，現在では人工衛星(a)が利用されている。

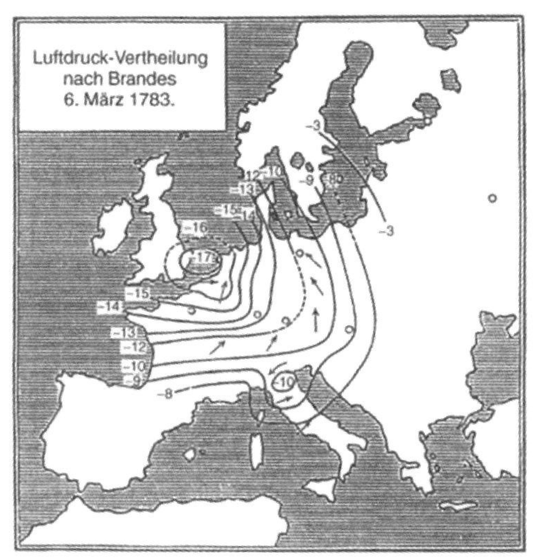


ブランデスの著作のデータをもとに作成された天気図

問1 A に当てはまる語句を，次の①～④のうちから一つ選べ。
解答番号は 31 。

① 物体を透過して見ること
② 瞬時に遠隔地の情報を得ること
③ 船の方位を測定し，長距離の航海を行うこと
④ 空を飛ぶことで，高速で長距離を移動すること

**問 2** 下線部分人工衛星(a)について述べた次の(ア)・(イ)の正誤を判断し，その組合せとして正しいものを，下の①～④のうちから一つ選べ。解答番号は 32 。

(ア) 人工衛星の開発が成功した結果，原子爆弾が開発された。

(イ) 人工衛星の打ち上げに世界で最初に成功したのはソ連である。

① (ア)―正　(イ)―正
② (ア)―正　(イ)―誤
③ (ア)―誤　(イ)―正
④ (ア)―誤　(イ)―誤

（これで世界史Ａの問題は終わりです。）

# 日　本　史　Ａ

（解答番号 1 ～ 28 ）

## 1 次の**会話文**と**資料１・２**を読み，後にある**問１～問４**に答えよ。

**会話文**

先生：次の**資料１**は，鉄道路線の名所や歴史が歌詞に歌われ大ヒットした『鉄道唱歌』です。第一集の東海道編だけで66番まであります。

**資料１**

**１番**　汽笛一声新橋を
はや我汽車は離れたり
愛宕の山（注１）に入りのこる
月を旅路の友として

**10番**　汽車より逗子（注２）をながめつつ
はや横須賀に着きにけり
見よやドックに集まりし
わが軍艦の壮大を

（『地理教育　鉄道唱歌　第一集　東海道編』）

（注１）　東京都港区にある丘。

（注２）　神奈川県の地名。横須賀へ敷設された路線に駅ができた。

生徒：日本で初めての鉄道は，1872年に**１番**の歌詞に歌われる新橋駅と［　A　］駅との間で結ばれ，その後全国に路線が広がっていったのですよね。**１番**の歌詞からは旅が始まるワクワクした気持ちが表現されているように思います。当時の人びとが旅をするために，鉄道の路線が広がっていったのですか。

先生：鉄道開業当初，鉄道の敷設は，［　B　］が中心となって政府の事業として行われました。つまり，国家の政策と路線が広がった理由には関連があるということですね。<u>『鉄道唱歌』が発行された時期</u>(a)は，三国干渉後の「臥薪嘗胆」という言葉に表されるように，朝鮮半島と満州の支配権をめぐる大きな戦争に備えて国力を強化していく時期なのです。

生徒：**10番**の歌詞は，そのような時代背景をよく表していますね。

先生：当時，東海道線の一部として扱われていた，<u>横須賀への線路が敷設された経緯</u>(b)は，**資料２**を読むと分かりますよ。

**資料2**（意訳してある）

横須賀または観音崎（注3）へ停車場を設置する件

相模国の横須賀は第一海軍区（注4）の海軍港であり，造船所や武器庫・倉庫の他，病院や兵隊の宿舎や練習艦があり，それを鎮守府が管轄している，…（中略）…しかし，東京から横須賀・観音崎へはただ海運があるのみで，険しい丘が多く馬車も通れない，強風や高波のために運輸が途絶えてしまう。…（中略）…よって，鉄道の敷設は陸海軍の軍略上きわめて大事な問題であり，陸軍と海軍の両軍の勝敗に関係するため，至急に鉄道の設置について閣議で審議していただきたい。

明治十九（1886）年六月二十二日

海軍大臣 西郷従道

陸軍大臣 大山巌

内閣総理大臣　伊藤博文殿

（『日本鉄道史』より作成）

（注3）　神奈川県の地名。東京湾の入り口にある重要な場所で砲台が置かれた。

（注4）　海軍の区画。全国を第一海軍区から第四海軍区に分け，それぞれに軍港を設置し鎮守府を置いた。

**問1**　［A］［B］に当てはまる語の組合せとして正しいものを，次の①～④のうちから一つ選べ。解答番号は［1］。

① A―神　戸　　B―通信省
② A―神　戸　　B―工部省
③ A―横　浜　　B―通信省
④ A―横　浜　　B―工部省

**問2**　下線部分『鉄道唱歌』(a)が発行された時期を，次の**年表**の①～④のうちから一つ選べ。解答番号は［2］。

**年　表**

1872年　鉄道開通
①
1894年　日清戦争勃発
②
1904年　日露戦争勃発
③
1914年　第一次世界大戦勃発
④
1937年　日中戦争勃発

問 3　下線部分(b)横須賀への線路が敷設された経緯について，**資料2**から読み取れることとして最も適切なものを，次の①～④のうちから一つ選べ。解答番号は [ 3 ] 。

① 鉄道敷設を急ぐ伊藤博文が，横須賀に軍港をもつ海軍に依頼した。

② 鉄道を敷設することによって，横須賀に鎮守府を置くことを可能とする。

③ 鉄道の敷設は，陸海軍の物資輸送に関わる重要な問題である。

④ 鉄道敷設を急ぐ海軍は，陸軍には相談をせずに依頼した。

問 4　**資料3**と**レポート**を読み， [ C ] [ D ] に当てはまる語の組合せとして正しいものを，下の①～④のうちから一つ選べ。解答番号は [ 4 ] 。

**資料3**

みわたすかぎり青々と
若葉波うつ桑畑
山のおくまで養蚕の
ひらけしさまの忙しさ

（『地理教育　鉄道唱歌　第四集　信越・北陸編』）

**レポート**

鉄道唱歌は，東海道線について歌った**資料1**だけでなく，日本全国の路線のものがあることが分かり調べてみました。その結果，**資料3**から，国家の政策と路線が広がった理由に関連があるものを見つけることができました。**資料3**は群馬県を走る路線を歌にしたもので，歌詞からは [ C ] の生産が盛んであったことが分かります。さらに調べた結果，生産された [ C ] は重要な [ D ] であるため，鉄道で横浜港に運ばれたことが分かりました。

① C―生　糸　　D―海外輸出品

② C―生　糸　　D―生活必需品

③ C―綿　糸　　D―海外輸出品

④ C―綿　糸　　D―生活必需品

**2** 隈板内閣と呼ばれた第1次大隈重信内閣について書かれた，次の**資料1・2**を読み，後にある**問1～問4**に答えよ。

**資料1**　勝海舟の日記(意訳してある)

しかし今度の内閣も，もはやそろそろ評判が悪くなって来たが，あれでは内輪もめをして，到底長く続かないよ。だいたい，重要人物である大隈重信と板垣退助の性質がまるで違っていて，板垣はお人よしだし，大隈は抜け目のない人だから，とても仲良くしていられるものか。遅かれ早かれ喧嘩するにきまっているよ。大隈でも板垣でも，民間にいたころには，人のやっているのを冷たく批判して，自分はうまくやれると思っていただろうが，さて引き渡されてみると，そうはうまくはいかないよ。

(『氷川清話』より作成)

**資料2**　大隈重信の自叙伝(意訳してある)

この総選挙は実に無事に行われて，その結果はもちろん［ A ］が大多数。そこでこれならば大丈夫行ける，必ず［ B ］政治は達成できると考えたのであって，国民の希望もまたそこにあった。

しかし閣僚の一部に，まだ十分に意志の疎通ができていない者がいて，それに乗じて藩閥政治家たちからの中傷を受け，あの尾崎行雄の共和演説が導火線となり，意外にも［ A ］の内部で争いがおこった。それは，板垣は尾崎に代わり桂太郎もしくは西郷従道にしようとし，私が犬養毅にしようとしたので反対し，藩閥政治家たちと協力して，これをやめさせようということになった。そのため内閣の内外は険悪な空気となり，相次いで来る中傷と仲違いさせようとする動きに耐えられず，ついに崩壊した。

(『大隈重信自叙伝』より作成)

問 1 [ A ] [ B ] に当てはまる語句の組合せとして正しいものを，次の①～④のうちから一つ選べ。解答番号は [ 5 ] 。

① A―立憲民政党　B―藩閥政治家たちによる
② A―立憲民政党　B―憲法にもとづく
③ A―憲政党　B―藩閥政治家たちによる
④ A―憲政党　B―憲法にもとづく

問 2 下線部分大隈重信と板垣退助に関連して，国会開設の勅諭をうけて２人はそれぞれ政党を結成した。大隈が結成した立憲改進党の**主張**と，大隈と板垣の**共通点**の組合せとして正しいものを，下の①～④のうちから一つ選べ。解答番号は [ 6 ] 。

**主　張**

ア　イギリス流の議院内閣制を主張するなど穏健的な自由主義
イ　フランス流の急進的な自由主義

**共通点**

ウ　条約改正交渉について批判され，襲撃を受けた。
エ　新政府の参議であったが，政変によって政府を去った。

① ア―ウ　② ア―エ　③ イ―ウ　④ イ―エ

問 3 **資料１・２**から読み取ることができる勝と大隈の考えについて述べた文として，**誤っているもの**を，次の①～④のうちから一つ選べ。解答番号は [ 7 ] 。

① 勝は，大隈と板垣の対立から第１次大隈内閣が長続きしないと考えている。
② 勝は，政権の運営は，大隈と板垣が批判してきたほど簡単ではないと考えている。
③ 大隈は，桂太郎か西郷従道を尾崎の後任にしたかった。
④ 大隈は，共和演説事件が第１次大隈内閣崩壊のきっかけの一つだと考えている。

問 4　次の絵について，その説明文の［　C　］［　D　］に当てはまる語句の組合せとして最も適切なものを，下の①～④のうちから一つ選べ。解答番号は［　8　］。

絵

説明文

この絵は，明治29年に出版された雑誌に掲載されたものです。第2次伊藤博文内閣が誕生すると，板垣退助は内務大臣となります。自由民権運動のリーダー的存在から立場を変えて，［　C　］内務省の大臣となったことを，下のコマで［　D　］的に表現しています。

① C—言論思想を取り締まる　　D—肯　定
② C—言論思想を取り締まる　　D—批　判
③ C—皇室事務を管理する　　D—肯　定
④ C—皇室事務を管理する　　D—批　判

**3** 次の**表**と**会話文**を読み，後にある**問1～問4**に答えよ。

**表**　全国中等学校優勝野球大会　歴代優勝・準優勝校

| 大会 | 年 | 優勝校 | 準優勝校 | 全国大会代表校数 | 地方予選大会参加校数 |
|---|---|---|---|---|---|
| 第1回 | 1915 | 京都二中(京都) | 秋田中(秋田) | 10 | 73 |
| 第2回 | 1916 | 慶応普通部(東京) | 市岡中(大阪) | 12 | 115 |
| 第3回 | 1917 | 愛知一中(愛知) | 関西学院中(兵庫) | 12 | 118 |
| 第4回 | 1918 | 中止 | | 14 | 137 |
| 第5回 | 1919 | 神戸一中(兵庫) | 長野師範(長野) | 14 | 134 |
| 第6回 | 1920 | 関西学院中(兵庫) | 慶応普通部(東京) | 15 | 157 |
| 第11回 | 1925 | 高松商(香川) | 早稲田実(東京) | 21 | 302 |
| 第12回 | 1926 | 静岡中(静岡) | 大連商(満州) | 22 | 337 |
| 第14回 | 1928 | 松本商(長野) | 平安中(京都) | 22 | 410 |
| 第16回 | 1930 | 広島商(広島) | 諏訪蚕糸(長野) | 22 | 541 |
| 第17回 | 1931 | 中京商(愛知) | 嘉義農林(台湾) | 22 | 634 |

※第7～10回，13回，15回は表記していない。

**会話文**

生徒：この夏休みに「夏のスポーツ」というテーマで高校野球について調べてみました。今「夏の甲子園」と呼ばれている選手権大会は「全国中等学校優勝野球大会」として大正時代に始まっていることが分かりました。

先生：大正時代には大学野球とともに学生のスポーツとして定着したんですね。

生徒：そのようです。野球人気で観客が増加したため，鉄道会社(a)によって新たに球場が作られ，それが現在の阪神甲子園球場であることが分かりました。1927年からは試合の実況中継が行われるなど，メディアの発達(b)も野球人気を支えたようです。

先生：1918年は，地方の予選は行われたけれど，全国大会は行われなかったということですか。

生徒：そのようです。この年の8月に富山県の漁村の主婦たちの行動をきっかけに広がった暴動(c)が理由で中止になったようです。

問 1　下線部分(a)鉄道会社に関連して，表中に示された時期のできごとについて説明した文の正誤の組合せとして適切なものを，下の①～④のうちから一つ選べ。解答番号は 9 。

ア　鉄道国有法が制定され，国内の 90 % が国有鉄道となった。

イ　鉄道会社によって経営されるターミナルデパートが誕生した。

① ア―正　イ―正　② ア―正　イ―誤

③ ア―誤　イ―正　④ ア―誤　イ―誤

問 2　下線部分(b)メディアの発達について説明した次の文の A B に当てはまる語の組合せとして適切なものを，下の①～④のうちから一つ選べ。解答番号は 10 。

1920 年代に入ると，新聞だけではなく A がマスメディアとして登場した。また，新聞に連載された B のような著作を通した社会運動も展開されていった。

① A―テレビ放送　B―職工事情　② A―テレビ放送　B―貧乏物語

③ A―ラジオ放送　B―職工事情　④ A―ラジオ放送　B―貧乏物語

問 3　下線部分(c)富山県の漁村の主婦たちの行動をきっかけに広がった暴動について，暴動の背景を説明する際に適切な**関連する資料**と**仮説**の組合せとして最も適切なものを，下の①～④のうちから一つ選べ。解答番号は 11 。

**関連する資料**

ア

| | 米価 | 指数 |
|---|---|---|
| 1900(明治 33)年 | 11円32銭 | 100 |
| 1905( 〃 38)年 | 12　66 | 112 |
| 1910( 〃 43)年 | 12　93 | 114 |
| 1915(大正 4)年 | 12　47 | 110 |
| 1916( 〃 5)年 | 13　26 | 117 |
| 1917( 〃 6)年 | 19　35 | 171 |
| 1918( 〃 7)年 | 31　82 | 281 |
| 1919( 〃 8)年 | 45　49 | 402 |

イ

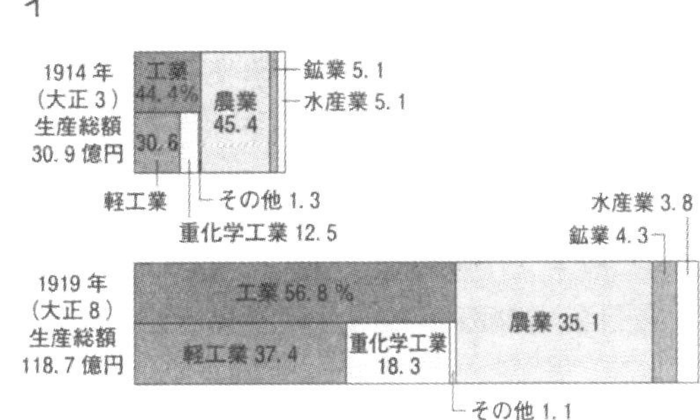


**仮　説**

ウ　暴動がおきたのは，農業の生産額が減少したことで市場への供給量が減少したからではないか。

エ　暴動がおきたのは，安定して推移していた米価が高騰したからではないか。

① アーウ　　② アーエ　　③ イーウ　　④ イーエ

問 4　表中から読みとれることとして**適切でないもの**を，次の①～④のうちから一つ選べ。解答番号は 12 。

① 経済の低迷を背景に1920年代後半は，地方予選の参加校が減少したことが分かる。

② 日本の植民地となっていた地域からも，代表校が出場していたことが分かる。

③ 福沢諭吉や大隈重信にゆかりのある学校も出場していたことが分かる。

④ 日本の生糸産業に関連する学校が，決勝戦に進出していたことが分かる。

**4** 次の文を読み，後にある**問1～問4**に答えよ。

> 枢密院議長の清浦奎吾が［ A ］の支持を得て内閣を組織すると，それに反発した三つの政党が護憲三派を結成して対立した。総選挙(a)で護憲三派が大勝すると，第一党になった［ B ］の党首が首相となり護憲三派の連立内閣(b)が成立した。以後，「憲政の常道」と言われる政党政治が行われた(c)時代が訪れた。

**問1** ［ A ］［ B ］に当てはまる語の組合せとして正しいものを，次の①～④のうちから一つ選べ。解答番号は［ 13 ］。

① A—貴族院　B—憲政会　　② A—貴族院　B—立憲国民党
③ A—衆議院　B—憲政会　　④ A—衆議院　B—立憲国民党

**問2** 下線部分総選挙(a)は，次の**表**中のどの時期に行われたか。**会話文**を参考に最も適切なものを，下の①～④のうちから一つ選べ。解答番号は［ 14 ］。

**表**　衆議院選挙実施年と有権者数

| 年 | 有権者数 | |
|---|---|---|
| 1912 | 1,506,143 | ア |
| 1915 | 1,546,411 | |
| 1917 | 1,422,126 | イ |
| 1920 | 3,096,148 | |
| 1924 | 3,288,405 | ウ |
| 1928 | 12,408,678 | |
| 1930 | 12,812,895 | エ |

**会話文**

> 先生：有権者数の変化に何か特徴はあるかな。
> 生徒：段階的に増加していることが分かります。
> 先生：そうだね。直接国税の納税額の制限を徐々に下げることで，有権者数は増えていったんだね。
> 生徒：1928年の総選挙の時には納税額による制限はなくなったと勉強しました。

① ア　　② イ　　③ ウ　　④ エ

**問 3** 下線部分護憲三派の連立内閣(b)について，この内閣が制定した治安維持法の内容を示した**資料**と，この法律が制定される背景となる**できごと**の組合せとして最も適切なものを，下の①～④のうちから一つ選べ。解答番号は [ 15 ] 。

**資料**(意訳してある)

ア　天皇制を変革したり私有財産を否定するようなことを目的に結社を組織したり，その事情を知ったうえでその組織に加入した者は10年以下の懲役または禁錮刑に処する。

イ　治安を守るために必要な場合には警察官が屋外の集会や運動をすることを制限，もしくは禁止，解散させ，屋内の集会も解散させることができる。

**できごと**

ウ　労働組合期成会の指導の下で労働組合が相次いで結成された。

エ　初めて社会主義国との国交を樹立した。

① ア―ウ　② ア―エ　③ イ―ウ　④ イ―エ

**問 4** 下線部分「憲政の常道」と言われる政党政治が行われた(c)時期に実施された経済政策を説明したものとして適切なものを，次の①～④のうちから一つ選べ。解答番号は [ 16 ] 。

① 講和条約で得た賠償金を準備金として金本位制に移行した。

② 歳出の削減や増税，鉱山経営などの官営事業の払い下げを行い紙幣の整理を進めた。

③ 経済安定九原則が示されて物価の統制や賃金の安定が図られた。

④ 恐慌下の企業競争激化を背景に各産業部門のカルテルを法的に認めた。

**5** **資料1**は，アメリカからハル＝ノートが示された直後に昭和天皇との間に交わされた会話における各重臣たちの主張をまとめたものである。これを読み，後にある**問1**～**問4**に答えよ。

**資料1**

（昭和天皇の「大変難しい時代になったね」との言葉に対して）

岡田啓介　：戦争となると物資の補給能力について成功の見通しがあるかとても心配である(a)。先程から政府の説明があるが，まだ納得できていない。

平沼騏一郎：すでに4年にわたる戦争を遂行している今日，さらに長期の戦争となれば困窮や欠乏に耐えなければならないので，民心を引き締め(b)ていく点については十分の施策と努力が必要である。

近衛文麿　：自分は日米国交調整に努力してきたが，ついにその成果を挙げることができなかったのは大変残念だ。政府は日米交渉を続ける見込みがないと言っているが，外交交渉が決裂したからといってすぐに戦争に訴える必要があるだろうか。

広田弘毅　：政府の説明によれば今日は外交上の危機に立っているように思われるが，すぐに戦争に突入するのはいかがなものか。

林銑十郎　：政府が大本営（注1）と協力して十分検討した結論であるから，信頼するしかないと思う。

阿部信行　：政府はあらゆる角度からよく考えたようだから，日米交渉を諦める以上の解決策は望めないと思う。ただ，中国民衆の心の動向については慎重に対処しなければならず，一度誤れば今日までに得た成果をも失ってしまう恐れがあると思う。

若槻礼次郎：大東亜共栄圏の確立とか東アジアの安定勢力とかの理想にとらわれて国力を使うことは非常に危険だから，よく考えなければならない。

（『木戸幸一日記』より作成）

（注1）　戦時または事変の際に，天皇に直属して陸海軍を統帥した最高機関。

**問 1**　下線部分物資の補給能力について成功の見通しがあるかとても心配である理由について，生徒Ｚは**資料 2** に基づいて**考察文**を書いた。［ A ］［ B ］に当てはまる語句の組合せとして正しいものを，下の①～④のうちから一つ選べ。
解答番号は［ 17 ］。

**資料 2**　日本の主要貿易相手国・地域(1935 年)

| 順位 | 輸　出 | 輸　入 |
|---|---|---|
| 1 | 中国 | アメリカ |
| 2 | アメリカ | イギリス領インド |
| 3 | イギリス領インド | 中国 |
| 4 | インドネシア(注2) | オーストラリア |
| 5 | イギリス | ドイツ |

(注2)　1935 年当時はオランダ領東インドと呼ばれていた。

**考察文**

すでに行われていた［ A ］に加え，主要貿易相手国は現在戦争中，およびこれから戦争をすることが予想された国家とその植民地が多いことから，［ B ］と予想されたため。

① A―北大西洋条約機構の設立
　B―援蔣ルートが危険にさらされて戦況が有利となる
② A―北大西洋条約機構の設立
　B―貿易による外貨や物資の獲得が難しくなる
③ A―アメリカによる対日石油輸出の禁止
　B―援蔣ルートが危険にさらされて戦況が有利となる
④ A―アメリカによる対日石油輸出の禁止
　B―貿易による外貨や物資の獲得が難しくなる

問２　下線部(b)民心を引き締めるための政策が行われたことを示す資料として**適切でないもの**を，次の①～④のうちから一つ選べ。解答番号は［18］。

①

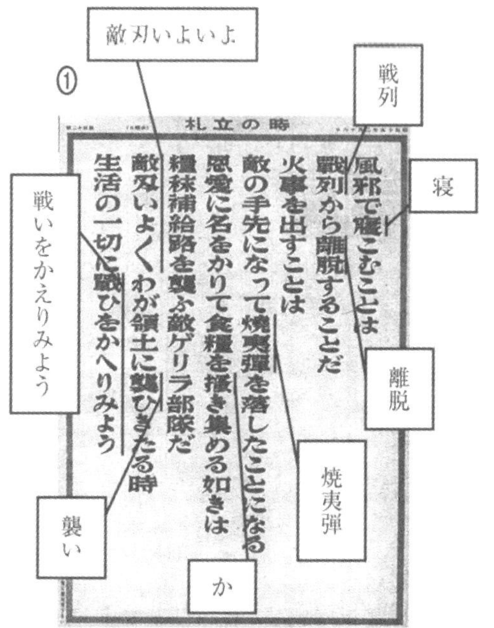


②

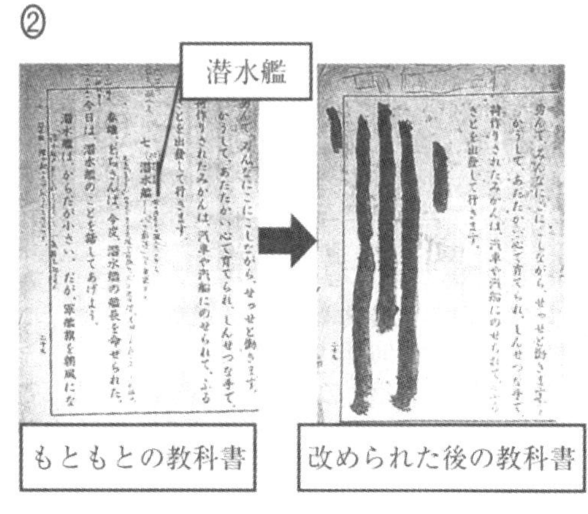


③

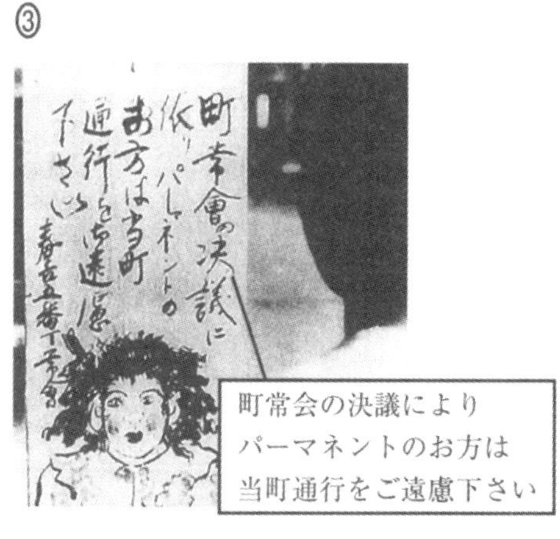


④

問３　**資料１**について述べた文として**適切でないもの**を，次の①～④のうちから一つ選べ。解答番号は［19］。

① この会話が行われた際の首相は東条英機である。

② 重臣の多くは開戦に消極的である。

③ 満州事変が勃発した際の首相は開戦に積極的である。

④ 平沼の言う「４年にわたる戦争」とは日中戦争のことである。

問4　生徒Yは**資料**1を読んでいくつかの**疑問**をもち，それを調べるために必要と思われる**資料**を用意した。両者の組合せとして**適切でないもの**を，下の①～④のうちから一つ選べ。解答番号は 20 。

**疑　問**

ア　阿部信行の言う「今日までに得た成果」とはどのようなものだったか。

イ　若槻礼次郎の言う「大東亜共栄圏」とはどのようなものだったか。

**資　料**

甲

・中国と国交がない状態で貿易を開始した。
・中華人民共和国政府を「中国で唯一の合法的な政府」と認めた。
・日中平和友好条約を締結した。

乙

・日満議定書を結び，正式に満州国を承認した。
・盧溝橋事件を発端として戦闘を展開し，南京を占領した。
・国民党の幹部である汪兆銘に，新しい政府を作らせた。

丙

丁

①　ア―甲　　②　ア―乙　　③　イ―丙　　④　イ―丁

**6** 表は，1946 年および 1970 年に長谷川町子作『サザエさん』で取り上げられた，当時の社会情勢に関するテーマをまとめたものである。これを見て，後にある**問 1 ～問 4** に答えよ。

表

| 1946 年 | | 1970 年 | |
|---|---|---|---|
| テーマ | 回数 | テーマ | 回数 |
| 海外からの復員 | 4 | C | 7 |
| 進駐軍 | 4 | インフレーション | 4 |
| A のための遠出 | 4 | 猛烈社員 | 3 |
| 家の裏庭で野菜つくり | 3 | D | 2 |
| 伝染病 | 2 | 三億円銀行強盗，経済大国日本(b)，ゴミ処理，資本主義の矛盾，貨幣危機　など | 1 |
| B | 2 | | |
| 代用食，速成英語学習コース，不良食品，インフレーション(a)，男女同権についての討論会，兵士の帰宅　など | 1 | | |

（『戦後日本の大衆文化』より作成）

**問 1** 花子さんは，日本史の授業で学んだことと**資料1・2**から読み取れることを考え合わせて，**表**のテーマの言葉を用いながら**文1**を作った。 A  B に当てはまる語の組合せとして正しいものを，下の①～④のうちから一つ選べ。解答番号は 21 。

**資料1**

**資料2**

（『長谷川町子全集　第一巻　サザエさん①』より作成）

**文1**

敗戦直後には，人びとは「家の裏庭で野菜つくり」や「 A のための遠出」などをして食糧確保に努めた。それは「海外からの復員」や「兵士の帰宅」などにより国内の人口が増加して食糧不足に拍車がかかり，食糧の「 B 」が十分に行われないことがあったためである。

① A―食糧買い出し　B―配　給　② A―食糧買い出し　B―輸　出
③ A―引揚げ　B―配　給　④ A―引揚げ　B―輸　出

問2　太郎さんは，日本史の授業で学んだことと**資料3・4**から読み取れることを考え合わせて，**表**のテーマの言葉を用いながら**文2**を作った。［C］［D］に当てはまる語の組合せとして正しいものを，下の①～④のうちから一つ選べ。解答番号は［22］。

**資料3**

**資料4**

（『サザエさん㊵』，『サザエさん㊶』より作成）

（注）　車の排気ガスなどに含まれる化学物質が紫外線と反応して発生する，目やのどを刺激する霧状の有害物質。

**文2**

「猛烈社員」に支えられた日本は高度経済成長を成し遂げ，「経済大国日本」となった。“人類の進歩と調和”をスローガンに，太陽の塔をシンボルとして行われた「［C］」はそのことを世界にアピールする機会となった。

一方「［D］」や「ゴミ処理」問題など「資本主義の矛盾」も噴出し，社会問題となった。

① C―日本万国博覧会　D―欠食児童
② C―日本万国博覧会　D―公　害
③ C―東京オリンピック　D―欠食児童
④ C―東京オリンピック　D―公　害

問3　下線部分インフレーション(a)の**原因**と**影響**について述べた文の組合せとして適切なものを，下の①～④のうちから一つ選べ。解答番号は 23 。

原　因

ア　土地投機に支えられてバブル景気が進んだこと。

イ　終戦処理のため通貨が増発されたこと。

影　響

ウ　大量の不良債権を抱えた金融機関の経営が悪化し，複合不況となった。

エ　基幹産業を巻き込んで二・一ゼネストが計画された。

①　ア—ウ　　②　ア—エ　　③　イ—ウ　　④　イ—エ

問4　下線部分経済大国日本(b)について，そのことを示す1970～1980年代のできごととして適切なものを，次の①～④のうちから一つ選べ。解答番号は 24 。

①　『経済白書』に「もはや戦後ではない」と記された。

②　太平洋ベルト地帯と呼ばれる巨大な重化学工業地帯が形成されはじめた。

③　一人当たりの国民所得がアメリカを抜き，貿易黒字により世界最大の債権国となった。

④　携帯電話の台数が一般の加入電話を上回った。

7 近現代の学習のまとめとして，生徒が行っている探究活動Ⅰ・Ⅱについて，後にある**問1**～**問4**に答えよ。

Ⅰ

**資料1**

私の考えでは，われわれのこの薩摩訪問は大変な欺瞞(ぎまん)的行為であって，東海道でリチャードソン(注1)の斬殺を命令した悪党(島津久光)(注2)と宴席をともにするなんて，まったく穏当なことではありません。私は，すくなくとも彼ほどいやな表情の顔を見たことがない，と言いたいくらいです。

(注1) イギリス人の商人。　(注2) 実際に命じたかどうかは明らかでない。

**資料2**　「列強クラブの仲間入り」

英：こちらが，ソーデスカ氏(日本)です。
露：あなたは，何をお望みですか。
日：私は，あなたがたのクラブに入るのを望みます。

(『ビゴーが見た日本人』より作成)

**会話文**

先　生：この班は，どのようなテーマで探究活動を行っていますか。

生徒X：「外国人が記した日本」というテーマを設定し，資料を集めています。**資料1**では［ A ］事件を背景とした，イギリス外交官である筆者の薩摩訪問への抵抗感が述べられています。また**資料2**からは，その後イギリスと日本が接近したことが見て取れます。

先　生：**資料2**が描かれた背景としては，どのようなことがあったのでしょうか。

生徒Y：［ B ］ことがあったと思います。

問1 [ A ] [ B ] に当てはまる語句の組合せとして最も適切なものを，次の①～④のうちから一つ選べ。解答番号は [ 25 ] 。

① A―フェートン号　　B―領事裁判権の撤廃が約束された後，日清戦争に勝利した
② A―フェートン号　　B―第一次世界大戦後，国際連盟の常任理事国となった
③ A―生　麦　　B―領事裁判権の撤廃が約束された後，日清戦争に勝利した
④ A―生　麦　　B―第一次世界大戦後，国際連盟の常任理事国となった

Ⅱ

**資料3**

美濃部達吉博士は，東京帝大の老教授で，三十年にわたって日本公法学界の第一人者だったが，反動的運動の犠牲者としてガリレオと同じ運命に見舞われることとなった。…(中略)…白髪の教授に対する最初の攻撃は，まさにその貴族院の本会議でおこった。…(中略)…教授はこの説を三十年にわたって講義してきたし，天皇(a)周辺でも容認されている学説だ。

**資料4**

貿易取引にあたり単一為替レートの早期決定が一般に要望されている。この要望はよく解っており，できるだけ早く実現できるように当局でも考えている。…(中略)…真の安定と進歩とは国家的諸問題を健全な財政通貨政策で処理することに立脚しなければならない。…(中略)…米国が要求し同時に日本が必要とすることは，対日援助を終わらせることと日本の自立のための国内建設的な行動である。…(中略)…すなわち日本の経済は両足に地をつけていず，竹馬にのっているようなものだ。竹馬の片足は米国の援助，他方は国内的な補助金の機構である。

**会話文**

生徒Y：次は昭和時代に入り深刻な恐慌が続く中で，日本が対外進出をはかっていった後の資料です。

先　生：では**資料3**について簡単に説明してください。

生徒Z：**資料3**は，日本に派遣されていた東欧の新聞社の記者による記事です。これまで受容されていた憲法学説が，社会情勢の変化により批判を受けたことを記しています。この記者は，その後太平洋戦争中に，スパイ容疑で逮捕されました。

先　生：東欧からもこのような派遣記者が来日していたのですね。私もはじめて知りました。

生徒X：**資料4**は，敗戦した日本の占領政策に関わる文書です。主に経済政策の内容が書かれています。この時日本では，同じ人物がしばらく首相を務める長期政権になっていました。

先　生：資料はそれぞれ違う国の人物によるものを選んだことが分かりました。それで今後の探究活動の課題(b)をどのように考えていますか。

問 2 **資料** 3・4について述べた文として**適切でないもの**を，次の①～④のうちから一つ選べ。解答番号は 26 。

① **資料** 3が書かれた時の首相は，岡田啓介であった。

② **資料** 3のできごとがおこった背景として，普通選挙を求める動きが活発になったことがあった。

③ **資料** 4が示された時の首相は，吉田茂であった。

④ **資料** 4が示された背景には，アジアにおける冷戦の深まりがあった。

問 3 下線部分天皇(a)について，明治時代以降の天皇に関連する次の文**ア**～**ウ**を年代の古い順に正しく並べたものを，下の①～④のうちから一つ選べ。解答番号は 27 。

ア 新日本建設に関する詔書の中で，自らの神格を否定した。

イ 大津事件の際に，事件に関する報道の差し止めを行う緊急勅令を発した。

ウ 張作霖爆殺事件の処理について，当時の首相を叱責した。

① ア→イ→ウ　② ア→ウ→イ　③ イ→ア→ウ　④ イ→ウ→ア

問4　下線部分(b)課題について，探究活動Ⅰ・Ⅱをさらに発展させるために生徒があげた**課題**と，それに対して用意した**資料**の組合せとして最も適切なものを，下の①～④のうちから一つ選べ。解答番号は 28 。

**課　題**

ア　欧米人が記した資料のみでなく，違う地域の人の立場から記された資料を探すと新しい視点が得られると思います。

イ　日本が占領下から独立した後の時代の資料があれば，もっと考察の幅が広がると思います。

**資　料**

ウ

はむかえ！はむかえ！
二人して抵抗の
さてどっちが勝るか試してみよう
第一戦は一月の一日まで
日本の品物買うのをやめ
　　…(中略)…
第三戦は三月の三日まで
とられし台湾とりかえし
第四戦は四月の四日まで
二十一カ条は取り消さねば

エ

① アーウ　　② アーエ　　③ イーウ　　④ イーエ

（これで日本史Aの問題は終わりです。）

# 令和３年度　第２回

# 解答・解説

**【重要度の表記】**

Ａ：重要度が高く確実に正答したい設問。しっかり復習する必要のある問題です。

Ｂ：重要度はＡレベルよりすこし下で、やや難易度が高い設問または内容を読み取る設問。高得点を狙う人は復習しましょう！

Ｃ：重要度が低い、または難解な設問。軽く復習する程度でよいでしょう！

# 令和３年度　第２回　高卒認定試験

## 【　世界史Ａ解答　】

| 1 | 解答番号 | 正答 | 配点 | 2 | 解答番号 | 正答 | 配点 | 3 | 解答番号 | 正答 | 配点 | 4 | 解答番号 | 正答 | 配点 |
|---|---|---|---|---|---|---|---|---|---|---|---|---|---|---|---|
| 問１ | 1 | ④ | 4 | 問１ | 3 | ② | 3 | 問１ | 7 | ④ | 3 | 問１ | 12 | ② | 4 |
| 問２ | 2 | ② | 3 | 問２ | 4 | ④ | 3 | 問２ | 8 | ② | 4 | 問２ | 13 | ① | 3 |
| - | - | | | 問３ | 5 | ③ | 3 | 問３ | 9 | ④ | 3 | 問３ | 14 | ③ | 3 |
| - | - | | | 問４ | 6 | ① | 3 | 問４ | 10 | ① | 3 | 問４ | 15 | ④ | 3 |
| - | - | | | - | - | | | 問５ | 11 | ③ | 3 | 問５ | 16 | ③ | 3 |
| - | - | | | - | - | | | - | - | | | 問６ | 17 | ① | 3 |

| 5 | 解答番号 | 正答 | 配点 | 6 | 解答番号 | 正答 | 配点 | 7 | 解答番号 | 正答 | 配点 |
|---|---|---|---|---|---|---|---|---|---|---|---|
| 問１ | 18 | ③ | 3 | 問１ | 25 | ③ | 3 | 問１ | 31 | ② | 3 |
| 問２ | 19 | ② | 4 | 問２ | 26 | ② | 3 | 問２ | 32 | ③ | 3 |
| 問３ | 20 | ④ | 3 | 問３ | 27 | ① | 3 | - | - | | |
| 問４ | 21 | ③ | 3 | 問４ | 28 | ② | 3 | - | - | | |
| 問５ | 22 | ① | 3 | 問５ | 29 | ④ | 3 | - | - | | |
| 問６ | 23 | ④ | 3 | 問６ | 30 | ① | 3 | - | - | | |
| 問７ | 24 | ① | 3 | - | - | | | - | - | | |

## 【　世界史Ａ解答　】

### 1

問１　古代オリエントは紀元前 3000 年頃に都市文明が発達した、現在の西アジア・中東・エジプト周辺地域を指します。①諸子百家は中国の春秋戦国時代の思想家で、『論語』で有名な孔子などがいます。②ボロブドゥール寺院は世界三大仏教遺跡のひとつで、インドネシアで８世紀後半から９世紀前半に建立されました。③ヴァルナはヒンドゥー教の身分制度でカーストを形成するものです。④ピラミッドは古王国時代の紀元前 27 ～紀元前 22 世紀に盛んに建造されました。したがって、正解は④です。

**解答番号【１】: ④　　　⇒ 重要度C**

問２　Ａの２行前から見てみましょう。「代表的な例が、ラテンアメリカです。天然痘などのヨーロッパから持ち込まれた感染症のために先住民の人口が激減しました。そこで、減少した労働力を補うためにＡことになり」とあります。大航海時代をきっかけに勢力を伸ばして

いたヨーロッパ諸国は黒人奴隷をラテンアメリカに送り込みました。よって、Aには「アフリカから黒人奴隷が移入される」が入ります。Bについては空欄の直前の「フランス王」という部分から「ルイ 14 世」が入ります。もうひとつの選択肢のド=ゴールは 20 世紀のフランスの大統領です。したがって、正解は②です。

**解答番号【2】:②　　⇒ 重要度A**

## 2

問1　Aには後漢の皇帝である光武帝が当てはまります。もうひとつの選択肢の玄宗は 8 世紀の唐の皇帝です。新羅は 7 世紀に高句麗と結んで百済を滅ぼしました。したがって、正解は②です。

**解答番号【3】:②　　⇒ 重要度C**

問2　北宋は 10 ～ 12 世紀の中国の王朝です。①ガンダーラ美術は 1 世紀以降、クシャーナ朝の頃のインドの美術です。②「プラハの春」は第二次世界大戦後のチェコスロバキアの民主化運動です。③ワッハーブ運動は 18 世紀にアラビア半島で起きたイスラーム改革です。④王安石は宋の宰相で新法と呼ばれる改革を行いました。したがって、正解は④です。

**解答番号【4】:④　　⇒ 重要度C**

問3　マグナ=カルタは 13 世紀のイギリスでジョン王が承認した憲章で、王の徴税制限や不当逮捕の禁止などが定められました。五賢帝は 1 ～ 2 世紀の間にローマ帝国を治めた 5 人の皇帝のことで、この 5 人の皇帝の頃がローマ帝国全盛期であると言われています。カード 2 はイスタンブルについての説明ですが、この都市はローマ帝国のコンスタンティヌス帝が都を置いたことからコンスタンティノープルとも呼ばれました。したがって、正解は③です。

**解答番号【5】:③　　⇒ 重要度A**

問4　①ビザンツ帝国にイスラーム勢力が進出してきたのは 7 世紀以降の出来事です。②ファシスト党は 20 世紀前半のイタリアの政党で第二次世界大戦時には一党独裁体制となりました。③ファショダ事件は 19 世紀後半にイギリスとフランスによるアフリカの植民地化を巡る対立事件です。フランスが譲歩したことで衝突は回避されました。④二月革命は七月王政が普通選挙の実現などを拒否したことに市民が蜂起し、1848 年にフランスではじまったものです。後のナポレオン 3 世の第二帝政につながります。したがって、正解は①です。

**解答番号【6】:①　　⇒ 重要度B**

## 3

問1　(ア) 青年トルコ革命がはじまったのは 1908 年です。(イ) イスファハーンに遷都したのはアッバース 1 世で 1597 年です。(ウ) ハールーン=アッラシードは 8 世紀後半～ 9 世紀前半の君主です。したがって、正解は④です。

**解答番号【7】:④　　⇒ 重要度C**

問２　ルネサンス期とは西ヨーロッパで文化･芸術運動が展開された14～16世紀を指します。①ピカソは19世紀後半～20世紀前半の画家で、「ゲルニカ」は1937年にドイツ軍が無差別爆撃をした様子をモチーフに作成されました。②ボッティチェリは15～16世紀の画家で、「ヴィーナスの誕生」以外にも「春」「反逆者たちの懲罰」などの作品で知られています。③「ラスコーの洞穴絵画」は旧石器時代後期にフランス西南部の洞窟に描かれた壁画で、1979年に世界遺産に登録されました。④ドラクロワは19世紀のフランスの画家で、「民衆を導く自由の女神」以外に「サルダナパールの死」「キオス島の虐殺」などの作品で知られています。したがって、正解は②です。

**解答番号【8】：②**　　⇒**重要度B**

問３　①オバマは21世紀のアメリカの大統領です。②張騫は前漢（紀元前202年～８年）の政治家です。③ナポレオン１世は19世紀のフランスの皇帝です。ナポレオンがワーテルローの戦いに敗れた後にウィーン会議が開かれ、フランス革命前の絶対王政期の体制に戻されました。④14～16世紀にかけてメキシコ中央部に栄えたアステカ王国をコルテスが滅ぼしたのは1521年のことです。したがって、正解は④です。

**解答番号【9】：④**　　⇒**重要度A**

問４　鄭和に南海大遠征を命じたのは明の３代目の皇帝である永楽帝です。資料３の「土地の物産は、黄連香、烏木、打麻児香、錫などの類である」という部分から、資料３から読み取れる内容としては「マラッカ王国では、錫がとれた」となります。したがって、正解は①です。

**解答番号【10】：①**　　⇒**重要度A**

問５　明代に陶磁器の生産で有名だったのは景徳鎮です。したがって、正解は③です。

**解答番号【11】：③**　　⇒**重要度C**

## 4

問１　①チャーティスト運動は19世紀のイギリスで労働者たちが普通選挙の実施を要求したものです。②印紙法はイギリスが七年戦争後の財政難を補うためにアメリカの十三植民地に対して課したものです。この後の茶法などによって植民地への課税が強化され続けたことによってアメリカ独立戦争が開始されました。③サンフランシスコ会議は1945年に行われ、国際連合の発足が決定しました。④東遊運動は20世紀はじめにファン=ボイ=チャウが主導した、ベトナム青年の日本への留学を促進した運動のことです。したがって、正解は②です。

**解答番号【12】：②**　　⇒**重要度A**

問２　航路については「ノーフォーク（アメリカ）を出発し～マデイラ（アフリカ大陸北西沖）、喜望峰（南アフリカ共和国）、モーリシャス（インド洋）、シンガポールを経由」という資料の記述から「あ」を選択します。Ａには1854年に日米間で結ばれた「日米和親」条約が入ります。もうひとつの選択肢の天津条約は1858年にアロー戦争の講和条約として結ばれました。また清仏戦争後の1885年にも同名の条約が結ばれました。したがって、正解は①です。

**解答番号【13】：①　　　⇒重要度A**

問３　「1850年代のイギリスは18世紀半ばから始まったXを経て『世界の工場』として繁栄期にあった」という文があります。Xに当てはまるのは「産業革命」です。もうひとつの選択肢のニューディールは1930年代の世界恐慌におけるアメリカのローズヴェルト大統領による政策です。ナポレオン３世が帝政をはじめたのは1852年、カストロがキューバ革命を起こしたのは1959年です。したがって、正解は③です。

**解答番号【14】：③　　　⇒重要度A**

問４　ヴィクトリア女王は19世紀前半～20世紀初頭のイギリス女王です。①黄巾の乱は後漢末期の中国で起きた農民反乱です。②湾岸戦争は1990年にイラクがクウェートを侵攻したことからはじまりました。③ポーランド分割は18世紀後半の出来事で、ロシアのエカチェリーナ２世、プロイセンのフリードリヒ２世、オーストリアのヨーゼフ２世によって行われました。④インド帝国の成立は1877年です。したがって、正解は④です。

**解答番号【15】：④　　　⇒重要度A**

問５　Bの周辺を読んでみましょう。「経済が特定の産物の生産・輸出に依存することをBといいます」とあります。これはモノカルチャー経済の説明です。したがって、正解は③です。

**解答番号【16】：③　　　⇒重要度C**

問６　タイの位置は「あ」です。「い」の位置はフィリピンです。19世紀のタイの様子について正しい文は「近代化を目指したチュラロンコン王（ラーマ５世）が即位した」です。もうひとつの選択肢の「ミドハト=パシャがアジア初の憲法を起草した」というのは19世紀のオスマン帝国の内容です。したがって、正解は①です。

**解答番号【17】：①　　　⇒重要度A**

## 5

問１　①スエズ運河はエジプトの近くにある、地中海と紅海を結ぶ運河で1869年に開通しました。②アラビア文字からローマ字に変更したのはトルコのムスタファ・ケマル・アタテュルクによる近代化の一環です。③非暴力・不服従はインドのガンディーによるイギリスへの抵抗運動の際に提唱されたものです。④権利の章典は名誉革命後の1689年、ウィリアム３世とメアリ２世が共同君主として認めたものです。したがって、正解は③です。

**解答番号【18】：③　　　⇒重要度A**

問２　「ニューヨークのウォール街における株価の暴落を直接の原因として始まった出来事」という文から、Aには世界恐慌が当てはまります。①タバコ=ボイコット運動は1891年にカージャール朝で起きた反イギリス運動で、当時の国王がタバコに関する権利をイギリスに渡したことから起こりました。②世界恐慌は1929年にニューヨークで株が暴落したことをきっかけに全世界に広がった不況のことを言います。したがって、正解は②です。

**解答番号【19】：②　　　⇒重要度A**

問３　①トゥサン=ルヴェルチュールはハイチの独立運動を指導した人物で、1804 年に独立を宣言しました。②ナセルは 20 世紀後半にエジプト革命を成功させた人物です。③ワットは 18 ～ 19 世紀の発明家で、蒸気機関の改良などによって産業革命に貢献しました。④フランコは 20 世紀のスペインの軍人で、スペイン領モロッコでクーデターを起こし、これがスペイン内戦のきっかけとなりました。したがって、正解は④です。

**解答番号【20】：④　　⇒重要度Ａ**

問４　①アクバルがジズヤを廃止したのは 16 世紀のムガル帝国(現在のインド)においてです。②ガリレイは 16 ～ 17 世紀のイタリアの天文学者で、地動説を唱えましたが宗教裁判で有罪とされ終身禁固となりました。③スターリンは 20 世紀のソ連で、五か年計画を推し進めた人物です。④ジョン=ヘイはアメリカの政治家で 19 世紀末に「門戸開放・機会均等」を唱えました。したがって、正解は③です。

**解答番号【21】：③　　⇒重要度Ａ**

問５　Ｂにはドイツ皇帝であったヴィルヘルム２世が当てはまります。もうひとつの選択肢のカール大帝はフランク王国全盛期の王で、８～９世紀の人物です。ドイツの世界政策は３Ｂ政策です。この３Ｂとは「ベルリン・ビザンティウム・バグダード」の３都市を指しています。したがって、正解は①です。

**解答番号【22】：①　　⇒重要度Ｂ**

問６　第一次世界大戦が終わったのは 1918 年です。①ロベスピエールは 18 世紀フランスの政治家で、テルミドールのクーデターで処刑されました。②ホー=チ=ミンはベトナムで 1920 年代から始まる独立運動を指導しました。③李成桂は 14 世紀に高麗を滅ぼし李氏朝鮮を建国しました。④レザー=ハーンは 1921 年に起こしたクーデターでイランの実権を握り、パフレヴィー朝を創始しました。したがって、正解は④です。

**解答番号【23】：④　　⇒重要度Ｂ**

問７　全権委任法は第二次世界大戦前にドイツのヒトラー内閣で制定された法律で、議会での審議なしに法律をつくることが可能になりました。②は第一次世界大戦後のベルサイユ条約です。③は 18 世紀にフランス国民議会が制定したフランス人権宣言です。④は 19 世紀のロシアで発布された農奴解放令について書かれています。したがって、正解は①です。

**解答番号【24】：①　　⇒重要度Ｃ**

## 6

問１　20 世紀に東西ドイツを分断した建造物はベルリンの壁です。もうひとつの選択肢の万里の長城は春秋時代に斉（現在の中国）が防衛のために築いたのがはじまりで、現在世界遺産として登録されています。ベルリンの壁で分けられたドイツのうち、東ドイツはソ連を中心とした社会主義諸国、西ドイツはアメリカを中心とした資本主義諸国の影響を強く受けていました。この背景によって、東西ドイツの経済格差は大きくなっていきます。東ドイツの計画経済による経済的発展の遅れによって生活にも格差が発生し、約 270 万人の東ドイツ市民は自由で豊かな西ドイツへ脱出しました。それを防ぐために建てられたのがベルリンの壁です。したがって、正解は③です。

**解答番号【25】：③　　⇒重要度B**

問２　第二次世界大戦から約 10 年後の 1956 年の経済白書で「もはや戦後ではない」と書かれた背景には朝鮮戦争による特需があります。資料１から読み取れる内容としては２～３行目に「工業生産も戦前の２倍に達し」とあります。したがって、正解は②です。

**解答番号【26】：②　　⇒重要度A**

問３　世界の２つの体制の間の対立とは、第二次世界大戦後の冷戦を指しています。冷戦の中で資本主義諸国の軍事同盟として結成されたのが北大西洋条約機構（NATO）、社会主義諸国の軍事同盟として結成されたのがワルシャワ条約機構です。②トリエント公会議は 16 世紀の宗教改革の中でカトリック教会側で行われたものです。③ウェストファリア条約は 17 世紀の三十年戦争の講和条約です。④ウィーン会議は 19 世紀のヨーロッパでナポレオンがエルバ島に流された後に行われたもので、ヨーロッパの秩序についてフランス革命前のものを正統とすることが定められました。したがって、正解は①です。

**解答番号【27】：①　　⇒重要度A**

問４　ASEAN は日本では東南アジア諸国連合とも呼ばれ、その名前のとおり東南アジアの国々が加盟しています。東南アジアの国について述べた文として適切なのは②のインドネシアについてのもののみで、それ以外のものはヨーロッパの歴史について述べています。したがって、正解は②です。

**解答番号【28】：②　　⇒重要度A**

問５　Aの前後を読んでみましょう。「ソ連では経済の停滞を打破するためのAが推進されている」とあります。①ブロック経済は 1929 年からはじまった世界恐慌に対する各国の対応です。②タンジマートは 19 世紀のオスマン帝国の近代化政策です。③洋務運動は 19 世紀後半の清で行われた西欧化政策です。④ペレストロイカはソ連のゴルバチョフが進めた改革で、グラスノスチ（情報公開）などが行われました。したがって、正解は④です。

**解答番号【29】：④　　⇒重要度A**

問６　地図中の斜線部の国々の特徴を考えてみましょう。太平洋に面している国がほとんどです。この特徴に当てはまるのは① APEC（アジア太平洋経済協力会議）です。②国際赤十字社は戦争や自然災害などのときに、公平かつ中立の立場から治療を必要とする人を救護することを目的に結成されました。③第１インターナショナルは 19 世紀のロンドンでマルクスらの指導によって組織された労働者の組織です。④ハンザ同盟はヨーロッパで結成された都市同盟で、最盛期は 14 ～ 15 世紀です。したがって、正解は①です。

**解答番号【30】：①　　⇒重要度C**

## 7

問１　Aの前後を見てみましょう。「電信の発明により、Aが可能になった」とあります。電信とは電気を利用した通信のことで、音声ではなく符号を使用して情報を伝達する方法のことです。例としてはモールス式電信などがあげられます。これによって遠くの状況を素早く知ることができるようになりました。したがって、正解は②です。

**解答番号【31】：②　⇒重要度C**

問２　人類初の人工衛星は、1957 年にソビエト連邦が打ち上げています。原子爆弾が投下されたのは第二次世界大戦中の 1945 年で、人工衛星の打ち上げより前の出来事ですから（ア）の文は誤りです。（イ）の文は正しい内容となります。したがって、正解は③です。

**解答番号【32】：③　⇒重要度C**

# 令和３年度 第２回　高卒認定試験

## 【　日本史Ａ解答　】

| 1 | 解答番号 | 正答 | 配点 | 2 | 解答番号 | 正答 | 配点 | 3 | 解答番号 | 正答 | 配点 | 4 | 解答番号 | 正答 | 配点 |
|---|---|---|---|---|---|---|---|---|---|---|---|---|---|---|---|
| 問１ | 1 | ④ | 3 | 問１ | 5 | ④ | 3 | 問１ | 9 | ③ | 4 | 問１ | 13 | ① | 3 |
| 問２ | 2 | ② | 4 | 問２ | 6 | ② | 4 | 問２ | 10 | ④ | 3 | 問２ | 14 | ③ | 4 |
| 問３ | 3 | ③ | 4 | 問３ | 7 | ③ | 4 | 問３ | 11 | ② | 3 | 問３ | 15 | ② | 3 |
| 問４ | 4 | ① | 3 | 問４ | 8 | ② | 3 | 問４ | 12 | ① | 4 | 問４ | 16 | ④ | 4 |

| 5 | 解答番号 | 正答 | 配点 | 6 | 解答番号 | 正答 | 配点 | 7 | 解答番号 | 正答 | 配点 |
|---|---|---|---|---|---|---|---|---|---|---|---|
| 問１ | 17 | ④ | 3 | 問１ | 21 | ① | 4 | 問１ | 25 | ③ | 4 |
| 問２ | 18 | ② | 3 | 問２ | 22 | ② | 3 | 問２ | 26 | ② | 4 |
| 問３ | 19 | ③ | 4 | 問３ | 23 | ④ | 3 | 問３ | 27 | ④ | 4 |
| 問４ | 20 | ① | 4 | 問４ | 24 | ③ | 4 | 問４ | 28 | ① | 4 |

## 【　日本史Ａ解答　】

### 1

問１　Ａについて、資料１の10番に「横須賀に着きにけり」という歌詞がありますので、Ａには横須賀がある「横浜」が当てはまります。Ｂについて、鉄道の敷設は「工部省」が中心となって行われました。したがって、正解は④です。なお、「逓信省」とは、郵便・通信を管轄していた中央官庁です。

**解答番号【１】：④　　⇒重要度Ｂ**

問２　『鉄道唱歌』が発行された時期は、会話文の９行目のとおり、三国干渉後となります。三国干渉は、1894年の日清戦争で日本が得た遼東半島を中国に返還するようにロシア・フランス・ドイツが迫ったものです。この後にロシアが中国への影響をさらに強めたことにより、日露戦争が起こっています。これらのことから、『鉄道唱歌』が発行された時期は②であると判断できます。したがって、正解は②です。

**解答番号【２】：②　　⇒重要度Ｂ**

問３　資料２の４行目を見ると、東京から横須賀は「海運があるのみ」であり、６～７行目には「陸軍と海軍の両軍の勝敗に関係するため、至急に鉄道の設置について閣議で審議していただきたい」とあります。したがって、正解は③です。なお、①については、資料２の宛名に伊藤博文とあり、伊藤博文は鉄道敷設を依頼された人物であるため誤りです。②については、資料２の２～３行目から、横須賀にはすでに鎮守府があることが読み取れるため誤りです。④については、資料２の差出人として海軍大臣の西郷従道と陸軍大臣の大山巌の名前がありますので、鉄道敷設について海軍は陸軍にも相談したと考えられますから誤りです。

**解答番号【3】：③**　　⇒**重要度Ｂ**

問４　Ｃについて、資料３に「養蚕」とあり、蚕の繭は生糸の原料ですので、Ｃには「生糸」が当てはまります。Ｄについて、生糸は盛んに海外に輸出されていましたので、Ｄには「海外輸出品」が当てはまります。したがって、正解は①です。

**解答番号【4】：①**　　⇒**重要度Ａ**

## 2

問１　Ａについて、隈板内閣は進歩党の大隈重信と自由党の板垣退助が協力してつくった「憲政党」による内閣です。Ｂについて、隈板内閣はこれまでの藩閥内閣と異なり、「憲法にもとづく」初の政党内閣と呼ばれています。したがって、正解は④です。

**解答番号【5】：④**　　⇒**重要度Ｂ**

問２　立憲改進党の主張はアで、主に都市部の商工業者に支持されていました。大隈重信と板垣退助の共通点は、ともに政変によって政府を去ったことです。板垣退助は明治六年の政変、大隈重信は明治十四年の政変で政府を去った経験があります。したがって、正解は②です。

**解答番号【6】：②**　　⇒**重要度Ｂ**

問３　誤っているものを選びます。③について、資料２の６～７行目を見ると、「板垣は尾崎に代わり桂太郎もしくは西郷従道にしようとし」とありますので、桂太郎か西郷従道を後任にしたかったのは大隈ではなく板垣であることが分かります。したがって、正解は③です。

**解答番号【7】：③**　　⇒**重要度Ｂ**

問４　内務省は、地方行政や土木、警察などを管轄した政府の機関です。よって、Ｃには「言論思想を取り締まる」が当てはまります。Ｄについて、絵の中に「自由主義之柩」「自由の死亡」とあり、自由民権運動のリーダーとして活躍していた板垣の理想である自由が死んだと「批判」していると判断できます。したがって、正解は②です。なお、皇室事務を管理したのは宮内省です。

**解答番号【8】：②**　　⇒**重要度Ｂ**

## 3

問１　アの鉄道国有法は1906年に公布されました。これは表中に示された時期の出来事ではないため、アは誤りです。イについて、大正時代に鉄道会社によって経営されるターミナ

ルデパートが誕生しました。大正時代は1912年から1926年ですので、表中に示された時期と重なります。よって、イは正しいです。したがって、正解は③です。

**解答番号【9】：③　⇒重要度B**

問2　1920年代に登場したマスメディアは「ラジオ放送」です。『貧乏物語』（河上肇著）は、1916年に新聞に連載が開始され、1917年に発刊されました。したがって、正解は④です。なお、「テレビ放送」は1953年に開始されました。『職工事情』は1903年に農商務省が刊行した労働事情の調査報告書です。

**解答番号【10】：④　⇒重要度A**

問3　問題文にある暴動とは米騒動のことです。米騒動は、第一次世界大戦中のシベリア出兵の影響で米価が上昇したことが原因となっています。よって、関連する資料は米価の推移が分かるア、仮説はエとなります。したがって、正解は②です。

**解答番号【11】：②　⇒重要度B**

問4　適切でないものを選びます。表を見ると、地方予選大会の参加校数は年々増加傾向であることが分かります。したがって、正解は①です。

**解答番号【12】：①　⇒重要度B**

## 4

問1　清浦奎吾は「貴族院」の支持を得て内閣を組織しました。それに対して、護憲三派による第二次護憲運動が起こり、「憲政会」の加藤高明を首相とする連立内閣が成立しました。したがって、正解は①です。なお、「立憲国民党」とは、1912年の第一次護憲運動時に犬養毅が所属していた党です。

**解答番号【13】：①　⇒重要度A**

問2　問題文の総選挙は第二次護憲運動後に行われ、その結果として1924年に加藤高明内閣が組閣されました。加藤高明内閣が1925年に普通選挙法を公布したことにより、25歳以上の男性に選挙権が与えられました。以上のことから、総選挙が行われた時期は有権者数が大幅に増える前のウとなります。したがって、正解は③です。

**解答番号【14】：③　⇒重要度B**

問3　正解は②です。治安維持法の内容と制定の背景を確認しておきましょう。

**解答番号【15】：②　⇒重要度A**

問4　「憲政の常道」は1924年から1932年まで続きました。この期間、日本では金融恐慌が起こり、それに対して各産業部門のカルテルが法的に認められました。したがって、正解は④です。なお、①の「講和条約」とは1894年の日清戦争の講和条約である下関条約のことです。この条約で得た賠償金を準備金として1897年に金本位制に移行しました。②は1881年の松方財政の内容です。③は1948年に出された戦後経済の立て直しに関する指針です。

**解答番号【16】：④　⇒重要度Ａ**

## 5

問１　ハル＝ノートが示されたのは1941年で、日本は日中戦争の最中でした。このとき、日本はアメリカから石油や鉄の輸出を止められる経済制裁を受けています。日中戦争の相手国である中国やこれから戦争をすることが予測されるアメリカは、資料２を見ると主要な貿易相手国であることが分かりますので、「貿易による外貨や物資の獲得が難しくなる」と予想されます。したがって、正解は④です。

**解答番号【17】：④　⇒重要度Ａ**

問２　適切でないものを選びます。②の墨塗り教科書は、戦後に軍国主義的な内容を墨で塗りつぶしたものであり、戦中の民心を引き締めるために行われたものではありません。したがって、正解は②です。

**解答番号【18】：②　⇒重要度Ｂ**

問３　適切でないものを選びます。満州事変が起こったときの首相は若槻礼次郎です。また、資料１の19～20行目を見ると、若槻礼次郎は開戦について慎重であることが読み取れます。したがって、正解は③です。

**解答番号【19】：③　⇒重要度Ｂ**

問４　適切でないものを選びます。アについて、阿部信行の言う「今日までに得た成果」とは、資料１の16～17行目に「中国民衆の動向については慎重に対処しなければならず」とあることから、日本が獲得した台湾や満州であると推測できます。①はアと甲の組み合わせですが、甲は戦後の中国との外交内容となっているため、組み合わせとして適切ではありません。したがって、正解は①です。

**解答番号【20】：①　⇒重要度Ａ**

## 6

問１　Ａについて、文１の２行目に「食糧確保に努めた」とありますので、「食糧買い出し」が当てはまります。Ｂについて、食糧不足は「配給」が十分に行われなかったことが原因のひとつです。したがって、正解は①です。

**解答番号【21】：①　⇒重要度Ｂ**

問２　太陽の塔をシンボルとして行われたのは「日本万国博覧会」です。日本は高度経済成長を成し遂げましたが、一方で「公害」が社会問題となりました。したがって、正解は②です。

**解答番号【22】：②　⇒重要度Ｂ**

問３　表を見ると、下線部ａのインフレーションは1946年に起こったものだと分かります。この頃、「終戦処理のため通貨が増発されたこと」により、紙幣価値が下がり、インフレーションが起こりました。その影響として、1947年に公務員の賃上げや人民政府樹立を掲げた二・一ゼネストが計画されました。したがって、正解は④です。なお、アとウは1980 ～ 90 年代のバブル経済とその影響の内容です。

**解答番号【23】：④**　　⇒**重要度A**

問4　高度経済成長を遂げた日本は、1970 ～ 80 年の間に世界最大の債権国となりました。したがって、正解は③です。なお、①は 1956 年、②は 1960 年代、④は 2000 年代の出来事です。

**解答番号【24】：③**　　⇒**重要度A**

## 7

問1　資料 1 に「薩摩」という文言がありますので、江戸時代の鹿児島県についての内容であることが分かります。薩摩藩は 1862 年にイギリス人を殺傷した「生麦」事件を起こしています。資料 2 について、会話文の 4 行目に「イギリスと日本が接近した」とあります。イギリスは南下政策をとるロシアに対して警戒を強め、日本との関係を強化するために1894 年に日英通商航海条約を調印し、領事裁判権を撤廃しています。したがって、正解は③です。

**解答番号【25】：③**　　⇒**重要度A**

問2　適切でないものを選びます。美濃部達吉の天皇機関説事件は軍国主義やファシズムを背景として起こりました。したがって、正解は②です。

**解答番号【26】：②**　　⇒**重要度B**

問3　アについて、天皇の人間宣言は 1946 年に行われました。イの大津事件は 1891 年に起こりました。ウの張作霖爆殺事件は 1928 年に起こりました。よって、古い順に並び変えるとイ→ウ→アとなります。したがって、正解は④です。

**解答番号【27】：④**　　⇒**重要度A**

問4　会話文の 11 ～ 12 行目を見ると「資料はそれぞれ違う国の人物によるものを選んだ～今後の探究活動の課題をどのように考えていますか」とあります。よって、課題はアが適切となります。資料ウには「とられし台湾とりかえし」「二十一カ条は取り消さねば」とありますので、中国の立場から記された資料であると分かります。一方、エはアメリカが戦時中に行った敵性語の排斥に関わる資料です。よって、対応する資料はウとなります。したがって、正解は①です。

**解答番号【28】：①**　　⇒**重要度B**

# 令和３年度 第１回
# 高卒認定試験

## 旧世界史Ａ
## 旧日本史Ａ

# 解答時間　50 分

## 注　意　事　項（抜粋）

＊　試験開始の合図前に，監督者の指示に従って，解答用紙の該当欄に以下の内容をそれぞれ正しく記入し，マークすること。

①**氏名欄**

**氏名を記入**すること。

②**受験番号**，③**生年月日**，④**受験地欄**

**受験番号, 生年月日を記入**し, さらにマーク欄に**受験番号**（数字), **生年月日**（年号・数字), **受験地をマーク**すること。

＊　**受験番号，生年月日，受験地が正しくマークされていない場合は，採点できないことがある。**

＊　解答は，解答用紙の解答欄にマークすること。例えば，［10］と表示のある解答番号に対して②と解答する場合は，次の(例)のように**解答番号** 10 の**解答欄**の②に**マーク**すること。

（例）

| 解答番号 | 解　答　欄 |
|---|---|
| 10 | ①　●　③　④　⑤　⑥　⑦　⑧　⑨　⓪ |

# 世　界　史　A

（解答番号 1 ～ 32 ）

**1** 次の文章と図版に関連して，**問1～問2**に答えよ。

大分県の立花さんは，修学旅行先の奈良について，大分との関わりを調べて授業で班発表することになった。次の会話は，作りかけの**パネル**を基に，班で模擬発表をしているところである。

立花さん：　東大寺は，1567年に松永久秀（まつながひさひで）と三好三人衆の合戦の舞台となり，大仏殿が焼失しました。このとき撃ち込まれた火縄銃の銃弾が，**資料1**の南大門の金剛力士像から見つかっています。それは，現在のタイ，当時のシャムにあるソントー鉱山で採掘された鉛で作られていました。シャム産の鉛で作った鉛玉は，**資料2**のように，同じ時期の豊後（ぶんご）府内（大分市）の大友宗麟（おおともそうりん）時代の遺構からも出土しています。

高橋さん：　驚きました。シャムで採れた鉛が，全体の A もの割合を占めていたのですね。

立花さん：　鉛は，銃弾への加工のほか，銀(a)の精錬に用いられて，使用量が急速に伸びていました。しかし，わが国での外国産の鉛の使用は，1637年の島原・天草一揆（島原の乱）頃を最後に見られなくなっていきます。

高橋さん：　シャム産の鉛は，当時どういう勢力の手を経て日本に輸入されていたのですか？

立花さん：　それについては，**資料3**として使えそうな地図を探しているところです。

パネル

**《東大寺と大分をつなぐ「タイの鉛」》**

**資料1**　鉛玉の見つかった金剛力士像

**資料2**　豊後府内遺構から出土した鉛玉の推定産地

| 産　地 | 出土点数 | 割合(%) |
| --- | --- | --- |
| 日　本 | 8 | 36 |
| 朝鮮半島 | 2 | 9 |
| 中国南部 | 3 | 14 |
| タ　イ | 5 | 23 |
| 不　明 | 4 | 18 |
| 合　計 | 22 | 100 |

**資料3**

（当時の日本にタイ産の鉛が輸入されていた経路の参考になる地図を入れる予定）

**問 1**　A　に当てはまる数値と，**パネル**中の**資料 3** に入れるのに適切と考えられる地図との組合せとして正しいものを，次の①～④のうちから一つ選べ。解答番号は　1　。

| | A | **資料 3** に入れるのに適切と考えられる地図 |
|---|---|---|
| ① | 約 1 / 4 | タイだけが独立を保っている状態を示す，東南アジアの地図 |
| ② | 約 1 / 4 | 大航海時代のアジアにおけるポルトガルの拠点を示した地図 |
| ③ | 約 1 /10 | タイだけが独立を保っている状態を示す，東南アジアの地図 |
| ④ | 約 1 /10 | 大航海時代のアジアにおけるポルトガルの拠点を示した地図 |

**問 2**　下線部分銀(a)について述べた文として正しいものを，次の①～④のうちから一つ選べ。解答番号は　2　。

① 通貨と同じ役割で用いられ，租調庸の納税品目にもなった。

② ドルとの交換は，アメリカ合衆国の大統領ニクソンによって停止された。

③ スペインがアメリカ大陸に植民地を領有すると，ヨーロッパに大量にもたらされた。

④ カリフォルニアで鉱山が発見されたことが，西部開発が進展するきっかけとなった。

**2** 次の文章と図版に関連して，問1～問4に答えよ。

古代社会において，動物と宗教は密接に結びついていた。メソポタミアには，かつてライオンが生息しており，その脅威から人々を守ることが王の使命とされていた。やがて，王は宗教的な儀式としてライオンを狩るようになり，そのようすは，図のようにアッシリア(a)王によるライオン狩りのレリーフとしても残っている。その後ヨーロッパでは，ライオンは力の象徴として様々な王家の紋章(b)に描かれるようになった。エジプト(c)では，牛やワニが聖獣として崇拝の対象となった。牛の姿で現れる神やワニの頭をした神が，豊穣(ほうじょう)をもたらす神として信仰されたためである。インドでは，宗教(d)の影響を受けて殺生を禁止する風潮が広がっていった。マウリヤ朝では，娯楽として狩猟を行うことを禁じ，宗教的に善行を積むための施設として，動物たちを世話する動物保護施設を設けた。

図　アッシリア王のライオン狩りのレリーフ

問１　下線部分(a)アッシリア滅亡後にオリエント世界を統一したアケメネス朝について述べた文として適切なものを，次の①～④のうちから一つ選べ。解答番号は［３］。

① ダレイオス１世が，中央集権体制を整えた。

② マムルークを軍の主力に用いた。

③ 荘園に三圃制を導入した。

④ ミケランジェロが，「最後の審判」を描いた。



問２　下線部分(b)紋章に関連して，次の紋章は現在のスペインの国章である。この紋章についての下の説明文が述べている出来事として適切なものを，下の①～④のうちから一つ選べ。解答番号は［４］。

中央の盾で強調して描かれている図柄は，**あ**のライオンが「レオン王国」，**い**の城壁が「カスティーリャ王国」，**う**の縦のストライプが「アラゴン連合王国」，**え**の鎖が「ナバーラ王国」をそれぞれ表している。これらの四つの王国は，キリスト教の国々であり，中世においてイベリア半島のイスラーム勢力と戦った。

① プラハの春　　② ペロポネソス戦争

③ レコンキスタ（国土回復運動）　　④ 安史の乱

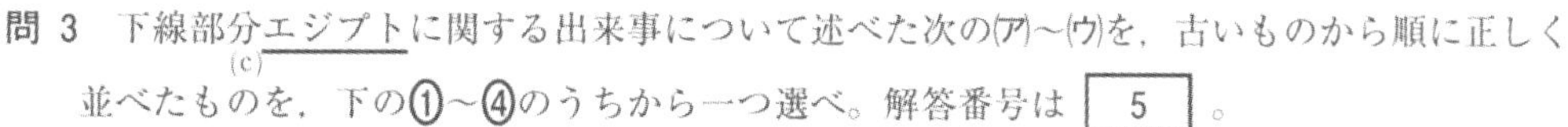

**問 3**　下線部分エジプト(c)に関する出来事について述べた次の(ア)～(ウ)を，古いものから順に正しく並べたものを，下の①～④のうちから一つ選べ。解答番号は 5 。

(ア)　東方遠征を行ったアレクサンドロス大王に支配された。

(イ)　クフ王のピラミッドが建設された。

(ウ)　ファーティマ朝の支配者が，カリフの称号を用いた。

①　(ア)→(イ)→(ウ)　　②　(ア)→(ウ)→(イ)

③　(イ)→(ア)→(ウ)　　④　(ウ)→(ア)→(イ)

**問 4**　下線部分宗教(d)に関連して，インドで生まれ，中央アジアを経て中国や日本に伝わった宗教の名称と，その特徴の説明との組合せとして正しいものを，次の①～④のうちから一つ選べ。解答番号は 6 。

| | 名　称 | 説　明 |
|---|---|---|
| ① | 大乗仏教 | 善神と悪神の対立を信仰の基礎におく。 |
| ② | 大乗仏教 | すべての人々の救済のために修行する。 |
| ③ | ゾロアスター教 | 善神と悪神の対立を信仰の基礎におく。 |
| ④ | ゾロアスター教 | すべての人々の救済のために修行する。 |

3　1～2の文章と図版に関連して，**問1**～**問5**に答えよ。

1　1661年，親政を始めたフランス王ルイ14世(a)は公務に精力的に取り組んだ。7時に起床，午前中に政務，午後は狩猟や乗馬，夜は演劇，音楽会などをこなして，12時過ぎに就寝した。起床から就寝に至るまで，王の生活はことごとく儀式化され，王の権威を高めるために利用された。例えば，貴族のうちでも起床時及び就寝時の王に寝室で親しく謁見できるのは，特別の寵愛(ちょうあい)を意味した。

フランスは，かつて絶対王政の典型とされてきた。ルイ14世や，18世紀(b)のルイ15世は，貴族や法によって左右されることなく，官僚制と常備軍を用いて国内の諸勢力を圧倒する絶対的な権力を行使したといわれる。しかし，近年では，実際には王権が直接に社会の末端にまで及ぶわけではなかったという見方も示されている。

ルイ14世

問１　下線部分ルイ14世(a)に関連して，ルイ14世の権力を示す建造物として適切なものを，次の①～④のうちから一つ選べ。解答番号は［7］。

①

アンコール＝ワット

②

万里の長城

③

ヴェルサイユ宮殿

④

タージ＝マハル

問２　下線部分18世紀(b)の世界のようすについて述べた文として適切なものを，次の①～④のうちから一つ選べ。解答番号は［8］。

①　プラッシーの戦いがおこった。

②　ハンガリーで，反ソ暴動がおこった。

③　ゲルマン人の大移動が始まった。

④　劉邦が，漢を建てた。

2　高校生の山本さんは，世界史上の君主について調べ，**カード1・カード2**を作成した。

**カード1**　洪武帝(在位 1368〜98 年)

本名は朱元璋として知られているが，実は最初の名がわからないほど貧しい農民の家に生まれ，幼くして寺に預けられた。その後，流浪の身となっていた時に農民反乱に参加し，反乱の指導者として頭角を現した。他の有力者をおさえて，皇帝に即位し，明(c)を建国した。この頃，[ A ]の解体により，明をはじめ，アジア各地で新たな勢力が台頭していた。洪武帝は，中国を支配していた遊牧勢力を北方へ追い払い，以後，皇帝独裁体制を強化していった。

洪武帝

**カード2**　ティムール(在位 1370〜1405 年)

ティムールとはトルコ系言語で「鉄」という意味を持つ。貴族の末裔(まつえい)であったが，没落し，盗賊として青年時代を過ごした。[ A ]の解体が進む中で台頭し，西トルキスタンに王朝を建て，中央アジアからイラン・イラクに至る広大な地域に征服活動を展開し，1402 年にはオスマン帝国(d)を破った。その後，明遠征の途中，中央アジアで死去した。

ティムール

問 3　下線部分明代(c)の中国のようすについて述べた文として適切なものを，次の①～④のうちから一つ選べ。解答番号は 9 。

① ヴァルナ制が形成された。

② 大躍進政策を行った。

③ 七月革命がおこった。

④ 足利義満と勘合貿易を行った。

問 4　A に当てはまる国を，次の①～④のうちから一つ選べ。解答番号は 10 。

① モンゴル帝国　　② フランク王国

③ インカ帝国　　④ バビロニア王国

問 5　下線部分オスマン帝国(d)について，オスマン帝国の君主とその治世の出来事との組合せとして正しいものを，次の①～④のうちから一つ選べ。解答番号は 11 。

| | 君　主 | 出来事 |
|---|---|---|
| ① | ティトー | 3C 政策を進めた。 |
| ② | スレイマン1世 | ウィーンを包囲した。 |
| ③ | ティトー | ウィーンを包囲した。 |
| ④ | スレイマン1世 | 3C 政策を進めた。 |

**4** 1～2の文章と図版に関連して，**問1～問6**に答えよ。

1 生徒と先生が，**資料**を見ながら会話している。

先生：『海外新聞』は，ジョセフ＝ヒコによって，初めて日本語で定期刊行された新聞です。

生徒：ジョセフ＝ヒコとはどんな人ですか。また，なぜ新聞を発行したのですか。

先生：ヒコは，幕末の漂流民で，アメリカ合衆国で教育を受けて市民権を取得し，開港直後の横浜にアメリカ領事館の通訳として帰国した人物です。外国の話を聞かせてほしいと訪ねてくる人々の要望に応えようと，新聞発行を思いついたといわれています。

生徒：**資料**中の記事では，［A］暗殺の場面が詳しく書かれていますが，新聞のニュース素材は，どのようにして手に入れたのですか。

先生：横浜に入港する船から外国新聞を入手し，(a)翻訳すべき記事を選んで載せるという手法をとりました。なお，『海外新聞』は，2年余りで廃刊となりましたが，ヒコは［A］と握手を交わした唯一人の日本人となりました。

生徒：ヒコは，アメリカ合衆国の民主主義を日本の人々に伝えたかったのですね。

**資料**『海外新聞』(表紙と記事の一部)

アメリカ国の部

4月6日，南北戦争ありて南部大いに敗北し，…同9日…ついに降伏なせしとかや。…同14日の夜，北部大頭領(大統領)［A］は，ワシントンの芝居を見物に行きしに，11時とおぼしきころ，たちまち一人の狼藉(ろうぜき)ものありて…，にわかに桟敷(さじき)にかけ上がり，大頭領のうしろより袖銃を以て一発に打倒し，…裏口よりにげ去りける。

(注) 『海外新聞』は，創刊時は『新聞誌』と題したが，ほどなく改題された。

**問1** ［A］に当てはまる人物と，その人物に最も関わりの深い言葉との組合せとして正しいものを，次の①～④のうちから一つ選べ。解答番号は［12］。

| | ［A］ | 言　葉 |
|---|---|---|
| ① | リンカン | 代表なくして課税なし |
| ② | リンカン | 人民の，人民による，人民のための政治 |
| ③ | モンロー | 代表なくして課税なし |
| ④ | モンロー | 人民の，人民による，人民のための政治 |

**問 2** 下線部分翻訳すべき記事を選んで載せる(a)とあるが，次の地図は，『海外新聞』に，当時のヨーロッパ諸国の情勢を伝える記事とともに掲載されたものである。生徒と先生の会話文や地図中の国名を参考にして，この地図が作成された時期を，下の表中の①～④のうちから一つ選べ。解答番号は 13 。

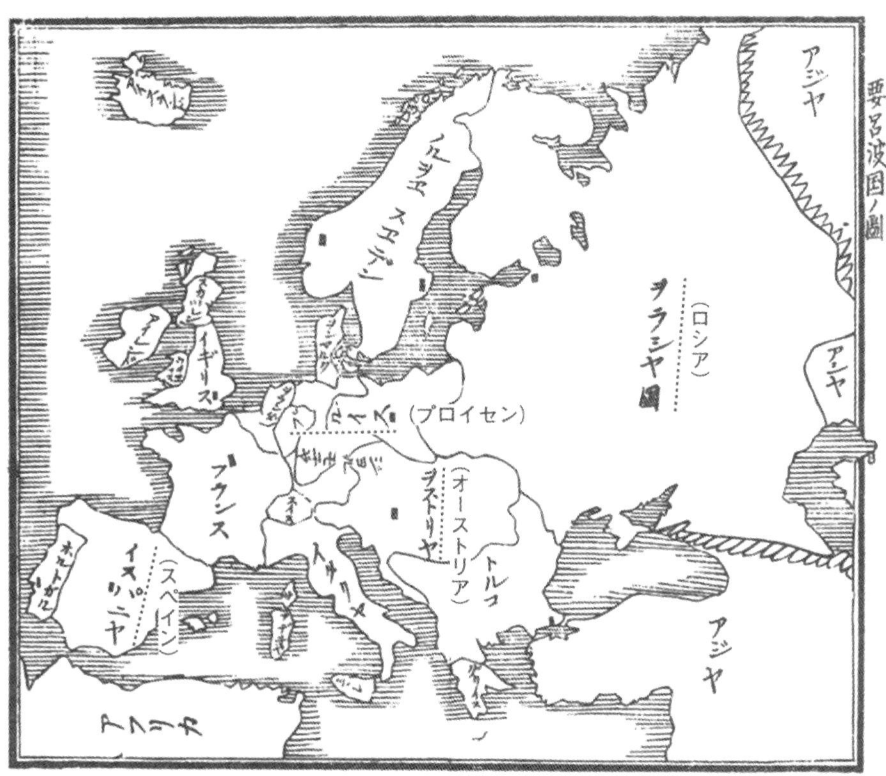


（注） 一部の国名については，現在の一般的な表記を括弧内に記した。

ローマ帝国が東西に分裂する。
↕ ①
ビザンツ帝国が滅亡する。
↕ ②
ピューリタン革命がおこる。
↕ ③
サライェヴォ事件がおこる。
↕ ④
東西ドイツが統合する。

2　高校生の伊藤さんは，夏休みの自由研究で，ジョセフ＝ヒコの『海外新聞』にならって，次の『世界史新聞』を作成した。

## 世界史新聞　パリ万国博覧会　連日大盛況　1889年発行

パリで万国博覧会が開かれるのは，今回で4回目であるが，今年はフランス革命(b)100周年に当たる。そのため，今までにないスケールで開催され，入場者は万博史上最大の3000万人を超える勢いとなっている。

パリ万博のポスター

「19世紀の経済発展(c)を祝う」を趣旨とするパリ万博で，最大の呼び物となっているのが，エッフェルが設計した「300 m の塔」だ。このエッフェル塔には，大勢の人が押し寄せ，朝から長蛇の列ができている。

### 幻想的な照明の夜間公開

パリ万博では，博覧会として初めて，電灯を利用した夜間公開が実現し，噴水と照明の華やかなショーが繰り広げられている。先日は，白熱電球の発明者である［ B ］が会場を訪れ，これも自身の発明品である蓄音機をエッフェルにプレゼントした。

蓄音機の実演

### エキゾチックな植民地パビリオン

諸外国のパビリオンの他に，ベトナムやジャワなどの植民地地域(d)の展示も好評だ。伝統的な楽器演奏や舞踊が披露されている。

ジャワのダンス

問 3 下線部分(b)フランス革命に関連して，次の絵画は，国民議会が行った「球戯場の誓い」を描いたものである。国民議会が，このとき目標としたものは何か，下の①～④のうちから一つ選べ。解答番号は 14 。

① 贖宥状の廃止
② 秘密外交の廃止
③ 律令の制定
④ 憲法の制定

問 4 下線部分(c)19 世紀の経済発展に関して述べた文として適切なものを，次の①～④のうちから一つ選べ。解答番号は 15 。

① 日本は，朱印船貿易を行った。
② イギリスは，世界の工場とよばれた。
③ アジア太平洋経済協力会議(APEC)が発足した。
④ 単一通貨ユーロが導入された。

問 5 [ B ] に当てはまる人物を，次の①～④のうちから一つ選べ。解答番号は [ 16 ] 。

① 

ベートーヴェン

② 

アダム＝スミス

③ 

アインシュタイン

④ 

エディソン

問 6 下線部分ジャワなどの植民地地域(d)に関連して，次の資料は，西洋教育を受けたジャワの女性が書いた書簡の一部である。書簡の中で女性が述べている内容と，ジャワを植民地支配していた国との組合せとして正しいものを，下の①～④のうちから一つ選べ。
解答番号は [ 17 ] 。

> 私は「近代的な女性」，…自立した女性と知り合いになりたいとずっと思っていました。…考えたり感じたりすることでは，私は東インドではなく，遠い西洋にいる進歩的な白人の姉妹たちとともに生きていると言ってもいいでしょう。
> もし私の国の法律が許すならば，ヨーロッパの新しい女性たちの活動と闘いに身を投じる以上のことを望みますまい。でも，数世紀にわたる伝統が，その頑丈な腕で私たちを捕らえています。
> カルティニの書簡(1899 年 5 月 25 日)により作成

| | 内　容 | 植民地支配していた国 |
|---|---|---|
| ① | 女性解放について述べている。 | オランダ |
| ② | 女性解放について述べている。 | ロシア |
| ③ | 農奴解放について述べている。 | オランダ |
| ④ | 農奴解放について述べている。 | ロシア |

5　1～2の文章と図版に関連して，問1～問7に答えよ。

1　第一次世界大戦は連合国の勝利に終わり，民族自決(a)や植民地問題の公正な解決などが提唱された。しかし，敗戦国であるドイツには，多額の賠償金の支払いが課された。

フランスは，ドイツに対し円滑な賠償金の支払いを求め，1923年に［A］を占領した。その後，ドイツの経済は混乱を極めた。このような状況の中でドイツの首相となったのが，図1のシュトレーゼマンである。シュトレーゼマンは，新紙幣の発行によって通貨を安定させるとともに，アメリカ合衆国の協力による賠償金支払いの緩和と資本導入に成功して，ドイツ経済の立て直しを図った。さらに，1925年には［B］を締結し，ヨーロッパの緊張緩和に貢献した。その結果，ドイツの国際連盟(b)への加盟が実現した。

図1

問1　下線部分民族自決(a)の実現を求めた出来事として適切なものを，次の①～④のうちから一つ選べ。解答番号は［18］。

① 黄巾の乱　　② 三・一独立運動

③ ラダイト運動(機械打ちこわし運動)　　④ ボストン茶会事件

問 2 [ A ] に当てはまる語句と，その後のドイツの経済状況について述べた文との組合せとして正しいものを，次の①～④のうちから一つ選べ。解答番号は [ 19 ] 。

| | A | ドイツの経済状況 |
|---|---|---|
| ① | アフガニスタン | 石油危機(オイル＝ショック)がおこった。 |
| ② | アフガニスタン | 激しいインフレーションが進んだ。 |
| ③ | ルール | 石油危機(オイル＝ショック)がおこった。 |
| ④ | ルール | 激しいインフレーションが進んだ。 |

問 3 [ B ] に当てはまる語句として適切なものを，次の①～④のうちから一つ選べ。解答番号は [ 20 ] 。

① パレスチナ暫定自治協定
② 下関条約
③ 日独伊防共協定
④ ロカルノ条約

問 4 下線部分国際連盟(b)について述べた文として適切なものを，次の①～④のうちから一つ選べ。解答番号は [ 21 ] 。

① アメリカ合衆国は加盟しなかった。
② ウィーン体制の維持を目的とした。
③ 旧ソ連内の 11 の共和国で形成された。
④ 排他的なブロック経済圏をつくることを目的とした。

2　図２は，清の打倒を目指す革命的諸団体を結集し，1905年に日本の東京で中国同盟会を結成した人物である。この人物は，[ C ]を掲げ，組織的な革命運動を展開した。中華民国の建国後は，独裁を進める袁世凱との対立が深まり，再び日本への亡命を余儀なくされた。第一次世界大戦が終結し，反帝国主義運動が広がりを見せる中で，この人物は1919年に中国国民党を組織した。その後，1921年にコミンテルンの支援の下で中国共産党が上海(c)で結成されると，ソ連(d)と連携し，共産主義を容認し，労働者・農民を助けるという方針を掲げて，第１次国共合作を成立させた。この協力体制によって，帝国主義の打倒や民族的統一の達成などを目指していたが，1925年に病死した。

図２

問５　図２の人物名と，[ C ]に当てはまる文との組合せとして正しいものを，次の①～④のうちから一つ選べ。解答番号は[ 22 ]。

| | 図２の人物 | [ C ] |
|---|---|---|
| ① | 孫　文 | 民族主義・民権主義・民生主義の三民主義 |
| ② | 孫　文 | 種は自然淘汰によって進化するという進化論 |
| ③ | ネルー | 民族主義・民権主義・民生主義の三民主義 |
| ④ | ネルー | 種は自然淘汰によって進化するという進化論 |

問 6　下線部分上海(c)で 1920 年代におこった出来事を，次の①～④のうちから一つ選べ。
解答番号は 23 。

① アンボイナ事件
② 義和団事件
③ 五・三〇運動
④ ワッハーブ運動

問 7　下線部分ソ連(d)で行われた政策について述べた文として適切なものを，次の①～④のうちから一つ選べ。解答番号は 24 。

① 府兵制を実施した。
② 社会主義者鎮圧法を制定した。
③ 農業の集団化を行った。
④ 非ムスリムに課されていたジズヤを廃止した。

**6** 1～2の文章と図版に関連して，問1～問6に答えよ。

1 生徒と先生が，夏季オリンピックについて，**資料1**～**資料3**を見ながら会話している。

生徒： 先生，**資料1**のXの時期に参加選手数が減少し，Yの時期は参加国・地域数も減少していることが気になります。

先生： 1956年のメルボルン大会では，エジプト・レバノン・イラクが不参加を表明しました。これは同年に，[ A ]をきっかけに発生した第2次中東戦争への抗議の結果です。このようにオリンピックでは，政治的な事情で参加をボイコットする国や地域がありました。

生徒： Yの時期においても，ボイコットが発生したのでしょうか。

先生： それについては，**資料2**と**資料3**で考えてみましょう。新たにわかることはありますか。

生徒： モントリオール大会では，アフリカの国が多くボイコットしていますが，これはなぜですか。

先生： それは，当時南アフリカで実施されていた[ B ]に対する抗議の結果でした。

生徒： 一方モスクワ大会は，[ C ]がボイコットしているように見えます。この時期ならば東西冷戦(a)が影響していると思うのですが，どうでしょうか。

先生： 概ねその通りです。ただし，例えばイギリスは同じ陣営ですが参加しました。また，中国は[ C ]ではないですが，開催国との関係が悪化してボイコットしました。

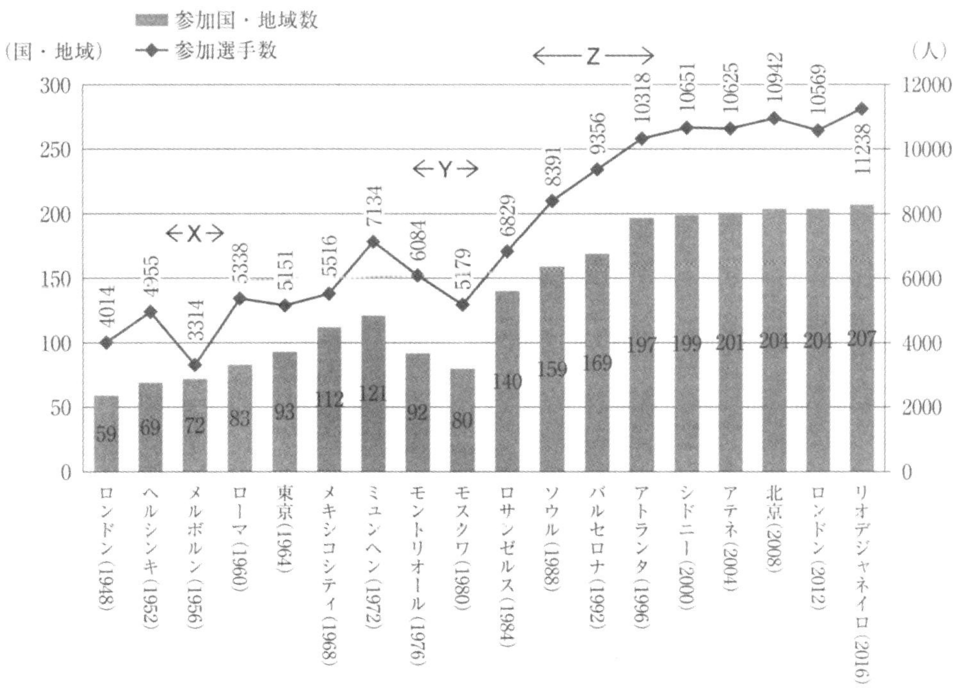


**資料1** 夏季オリンピックの参加国・地域数及び参加選手数の推移

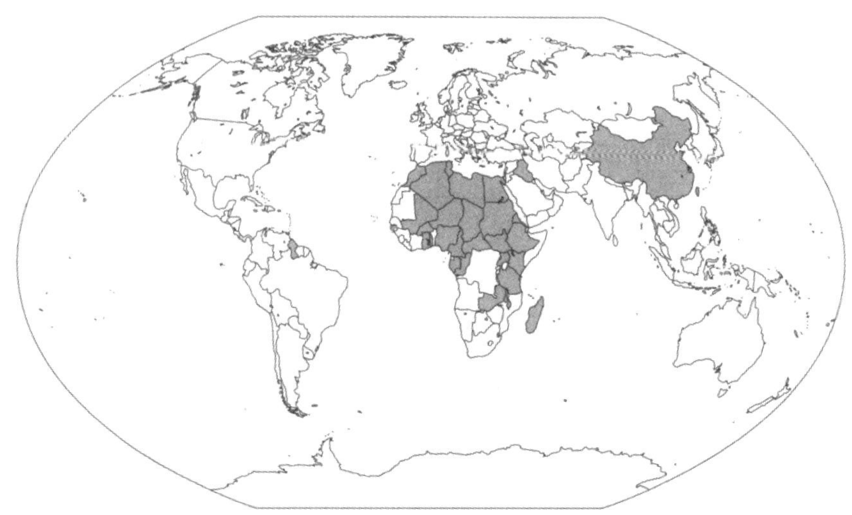

資料２　モントリオール大会をボイコットした国・地域(網掛け部分)

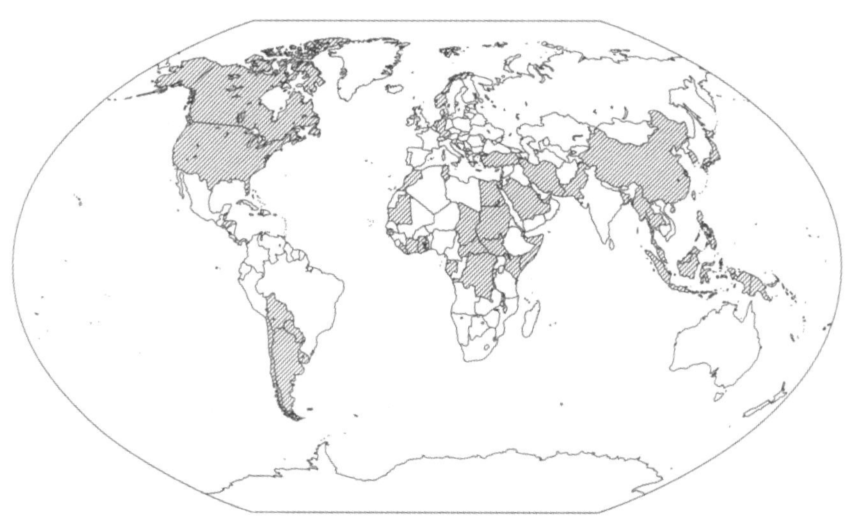

資料３　モスクワ大会をボイコットした国・地域(斜線部分)

問１　[ A ] に当てはまる語句として適切なものを，次の①～④のうちから一つ選べ。解答番号は [ 25 ] 。

① シュレジエンの領有
② スエズ運河の国有化
③ ヨーロッパ連合(EU)の結成
④ 十四カ条の平和原則の発表

問 2 [B] と [C] に当てはまる語句の組合せとして正しいものを，次の①～④のうちから一つ選べ。解答番号は [26] 。

| | B | C |
|---|---|---|
| ① | アパルトヘイト | アメリカ合衆国を中心とする西側諸国 |
| ② | アパルトヘイト | ソ連を中心とする東側諸国 |
| ③ | ニューディール | アメリカ合衆国を中心とする西側諸国 |
| ④ | ニューディール | ソ連を中心とする東側諸国 |

問 3 下線部分東西冷戦(a)に関連して，**資料 1** の Z の時期において参加数が増加した理由の一つとして，東西冷戦の解消があげられる。東西冷戦の解消について述べた文として適切なものを，次の①～④のうちから一つ選べ。解答番号は [27] 。

① ムッソリーニが，「ローマ進軍」を行った。

② チャーチルが，「鉄のカーテン」演説を行った。

③ ワシントン海軍軍縮条約が締結された。

④ マルタ会談が開催された。

2　国際的な注目度の高いオリンピックでは，中立性を保つため，その憲章において，「いかなる種類の示威行為または，政治的，宗教的，人種的な宣伝活動も認められない」と定めている。しかし実際には，過去の大会において憲章に抵触する行為が行われることがあった。

1968年に開催され，中南米(b)で初のオリンピック開催となったメキシコシティ大会では，陸上競技男子200メートルの表彰式において，金メダルと銅メダルを獲得したアフリカ系アメリカ人が，黒い手袋をして拳を突き上げた(図1)。「ブラックパワー・サリュート」とよばれる，人種差別に抗議するこの行為の背景には，当時アメリカ合衆国で活発になっていた，人種差別の解消を目指す運動(c)があった。2016年のリオデジャネイロ大会では，男子マラソンで銀メダルを獲得したエチオピア(d)の選手が，両腕を頭上で交差させる「手錠のポーズ」を取った(図2)。これは当時のエチオピアの，強権的な政権への抗議を意味していた。

このような行為には毎回，賛否両方の声があがっており，今後も議論されていくであろう。

図1

図2

問 4　下線部分$\underset{(b)}{\text{中南米}}$の 1960 年代のようすについて述べた文として適切なものを，次の①〜④のうちから一つ選べ。解答番号は 28 。

① 名誉革命がおこった。

② 血の日曜日事件がおこった。

③ キューバ危機がおこった。

④ 満州事変がおこった。



問 5　下線部分人種差別の解消を目指す運動(c)について，この運動の名称と，運動の中でおこった出来事との組合せとして適切なものを，次の①〜④のうちから一つ選べ。
解答番号は 29 。

| | 名　称 | 出来事 |
|---|---|---|
| ① | チャーティスト運動 | スパルタクスの反乱がおこった。 |
| ② | チャーティスト運動 | キング牧師が，ワシントン大行進を主導した。 |
| ③ | 公民権運動 | スパルタクスの反乱がおこった。 |
| ④ | 公民権運動 | キング牧師が，ワシントン大行進を主導した。 |

問 6　下線部分エチオピア(d)について，その地図上の位置と，1963 年にこの国が中心となって設立し，アフリカ諸国の連帯・団結を目指した組織の名称との組合せとして適切なものを，次の①〜④のうちから一つ選べ。解答番号は 30 。

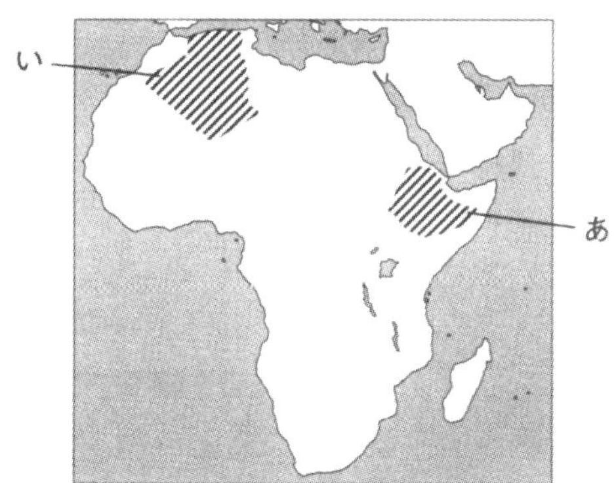


| | 位　置 | 組織の名称 |
|---|---|---|
| ① | あ | 北大西洋条約機構(NATO) |
| ② | あ | アフリカ統一機構(OAU) |
| ③ | い | 北大西洋条約機構(NATO) |
| ④ | い | アフリカ統一機構(OAU) |

**7** 次の文章と図版に関連して，**問1**～**問2**に答えよ。

イギリスの経済学者マルサス(1766～1834年)は，その主著『人口の原理(人口論)』(初版1798年)において，「人口は幾何級数的に増加するのに対し，食糧の増加は算術級数的にしか増加しない」と述べ，［　A　］ということを示し，不断の人口制限が必要であると主張した。マルサスは，食糧分配の不均衡から［　B　］が生じると考えていたためである。しかし，現在の観点から見ると，マルサスのこの予言は外れたといってよいだろう。それは，20世紀初頭に，科学的に窒素化合物を大量に作り出すことができるようになり，農作物に必要な養分を土壌に加えることが可能になったためである。しかし同時に，この窒素を合成する技術は，火薬の原料となる硝酸を大量に作ることを可能にした。そのため，この技術が開発された後の最初の大きな戦争となった第一次世界大戦(a)は未曽有の被害を生むこととなった。

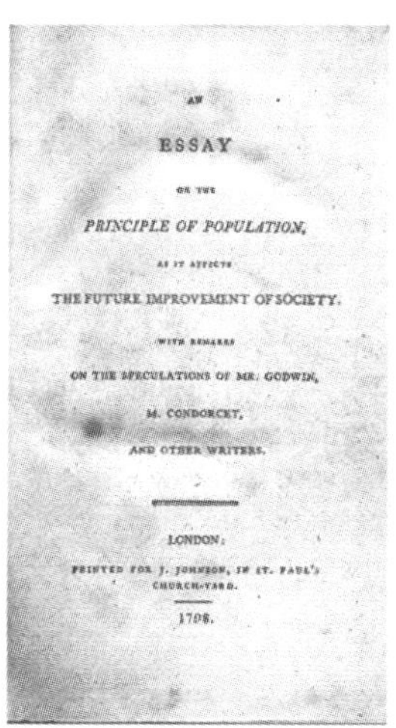

AN
ESSAY
ON THE
*PRINCIPLE OF POPULATION,*
AS IT AFFECTS
THE FUTURE IMPROVEMENT OF SOCIETY.
WITH REMARKS
ON THE SPECULATIONS OF MR. GODWIN,
M. CONDORCET,
AND OTHER WRITERS.

LONDON:
PRINTED FOR J. JOHNSON, IN ST. PAUL'S
CHURCH-YARD.
1798.

マルサス(左)と『人口の原理』初版の表紙(右)

**問1** ［　A　］に当てはまる文と［　B　］に当てはまる語句との組合せとして正しいものを，次の①～④のうちから一つ選べ。解答番号は［　31　］。

| | A | B |
|---|---|---|
| ① | 食糧増産の速度が人口増加の速度を上回る | 貧　困 |
| ② | 食糧増産の速度が人口増加の速度を上回る | 地球温暖化 |
| ③ | 人口増加の速度が食糧増産の速度を上回る | 貧　困 |
| ④ | 人口増加の速度が食糧増産の速度を上回る | 地球温暖化 |

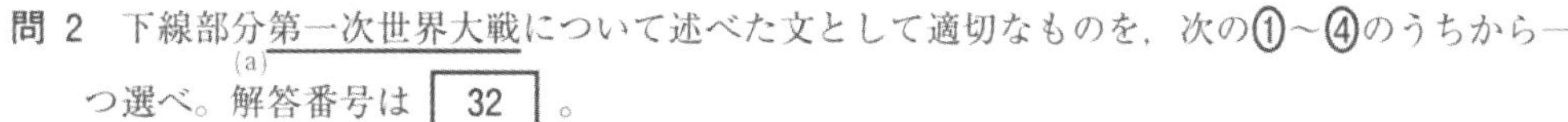

問 2　下線部分第一次世界大戦(a)について述べた文として適切なものを，次の①～④のうちから一つ選べ。解答番号は 32 。

① ローマがカルタゴを破り，地中海の覇者となった。

② イギリスとフランスが戦い，イギリスは大陸の領地をほとんど喪失した。

③ 戦争終結の際の条約によって，ヨーロッパの主権国家体制が確立した。

④ 国家が国力を総動員して戦う総力戦となった。



（これで世界史Aの問題は終わりです。）

# 日　本　史　A

（解答番号 1 ～ 28 ）

**1** 次の**地図**と**会話文**について，後にある**問１～問４**に答えよ。

**地　図**

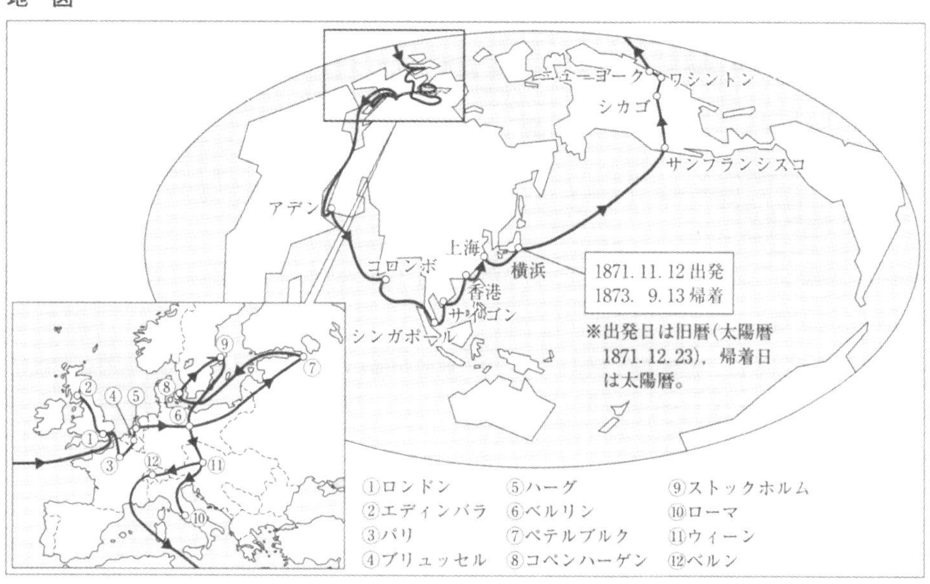


**会話文**

先生：**地図**は，1871 年に明治政府が欧米に派遣した， A を全権大使とする使節団の航路です。この**地図**からどのようなことが読み取れますか。

生徒：使節団が，欧米諸国を中心に訪問していることが読み取れます。訪問した地域が偏っているのはなぜなのでしょうか。

先生：19 世紀半ば，幕府は日米修好通商条約(a)などを結び，欧米諸国と安政の五カ国条約を結びました。これらの条約の中には，日本にとって不利にはたらく項目もあったため，使節団は，それらの項目の改正に向けた予備交渉等を目的として，欧米諸国を中心に訪問したのです。また，使節団と行動をともにした人びとの中には，(b)新島襄や津田梅子がおり，その後の日本の教育に大きな影響を与えました。

生徒：そうなのですか。使節団が帰国した後，明治政府はどのような動きを見せたのですか。

先生：参議の大久保利通らは，使節団に同行した経験をふまえ，国内制度の整備が優先であると主張しました。一方で，使節団が渡航している間に日本国内の政治を主導した参議の西郷隆盛らは， B としました。このように政府首脳の意見が対立する中で，西郷らは政府を去ることになりました。

## III

問 1 [ A ] [ B ] に当てはまる語句の組合せとして正しいものを，次の①～④のうちから一つ選べ。解答番号は [ 1 ] 。

① A—伊藤博文　　B—朝鮮を武力で開国させよう
② A—伊藤博文　　B—官有物を安く払い下げよう
③ A—岩倉具視　　B—朝鮮を武力で開国させよう
④ A—岩倉具視　　B—官有物を安く払い下げよう



問 2 **地図**と**会話文**から読み取れることを説明した文として最も適切なものを，次の①～④のうちから一つ選べ。解答番号は [ 2 ] 。

① 使節団は，アフリカ大陸の南端を経由せず，ヨーロッパからアジアへ移動した。
② 使節団は，陸路のみでヨーロッパからアジアへ移動した。
③ 使節団は，条約改正を達成した。
④ 使節団は，欧米諸国の植民地を訪問することはなかった。

問 3 下線部分日米修好通商条約(a)について述べた文として最も適切なものを，次の①～④のうちから一つ選べ。解答番号は [ 3 ] 。

① アメリカ合衆国は，中国における日本の特殊権益を認めた。
② 日本は，アメリカ合衆国に対して領事裁判権を認めた。
③ 日本は，アメリカ合衆国に対して下田と箱館の2港を開いた。
④ アメリカ合衆国は，自国の軍隊を日本に駐留させることができるようになった。

問 4 下線部分新島襄や津田梅子(b)について述べた文の正誤の組合せとして適切なものを，下の①～④のうちから一つ選べ。解答番号は [ 4 ] 。

ア　新島襄は，帰国した後に同志社英学校を設立した。
イ　津田梅子は，帰国した後に女子英学塾を設立した。

① ア—正　　イ—正　　　② ア—正　　イ—誤
③ ア—誤　　イ—正　　　④ ア—誤　　イ—誤

**2** 次の**年表**と**会話文**について，後にある**問1**～**問4**に答えよ。

**年　表**

| 年 | できごと |
|---|---|
| 1840 | 現在の埼玉県深谷市に豪農の長男として生まれる。 |
| 1867 | 江戸幕府の一員として(a)ヨーロッパを視察する。（X 始まり） |
| 1869 | 明治政府に仕える。 |
| 1873 | 第一国立銀行を開業する。 |
| 1882 | (b)大阪紡績会社を創立する。 |
| 1890 | 貴族院議員に任じられる。（X 終わり） |
| 1931 | 死去。 |

**会話文**

先生：**年表**は，渋沢栄一の生涯をまとめたものです。

生徒：渋沢が開業した第一国立銀行は，現在のみずほ銀行につながる銀行ですよね。ところで，渋沢の肖像画が，新しく1万円札として使用されますよね。**年表**で示された時期には，どのような通貨の単位が使用されていたのですか。

先生：渋沢が明治政府に仕えた後に［　A　］が制定され，通貨の単位は「円・銭・厘」に統一されました。これらの単位は，現在の通貨の単位につながっています。

生徒：そうだったのですね。**年表**の［　X　］の時期に銀行や株式会社の制度が始まり，その後の日本の経済に影響を与えていくような気がします。

先生：その通りです。これらの制度によって，企業をおこすのに必要なまとまった資金を調達しやすくなりました。

生徒：このような動きを背景に経済活動が活発になる中で，日本では［　B　］が19世紀末に始まりました。

問 1 [A] [B] に当てはまる語句の組合せとして正しいものを，次の①～④のうちから一つ選べ。解答番号は [5] 。

① A―新貨条例　B―公定価格を無視した闇市
② A―新貨条例　B―軽工業の部門で産業革命
③ A―国立銀行条例　B―公定価格を無視した闇市
④ A―国立銀行条例　B―軽工業の部門で産業革命

問 2 **年表**中 [X] の時期におこったできごとについて述べた次の**ア～ウ**を，年代の古い順に正しく並べたものを，下の①～④のうちから一つ選べ。解答番号は [6] 。

ア　元老院や大審院が設けられ，徐々に立憲政治を実現する方針が示された。
イ　公議世論の尊重をはじめとする，新政府の政治方針が示された。
ウ　第1回衆議院議員総選挙が行われた。

① ア→イ→ウ　② ア→ウ→イ　③ イ→ア→ウ　④ イ→ウ→ア

問 3 下線部分ヨーロッパ(a)に関連して，**年表**中 [X] の時期の日本とヨーロッパの文化について述べた文の正誤の組合せとして適切なものを，下の①～④のうちから一つ選べ。解答番号は [7] 。

ア　西ヨーロッパでは，浮世絵など日本の美術工芸品への関心が高まった。
イ　日本では，人文科学や社会科学の分野で，マルクス主義思想の影響が大きくなった。

① ア―正　イ―正　② ア―正　イ―誤
③ ア―誤　イ―正　④ ア―誤　イ―誤

問 4 下線部分大阪紡績会社(b)に関連して，1880～90年代の日本の経済や産業について述べた文として**適切でないもの**を，次の①～④のうちから一つ選べ。解答番号は [8] 。
① 日本郵船会社が中心となり，海外への定期航路が開設された。
② 華族の公債を資金にして，日本鉄道会社が設立された。
③ 兌換紙幣が発行され，銀本位制が確立された。
④ 軍需の拡大を背景に，日産をはじめとする新興財閥が急速に成長した。

**3** 次のⅠ～Ⅲについて，後にある**問1**～**問8**に答えよ。

Ⅰ

19世紀末から20世紀初頭にかけて，東アジアでは国際的な緊張が高まった。ロシアは，1891年に［ A ］鉄道を着工し，日清戦争後には旅順・大連を租借地として獲得した。また，ロシアは［ B ］事件に際して中国東北部を占領した。

**問1** ［ A ］［ B ］に当てはまる語句の組合せとして正しいものを，次の①～④のうちから一つ選べ。解答番号は［ 9 ］。

① A―南満州　B―義和団
② A―南満州　B―張作霖爆殺
③ A―シベリア　B―義和団
④ A―シベリア　B―張作霖爆殺

**問2** Ⅰで示された国際情勢をふまえ，20世紀初頭に日本が締結した国際的な取り決めの名称として最も適切なものを，次の①～④のうちから一つ選べ。解答番号は［ 10 ］。

① 日露和親条約　② 日清修好条規　③ パリ不戦条約　④ 日英同盟協約

Ⅱ

行財政改革に取り組んでいた第2次西園寺内閣は，陸軍による2個師団の増設の要求を閣議で否決した。その後陸軍は，陸軍大臣を辞任させてその後任を出さなかったことから，内閣は総辞職に追い込まれたが(a)，政党の勢力が伸張したこと(b)を背景にこの要求はいったん見送られた。第一次世界大戦が始まると，第2次大隈重信内閣のもとで2個師団は増設された。



問3　下線部分陸軍は，陸軍大臣を辞任させてその後任を出さなかったことから，内閣は総辞職に追い込まれた(a)に関連して，この状況をもたらした背景にあると考えられる法令または制度の名称として最も適切なものを，次の①～④のうちから一つ選べ。解答番号は［11］。

① 治安維持法　② 軍部大臣現役武官制

③ 文官任用令　④ 讒謗律（ざんぼうりつ）

問4　下線部分政党の勢力が伸張したこと(b)を示す当時のできごとについて述べた文として最も適切なものを，次の①～④のうちから一つ選べ。解答番号は［12］。

① 立憲国民党と立憲政友会が「閥族打破・憲政擁護」をとなえ，内閣の打倒をめざした。

② 憲政会などの護憲三派が衆議院議員総選挙で勝利し，連立内閣を組織した。

③ 自由党と進歩党が合同して憲政党を結成し，政府が提出した地租増徴案を否決した。

④ 社会大衆党を先頭に諸政党が次々に新体制運動に参加し，大政翼賛会が発足した。

Ⅲ

**表**

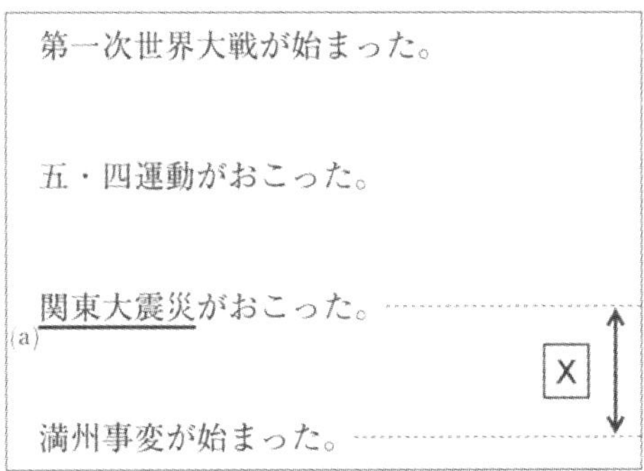

第一次世界大戦が始まった。

五・四運動がおこった。

関東大震災(a)がおこった。

X

満州事変が始まった。

**資　料**

**問 5**　下線部分関東大震災(a)による混乱の中でおこったできごとについて述べた文の正誤の組合せとして最も適切なものを，下の①～④のうちから一つ選べ。解答番号は 13 。

ア　住民が組織した自警団などにより，朝鮮人や中国人が殺害された。

イ　社会主義者や労働運動家が，軍人や警察官により殺害される事件がおこった。

① ア―正　イ―正　　② ア―正　イ―誤
③ ア―誤　イ―正　　④ ア―誤　イ―誤

**問 6**　**資料**は，**表**中のある時期の社会のようすを風刺したものである。**資料**が風刺した時期に最も近い時期におこったできごとについて述べた文として最も適切なものを，次の①～④のうちから一つ選べ。解答番号は 14 。

① デフレ政策の影響で農村の不況が深まり，自由民権運動が激化した。
② 綿糸の生産額が増加し，綿糸の輸出量が輸入量をはじめて上回った。
③ 産業が飛躍的な発展をとげ，生産額は工業が農業を上回った。
④ 第四次中東戦争の影響を受けて，石油製品の価格が大きく上昇した。

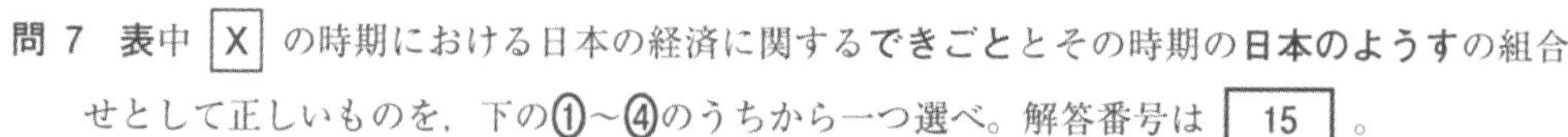

問 7　表中 X の時期における日本の経済に関する**できごと**とその時期の**日本のようす**の組合せとして正しいものを，下の①～④のうちから一つ選べ。解答番号は 15 。

**できごと**　　ア　国立銀行が不換紙幣を増発した。
　　　　　　　イ　金輸出解禁(金解禁)が実施された。
**日本のようす**　ウ　激しいインフレーションがおき，政府の財政が悪化した。
　　　　　　　エ　企業では人員整理が行われ，多くの失業者が出た。

① ア―ウ　　② ア―エ　　③ イ―ウ　　④ イ―エ

問 8　表中の時期における日本の学問について述べた文として最も適切なものを，次の①～④のうちから一つ選べ。解答番号は 16 。

① 中江兆民が，人はみな自由と権利をもつという考え方を広めた。
② 野口英世が，アフリカで流行した黄熱病について研究した。
③ 美濃部達吉の天皇機関説が，政府が発した国体明徴声明によって否認された。
④ 理論物理学者の湯川秀樹が，日本人ではじめてノーベル賞を受賞した。

**4** 柳条湖事件に関する次の**資料1・2**(意訳してある)を読み，後にある**問1**～**問4**に答えよ。

**資料1** 1931年9月19日 林久治郎(はやしきゅうじろう)奉天総領事の幣原喜重郎外務大臣への報告

> 第630号(至急極秘)参謀本部建川(たてかわ)部長は18日午後1時の列車にて当地に入ったとの報告があった。この件を軍は秘密にしているが，真実であると思われる。また，満鉄木村理事の内報によれば，中国側に破壊されたと伝えられる鉄道の修理のため，満鉄より線路保修作業員を派遣したが，軍は現場に近寄らせないとのことであり，今回の事件は全く軍部の計画的行動によりおきたものと想像される。

**資料2** リットン調査団が国際連盟に提出した報告書

> 9月18日午後10時より10時30分の間に鉄道線路上もしくはその付近において爆発があったことは疑いがないが，鉄道の損傷はもしあったとしても，長春からの南行列車の定刻到着を妨げなかったものであり，それだけでは軍事行動を正当とするには十分ではない。同夜の日本軍の軍事行動は合法なる自衛の措置と認めることはできない。
>
> 「政府」および公共事務に関しては，たとえ各部局の名義上の長官は満州在住の中国人であるといえども，主たる政治的および行政的権力は日本人の官吏および顧問の掌中にある。…(中略)…私は「満洲国政府」は地方の中国人により日本の手先とみなされており，<u>中国の人びとに支持されていないとの結論</u>に到達した。

**問1** 柳条湖事件がおきた**場所**とその当時の日本の**首相**の組合せとして正しいものを，下の①～④のうちから一つ選べ。解答番号は 17 。

場所

首相

ウ 近衛文麿

エ 若槻礼次郎

① ア―ウ　② ア―エ　③ イ―ウ　④ イ―エ

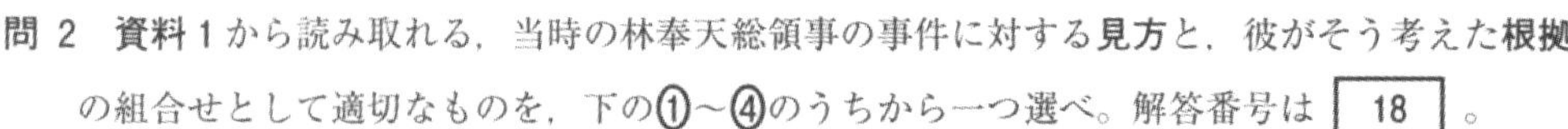



問 2　**資料1**から読み取れる，当時の林奉天総領事の事件に対する**見方**と，彼がそう考えた**根拠**の組合せとして適切なものを，下の①～④のうちから一つ選べ。解答番号は 18 。

**見　方**

ア　事件は，軍部の計画的行動によるものである。

イ　事件は，中国側の破壊によるものである。

**根　拠**

ウ　軍は，満鉄が派遣した作業員が破壊された鉄道の修理をすることを拒んでいるから。

エ　軍から参謀本部の建川部長が現地に移動したと報告があったから。

①　ア―ウ　　②　ア―エ　　③　イ―ウ　　④　イ―エ

問 3　下線部分中国の人びとに支持されていないとの結論に関連して，次の**図**はリットンが柳条湖事件に関する調査を行った後の流れを示したものである。**図**の A 　 B に当てはまる文の組合せとして適切なものを，下の①～④のうちから一つ選べ。解答番号は 19 。

**図**

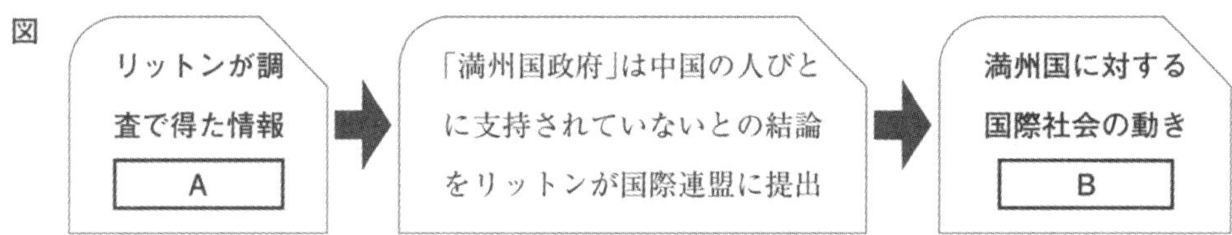


A　ア　「満州国政府」の各部局の長官は日本人である。

　　イ　「満州国政府」の主たる権力は日本人が握っている。

B　ウ　満州国承認に向けた動きが広まった。

　　エ　満州国を承認できないという声が強まった。

①　ア―ウ　　②　ア―エ　　③　イ―ウ　　④　イ―エ

問 4　柳条湖事件後の日本のできごとについて述べた次のア～ウを年代の古い順に正しく並べたものを，下の①～④のうちから一つ選べ。解答番号は 20 。

ア　日独伊三国同盟が結ばれた。

イ　国家総動員法が成立した。

ウ　アメリカ合衆国に対して宣戦布告した。

①　ア→イ→ウ　　②　イ→ア→ウ　　③　ウ→ア→イ　　④　ウ→イ→ア

**5** 次の文章を読み，後にある**問１～問４**に答えよ。

1930 年代以降，政府が軍拡を進めたこともあり，産業の［　A　］化が進行した。軍需の優先は民需を圧迫し，特に<u>太平洋戦争下の人びとの生活</u>(a)に大きな影響を与えた。

降伏後の日本を占領した GHQ は当初経済機構の民主化をめざし，［　B　］などの政策を進めたが，1948 年ごろにアメリカ合衆国の占領政策が変化したことを受け，日本でも本格的な経済復興へのあゆみが始まった。<u>戦後の改革</u>(b)の影響もあり，<u>人びとの生活や価値観はしだいに変容していった</u>(c)。

**問１**　［　A　］［　B　］に当てはまる語句の組合せとして適切なものを，次の①～④のうちから一つ選べ。解答番号は［21］。

① A―空　洞　　B―不在地主の土地を強制的に買い上げ，自作農を増やす
② A―空　洞　　B―重要産業について，カルテルを促進して国際競争力を強める
③ A―重化学工業　　B―不在地主の土地を強制的に買い上げ，自作農を増やす
④ A―重化学工業　　B―重要産業について，カルテルを促進して国際競争力を強める

**問２**　下線部分<u>太平洋戦争下の人びとの生活</u>(a)について述べた文の正誤の組合せとして適切なものを，下の①～④のうちから一つ選べ。解答番号は［22］。

ア　「欲しがりません勝つまでは」などの標語のもと，生活物資の消費が切りつめられた。
イ　生糸の輸出が増えて品不足になり，物価が高騰したため，経済や人びとの生活は混乱した。

① ア―正　イ―正　　② ア―正　イ―誤
③ ア―誤　イ―正　　④ ア―誤　イ―誤

**問３**　下線部分<u>戦後の改革</u>(b)について述べた文として**適切でないもの**を，次の①～④のうちから一つ選べ。解答番号は［23］。

① 労働組合法が制定され，労働者の団結権・団体交渉権・争議権が保障された。
② 義務教育の期間が９年となり，民主主義を実現するための教育がめざされるようになった。
③ 地方自治法が制定され，地方公共団体の首長は住民の選挙により選ばれるようになった。
④ 衆議院議員選挙法が改正され，25 歳以上の男子に選挙権が与えられた。

問 4　下線部分(c)人びとの生活や価値観はしだいに変容していったに関連して，次の**表1・2**から**読み取れること**とその**背景**の組合せとして最も適切なものを，下の①〜④のうちから一つ選べ。解答番号は 24 。

**表1**　男性の年齢階級別労働力率(注)の推移　(単位：%)

| 年齢階級 | 1960 年 | 1970 年 | 1980 年 | 1990 年 | 2000 年 | 2010 年 |
|---|---|---|---|---|---|---|
| 15〜19 | 51.6 | 36.6 | 20.3 | 19.9 | 17.4 | 15.0 |
| 20〜24 | 87.9 | 83.6 | 74.7 | 75.4 | 70.2 | 65.6 |
| 25〜29 | 96.9 | 98.2 | 97.6 | 96.7 | 92.1 | 86.1 |
| 30〜34 | 97.8 | 98.6 | 98.6 | 98.1 | 94.5 | 89.3 |
| 35〜39 | 97.7 | 98.5 | 98.7 | 98.1 | 95.5 | 90.5 |
| 40〜44 | 97.7 | 98.3 | 98.4 | 98.1 | 95.9 | 90.7 |
| 45〜49 | 97.1 | 98.1 | 98.0 | 97.9 | 95.5 | 91.5 |

**表2**　女性の年齢階級別労働力率(注)の推移　(単位：%)

| 年齢階級 | 1960 年 | 1970 年 | 1980 年 | 1990 年 | 2000 年 | 2010 年 |
|---|---|---|---|---|---|---|
| 15〜19 | 49.7 | 35.9 | 18.8 | 17.4 | 15.4 | 14.9 |
| 20〜24 | 69.4 | 70.8 | 71.1 | 75.5 | 70.5 | 66.0 |
| 25〜29 | 50.1 | 44.9 | 49.4 | 61.2 | 69.6 | 72.4 |
| 30〜34 | 51.3 | 47.1 | 46.5 | 50.7 | 57.0 | 64.7 |
| 35〜39 | 55.1 | 56.3 | 55.5 | 59.4 | 60.0 | 64.0 |
| 40〜44 | 56.7 | 63.6 | 61.8 | 66.7 | 68.2 | 68.4 |
| 45〜49 | 56.8 | 64.7 | 62.3 | 68.3 | 70.3 | 72.2 |

(注)　年齢階級ごとの人口の総数に占める，労働力人口(就業者数と完全失業者数の合計)の割合

**読み取れること**

ア　1960 年以降の 15〜19 歳の労働力率は，男女ともに一貫して低下している。

イ　1960 年以降の 30〜34 歳の労働力率は，男女ともに一貫して上昇している。

**背　景**

ウ　高度経済成長を機に，高等学校や大学への進学率が上昇した。

エ　男女雇用機会均等法が制定され，女性の就業率が上昇した。

①　アーウ　　②　アーエ　　③　イーウ　　④　イーエ

**6** 次のレポートを読み，後にある問1～問4に答えよ。

レポート

経済に興味をもった私は，近現代の財政や金融に関する政府の動向について，年代の古い順に並べて次の表にまとめました。

表

| 近現代の財政や金融に関する政府の動向 |
|---|
| 政府は，廃藩置県を経て諸藩の債務を引き継いだ。(甲) |
| イギリスなどで外債を募集し，[A]との戦争に必要な費用が調達された。 |
| 政府は，預金の払戻しや手形の決済を3週間猶予する命令を発した。(乙) |
| GHQの[B]統治のもとで，預金の引き出しをとめ，新円を発行した。 |
| 政府が出資する国鉄(日本国有鉄道)の事業として，東海道新幹線が開業した。 |
| 政府開発援助(ODA)の供与額が，アメリカ合衆国を抜いて世界第1位になった。 |

(「イギリスなどで…」の行から「政府が出資する国鉄…」の行までの期間を [X] とする)

私は，表中の下線部分鉄道に着目して，次の問いを立てました。

**問い** 政治の動向は，鉄道の整備にどのような影響を与えたのだろうか。

問1 [A] [B] に当てはまる語句の組合せとして正しいものを，次の①～④のうちから一つ選べ。解答番号は [25] 。

① A―清　B―直　接
② A―清　B―間　接
③ A―ロシア　B―直　接
④ A―ロシア　B―間　接

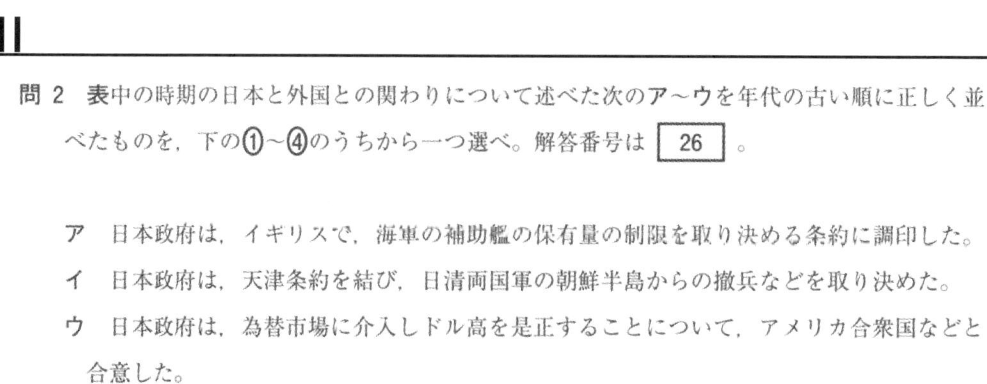

問 2　**表**中の時期の日本と外国との関わりについて述べた次の**ア**～**ウ**を年代の古い順に正しく並べたものを，下の①～④のうちから一つ選べ。解答番号は 26 。

ア　日本政府は，イギリスで，海軍の補助艦の保有量の制限を取り決める条約に調印した。

イ　日本政府は，天津条約を結び，日清両国軍の朝鮮半島からの撤兵などを取り決めた。

ウ　日本政府は，為替市場に介入しドル高を是正することについて，アメリカ合衆国などと合意した。

①　イ→ア→ウ　　②　イ→ウ→ア　　③　ウ→ア→イ　　④　ウ→イ→ア

問 3　**表**中**甲**・**乙**について述べた文の組合せとして正しいものを，下の①～④のうちから一つ選べ。解答番号は 27 。

ア　**甲**が行われた背景には，中央集権体制を確立しようとする政府のねらいがあった。

イ　**甲**が行われたのち，知藩事が地方の政治を担うことになった。

ウ　**乙**の政策のねらいは，欧米先進国の技術革新の成果を取り入れて企業の設備投資を刺激することであった。

エ　**乙**の政策とともに行われた，日本銀行からの非常貸出しによって，恐慌が鎮静化した。

①　ア―ウ　　②　ア―エ　　③　イ―ウ　　④　イ―エ

問 4　**レポート**中の**問い**について考察するために，**表**中 X の時期を対象とした調査を行った。このような調査について説明した文の正誤の組合せとして最も適切なものを，下の①～④のうちから一つ選べ。解答番号は 28 。

ア　国鉄が民営化された後，JR グループの収支がどのように変化したかについて調査する。

イ　鉄道国有法が制定された後，国鉄の営業キロ数がどれだけ増加したかについて調査する。

①　ア―正　イ―正　　②　ア―正　イ―誤

③　ア―誤　イ―正　　④　ア―誤　イ―誤

（これで日本史Aの問題は終わりです。）

# 令和３年度　第１回

# 解答・解説

**【重要度の表記】**

Ａ：重要度が高く確実に正答したい設問。しっかり復習する必要のある問題です。

Ｂ：重要度はＡレベルよりすこし下で、やや難易度が高い設問または内容を読み取る設問。高得点を狙う人は復習しましょう！

Ｃ：重要度が低い、または難解な設問。軽く復習する程度でよいでしょう！

# 令和３年度 第１回　高卒認定試験

## 【　世界史Ａ解答　】

| 1 | 解答番号 | 正答 | 配点 |
|---|---|---|---|
| 問１ | 1 | ② | 3 |
| 問２ | 2 | ③ | 3 |
| - | - | | |
| - | - | | |
| - | - | | |
| - | - | | |

| 2 | 解答番号 | 正答 | 配点 |
|---|---|---|---|
| 問１ | 3 | ① | 3 |
| 問２ | 4 | ③ | 4 |
| 問３ | 5 | ③ | 3 |
| 問４ | 6 | ② | 3 |
| - | - | | |
| - | - | | |

| 3 | 解答番号 | 正答 | 配点 |
|---|---|---|---|
| 問１ | 7 | ③ | 4 |
| 問２ | 8 | ① | 3 |
| 問３ | 9 | ④ | 3 |
| 問４ | 10 | ① | 3 |
| 問５ | 11 | ② | 3 |
| - | - | | |

| 4 | 解答番号 | 正答 | 配点 |
|---|---|---|---|
| 問１ | 12 | ② | 4 |
| 問２ | 13 | ③ | 3 |
| 問３ | 14 | ④ | 3 |
| 問４ | 15 | ② | 3 |
| 問５ | 16 | ④ | 3 |
| 問６ | 17 | ① | 3 |

| 5 | 解答番号 | 正答 | 配点 |
|---|---|---|---|
| 問１ | 18 | ② | 3 |
| 問２ | 19 | ④ | 3 |
| 問３ | 20 | ④ | 3 |
| 問４ | 21 | ① | 3 |
| 問５ | 22 | ① | 3 |
| 問６ | 23 | ③ | 3 |
| 問７ | 24 | ③ | 3 |

| 6 | 解答番号 | 正答 | 配点 |
|---|---|---|---|
| 問１ | 25 | ② | 3 |
| 問２ | 26 | ① | 4 |
| 問３ | 27 | ④ | 3 |
| 問４ | 28 | ③ | 3 |
| 問５ | 29 | ④ | 3 |
| 問６ | 30 | ② | 3 |
| - | - | | |

| 7 | 解答番号 | 正答 | 配点 |
|---|---|---|---|
| 問１ | 31 | ③ | 3 |
| 問２ | 32 | ④ | 3 |
| - | - | | |
| - | - | | |
| - | - | | |
| - | - | | |
| - | - | | |

## 【　世界史Ａ解答　】

### 1

問１　Ａの直前に「シャムで採れた鉛が」とあります。立花さんの１つ目のセリフの３行目に「現在のタイ、当時のシャムにある」という部分があることから、シャム＝タイであることがわかります。資料２のタイの欄を見ると「23」とあるので、タイ産と推定される鉛玉は全体の約 1/4 であることがわかります。また、会話文の最初に「1567 年」とありますが、これはヨーロッパの大航海時代の時期と一致しますし、資料３には「経路の参考になる地図」とあるので、タイのみが独立を保っている地図より「大航海時代のアジアにおけるポルトガルの拠点を示した地図」を入れるのが適切であると考えることができます。したがって、正解は②です。

**解答番号【１】：②　　⇒ 重要度Ｃ**

問２　①通貨と同じように用いられ、租として納税されていたのは米です。② 1971 年に当時のアメリカ大統領であったニクソンが金と米ドル紙幣を交換することを停止する宣言を出したニクソンショックについての説明です。④は 19 世紀のゴールドラッシュについての説明です。したがって、正解は③です。

**解答番号【2】：③　　⇒重要度C**

## 2

問1　アケメネス朝は紀元前6世紀～紀元前3世紀にペルシアを中心とした地域に存在した王朝で、有名な王としてはオリエントの統一を果たしたダレイオス1世やマケドニアのアレクサンドロス大王に敗れたダレイオス3世がいます。②マムルーク朝は13～16世紀エジプトに存在したイスラム王朝で、この王朝のスルタンは奴隷出身の騎兵（マムルーク）でした。マムルークは9世紀初め頃から軍人として重用されていた人々です。③三圃制は中世ヨーロッパで取り入れられた制度で耕地を3分割して輪作をすることによって休耕地をつくる農法です。④ミケランジェロは15～16世紀のルネサンス期に活躍した芸術家です。したがって、正解は①です。

**解答番号【3】：①　　⇒重要度A**

問2　説明文の「中世においてイベリア半島のイスラーム勢力と戦った」とありますが、これはレコンキスタ（国土回復運動）について書いています。①プラハの春は1968年からチェコスロバキアで行われた自由化運動のことです。②ペロポネソス戦争は紀元前5世紀のギリシアで行われたアテネとスパルタの戦いです。④安史の乱は8世紀に唐で起こった反乱です。したがって、正解は③です。

**解答番号【4】：③　　⇒重要度A**

問3　（ア）アレクサンドロス大王がエジプトを支配したのは紀元前4世紀頃です。（イ）ピラミッドが盛んに建設されたのは古王国時代（紀元前27～紀元前22世紀）です。（ウ）ファーティマ朝は10世紀のチュニジアで興り、エジプトを支配した国です。したがって正解は③です。

**解答番号【5】：③　　⇒重要度C**

問4　問題文の「中国や日本に伝わった宗教」という部分から仏教の一派である大乗仏教が当てはまります。仏教の説明として正しいのは「すべての人々の救済のために修行する」が当てはまります。ゾロアスター教は古代ペルシア発祥の宗教です。したがって、正解は②です。

**解答番号【6】：②　　⇒重要度C**

## 3

問1　ルイ14世は17～18世紀のフランス王で、フランスの絶対王政最盛期を築いた人物です。①アンコール=ワットは9世紀初頭に成立したクメール王国の遺跡で、現在のカンボジアにあります。②万里の長城は中国の春秋戦国時代に警戒すべき国境に築かれたのがはじまりで、この長城を繋げて万里の長城としたのが秦の始皇帝です。④タージ=マハルはムガル帝国の皇帝シャー=ジャハーンが妃のマハルを埋葬するために建設された墓廟です。したがって、正解は③です。

**解答番号【7】：③　　⇒重要度A**

問２　①プラッシーの戦いは 18 世紀のインドで起こったイギリスとフランスの覇権を巡る戦いです。②反ソ暴動は第二次世界大戦後にハンガリーで自由化を求めて発生した事件です。③ゲルマン民族大移動は４～６世紀のヨーロッパにおける動きで、フン人に圧迫されたゲルマン民族がヨーロッパ全域に移動していったことを指します。④劉邦が漢を建国したのは紀元前 202 年です。したがって、正解は①です。

**解答番号【8】：①　　⇒ 重要度Ｂ**

問３　明は 14 ～ 17 世紀の中国に存在した国です。①ヴァルナ制はインドで生まれた身分制度です。②大躍進政策は第二次世界大戦後の中国で毛沢東主導で行われたもので、鉄鋼や農産物の増産を目指したものです。③七月革命は 19 世紀のフランスでブルボン朝を倒した革命です。④室町幕府の３代将軍足利義満は 14 世紀に明との勘合貿易を行った人物です。したがって、正解は④です。

**解答番号【9】：④　　⇒ 重要度Ｂ**

問４　カード１の中にある「朱元璋（洪武帝）」をヒントにしましょう。朱元璋は 14 ～ 17 世紀の中国を支配した明の初代皇帝です。①モンゴル帝国は 13 ～ 14 世紀に存在した国で、フビライ=ハンによって元と称され、南京に明が成立したことで滅亡しました。②フランク王国は５世紀にゲルマン民族の一派であるフランク人のクローヴィスによって建国されました。③インカ帝国は 13 世紀に南アメリカ大陸のアンデス山脈中に成立し栄えましたが、16 世紀にスペインのピサロによって滅ぼされた国家です。④バビロニアはメソポタミア南部地域にあり、紀元前 18 世紀にハンムラビ王がメソポタミア全域を統一しました。したがって、正解は①です。

**解答番号【10】：①　　⇒ 重要度Ａ**

問５　オスマン帝国の君主はスレイマン１世で、1529 年に神聖ローマ帝国に対して第一次ウィーン包囲を行いました。もうひとつの選択肢のティトーは第二次世界大戦後ユーゴスラヴィアを建国した共産党の指導者です。３Ｃ政策は 19 世紀にイギリスが展開した帝国主義政策です。したがって、正解は②です。

**解答番号【11】：②　　⇒ 重要度Ａ**

## 4

問１　資料中に「南北戦争」とあることに注目しましょう。アメリカ合衆国建国後､奴隷制継続・自由貿易を望む南部と奴隷制撤廃・保護貿易を望む北部の対立があり、北部出身のリンカンが大統領になったことから南部地域がアメリカ連合国として独立することを要求した戦争です。リンカンは 1863 年ゲティズバーグ演説の中で「人民の、人民による、人民のための政治」と述べました。これは民主主義の精神をよく表現した言葉であると言われています。もうひとつの選択肢であるモンローは 19 世紀のアメリカの大統領で、アメリカとヨーロッパの相互不干渉をうたうモンロー宣言を行いました。「代表なくして課税なし」はアメリカ独立戦争時のスローガンで、印紙法に反対するものとして主張されました。したがって、正解は②です。

**解答番号【12】：②　　⇒ 重要度Ｃ**

問２　先生のセリフの中に「開港直後の横浜にアメリカ領事館の通訳として」とあります。このことから、海外新聞を発行していたのは 1854 年の日米和親条約以降であるとわかります。また、「資料中の記事では、A暗殺の場面が詳しく書かれています」とあります。Aは解答番号 12 の解説のとおり、リンカンが入ります。リンカンが暗殺されたのは 1865 年です。これらをヒントに考えてみましょう。ローマ帝国の東西分裂は 395 年、ビザンツ帝国の滅亡は 1453 年、ピューリタン革命は 1642 〜 1660 年、サライェヴォ事件は 1914 年、東西ドイツが統一されたのは 1990 年です。したがって、正解は③です。

**解答番号【13】：③　　⇒重要度C**

問３　フランス革命では、1789 年に球技場（テニスコート）の誓いにおいて憲法制定まで国民議会の解散をしないことを誓い合いました。①贖宥状は 16 世紀のヨーロッパでルターがカトリック教会を批判したことから始まったものです。②秘密外交の禁止は第一次世界大戦後に十四カ条の平和原則で定められたものです。③律令は古代アジアの法典です。したがって、正解は④です。

**解答番号【14】：④　　⇒重要度C**

問４　①朱印船貿易が行われていたのは 16 世紀末から 17 世紀初頭です。②イギリスが「世界の工場」と呼ばれていたのは 18 世紀半ばから 19 世紀の産業革命後のことです。③アジア太平洋経済協力会議が創設されたのは 1989 年です。④ユーロが導入されたのは 1999 年です。したがって、正解は②です。

**解答番号【15】：②　　⇒重要度B**

問５　Bには白熱電球を発明したエディソンが入ります。①ベートーヴェンは 18 〜 19 世紀の音楽家です。②アダム=スミスは 18 世紀の倫理・哲学・経済学者です。③アインシュタインは 19 〜 20 世紀の物理学者です。したがって、正解は④です。

**解答番号【16】：④　　⇒重要度A**

問６　資料内に「自立した女性と知り合いになりたい」とあります。一方、農奴についての記載はありませんので、内容については女性解放について書かれていると考えるのが適切でしょう。ジャワ（現在のインドネシア）を支配していたのはオランダです。したがって、正解は①です。

**解答番号【17】：①　　⇒重要度B**

## 5

問１　1914 〜 1918 年の第一次世界大戦からすぐの出来事であることと、民族自決に関することであることをヒントに考えていきましょう。①黄巾の乱は 184 年後漢（現在の中国）で起こった農民反乱です。②三・一独立運動は 1919 年に朝鮮が日本から独立しようと起こした運動です。③ラダイト運動は 18 世紀の産業革命後、機械化によって仕事を失った職人たちが機械を壊して抗議した運動です。④ボストン茶会事件は茶法の制定がイギリス本国による一方的なものだと反発したアメリカの人々がイギリスに輸出するはずだった茶を海に投げ捨てた事件です。したがって、正解は②です。

**解答番号【18】：②　　⇒重要度B**

問２　Ａにはフランスが支配したドイツの領土である「ルール」が入ります。これによってドイツ国内では物価高騰（インフレーション）が起きています。もうひとつの選択肢である石油危機は1970年代に起こったので第一次世界大戦のすぐ後に起こった出来事としては不適切であると考えることができます。したがって、正解は④です。

**解答番号【19】：④　　⇒重要度Ｂ**

問３　Ｂには1925年に締結されたロカルノ条約が当てはまります。①パレスチナ暫定自治協定は1993年にイスラエルとパレスチナの間で結ばれ、二国共存が認められたものです。②下関条約は1895年日清戦争の講和条約として結ばれたものです。③日独伊防共協定は第二次世界大戦前の1937年に日本・ドイツ・イタリアの３か国で結ばれたものです。したがって、正解は④です。

**解答番号【20】：④　　⇒重要度Ｃ**

問４　国際連盟は第一次世界大戦後に結成されました。その際、アメリカはモンロー宣言を理由に参加に反対する声が国内からあがったため国際連盟には加盟しませんでした。②ウィーン体制の維持を目的としたのはヨーロッパの勢力均衡のために結成された四国同盟です。③旧ソ連の11か国で形成されたのはCIS（独立国家共同体）です。④ブロック経済は1929年の世界恐慌後各国で行われました。したがって、正解は①です。

**解答番号【21】：①　　⇒重要度Ａ**

問５　「中国同盟会を結成した人物」「組織的な革命運動を展開した」という部分から、Ｃに入るのは孫文であると判断できます。孫文は民族主義（民族の独立）・民権主義（民権の伸長）・民生主義（民生の安定）からなる三民主義という原則を掲げました。もうひとつの選択肢のネルーはインドで独立運動を指導した人物です。したがって、正解は①です。

**解答番号【22】：①　　⇒重要度Ａ**

問６　①アンボイナ事件は1623年に当時オランダ領であったインドネシアを巡ってイギリスとオランダの間に起こったものです。②義和団事件は1900年に義和団が「扶清滅洋」を掲げて起こした外国人排斥運動です。③五・三〇事件は1925年に上海で起きた反帝国主義運動です。④ワッハーブ運動は18世紀半ば頃にアラビア半島を中心に起こったイスラーム改革運動です。したがって、正解は③です。

**解答番号【23】：③　　⇒重要度Ｂ**

問７　①府兵制は中国で唐代までの間に行われていた制度で、土地を支給された自営農民の中から徴兵するものです。②社会主義者鎮圧法は19世紀のドイツでビスマルクが制定したものです。③農業の集団化は20世紀前半のソ連で始まった五か年計画に含まれるもので、コルホーズと呼ばれます。④ジズヤを廃止したのは16世紀のムガル帝国皇帝アクバルです。したがって、正解は③です。

**解答番号【24】：③　　⇒重要度Ａ**

# 6

問１　Ａの周辺に「1956 年」「Ａをきっかけに発生した第２次中東戦争」とありますので、Ａには第２次中東戦争の原因となったスエズ運河の国有化が入ります。①は 18 世紀のオーストリア継承戦争後にオーストリア領からプロイセン領となったシュレジェンについての記述です。③ヨーロッパ連合 (EU) の結成は 1992 年のマーストリヒト条約によって決定し、その翌年に結成されました。④十四カ条の平和原則は第一次世界大戦後、アメリカ大統領ウィルソンが提唱したものです。したがって、正解は②です。

**解答番号【25】:②**　⇒ **重要度C**

問２　「当時南アフリカで実施されていたＢに対する抗議の結果」とあります。モントリオール大会が開催されたのは 1976 年であることが資料１からわかります。これらをヒントに考えていきましょう。Ｂには南アフリカで行われていた人種隔離政策「アパルトヘイト」が入ります。もうひとつの選択肢のニューディールは 20 世紀前半の世界恐慌時にアメリカで行われた政策です。Ｃについて、モスクワ大会をボイコットした国を把握するために資料３を見てみましょう。アメリカや日本などに斜線が引かれています。これらの国の共通点は「アメリカ合衆国を中心とする西側諸国」となります。したがって、正解は①です。

**解答番号【26】:①**　⇒ **重要度Ａ**

問３　Ｚの時期は 1988 ～ 1996 年です。①ローマ進軍は第一次世界大戦後と第二次世界大戦の間の時期に起きたもので、これをきっかけにムッソリーニによるファシスト政権が成立しました。②鉄のカーテン演説は 1946 年で、チャーチルが東側諸国を非難したものです。東西冷戦のはじまりであると考えられています。③ワシントン海軍軍縮条約は 1922 年にアメリカ・イギリス・日本・フランス・イタリアの間で定められました。④マルタ会談は 1989 年にアメリカのブッシュ大統領とソ連のゴルバチョフ書記長の間で行われた、東西冷戦の終わりを宣言したものです。したがって、正解は④です。

**解答番号【27】:④**　⇒ **重要度Ａ**

問４　①名誉革命は 17 世紀のイギリスにおける市民革命で、革命後はメアリ２世とウィリアム３世が共同君主として王位に立ちました。②血の日曜日事件は 1905 年のロシアで起こりました。③キューバ危機は冷戦中の 1962 年にソ連がキューバにミサイル基地を建設したことから米ソ間の関係がより一層緊張したことを指します。④満州事変は 1931 年に柳条湖事件をきっかけとしてはじまった日本軍の満州侵略戦争です。したがって、正解は③です。

**解答番号【28】:③**　⇒ **重要度Ａ**

問５　チャーティスト運動は 19 世紀のイギリスで起きた都市労働者の選挙権を求める運動です。公民権運動は 20 世紀後半のアメリカで黒人への基本的人権を要求する運動です。この公民権運動の最中、1961 年に就任したケネディ大統領は差別撤廃を目指す方針を取り、1963 年にはキング牧師がワシントン大行進を主導して早急に実施するよう政府に要求しました。したがって、正解は④です。

**解答番号【29】:④**　⇒ **重要度Ａ**

問６　エチオピアは「あ」の位置にある国です。「い」の位置はアルジェリアです。組織の名称として挙げられている北太平洋条約機構は冷戦中の 1949 年、西側諸国の軍事同盟として締結されました。アフリカ統一機構は 1963 年に発足されたアフリカ諸国の統一機関です。この成立を呼びかけたのはガーナのエンクルマ大統領です。したがって、正解は②です。

**解答番号【30】：②**　　⇒**重要度B**

## 7

問１　幾何級数的とは、ある事物が、常に前の場合の何倍かを掛けた数に増えることを指します。算術級数的とは、ある数に一定の数を次々に加えていく形です。この時加えられる数は常に一定です。この２つを比べると、幾何級数的な増え方をする人口のほうが、算術級数的に増える食糧よりも速く増えるということになります。地球温暖化の原因は二酸化炭素やメタンなど温室効果ガスと呼ばれるもので、食糧問題とは関係がありません。したがって、正解は③です。

**解答番号【31】：③**　　⇒**重要度C**

問２　①は紀元前３～紀元前２世紀のヨーロッパで共和政ローマとカルタゴが地中海の覇権を争ったものです。②は 14 ～ 15 世紀のヨーロッパで起きた第一次百年戦争に関する記述です。③ヨーロッパで主権国家体制が確立したのは三十年戦争後のウェストファリア条約が結ばれた 1648 年です。したがって、正解は④です。

**解答番号【32】：④**　　⇒**重要度A**

# 令和３年度 第１回 高卒認定試験

## 【 日本史Ａ解答 】

| 1 | 解答番号 | 正答 | 配点 | 2 | 解答番号 | 正答 | 配点 | 3 | 解答番号 | 正答 | 配点 | 4 | 解答番号 | 正答 | 配点 |
|---|---|---|---|---|---|---|---|---|---|---|---|---|---|---|---|
| 問１ | 1 | ③ | 4 | 問１ | 5 | ② | 4 | 問１ | 9 | ③ | 3 | 問１ | 17 | ④ | 3 |
| 問２ | 2 | ① | 4 | 問２ | 6 | ③ | 4 | 問２ | 10 | ④ | 3 | 問２ | 18 | ① | 4 |
| 問３ | 3 | ② | 3 | 問３ | 7 | ② | 3 | 問３ | 11 | ② | 3 | 問３ | 19 | ④ | 4 |
| 問４ | 4 | ① | 3 | 問４ | 8 | ④ | 3 | 問４ | 12 | ① | 4 | 問４ | 20 | ② | 3 |
| - | - | | | - | - | | | 問５ | 13 | ① | 4 | - | - | | |
| - | - | | | - | - | | | 問６ | 14 | ③ | 3 | - | - | | |
| - | - | | | - | - | | | 問７ | 15 | ④ | 4 | - | - | | |
| - | - | | | - | - | | | 問８ | 16 | ② | 4 | - | - | | |

| 5 | 解答番号 | 正答 | 配点 | 6 | 解答番号 | 正答 | 配点 |
|---|---|---|---|---|---|---|---|
| 問１ | 21 | ③ | 3 | 問１ | 25 | ④ | 4 |
| 問２ | 22 | ② | 3 | 問２ | 26 | ① | 4 |
| 問３ | 23 | ④ | 4 | 問３ | 27 | ② | 4 |
| 問４ | 24 | ① | 4 | 問４ | 28 | ③ | 4 |

## 【 日本史Ａ解答 】

### 1

問１　1871年に明治政府は「岩倉具視」を全権大使として使節団を派遣しました。使節団の渡航中、西郷隆盛らは「朝鮮を武力で開国させよう」とする征韓論を主張しました。したがって、正解は③です。なお、「官有物を安く払い下げよう」としたのは黒田清隆です。

**解答番号【１】：③**　　⇒**重要度Ａ**

問２　①について、使節団は横浜を出発し、アメリカのサンフランシスコを経由して、ヨーロッパ、そしてアジアへ向かっています。したがって、正解は①です。なお、②は陸路のみでなく海路でも移動しているため誤りです。③は条約改正は達成していないため誤りです。④はイギリス支配下のコロンボ（スリランカ）も訪問しているため誤りです。

**解答番号【２】：①**　　⇒**重要度Ｂ**

問３　日米修好通商条約の内容は、箱［函］館・神奈川・長崎・兵庫・新潟の開港、外国人居留地の設置、関税自主権の欠如、領事裁判権の容認などです。したがって、正解は②です。

なお、①は 1917 年の石井・ランシング協定、③は 1854 年の日米和親条約、④は 1951 年の日米安全保障条約の内容です。

**解答番号【3】：②**　　⇒ **重要度Ａ**

問４　ア・イともに正しい説明です。したがって、正解は①です。

**解答番号【4】：①**　　⇒ **重要度Ｃ**

## 2

問１　1871 年に明治政府は「新貨条例」を制定し、通貨の単位を円・銭・厘に統一しました。19 世紀末に始まった産業革命は、綿糸などを代表とする軽工業の部門で起こりました。したがって、正解は②です。なお、「国立銀行条例」は 1872 年に制定され、国立銀行では 1876 年の制度改正まで兌換銀行券を発行していました。

**解答番号【5】：②**　　⇒ **重要度Ａ**

問２　アは 1875 年、イは 1868 年、ウは 1890 年の出来事です。古い順に並べるとイ→ア→ウとなります。したがって、正解は③です。

**解答番号【6】：③**　　⇒ **重要度Ａ**

問３　アについて、年表中Ｘの期間である 19 世紀後半に、西ヨーロッパでは浮世絵などの日本の美術工芸品への関心が高まるジャポニズムが起こりました。よって、アは正しいです。イについて、日本でマルクス主義の影響が大きくなったのは、社会運動が活発化した 1900 年代です。よって、イは誤りです。したがって、正解は②です。

**解答番号【7】：②**　　⇒ **重要度Ｃ**

問４　適切でないものを選びます。④について、日産をはじめとする新興財閥が急速に成長したのは 1930 年代の出来事です。したがって、正解は④です。

**解答番号【8】：④**　　⇒ **重要度Ｂ**

## 3

問１　1891 年にロシアは「シベリア」鉄道を着工しました。また、ロシアは中国で起こった「義和団」事件の際に中国東北部を占領しました。したがって、正解は③です。なお、「南満州」鉄道株式会社は 1906 年に日本が中国に設立したもので、炭鉱や製鉄所も運営していました。「張作霖爆殺」事件は、1928 年に日本の関東軍が中国の張作霖を殺害した事件です。

**解答番号【9】：③**　　⇒ **重要度Ａ**

問２　Ⅰの文章からはロシアとの緊張状態を読み取ることができます。それを受けて、日本政府は同じくロシアに脅威を抱いていたイギリスと「日英同盟協約」を結びました。したがって、正解は④です。なお、①の「日露和親条約」はロシアとの通商や国境について定めた条約で、1854 年に結ばれました。②の「日清修好条規」は日清間で 1871 年に結ばれた通商条約で、日本が外国と結んだ初めての対等条約です。③の「パリ不戦条約」は、第一次世界大戦後の 1928 年に結ばれました。

**解答番号【10】：④　　⇒重要度A**

問３　「軍部大臣現役武官制」は、軍の大臣は現役の大将もしくは中将しか務めることができないことを定めた制度で、1900 年の山県有朋内閣のときに制定されました。内閣は大臣が欠けると組閣できません。したがって、正解は②です。

**解答番号【11】：②　　⇒重要度A**

問４　Ⅱの文章中に第２次西園寺内閣とありますので、1911 年頃の内容を選びます。第２次西園寺内閣が総辞職に追い込まれた後、軍と繋がりが深い桂太郎内閣が組閣され、これにより第一次護憲運動が起こりました。したがって、正解は①です。なお、②は 1924 年の加藤高明内閣、③は 1898 年の第一次大隈重信内閣、④は 1940 年のときの内容です。

**解答番号【12】：①　　⇒重要度A**

問５　アについて、関東大震災のとき、在日朝鮮人が井戸に毒を入れたという流言が広がり、自警団によって朝鮮人や中国人が殺される事件が起こりました。イについて、労働運動家 10 名が警察や軍隊に殺された亀戸事件や無政府主義者の大杉栄と妻の伊藤野枝が甘粕正彦憲兵大尉に虐殺された甘粕事件が起こりました。したがって、ア・イともに正しい内容ですので、正解は①です。

**解答番号【13】：①　　⇒重要度A**

問６　表の期間は大正初期から昭和初期となります。この時期に生産額は工業が農業を上回りました。したがって、正解は③です。なお、①は松方財政とその影響についての説明で、時期は明治初期になります。②は 19 世紀末の内容です。④は 1973 年の第一次石油危機の内容です。

**解答番号【14】：③　　⇒重要度A**

問７　表中Ｘの時期に浜口雄幸内閣が金輸出解禁を実施しています。この頃の日本は、金融恐慌によって不景気が続いており、多くの失業者が出ました。したがって、正解は④です。

**解答番号【15】：④　　⇒重要度A**

問８　表は大正初期から昭和初期の期間を示しています。野口英世は主に大正期に活躍した研究者です。したがって、正解は②です。なお、①は明治初期、③は 1935 年、④は 1949 年の内容です。

**解答番号【16】：②　　⇒重要度C**

## 4

問１　柳条湖事件が起きた場所はイの奉天です。このときの首相は「若槻礼次郎」です。したがって、正解は④です。なお、アは北京で、日中戦争の引き金となる盧溝橋事件が起こった場所です。

**解答番号【17】：④　　⇒重要度A**

問２　資料１の３～５行目を見ると、「満鉄より線路保修作業員を派遣したが～軍部の計画的行動によりおきたものと想像される」とあります。よって、見方はア、根拠はウとなります。したがって、正解は①です。

**解答番号【18】：①**　　⇒ **重要度Ａ**

問３　資料２の５～６行目を見ると、「名義上の長官は満州在住の中国人～日本人の官吏および顧問の掌中にある」とあります。よって、Ａにはイが当てはまります。柳条湖事件を受けて派遣されたリットン調査団は、満州国取り消しと撤兵を日本に求めました。よって、Ｂにはエが当てはまります。したがって、正解は④です。

**解答番号【19】：④**　　⇒ **重要度Ａ**

問４　アは 1940 年、イは 1938 年、ウは 1941 年の出来事です。古い順に並べるとイ→ア→ウとなります。したがって、正解は②です。

**解答番号【20】：②**　　⇒ **重要度Ａ**

## 5

問１　1930 年代以降、政府が軍拡を進めたこともあり、金属や機械を中心とする産業の「重化学工業」化が進行しました。戦後、GHQ は農村の民主化をめざし、２回にわたる農地改革を行い、自作農を増やしました。したがって、正解は③です。

**解答番号【21】：③**　　⇒ **重要度Ａ**

問２　戦中、日本は生活物資の不足に陥り、配給制や切符制がしかれ、「欲しがりません勝までは」などの標語のもとで厳しい生活を強いられました。よって、アは正しいです。イについては、江戸時代の開国後の経済動向なので誤りです。したがって、正解は②です。

**解答番号【22】：②**　　⇒ **重要度Ａ**

問３　適切でないものを選びます。④は 1925 年に制定された普通選挙法の内容です。したがって、正解は④です。

**解答番号【23】：④**　　⇒ **重要度Ａ**

問４　表１・２を見ると、15 ～ 19 歳の労働力率は男女ともに一貫して低下しています。その背景として、進学率の上昇によって若年層の人々の就学期間が延びたことが予想できます。したがって、正解は①です。

**解答番号【24】：①**　　⇒ **重要度Ｂ**

## 6

問１　1904 年の日露戦争の背景には、イギリスの協力による日英同盟協約があります。また、日本は日露戦争の戦費調達の際、イギリスで外債を募集しています。よって、Ａには「ロシア」が当てはまります。戦後、GHQ は日本政府を通じて政治を行う間接統治を採用しました。よって、Ｂには「間接」が当てはまります。したがって、正解は④です。

**解答番号【25】：④**　　⇒ **重要度Ａ**

問２　アは1930年のロンドン海軍軍縮条約、イは1885年、ウは1985年のプラザ合意の内容です。古い順に並べるとイ→ア→ウとなります。したがって、正解は①です。

**解答番号【26】：①**　　⇒ **重要度Ａ**

問３　甲の廃藩置県は、これまで地方分権であった幕藩体制から中央集権体制を確立しようとするねらいがありました。乙の政策は金融恐慌の際に出されたモラトリアム（支払猶予令）で、日本銀行の非常貸出しとあわせて恐慌の鎮静化を図りました。したがって、正解は②です。

**解答番号【27】：②**　　⇒ **重要度Ａ**

問４　調査の対象としたXの時期は、解答番号25の解説のとおり日露戦争の背景となる日英同盟協約が結ばれた1902年から東海道新幹線が開業した1964年までです。設問にある「問い」とは、政治の動向が鉄道の整備にどのような影響を与えたのかという内容です。アについて、国鉄がJRとして民営化されたのは1987年でXの時期より後ですので、調査の時期という点で不適切となります。イについて、鉄道国有法が制定されたのは1906年ですので、Xの時期に当てはまっています。営業キロ数の増加は鉄道の整備に関係するものですので、調査内容として適切です。したがって、正解は③です。

**解答番号【28】：③**　　⇒ **重要度Ｂ**

キリトリ線

第　回　高等学校卒業程度認定試験

# 歴史 解答用紙

(旧世界史A用)

| 氏　名 | |
|---|---|

| 受験地 | |
|---|---|
| 北海道 ○ | 滋　賀 ○ |
| 青　森 ○ | 京　都 ○ |
| 岩　手 ○ | 大　阪 ○ |
| 宮　城 ○ | 兵　庫 ○ |
| 秋　田 ○ | 奈　良 ○ |
| 山　形 ○ | 和歌山 ○ |
| 福　島 ○ | 鳥　取 ○ |
| 茨　城 ○ | 島　根 ○ |
| 栃　木 ○ | 岡　山 ○ |
| 群　馬 ○ | 広　島 ○ |
| 埼　玉 ○ | 山　口 ○ |
| 千　葉 ○ | 徳　島 ○ |
| 東　京 ○ | 香　川 ○ |
| 神奈川 ○ | 愛　媛 ○ |
| 新　潟 ○ | 高　知 ○ |
| 富　山 ○ | 福　岡 ○ |
| 石　川 ○ | 佐　賀 ○ |
| 福　井 ○ | 長　崎 ○ |
| 山　梨 ○ | 熊　本 ○ |
| 長　野 ○ | 大　分 ○ |
| 岐　阜 ○ | 宮　崎 ○ |
| 静　岡 ○ | 鹿児島 ○ |
| 愛　知 ○ | 沖　縄 ○ |
| 三　重 ○ | |

(注意事項)

1．記入はすべてＨまたはＨＢの黒色鉛筆を使用してください。
2．訂正するときは、プラスチックの消しゴムで丁寧に消し、消しくずを残さないでください。
3．所定の記入欄以外には何も記入しないでください。
4．解答用紙を汚したり、折り曲げたりしないでください。
5．マーク例　良い例 ●　悪い例

受験番号⇒

| | | | | |
|---|---|---|---|---|
| ① | ⓪①②③④⑤⑥⑦⑧⑨ | ⓪①②③④⑤⑥⑦⑧⑨ | ⓪①②③④⑤⑥⑦⑧⑨ | ⓪①②③④⑤⑥⑦⑧⑨ |

生年月日⇒

| 年号 | | | | | | |
|---|---|---|---|---|---|---|
| 明治Ⓜ 大正Ⓣ 昭和Ⓢ 平成Ⓗ | ⓪①②③④⑤⑥ | ⓪①②③④⑤⑥⑦⑧⑨ | ⓪① | ⓪①②③④⑤⑥⑦⑧⑨ | ⓪①②③ | ⓪①②③④⑤⑥⑦⑧⑨ |

| 解答番号 | 解答欄 1234567890 | 解答番号 | 解答欄 1234567890 | 解答番号 | 解答欄 1234567890 |
|---|---|---|---|---|---|
| 1 | ①②③④⑤⑥⑦⑧⑨⓪ | 16 | ①②③④⑤⑥⑦⑧⑨⓪ | 31 | ①②③④⑤⑥⑦⑧⑨⓪ |
| 2 | ①②③④⑤⑥⑦⑧⑨⓪ | 17 | ①②③④⑤⑥⑦⑧⑨⓪ | 32 | ①②③④⑤⑥⑦⑧⑨⓪ |
| 3 | ①②③④⑤⑥⑦⑧⑨⓪ | 18 | ①②③④⑤⑥⑦⑧⑨⓪ | 33 | ①②③④⑤⑥⑦⑧⑨⓪ |
| 4 | ①②③④⑤⑥⑦⑧⑨⓪ | 19 | ①②③④⑤⑥⑦⑧⑨⓪ | 34 | ①②③④⑤⑥⑦⑧⑨⓪ |
| 5 | ①②③④⑤⑥⑦⑧⑨⓪ | 20 | ①②③④⑤⑥⑦⑧⑨⓪ | 35 | ①②③④⑤⑥⑦⑧⑨⓪ |
| 6 | ①②③④⑤⑥⑦⑧⑨⓪ | 21 | ①②③④⑤⑥⑦⑧⑨⓪ | 36 | ①②③④⑤⑥⑦⑧⑨⓪ |
| 7 | ①②③④⑤⑥⑦⑧⑨⓪ | 22 | ①②③④⑤⑥⑦⑧⑨⓪ | 37 | ①②③④⑤⑥⑦⑧⑨⓪ |
| 8 | ①②③④⑤⑥⑦⑧⑨⓪ | 23 | ①②③④⑤⑥⑦⑧⑨⓪ | 38 | ①②③④⑤⑥⑦⑧⑨⓪ |
| 9 | ①②③④⑤⑥⑦⑧⑨⓪ | 24 | ①②③④⑤⑥⑦⑧⑨⓪ | 39 | ①②③④⑤⑥⑦⑧⑨⓪ |
| 10 | ①②③④⑤⑥⑦⑧⑨⓪ | 25 | ①②③④⑤⑥⑦⑧⑨⓪ | 40 | ①②③④⑤⑥⑦⑧⑨⓪ |
| 11 | ①②③④⑤⑥⑦⑧⑨⓪ | 26 | ①②③④⑤⑥⑦⑧⑨⓪ | 41 | ①②③④⑤⑥⑦⑧⑨⓪ |
| 12 | ①②③④⑤⑥⑦⑧⑨⓪ | 27 | ①②③④⑤⑥⑦⑧⑨⓪ | 42 | ①②③④⑤⑥⑦⑧⑨⓪ |
| 13 | ①②③④⑤⑥⑦⑧⑨⓪ | 28 | ①②③④⑤⑥⑦⑧⑨⓪ | 43 | ①②③④⑤⑥⑦⑧⑨⓪ |
| 14 | ①②③④⑤⑥⑦⑧⑨⓪ | 29 | ①②③④⑤⑥⑦⑧⑨⓪ | 44 | ①②③④⑤⑥⑦⑧⑨⓪ |
| 15 | ①②③④⑤⑥⑦⑧⑨⓪ | 30 | ①②③④⑤⑥⑦⑧⑨⓪ | 45 | ①②③④⑤⑥⑦⑧⑨⓪ |

キリトリ線

# 第　回　高等学校卒業程度認定試験

# 歴史 解答用紙
（旧日本史A用）

| 氏　名 | |
|---|---|

| 受験番号 ⇒ | | | | |
|---|---|---|---|---|
| | | | | |
| ① | ⓪①②③④⑤⑥⑦⑧⑨ | ⓪①②③④⑤⑥⑦⑧⑨ | ⓪①②③④⑤⑥⑦⑧⑨ | ⓪①②③④⑤⑥⑦⑧⑨ |

| 生年月日 ⇒ 年号 | | | | | | |
|---|---|---|---|---|---|---|
| 明治 Ⓜ 大正 Ⓣ 昭和 Ⓢ 平成 Ⓗ | ⓪①②③④⑤⑥ | ⓪①②③④⑤⑥⑦⑧⑨ | ⓪① | ⓪①②③④⑤⑥⑦⑧⑨ | ⓪①②③ | ⓪①②③④⑤⑥⑦⑧⑨ |

（注意事項）
1．記入はすべてＨまたはＨＢの黒色鉛筆を使用してください。
2．訂正するときは、プラスチックの消しゴムで丁寧に消し、消しくずを残さないでください。
3．所定の記入欄以外には何も記入しないでください。
4．解答用紙を汚したり、折り曲げたりしないでください。
5．マーク例　良い例 ●　悪い例

| 受験地 | |
|---|---|
| 北海道 〇 | 滋　賀 〇 |
| 青　森 〇 | 京　都 〇 |
| 岩　手 〇 | 大　阪 〇 |
| 宮　城 〇 | 兵　庫 〇 |
| 秋　田 〇 | 奈　良 〇 |
| 山　形 〇 | 和歌山 〇 |
| 福　島 〇 | 鳥　取 〇 |
| 茨　城 〇 | 島　根 〇 |
| 栃　木 〇 | 岡　山 〇 |
| 群　馬 〇 | 広　島 〇 |
| 埼　玉 〇 | 山　口 〇 |
| 千　葉 〇 | 徳　島 〇 |
| 東　京 〇 | 香　川 〇 |
| 神奈川 〇 | 愛　媛 〇 |
| 新　潟 〇 | 高　知 〇 |
| 富　山 〇 | 福　岡 〇 |
| 石　川 〇 | 佐　賀 〇 |
| 福　井 〇 | 長　崎 〇 |
| 山　梨 〇 | 熊　本 〇 |
| 長　野 〇 | 大　分 〇 |
| 岐　阜 〇 | 宮　崎 〇 |
| 静　岡 〇 | 鹿児島 〇 |
| 愛　知 〇 | 沖　縄 〇 |
| 三　重 〇 | |

| 解答番号 | 解答欄 1 2 3 4 5 6 7 8 9 0 |
|---|---|
| 1 | ①②③④⑤⑥⑦⑧⑨⓪ |
| 2 | ①②③④⑤⑥⑦⑧⑨⓪ |
| 3 | ①②③④⑤⑥⑦⑧⑨⓪ |
| 4 | ①②③④⑤⑥⑦⑧⑨⓪ |
| 5 | ①②③④⑤⑥⑦⑧⑨⓪ |
| 6 | ①②③④⑤⑥⑦⑧⑨⓪ |
| 7 | ①②③④⑤⑥⑦⑧⑨⓪ |
| 8 | ①②③④⑤⑥⑦⑧⑨⓪ |
| 9 | ①②③④⑤⑥⑦⑧⑨⓪ |
| 10 | ①②③④⑤⑥⑦⑧⑨⓪ |
| 11 | ①②③④⑤⑥⑦⑧⑨⓪ |
| 12 | ①②③④⑤⑥⑦⑧⑨⓪ |
| 13 | ①②③④⑤⑥⑦⑧⑨⓪ |
| 14 | ①②③④⑤⑥⑦⑧⑨⓪ |
| 15 | ①②③④⑤⑥⑦⑧⑨⓪ |

| 解答番号 | 解答欄 1 2 3 4 5 6 7 8 9 0 |
|---|---|
| 16 | ①②③④⑤⑥⑦⑧⑨⓪ |
| 17 | ①②③④⑤⑥⑦⑧⑨⓪ |
| 18 | ①②③④⑤⑥⑦⑧⑨⓪ |
| 19 | ①②③④⑤⑥⑦⑧⑨⓪ |
| 20 | ①②③④⑤⑥⑦⑧⑨⓪ |
| 21 | ①②③④⑤⑥⑦⑧⑨⓪ |
| 22 | ①②③④⑤⑥⑦⑧⑨⓪ |
| 23 | ①②③④⑤⑥⑦⑧⑨⓪ |
| 24 | ①②③④⑤⑥⑦⑧⑨⓪ |
| 25 | ①②③④⑤⑥⑦⑧⑨⓪ |
| 26 | ①②③④⑤⑥⑦⑧⑨⓪ |
| 27 | ①②③④⑤⑥⑦⑧⑨⓪ |
| 28 | ①②③④⑤⑥⑦⑧⑨⓪ |
| 29 | ①②③④⑤⑥⑦⑧⑨⓪ |
| 30 | ①②③④⑤⑥⑦⑧⑨⓪ |

| 解答番号 | 解答欄 1 2 3 4 5 6 7 8 9 0 |
|---|---|
| 31 | ①②③④⑤⑥⑦⑧⑨⓪ |
| 32 | ①②③④⑤⑥⑦⑧⑨⓪ |
| 33 | ①②③④⑤⑥⑦⑧⑨⓪ |
| 34 | ①②③④⑤⑥⑦⑧⑨⓪ |
| 35 | ①②③④⑤⑥⑦⑧⑨⓪ |
| 36 | ①②③④⑤⑥⑦⑧⑨⓪ |
| 37 | ①②③④⑤⑥⑦⑧⑨⓪ |
| 38 | ①②③④⑤⑥⑦⑧⑨⓪ |
| 39 | ①②③④⑤⑥⑦⑧⑨⓪ |
| 40 | ①②③④⑤⑥⑦⑧⑨⓪ |
| 41 | ①②③④⑤⑥⑦⑧⑨⓪ |
| 42 | ①②③④⑤⑥⑦⑧⑨⓪ |
| 43 | ①②③④⑤⑥⑦⑧⑨⓪ |
| 44 | ①②③④⑤⑥⑦⑧⑨⓪ |
| 45 | ①②③④⑤⑥⑦⑧⑨⓪ |

キリトリ線

第　回　高等学校卒業程度認定試験

# 歴史 解答用紙

(旧世界史A用)

| 氏　名 | |
|---|---|

受験番号 ⇒

| | | | | |
|---|---|---|---|---|
| ① | ⓪①②③④⑤⑥⑦⑧⑨ | ⓪①②③④⑤⑥⑦⑧⑨ | ⓪①②③④⑤⑥⑦⑧⑨ | ⓪①②③④⑤⑥⑦⑧⑨ |

生年月日 ⇒

| 年号 | | | | | | |
|---|---|---|---|---|---|---|
| 明治Ⓜ 大正Ⓣ 昭和Ⓢ 平成Ⓗ | ⓪①②③④⑤⑥ | ⓪①②③④⑤⑥⑦⑧⑨ | ⓪① | ⓪①②③④⑤⑥⑦⑧⑨ | ⓪①②③ | ⓪①②③④⑤⑥⑦⑧⑨ |

(注意事項)

1. 記入はすべてHまたはHBの黒色鉛筆を使用してください。
2. 訂正するときは、プラスチックの消しゴムで丁寧に消し、消しくずを残さないでください。
3. 所定の記入欄以外には何も記入しないでください。
4. 解答用紙を汚したり、折り曲げたりしないでください。
5. マーク例

| 良い例 | ● |
|---|---|

| 悪い例 | (不完全なマークの例) |
|---|---|

| 受験地 | | | |
|---|---|---|---|
| 北海道 | ○ | 滋　賀 | ○ |
| 青　森 | ○ | 京　都 | ○ |
| 岩　手 | ○ | 大　阪 | ○ |
| 宮　城 | ○ | 兵　庫 | ○ |
| 秋　田 | ○ | 奈　良 | ○ |
| 山　形 | ○ | 和歌山 | ○ |
| 福　島 | ○ | 鳥　取 | ○ |
| 茨　城 | ○ | 島　根 | ○ |
| 栃　木 | ○ | 岡　山 | ○ |
| 群　馬 | ○ | 広　島 | ○ |
| 埼　玉 | ○ | 山　口 | ○ |
| 千　葉 | ○ | 徳　島 | ○ |
| 東　京 | ○ | 香　川 | ○ |
| 神奈川 | ○ | 愛　媛 | ○ |
| 新　潟 | ○ | 高　知 | ○ |
| 富　山 | ○ | 福　岡 | ○ |
| 石　川 | ○ | 佐　賀 | ○ |
| 福　井 | ○ | 長　崎 | ○ |
| 山　梨 | ○ | 熊　本 | ○ |
| 長　野 | ○ | 大　分 | ○ |
| 岐　阜 | ○ | 宮　崎 | ○ |
| 静　岡 | ○ | 鹿児島 | ○ |
| 愛　知 | ○ | 沖　縄 | ○ |
| 三　重 | ○ | | |

| 解答番号 | 解答欄 1 2 3 4 5 6 7 8 9 0 | 解答番号 | 解答欄 1 2 3 4 5 6 7 8 9 0 | 解答番号 | 解答欄 1 2 3 4 5 6 7 8 9 0 |
|---|---|---|---|---|---|
| 1 | ①②③④⑤⑥⑦⑧⑨⓪ | 16 | ①②③④⑤⑥⑦⑧⑨⓪ | 31 | ①②③④⑤⑥⑦⑧⑨⓪ |
| 2 | ①②③④⑤⑥⑦⑧⑨⓪ | 17 | ①②③④⑤⑥⑦⑧⑨⓪ | 32 | ①②③④⑤⑥⑦⑧⑨⓪ |
| 3 | ①②③④⑤⑥⑦⑧⑨⓪ | 18 | ①②③④⑤⑥⑦⑧⑨⓪ | 33 | ①②③④⑤⑥⑦⑧⑨⓪ |
| 4 | ①②③④⑤⑥⑦⑧⑨⓪ | 19 | ①②③④⑤⑥⑦⑧⑨⓪ | 34 | ①②③④⑤⑥⑦⑧⑨⓪ |
| 5 | ①②③④⑤⑥⑦⑧⑨⓪ | 20 | ①②③④⑤⑥⑦⑧⑨⓪ | 35 | ①②③④⑤⑥⑦⑧⑨⓪ |
| 6 | ①②③④⑤⑥⑦⑧⑨⓪ | 21 | ①②③④⑤⑥⑦⑧⑨⓪ | 36 | ①②③④⑤⑥⑦⑧⑨⓪ |
| 7 | ①②③④⑤⑥⑦⑧⑨⓪ | 22 | ①②③④⑤⑥⑦⑧⑨⓪ | 37 | ①②③④⑤⑥⑦⑧⑨⓪ |
| 8 | ①②③④⑤⑥⑦⑧⑨⓪ | 23 | ①②③④⑤⑥⑦⑧⑨⓪ | 38 | ①②③④⑤⑥⑦⑧⑨⓪ |
| 9 | ①②③④⑤⑥⑦⑧⑨⓪ | 24 | ①②③④⑤⑥⑦⑧⑨⓪ | 39 | ①②③④⑤⑥⑦⑧⑨⓪ |
| 10 | ①②③④⑤⑥⑦⑧⑨⓪ | 25 | ①②③④⑤⑥⑦⑧⑨⓪ | 40 | ①②③④⑤⑥⑦⑧⑨⓪ |
| 11 | ①②③④⑤⑥⑦⑧⑨⓪ | 26 | ①②③④⑤⑥⑦⑧⑨⓪ | 41 | ①②③④⑤⑥⑦⑧⑨⓪ |
| 12 | ①②③④⑤⑥⑦⑧⑨⓪ | 27 | ①②③④⑤⑥⑦⑧⑨⓪ | 42 | ①②③④⑤⑥⑦⑧⑨⓪ |
| 13 | ①②③④⑤⑥⑦⑧⑨⓪ | 28 | ①②③④⑤⑥⑦⑧⑨⓪ | 43 | ①②③④⑤⑥⑦⑧⑨⓪ |
| 14 | ①②③④⑤⑥⑦⑧⑨⓪ | 29 | ①②③④⑤⑥⑦⑧⑨⓪ | 44 | ①②③④⑤⑥⑦⑧⑨⓪ |
| 15 | ①②③④⑤⑥⑦⑧⑨⓪ | 30 | ①②③④⑤⑥⑦⑧⑨⓪ | 45 | ①②③④⑤⑥⑦⑧⑨⓪ |

キリトリ線

第　　回　高等学校卒業程度認定試験

# 歴史 解答用紙

（旧日本史A用）

| 氏　名 | |
|---|---|

受験番号 ⇒

| | | | | |
|---|---|---|---|---|
| ① | ⓪①②③④⑤⑥⑦⑧⑨ | ⓪①②③④⑤⑥⑦⑧⑨ | ⓪①②③④⑤⑥⑦⑧⑨ | ⓪①②③④⑤⑥⑦⑧⑨ |

生年月日 ⇒

| 年号 | | | | | | |
|---|---|---|---|---|---|---|
| 明治Ⓜ 大正Ⓣ 昭和Ⓢ 平成Ⓗ | ⓪①②③④⑤⑥ | ⓪①②③④⑤⑥⑦⑧⑨ | ⓪① | ⓪①②③④⑤⑥⑦⑧⑨ | ⓪①②③ | ⓪①②③④⑤⑥⑦⑧⑨ |

（注意事項）

1．記入はすべてＨまたはＨＢの黒色鉛筆を使用してください。
2．訂正するときは、プラスチックの消しゴムで丁寧に消し、消しくずを残さないでください。
3．所定の記入欄以外には何も記入しないでください。
4．解答用紙を汚したり、折り曲げたりしないでください。
5．マーク例

| 良い例 | ● | 悪い例 | |
|---|---|---|---|

| 受験地 | | | |
|---|---|---|---|
| 北海道 | ○ | 滋　賀 | ○ |
| 青　森 | ○ | 京　都 | ○ |
| 岩　手 | ○ | 大　阪 | ○ |
| 宮　城 | ○ | 兵　庫 | ○ |
| 秋　田 | ○ | 奈　良 | ○ |
| 山　形 | ○ | 和歌山 | ○ |
| 福　島 | ○ | 鳥　取 | ○ |
| 茨　城 | ○ | 島　根 | ○ |
| 栃　木 | ○ | 岡　山 | ○ |
| 群　馬 | ○ | 広　島 | ○ |
| 埼　玉 | ○ | 山　口 | ○ |
| 千　葉 | ○ | 徳　島 | ○ |
| 東　京 | ○ | 香　川 | ○ |
| 神奈川 | ○ | 愛　媛 | ○ |
| 新　潟 | ○ | 高　知 | ○ |
| 富　山 | ○ | 福　岡 | ○ |
| 石　川 | ○ | 佐　賀 | ○ |
| 福　井 | ○ | 長　崎 | ○ |
| 山　梨 | ○ | 熊　本 | ○ |
| 長　野 | ○ | 大　分 | ○ |
| 岐　阜 | ○ | 宮　崎 | ○ |
| 静　岡 | ○ | 鹿児島 | ○ |
| 愛　知 | ○ | 沖　縄 | ○ |
| 三　重 | ○ | | |

| 解答番号 | 解答欄 1 2 3 4 5 6 7 8 9 0 | 解答番号 | 解答欄 1 2 3 4 5 6 7 8 9 0 | 解答番号 | 解答欄 1 2 3 4 5 6 7 8 9 0 |
|---|---|---|---|---|---|
| 1 | ①②③④⑤⑥⑦⑧⑨⓪ | 16 | ①②③④⑤⑥⑦⑧⑨⓪ | 31 | ①②③④⑤⑥⑦⑧⑨⓪ |
| 2 | ①②③④⑤⑥⑦⑧⑨⓪ | 17 | ①②③④⑤⑥⑦⑧⑨⓪ | 32 | ①②③④⑤⑥⑦⑧⑨⓪ |
| 3 | ①②③④⑤⑥⑦⑧⑨⓪ | 18 | ①②③④⑤⑥⑦⑧⑨⓪ | 33 | ①②③④⑤⑥⑦⑧⑨⓪ |
| 4 | ①②③④⑤⑥⑦⑧⑨⓪ | 19 | ①②③④⑤⑥⑦⑧⑨⓪ | 34 | ①②③④⑤⑥⑦⑧⑨⓪ |
| 5 | ①②③④⑤⑥⑦⑧⑨⓪ | 20 | ①②③④⑤⑥⑦⑧⑨⓪ | 35 | ①②③④⑤⑥⑦⑧⑨⓪ |
| 6 | ①②③④⑤⑥⑦⑧⑨⓪ | 21 | ①②③④⑤⑥⑦⑧⑨⓪ | 36 | ①②③④⑤⑥⑦⑧⑨⓪ |
| 7 | ①②③④⑤⑥⑦⑧⑨⓪ | 22 | ①②③④⑤⑥⑦⑧⑨⓪ | 37 | ①②③④⑤⑥⑦⑧⑨⓪ |
| 8 | ①②③④⑤⑥⑦⑧⑨⓪ | 23 | ①②③④⑤⑥⑦⑧⑨⓪ | 38 | ①②③④⑤⑥⑦⑧⑨⓪ |
| 9 | ①②③④⑤⑥⑦⑧⑨⓪ | 24 | ①②③④⑤⑥⑦⑧⑨⓪ | 39 | ①②③④⑤⑥⑦⑧⑨⓪ |
| 10 | ①②③④⑤⑥⑦⑧⑨⓪ | 25 | ①②③④⑤⑥⑦⑧⑨⓪ | 40 | ①②③④⑤⑥⑦⑧⑨⓪ |
| 11 | ①②③④⑤⑥⑦⑧⑨⓪ | 26 | ①②③④⑤⑥⑦⑧⑨⓪ | 41 | ①②③④⑤⑥⑦⑧⑨⓪ |
| 12 | ①②③④⑤⑥⑦⑧⑨⓪ | 27 | ①②③④⑤⑥⑦⑧⑨⓪ | 42 | ①②③④⑤⑥⑦⑧⑨⓪ |
| 13 | ①②③④⑤⑥⑦⑧⑨⓪ | 28 | ①②③④⑤⑥⑦⑧⑨⓪ | 43 | ①②③④⑤⑥⑦⑧⑨⓪ |
| 14 | ①②③④⑤⑥⑦⑧⑨⓪ | 29 | ①②③④⑤⑥⑦⑧⑨⓪ | 44 | ①②③④⑤⑥⑦⑧⑨⓪ |
| 15 | ①②③④⑤⑥⑦⑧⑨⓪ | 30 | ①②③④⑤⑥⑦⑧⑨⓪ | 45 | ①②③④⑤⑥⑦⑧⑨⓪ |

キリトリ線

第　回　高等学校卒業程度認定試験

# 歴史 解答用紙

(旧世界史A用)

| 氏　名 | |
|---|---|

| 受験番号 ⇒ | | | | |
|---|---|---|---|---|
| | | | | |
| ① | ⓪①②③④⑤⑥⑦⑧⑨ | ⓪①②③④⑤⑥⑦⑧⑨ | ⓪①②③④⑤⑥⑦⑧⑨ | ⓪①②③④⑤⑥⑦⑧⑨ |

| 生年月日 ⇒ 年号 | | | | | | |
|---|---|---|---|---|---|---|
| 明治 Ⓜ 大正 Ⓣ 昭和 Ⓢ 平成 Ⓗ | ⓪①②③④⑤⑥ | ⓪①②③④⑤⑥⑦⑧⑨ | ⓪① | ⓪①②③④⑤⑥⑦⑧⑨ | ⓪①②③ | ⓪①②③④⑤⑥⑦⑧⑨ |

| 受験地 | |
|---|---|
| 北海道 ○ | 滋　賀 ○ |
| 青　森 ○ | 京　都 ○ |
| 岩　手 ○ | 大　阪 ○ |
| 宮　城 ○ | 兵　庫 ○ |
| 秋　田 ○ | 奈　良 ○ |
| 山　形 ○ | 和歌山 ○ |
| 福　島 ○ | 鳥　取 ○ |
| 茨　城 ○ | 島　根 ○ |
| 栃　木 ○ | 岡　山 ○ |
| 群　馬 ○ | 広　島 ○ |
| 埼　玉 ○ | 山　口 ○ |
| 千　葉 ○ | 徳　島 ○ |
| 東　京 ○ | 香　川 ○ |
| 神奈川 ○ | 愛　媛 ○ |
| 新　潟 ○ | 高　知 ○ |
| 富　山 ○ | 福　岡 ○ |
| 石　川 ○ | 佐　賀 ○ |
| 福　井 ○ | 長　崎 ○ |
| 山　梨 ○ | 熊　本 ○ |
| 長　野 ○ | 大　分 ○ |
| 岐　阜 ○ | 宮　崎 ○ |
| 静　岡 ○ | 鹿児島 ○ |
| 愛　知 ○ | 沖　縄 ○ |
| 三　重 ○ | |

(注意事項)

1. 記入はすべてＨまたはＨＢの黒色鉛筆を使用してください。
2. 訂正するときは、プラスチックの消しゴムで丁寧に消し、消しくずを残さないでください。
3. 所定の記入欄以外には何も記入しないでください。
4. 解答用紙を汚したり、折り曲げたりしないでください。
5. マーク例　良い例 ●　悪い例

| 解答番号 | 解答欄 1 2 3 4 5 6 7 8 9 0 |
|---|---|
| 1 | ①②③④⑤⑥⑦⑧⑨⓪ |
| 2 | ①②③④⑤⑥⑦⑧⑨⓪ |
| 3 | ①②③④⑤⑥⑦⑧⑨⓪ |
| 4 | ①②③④⑤⑥⑦⑧⑨⓪ |
| 5 | ①②③④⑤⑥⑦⑧⑨⓪ |
| 6 | ①②③④⑤⑥⑦⑧⑨⓪ |
| 7 | ①②③④⑤⑥⑦⑧⑨⓪ |
| 8 | ①②③④⑤⑥⑦⑧⑨⓪ |
| 9 | ①②③④⑤⑥⑦⑧⑨⓪ |
| 10 | ①②③④⑤⑥⑦⑧⑨⓪ |
| 11 | ①②③④⑤⑥⑦⑧⑨⓪ |
| 12 | ①②③④⑤⑥⑦⑧⑨⓪ |
| 13 | ①②③④⑤⑥⑦⑧⑨⓪ |
| 14 | ①②③④⑤⑥⑦⑧⑨⓪ |
| 15 | ①②③④⑤⑥⑦⑧⑨⓪ |

| 解答番号 | 解答欄 1 2 3 4 5 6 7 8 9 0 |
|---|---|
| 16 | ①②③④⑤⑥⑦⑧⑨⓪ |
| 17 | ①②③④⑤⑥⑦⑧⑨⓪ |
| 18 | ①②③④⑤⑥⑦⑧⑨⓪ |
| 19 | ①②③④⑤⑥⑦⑧⑨⓪ |
| 20 | ①②③④⑤⑥⑦⑧⑨⓪ |
| 21 | ①②③④⑤⑥⑦⑧⑨⓪ |
| 22 | ①②③④⑤⑥⑦⑧⑨⓪ |
| 23 | ①②③④⑤⑥⑦⑧⑨⓪ |
| 24 | ①②③④⑤⑥⑦⑧⑨⓪ |
| 25 | ①②③④⑤⑥⑦⑧⑨⓪ |
| 26 | ①②③④⑤⑥⑦⑧⑨⓪ |
| 27 | ①②③④⑤⑥⑦⑧⑨⓪ |
| 28 | ①②③④⑤⑥⑦⑧⑨⓪ |
| 29 | ①②③④⑤⑥⑦⑧⑨⓪ |
| 30 | ①②③④⑤⑥⑦⑧⑨⓪ |

| 解答番号 | 解答欄 1 2 3 4 5 6 7 8 9 0 |
|---|---|
| 31 | ①②③④⑤⑥⑦⑧⑨⓪ |
| 32 | ①②③④⑤⑥⑦⑧⑨⓪ |
| 33 | ①②③④⑤⑥⑦⑧⑨⓪ |
| 34 | ①②③④⑤⑥⑦⑧⑨⓪ |
| 35 | ①②③④⑤⑥⑦⑧⑨⓪ |
| 36 | ①②③④⑤⑥⑦⑧⑨⓪ |
| 37 | ①②③④⑤⑥⑦⑧⑨⓪ |
| 38 | ①②③④⑤⑥⑦⑧⑨⓪ |
| 39 | ①②③④⑤⑥⑦⑧⑨⓪ |
| 40 | ①②③④⑤⑥⑦⑧⑨⓪ |
| 41 | ①②③④⑤⑥⑦⑧⑨⓪ |
| 42 | ①②③④⑤⑥⑦⑧⑨⓪ |
| 43 | ①②③④⑤⑥⑦⑧⑨⓪ |
| 44 | ①②③④⑤⑥⑦⑧⑨⓪ |
| 45 | ①②③④⑤⑥⑦⑧⑨⓪ |

キリトリ線

第　回　高等学校卒業程度認定試験

# 歴史 解答用紙

(旧日本史A用)

| 氏　名 | |
|---|---|

受験番号⇒

| | | | | |
|---|---|---|---|---|
| ① | ⓪①②③④⑤⑥⑦⑧⑨ | ⓪①②③④⑤⑥⑦⑧⑨ | ⓪①②③④⑤⑥⑦⑧⑨ | ⓪①②③④⑤⑥⑦⑧⑨ |

生年月日⇒

| 年号 | | | | | | |
|---|---|---|---|---|---|---|
| 明治Ⓜ 大正Ⓣ 昭和Ⓢ 平成Ⓗ | ⓪①②③④⑤⑥ | ⓪①②③④⑤⑥⑦⑧⑨ | ⓪① | ⓪①②③④⑤⑥⑦⑧⑨ | ⓪①②③ | ⓪①②③④⑤⑥⑦⑧⑨ |

（注意事項）
1．記入はすべてＨまたはＨＢの黒色鉛筆を使用してください。
2．訂正するときは、プラスチックの消しゴムで丁寧に消し、消しくずを残さないでください。
3．所定の記入欄以外には何も記入しないでください。
4．解答用紙を汚したり、折り曲げたりしないでください。
5．マーク例

| 良い例 | ● |
|---|---|

| 悪い例 | |
|---|---|

| 受　験　地 | | | |
|---|---|---|---|
| 北海道 | ○ | 滋　賀 | ○ |
| 青　森 | ○ | 京　都 | ○ |
| 岩　手 | ○ | 大　阪 | ○ |
| 宮　城 | ○ | 兵　庫 | ○ |
| 秋　田 | ○ | 奈　良 | ○ |
| 山　形 | ○ | 和歌山 | ○ |
| 福　島 | ○ | 鳥　取 | ○ |
| 茨　城 | ○ | 島　根 | ○ |
| 栃　木 | ○ | 岡　山 | ○ |
| 群　馬 | ○ | 広　島 | ○ |
| 埼　玉 | ○ | 山　口 | ○ |
| 千　葉 | ○ | 徳　島 | ○ |
| 東　京 | ○ | 香　川 | ○ |
| 神奈川 | ○ | 愛　媛 | ○ |
| 新　潟 | ○ | 高　知 | ○ |
| 富　山 | ○ | 福　岡 | ○ |
| 石　川 | ○ | 佐　賀 | ○ |
| 福　井 | ○ | 長　崎 | ○ |
| 山　梨 | ○ | 熊　本 | ○ |
| 長　野 | ○ | 大　分 | ○ |
| 岐　阜 | ○ | 宮　崎 | ○ |
| 静　岡 | ○ | 鹿児島 | ○ |
| 愛　知 | ○ | 沖　縄 | ○ |
| 三　重 | ○ | | |

| 解答番号 | 解答欄 1 2 3 4 5 6 7 8 9 0 |
|---|---|
| 1 | ①②③④⑤⑥⑦⑧⑨⓪ |
| 2 | ①②③④⑤⑥⑦⑧⑨⓪ |
| 3 | ①②③④⑤⑥⑦⑧⑨⓪ |
| 4 | ①②③④⑤⑥⑦⑧⑨⓪ |
| 5 | ①②③④⑤⑥⑦⑧⑨⓪ |
| 6 | ①②③④⑤⑥⑦⑧⑨⓪ |
| 7 | ①②③④⑤⑥⑦⑧⑨⓪ |
| 8 | ①②③④⑤⑥⑦⑧⑨⓪ |
| 9 | ①②③④⑤⑥⑦⑧⑨⓪ |
| 10 | ①②③④⑤⑥⑦⑧⑨⓪ |
| 11 | ①②③④⑤⑥⑦⑧⑨⓪ |
| 12 | ①②③④⑤⑥⑦⑧⑨⓪ |
| 13 | ①②③④⑤⑥⑦⑧⑨⓪ |
| 14 | ①②③④⑤⑥⑦⑧⑨⓪ |
| 15 | ①②③④⑤⑥⑦⑧⑨⓪ |

| 解答番号 | 解答欄 1 2 3 4 5 6 7 8 9 0 |
|---|---|
| 16 | ①②③④⑤⑥⑦⑧⑨⓪ |
| 17 | ①②③④⑤⑥⑦⑧⑨⓪ |
| 18 | ①②③④⑤⑥⑦⑧⑨⓪ |
| 19 | ①②③④⑤⑥⑦⑧⑨⓪ |
| 20 | ①②③④⑤⑥⑦⑧⑨⓪ |
| 21 | ①②③④⑤⑥⑦⑧⑨⓪ |
| 22 | ①②③④⑤⑥⑦⑧⑨⓪ |
| 23 | ①②③④⑤⑥⑦⑧⑨⓪ |
| 24 | ①②③④⑤⑥⑦⑧⑨⓪ |
| 25 | ①②③④⑤⑥⑦⑧⑨⓪ |
| 26 | ①②③④⑤⑥⑦⑧⑨⓪ |
| 27 | ①②③④⑤⑥⑦⑧⑨⓪ |
| 28 | ①②③④⑤⑥⑦⑧⑨⓪ |
| 29 | ①②③④⑤⑥⑦⑧⑨⓪ |
| 30 | ①②③④⑤⑥⑦⑧⑨⓪ |

| 解答番号 | 解答欄 1 2 3 4 5 6 7 8 9 0 |
|---|---|
| 31 | ①②③④⑤⑥⑦⑧⑨⓪ |
| 32 | ①②③④⑤⑥⑦⑧⑨⓪ |
| 33 | ①②③④⑤⑥⑦⑧⑨⓪ |
| 34 | ①②③④⑤⑥⑦⑧⑨⓪ |
| 35 | ①②③④⑤⑥⑦⑧⑨⓪ |
| 36 | ①②③④⑤⑥⑦⑧⑨⓪ |
| 37 | ①②③④⑤⑥⑦⑧⑨⓪ |
| 38 | ①②③④⑤⑥⑦⑧⑨⓪ |
| 39 | ①②③④⑤⑥⑦⑧⑨⓪ |
| 40 | ①②③④⑤⑥⑦⑧⑨⓪ |
| 41 | ①②③④⑤⑥⑦⑧⑨⓪ |
| 42 | ①②③④⑤⑥⑦⑧⑨⓪ |
| 43 | ①②③④⑤⑥⑦⑧⑨⓪ |
| 44 | ①②③④⑤⑥⑦⑧⑨⓪ |
| 45 | ①②③④⑤⑥⑦⑧⑨⓪ |

- - - - - - - - - - キリトリ線 - - - - - - - - - -

第　　回　高等学校卒業程度認定試験

# 歴史 解答用紙

(旧世界史A用)

| 氏　名 | |
|---|---|

受験番号 ⇒

| | | | | |
|---|---|---|---|---|
| ① | ⓪①②③④⑤⑥⑦⑧⑨ | ⓪①②③④⑤⑥⑦⑧⑨ | ⓪①②③④⑤⑥⑦⑧⑨ | ⓪①②③④⑤⑥⑦⑧⑨ |

生年月日 ⇒

| 年号 | | | | | | |
|---|---|---|---|---|---|---|
| 明治 Ⓜ 大正 Ⓣ 昭和 Ⓢ 平成 Ⓗ | ⓪①②③④⑤⑥ | ⓪①②③④⑤⑥⑦⑧⑨ | ⓪① | ⓪①②③④⑤⑥⑦⑧⑨ | ⓪①②③ | ⓪①②③④⑤⑥⑦⑧⑨ |

(注意事項)

1. 記入はすべてHまたはHBの黒色鉛筆を使用してください。
2. 訂正するときは、プラスチックの消しゴムで丁寧に消し、消しくずを残さないでください。
3. 所定の記入欄以外には何も記入しないでください。
4. 解答用紙を汚したり、折り曲げたりしないでください。
5. マーク例

| 良い例 | ● |
|---|---|

| 悪い例 | |
|---|---|

| 受験地 | | | |
|---|---|---|---|
| 北海道 | ○ | 滋　賀 | ○ |
| 青　森 | ○ | 京　都 | ○ |
| 岩　手 | ○ | 大　阪 | ○ |
| 宮　城 | ○ | 兵　庫 | ○ |
| 秋　田 | ○ | 奈　良 | ○ |
| 山　形 | ○ | 和歌山 | ○ |
| 福　島 | ○ | 鳥　取 | ○ |
| 茨　城 | ○ | 島　根 | ○ |
| 栃　木 | ○ | 岡　山 | ○ |
| 群　馬 | ○ | 広　島 | ○ |
| 埼　玉 | ○ | 山　口 | ○ |
| 千　葉 | ○ | 徳　島 | ○ |
| 東　京 | ○ | 香　川 | ○ |
| 神奈川 | ○ | 愛　媛 | ○ |
| 新　潟 | ○ | 高　知 | ○ |
| 富　山 | ○ | 福　岡 | ○ |
| 石　川 | ○ | 佐　賀 | ○ |
| 福　井 | ○ | 長　崎 | ○ |
| 山　梨 | ○ | 熊　本 | ○ |
| 長　野 | ○ | 大　分 | ○ |
| 岐　阜 | ○ | 宮　崎 | ○ |
| 静　岡 | ○ | 鹿児島 | ○ |
| 愛　知 | ○ | 沖　縄 | ○ |
| 三　重 | ○ | | |

| 解答番号 | 解答欄 1 2 3 4 5 6 7 8 9 0 |
|---|---|
| 1 | ①②③④⑤⑥⑦⑧⑨⓪ |
| 2 | ①②③④⑤⑥⑦⑧⑨⓪ |
| 3 | ①②③④⑤⑥⑦⑧⑨⓪ |
| 4 | ①②③④⑤⑥⑦⑧⑨⓪ |
| 5 | ①②③④⑤⑥⑦⑧⑨⓪ |
| 6 | ①②③④⑤⑥⑦⑧⑨⓪ |
| 7 | ①②③④⑤⑥⑦⑧⑨⓪ |
| 8 | ①②③④⑤⑥⑦⑧⑨⓪ |
| 9 | ①②③④⑤⑥⑦⑧⑨⓪ |
| 10 | ①②③④⑤⑥⑦⑧⑨⓪ |
| 11 | ①②③④⑤⑥⑦⑧⑨⓪ |
| 12 | ①②③④⑤⑥⑦⑧⑨⓪ |
| 13 | ①②③④⑤⑥⑦⑧⑨⓪ |
| 14 | ①②③④⑤⑥⑦⑧⑨⓪ |
| 15 | ①②③④⑤⑥⑦⑧⑨⓪ |

| 解答番号 | 解答欄 1 2 3 4 5 6 7 8 9 0 |
|---|---|
| 16 | ①②③④⑤⑥⑦⑧⑨⓪ |
| 17 | ①②③④⑤⑥⑦⑧⑨⓪ |
| 18 | ①②③④⑤⑥⑦⑧⑨⓪ |
| 19 | ①②③④⑤⑥⑦⑧⑨⓪ |
| 20 | ①②③④⑤⑥⑦⑧⑨⓪ |
| 21 | ①②③④⑤⑥⑦⑧⑨⓪ |
| 22 | ①②③④⑤⑥⑦⑧⑨⓪ |
| 23 | ①②③④⑤⑥⑦⑧⑨⓪ |
| 24 | ①②③④⑤⑥⑦⑧⑨⓪ |
| 25 | ①②③④⑤⑥⑦⑧⑨⓪ |
| 26 | ①②③④⑤⑥⑦⑧⑨⓪ |
| 27 | ①②③④⑤⑥⑦⑧⑨⓪ |
| 28 | ①②③④⑤⑥⑦⑧⑨⓪ |
| 29 | ①②③④⑤⑥⑦⑧⑨⓪ |
| 30 | ①②③④⑤⑥⑦⑧⑨⓪ |

| 解答番号 | 解答欄 1 2 3 4 5 6 7 8 9 0 |
|---|---|
| 31 | ①②③④⑤⑥⑦⑧⑨⓪ |
| 32 | ①②③④⑤⑥⑦⑧⑨⓪ |
| 33 | ①②③④⑤⑥⑦⑧⑨⓪ |
| 34 | ①②③④⑤⑥⑦⑧⑨⓪ |
| 35 | ①②③④⑤⑥⑦⑧⑨⓪ |
| 36 | ①②③④⑤⑥⑦⑧⑨⓪ |
| 37 | ①②③④⑤⑥⑦⑧⑨⓪ |
| 38 | ①②③④⑤⑥⑦⑧⑨⓪ |
| 39 | ①②③④⑤⑥⑦⑧⑨⓪ |
| 40 | ①②③④⑤⑥⑦⑧⑨⓪ |
| 41 | ①②③④⑤⑥⑦⑧⑨⓪ |
| 42 | ①②③④⑤⑥⑦⑧⑨⓪ |
| 43 | ①②③④⑤⑥⑦⑧⑨⓪ |
| 44 | ①②③④⑤⑥⑦⑧⑨⓪ |
| 45 | ①②③④⑤⑥⑦⑧⑨⓪ |

キリトリ線

第　回　高等学校卒業程度認定試験

# 歴史 解答用紙

(旧日本史A用)

| 氏名 | |
|---|---|

受験番号⇒

| | | | | |
|---|---|---|---|---|
| ① | ⓪①②③④⑤⑥⑦⑧⑨ | ⓪①②③④⑤⑥⑦⑧⑨ | ⓪①②③④⑤⑥⑦⑧⑨ | ⓪①②③④⑤⑥⑦⑧⑨ |

生年月日⇒

| 年号 | | | | | | |
|---|---|---|---|---|---|---|
| 明治Ⓜ 大正Ⓣ 昭和Ⓢ 平成Ⓗ | ⓪①②③④⑤⑥ | ⓪①②③④⑤⑥⑦⑧⑨ | ⓪① | ⓪①②③④⑤⑥⑦⑧⑨ | ⓪①②③ | ⓪①②③④⑤⑥⑦⑧⑨ |

(注意事項)

1. 記入はすべてHまたはHBの黒色鉛筆を使用してください。
2. 訂正するときは、プラスチックの消しゴムで丁寧に消し、消しくずを残さないでください。
3. 所定の記入欄以外には何も記入しないでください。
4. 解答用紙を汚したり、折り曲げたりしないでください。
5. マーク例

| 良い例 | ● | 悪い例 | (不完全なマーク例) |
|---|---|---|---|

| 受験地 | | | |
|---|---|---|---|
| 北海道 | ○ | 滋賀 | ○ |
| 青森 | ○ | 京都 | ○ |
| 岩手 | ○ | 大阪 | ○ |
| 宮城 | ○ | 兵庫 | ○ |
| 秋田 | ○ | 奈良 | ○ |
| 山形 | ○ | 和歌山 | ○ |
| 福島 | ○ | 鳥取 | ○ |
| 茨城 | ○ | 島根 | ○ |
| 栃木 | ○ | 岡山 | ○ |
| 群馬 | ○ | 広島 | ○ |
| 埼玉 | ○ | 山口 | ○ |
| 千葉 | ○ | 徳島 | ○ |
| 東京 | ○ | 香川 | ○ |
| 神奈川 | ○ | 愛媛 | ○ |
| 新潟 | ○ | 高知 | ○ |
| 富山 | ○ | 福岡 | ○ |
| 石川 | ○ | 佐賀 | ○ |
| 福井 | ○ | 長崎 | ○ |
| 山梨 | ○ | 熊本 | ○ |
| 長野 | ○ | 大分 | ○ |
| 岐阜 | ○ | 宮崎 | ○ |
| 静岡 | ○ | 鹿児島 | ○ |
| 愛知 | ○ | 沖縄 | ○ |
| 三重 | ○ | | |

| 解答番号 | 解答欄 1234567890 | 解答番号 | 解答欄 1234567890 | 解答番号 | 解答欄 1234567890 |
|---|---|---|---|---|---|
| 1 | ①②③④⑤⑥⑦⑧⑨⓪ | 16 | ①②③④⑤⑥⑦⑧⑨⓪ | 31 | ①②③④⑤⑥⑦⑧⑨⓪ |
| 2 | ①②③④⑤⑥⑦⑧⑨⓪ | 17 | ①②③④⑤⑥⑦⑧⑨⓪ | 32 | ①②③④⑤⑥⑦⑧⑨⓪ |
| 3 | ①②③④⑤⑥⑦⑧⑨⓪ | 18 | ①②③④⑤⑥⑦⑧⑨⓪ | 33 | ①②③④⑤⑥⑦⑧⑨⓪ |
| 4 | ①②③④⑤⑥⑦⑧⑨⓪ | 19 | ①②③④⑤⑥⑦⑧⑨⓪ | 34 | ①②③④⑤⑥⑦⑧⑨⓪ |
| 5 | ①②③④⑤⑥⑦⑧⑨⓪ | 20 | ①②③④⑤⑥⑦⑧⑨⓪ | 35 | ①②③④⑤⑥⑦⑧⑨⓪ |
| 6 | ①②③④⑤⑥⑦⑧⑨⓪ | 21 | ①②③④⑤⑥⑦⑧⑨⓪ | 36 | ①②③④⑤⑥⑦⑧⑨⓪ |
| 7 | ①②③④⑤⑥⑦⑧⑨⓪ | 22 | ①②③④⑤⑥⑦⑧⑨⓪ | 37 | ①②③④⑤⑥⑦⑧⑨⓪ |
| 8 | ①②③④⑤⑥⑦⑧⑨⓪ | 23 | ①②③④⑤⑥⑦⑧⑨⓪ | 38 | ①②③④⑤⑥⑦⑧⑨⓪ |
| 9 | ①②③④⑤⑥⑦⑧⑨⓪ | 24 | ①②③④⑤⑥⑦⑧⑨⓪ | 39 | ①②③④⑤⑥⑦⑧⑨⓪ |
| 10 | ①②③④⑤⑥⑦⑧⑨⓪ | 25 | ①②③④⑤⑥⑦⑧⑨⓪ | 40 | ①②③④⑤⑥⑦⑧⑨⓪ |
| 11 | ①②③④⑤⑥⑦⑧⑨⓪ | 26 | ①②③④⑤⑥⑦⑧⑨⓪ | 41 | ①②③④⑤⑥⑦⑧⑨⓪ |
| 12 | ①②③④⑤⑥⑦⑧⑨⓪ | 27 | ①②③④⑤⑥⑦⑧⑨⓪ | 42 | ①②③④⑤⑥⑦⑧⑨⓪ |
| 13 | ①②③④⑤⑥⑦⑧⑨⓪ | 28 | ①②③④⑤⑥⑦⑧⑨⓪ | 43 | ①②③④⑤⑥⑦⑧⑨⓪ |
| 14 | ①②③④⑤⑥⑦⑧⑨⓪ | 29 | ①②③④⑤⑥⑦⑧⑨⓪ | 44 | ①②③④⑤⑥⑦⑧⑨⓪ |
| 15 | ①②③④⑤⑥⑦⑧⑨⓪ | 30 | ①②③④⑤⑥⑦⑧⑨⓪ | 45 | ①②③④⑤⑥⑦⑧⑨⓪ |

キリトリ線

第　　回　高等学校卒業程度認定試験

# 歴史 解答用紙

(旧世界史A用)

| 氏　名 | |
|---|---|

| 受験地 | | | |
|---|---|---|---|
| 北海道 | ○ | 滋　賀 | ○ |
| 青　森 | ○ | 京　都 | ○ |
| 岩　手 | ○ | 大　阪 | ○ |
| 宮　城 | ○ | 兵　庫 | ○ |
| 秋　田 | ○ | 奈　良 | ○ |
| 山　形 | ○ | 和歌山 | ○ |
| 福　島 | ○ | 鳥　取 | ○ |
| 茨　城 | ○ | 島　根 | ○ |
| 栃　木 | ○ | 岡　山 | ○ |
| 群　馬 | ○ | 広　島 | ○ |
| 埼　玉 | ○ | 山　口 | ○ |
| 千　葉 | ○ | 徳　島 | ○ |
| 東　京 | ○ | 香　川 | ○ |
| 神奈川 | ○ | 愛　媛 | ○ |
| 新　潟 | ○ | 高　知 | ○ |
| 富　山 | ○ | 福　岡 | ○ |
| 石　川 | ○ | 佐　賀 | ○ |
| 福　井 | ○ | 長　崎 | ○ |
| 山　梨 | ○ | 熊　本 | ○ |
| 長　野 | ○ | 大　分 | ○ |
| 岐　阜 | ○ | 宮　崎 | ○ |
| 静　岡 | ○ | 鹿児島 | ○ |
| 愛　知 | ○ | 沖　縄 | ○ |
| 三　重 | ○ | | |

（注意事項）
1．記入はすべてＨまたはＨＢの黒色鉛筆を使用してください。
2．訂正するときは、プラスチックの消しゴムで丁寧に消し、消しくずを残さないでください。
3．所定の記入欄以外には何も記入しないでください。
4．解答用紙を汚したり、折り曲げたりしないでください。
5．マーク例

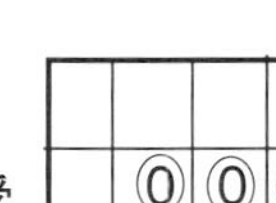

| 良い例 | ● |
|---|---|

| 悪い例 | |
|---|---|

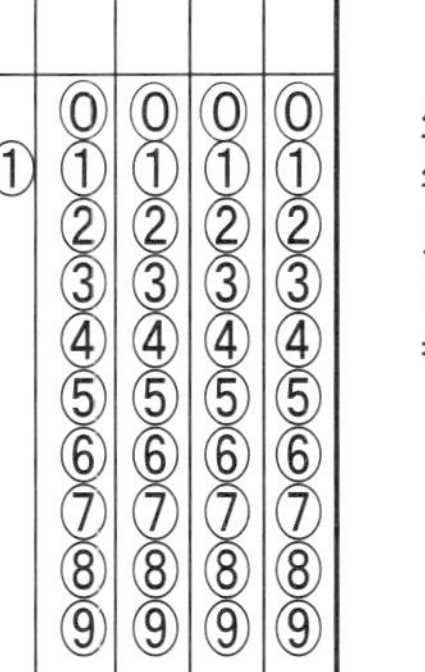
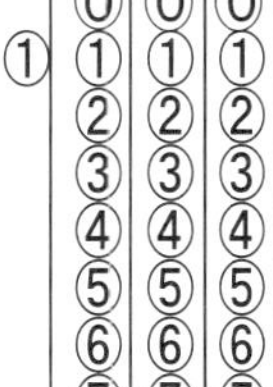
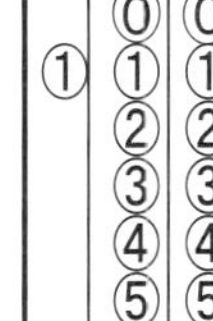

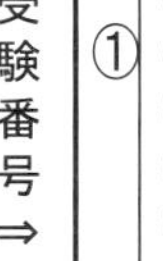
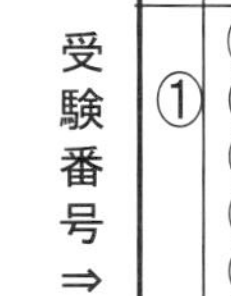

受験番号⇒

| | | | | |
|---|---|---|---|---|
| ① | ⓪①②③④⑤⑥⑦⑧⑨ | ⓪①②③④⑤⑥⑦⑧⑨ | ⓪①②③④⑤⑥⑦⑧⑨ | ⓪①②③④⑤⑥⑦⑧⑨ |

生年月日⇒

| 年号 | | | | | | |
|---|---|---|---|---|---|---|
| 明治Ⓜ 大正Ⓣ 昭和Ⓢ 平成Ⓗ | ⓪①②③④⑤⑥ | ⓪①②③④⑤⑥⑦⑧⑨ | ⓪① | ⓪①②③④⑤⑥⑦⑧⑨ | ⓪①②③ | ⓪①②③④⑤⑥⑦⑧⑨ |

| 解答番号 | 解答欄 1234567890 | 解答番号 | 解答欄 1234567890 | 解答番号 | 解答欄 1234567890 |
|---|---|---|---|---|---|
| 1 | ①②③④⑤⑥⑦⑧⑨⓪ | 16 | ①②③④⑤⑥⑦⑧⑨⓪ | 31 | ①②③④⑤⑥⑦⑧⑨⓪ |
| 2 | ①②③④⑤⑥⑦⑧⑨⓪ | 17 | ①②③④⑤⑥⑦⑧⑨⓪ | 32 | ①②③④⑤⑥⑦⑧⑨⓪ |
| 3 | ①②③④⑤⑥⑦⑧⑨⓪ | 18 | ①②③④⑤⑥⑦⑧⑨⓪ | 33 | ①②③④⑤⑥⑦⑧⑨⓪ |
| 4 | ①②③④⑤⑥⑦⑧⑨⓪ | 19 | ①②③④⑤⑥⑦⑧⑨⓪ | 34 | ①②③④⑤⑥⑦⑧⑨⓪ |
| 5 | ①②③④⑤⑥⑦⑧⑨⓪ | 20 | ①②③④⑤⑥⑦⑧⑨⓪ | 35 | ①②③④⑤⑥⑦⑧⑨⓪ |
| 6 | ①②③④⑤⑥⑦⑧⑨⓪ | 21 | ①②③④⑤⑥⑦⑧⑨⓪ | 36 | ①②③④⑤⑥⑦⑧⑨⓪ |
| 7 | ①②③④⑤⑥⑦⑧⑨⓪ | 22 | ①②③④⑤⑥⑦⑧⑨⓪ | 37 | ①②③④⑤⑥⑦⑧⑨⓪ |
| 8 | ①②③④⑤⑥⑦⑧⑨⓪ | 23 | ①②③④⑤⑥⑦⑧⑨⓪ | 38 | ①②③④⑤⑥⑦⑧⑨⓪ |
| 9 | ①②③④⑤⑥⑦⑧⑨⓪ | 24 | ①②③④⑤⑥⑦⑧⑨⓪ | 39 | ①②③④⑤⑥⑦⑧⑨⓪ |
| 10 | ①②③④⑤⑥⑦⑧⑨⓪ | 25 | ①②③④⑤⑥⑦⑧⑨⓪ | 40 | ①②③④⑤⑥⑦⑧⑨⓪ |
| 11 | ①②③④⑤⑥⑦⑧⑨⓪ | 26 | ①②③④⑤⑥⑦⑧⑨⓪ | 41 | ①②③④⑤⑥⑦⑧⑨⓪ |
| 12 | ①②③④⑤⑥⑦⑧⑨⓪ | 27 | ①②③④⑤⑥⑦⑧⑨⓪ | 42 | ①②③④⑤⑥⑦⑧⑨⓪ |
| 13 | ①②③④⑤⑥⑦⑧⑨⓪ | 28 | ①②③④⑤⑥⑦⑧⑨⓪ | 43 | ①②③④⑤⑥⑦⑧⑨⓪ |
| 14 | ①②③④⑤⑥⑦⑧⑨⓪ | 29 | ①②③④⑤⑥⑦⑧⑨⓪ | 44 | ①②③④⑤⑥⑦⑧⑨⓪ |
| 15 | ①②③④⑤⑥⑦⑧⑨⓪ | 30 | ①②③④⑤⑥⑦⑧⑨⓪ | 45 | ①②③④⑤⑥⑦⑧⑨⓪ |

- - - - - - - - - キ リ ト リ 線 - - - - - - - - -

# 第　回　高等学校卒業程度認定試験

# 歴史 解答用紙

（旧日本史A用）

| 氏　名 | |
|---|---|

受験番号⇒

| | | | | |
|---|---|---|---|---|
| ① | ⓪①②③④⑤⑥⑦⑧⑨ | ⓪①②③④⑤⑥⑦⑧⑨ | ⓪①②③④⑤⑥⑦⑧⑨ | ⓪①②③④⑤⑥⑦⑧⑨ |

生年月日⇒

| 年号 | | | | | | |
|---|---|---|---|---|---|---|
| 明治Ⓜ 大正Ⓣ 昭和Ⓢ 平成Ⓗ | ⓪①②③④⑤⑥ | ⓪①②③④⑤⑥⑦⑧⑨ | ⓪① | ⓪①②③④⑤⑥⑦⑧⑨ | ⓪①②③ | ⓪①②③④⑤⑥⑦⑧⑨ |

| 受験地 | |
|---|---|
| 北海道○ | 滋　賀○ |
| 青　森○ | 京　都○ |
| 岩　手○ | 大　阪○ |
| 宮　城○ | 兵　庫○ |
| 秋　田○ | 奈　良○ |
| 山　形○ | 和歌山○ |
| 福　島○ | 鳥　取○ |
| 茨　城○ | 島　根○ |
| 栃　木○ | 岡　山○ |
| 群　馬○ | 広　島○ |
| 埼　玉○ | 山　口○ |
| 千　葉○ | 徳　島○ |
| 東　京○ | 香　川○ |
| 神奈川○ | 愛　媛○ |
| 新　潟○ | 高　知○ |
| 富　山○ | 福　岡○ |
| 石　川○ | 佐　賀○ |
| 福　井○ | 長　崎○ |
| 山　梨○ | 熊　本○ |
| 長　野○ | 大　分○ |
| 岐　阜○ | 宮　崎○ |
| 静　岡○ | 鹿児島○ |
| 愛　知○ | 沖　縄○ |
| 三　重○ | |

（注意事項）

1．記入はすべてＨまたはＨＢの黒色鉛筆を使用してください。
2．訂正するときは、プラスチックの消しゴムで丁寧に消し、消しくずを残さないでください。
3．所定の記入欄以外には何も記入しないでください。
4．解答用紙を汚したり、折り曲げたりしないでください。
5．マーク例

| 良い例 | ● | 悪い例 | ◐ ⬟ ⊖ ◒ ◡ ◓ ⊘ |
|---|---|---|---|

| 解答番号 | 解答欄 1234567890 | 解答番号 | 解答欄 1234567890 | 解答番号 | 解答欄 1234567890 |
|---|---|---|---|---|---|
| 1 | ①②③④⑤⑥⑦⑧⑨⓪ | 16 | ①②③④⑤⑥⑦⑧⑨⓪ | 31 | ①②③④⑤⑥⑦⑧⑨⓪ |
| 2 | ①②③④⑤⑥⑦⑧⑨⓪ | 17 | ①②③④⑤⑥⑦⑧⑨⓪ | 32 | ①②③④⑤⑥⑦⑧⑨⓪ |
| 3 | ①②③④⑤⑥⑦⑧⑨⓪ | 18 | ①②③④⑤⑥⑦⑧⑨⓪ | 33 | ①②③④⑤⑥⑦⑧⑨⓪ |
| 4 | ①②③④⑤⑥⑦⑧⑨⓪ | 19 | ①②③④⑤⑥⑦⑧⑨⓪ | 34 | ①②③④⑤⑥⑦⑧⑨⓪ |
| 5 | ①②③④⑤⑥⑦⑧⑨⓪ | 20 | ①②③④⑤⑥⑦⑧⑨⓪ | 35 | ①②③④⑤⑥⑦⑧⑨⓪ |
| 6 | ①②③④⑤⑥⑦⑧⑨⓪ | 21 | ①②③④⑤⑥⑦⑧⑨⓪ | 36 | ①②③④⑤⑥⑦⑧⑨⓪ |
| 7 | ①②③④⑤⑥⑦⑧⑨⓪ | 22 | ①②③④⑤⑥⑦⑧⑨⓪ | 37 | ①②③④⑤⑥⑦⑧⑨⓪ |
| 8 | ①②③④⑤⑥⑦⑧⑨⓪ | 23 | ①②③④⑤⑥⑦⑧⑨⓪ | 38 | ①②③④⑤⑥⑦⑧⑨⓪ |
| 9 | ①②③④⑤⑥⑦⑧⑨⓪ | 24 | ①②③④⑤⑥⑦⑧⑨⓪ | 39 | ①②③④⑤⑥⑦⑧⑨⓪ |
| 10 | ①②③④⑤⑥⑦⑧⑨⓪ | 25 | ①②③④⑤⑥⑦⑧⑨⓪ | 40 | ①②③④⑤⑥⑦⑧⑨⓪ |
| 11 | ①②③④⑤⑥⑦⑧⑨⓪ | 26 | ①②③④⑤⑥⑦⑧⑨⓪ | 41 | ①②③④⑤⑥⑦⑧⑨⓪ |
| 12 | ①②③④⑤⑥⑦⑧⑨⓪ | 27 | ①②③④⑤⑥⑦⑧⑨⓪ | 42 | ①②③④⑤⑥⑦⑧⑨⓪ |
| 13 | ①②③④⑤⑥⑦⑧⑨⓪ | 28 | ①②③④⑤⑥⑦⑧⑨⓪ | 43 | ①②③④⑤⑥⑦⑧⑨⓪ |
| 14 | ①②③④⑤⑥⑦⑧⑨⓪ | 29 | ①②③④⑤⑥⑦⑧⑨⓪ | 44 | ①②③④⑤⑥⑦⑧⑨⓪ |
| 15 | ①②③④⑤⑥⑦⑧⑨⓪ | 30 | ①②③④⑤⑥⑦⑧⑨⓪ | 45 | ①②③④⑤⑥⑦⑧⑨⓪ |

キ リ ト リ 線

第　　回　高等学校卒業程度認定試験

# 歴史 解答用紙

（旧世界史A用）

| 氏　名 | |
|---|---|

受験番号 ⇒

| | | | | |
|---|---|---|---|---|
| ① | ⓪①②③④⑤⑥⑦⑧⑨ | ⓪①②③④⑤⑥⑦⑧⑨ | ⓪①②③④⑤⑥⑦⑧⑨ | ⓪①②③④⑤⑥⑦⑧⑨ |

生年月日 ⇒

| 年号 | | | | | | |
|---|---|---|---|---|---|---|
| 明治Ⓜ 大正Ⓣ 昭和Ⓢ 平成Ⓗ | ⓪①②③④⑤⑥ | ⓪①②③④⑤⑥⑦⑧⑨ | ⓪① | ⓪①②③④⑤⑥⑦⑧⑨ | ⓪①②③ | ⓪①②③④⑤⑥⑦⑧⑨ |

（注意事項）
1．記入はすべてＨまたはＨＢの黒色鉛筆を使用してください。
2．訂正するときは、プラスチックの消しゴムで丁寧に消し、消しくずを残さないでください。
3．所定の記入欄以外には何も記入しないでください。
4．解答用紙を汚したり、折り曲げたりしないでください。
5．マーク例　良い例　悪い例

| 受験地 | | | |
|---|---|---|---|
| 北海道 | ○ | 滋　賀 | ○ |
| 青　森 | ○ | 京　都 | ○ |
| 岩　手 | ○ | 大　阪 | ○ |
| 宮　城 | ○ | 兵　庫 | ○ |
| 秋　田 | ○ | 奈　良 | ○ |
| 山　形 | ○ | 和歌山 | ○ |
| 福　島 | ○ | 鳥　取 | ○ |
| 茨　城 | ○ | 島　根 | ○ |
| 栃　木 | ○ | 岡　山 | ○ |
| 群　馬 | ○ | 広　島 | ○ |
| 埼　玉 | ○ | 山　口 | ○ |
| 千　葉 | ○ | 徳　島 | ○ |
| 東　京 | ○ | 香　川 | ○ |
| 神奈川 | ○ | 愛　媛 | ○ |
| 新　潟 | ○ | 高　知 | ○ |
| 富　山 | ○ | 福　岡 | ○ |
| 石　川 | ○ | 佐　賀 | ○ |
| 福　井 | ○ | 長　崎 | ○ |
| 山　梨 | ○ | 熊　本 | ○ |
| 長　野 | ○ | 大　分 | ○ |
| 岐　阜 | ○ | 宮　崎 | ○ |
| 静　岡 | ○ | 鹿児島 | ○ |
| 愛　知 | ○ | 沖　縄 | ○ |
| 三　重 | ○ | | |

| 解答番号 | 解答欄 1234567890 |
|---|---|
| 1 | ①②③④⑤⑥⑦⑧⑨⓪ |
| 2 | ①②③④⑤⑥⑦⑧⑨⓪ |
| 3 | ①②③④⑤⑥⑦⑧⑨⓪ |
| 4 | ①②③④⑤⑥⑦⑧⑨⓪ |
| 5 | ①②③④⑤⑥⑦⑧⑨⓪ |
| 6 | ①②③④⑤⑥⑦⑧⑨⓪ |
| 7 | ①②③④⑤⑥⑦⑧⑨⓪ |
| 8 | ①②③④⑤⑥⑦⑧⑨⓪ |
| 9 | ①②③④⑤⑥⑦⑧⑨⓪ |
| 10 | ①②③④⑤⑥⑦⑧⑨⓪ |
| 11 | ①②③④⑤⑥⑦⑧⑨⓪ |
| 12 | ①②③④⑤⑥⑦⑧⑨⓪ |
| 13 | ①②③④⑤⑥⑦⑧⑨⓪ |
| 14 | ①②③④⑤⑥⑦⑧⑨⓪ |
| 15 | ①②③④⑤⑥⑦⑧⑨⓪ |

| 解答番号 | 解答欄 1234567890 |
|---|---|
| 16 | ①②③④⑤⑥⑦⑧⑨⓪ |
| 17 | ①②③④⑤⑥⑦⑧⑨⓪ |
| 18 | ①②③④⑤⑥⑦⑧⑨⓪ |
| 19 | ①②③④⑤⑥⑦⑧⑨⓪ |
| 20 | ①②③④⑤⑥⑦⑧⑨⓪ |
| 21 | ①②③④⑤⑥⑦⑧⑨⓪ |
| 22 | ①②③④⑤⑥⑦⑧⑨⓪ |
| 23 | ①②③④⑤⑥⑦⑧⑨⓪ |
| 24 | ①②③④⑤⑥⑦⑧⑨⓪ |
| 25 | ①②③④⑤⑥⑦⑧⑨⓪ |
| 26 | ①②③④⑤⑥⑦⑧⑨⓪ |
| 27 | ①②③④⑤⑥⑦⑧⑨⓪ |
| 28 | ①②③④⑤⑥⑦⑧⑨⓪ |
| 29 | ①②③④⑤⑥⑦⑧⑨⓪ |
| 30 | ①②③④⑤⑥⑦⑧⑨⓪ |

| 解答番号 | 解答欄 1234567890 |
|---|---|
| 31 | ①②③④⑤⑥⑦⑧⑨⓪ |
| 32 | ①②③④⑤⑥⑦⑧⑨⓪ |
| 33 | ①②③④⑤⑥⑦⑧⑨⓪ |
| 34 | ①②③④⑤⑥⑦⑧⑨⓪ |
| 35 | ①②③④⑤⑥⑦⑧⑨⓪ |
| 36 | ①②③④⑤⑥⑦⑧⑨⓪ |
| 37 | ①②③④⑤⑥⑦⑧⑨⓪ |
| 38 | ①②③④⑤⑥⑦⑧⑨⓪ |
| 39 | ①②③④⑤⑥⑦⑧⑨⓪ |
| 40 | ①②③④⑤⑥⑦⑧⑨⓪ |
| 41 | ①②③④⑤⑥⑦⑧⑨⓪ |
| 42 | ①②③④⑤⑥⑦⑧⑨⓪ |
| 43 | ①②③④⑤⑥⑦⑧⑨⓪ |
| 44 | ①②③④⑤⑥⑦⑧⑨⓪ |
| 45 | ①②③④⑤⑥⑦⑧⑨⓪ |

キリトリ線

第　　回　高等学校卒業程度認定試験

# 歴史 解答用紙

(旧日本史A用)

| 氏　名 | |
|---|---|

受験番号⇒

| | | | | |
|---|---|---|---|---|
| ① | ⓪①②③④⑤⑥⑦⑧⑨ | ⓪①②③④⑤⑥⑦⑧⑨ | ⓪①②③④⑤⑥⑦⑧⑨ | ⓪①②③④⑤⑥⑦⑧⑨ |

生年月日⇒

| 年号 | | | | | | |
|---|---|---|---|---|---|---|
| 明治Ⓜ 大正Ⓣ 昭和Ⓢ 平成Ⓗ | ⓪①②③④⑤⑥ | ⓪①②③④⑤⑥⑦⑧⑨ | ⓪① | ⓪①②③④⑤⑥⑦⑧⑨ | ⓪①②③ | ⓪①②③④⑤⑥⑦⑧⑨ |

| 受　験　地 | |
|---|---|
| 北海道 ○ | 滋　賀 ○ |
| 青　森 ○ | 京　都 ○ |
| 岩　手 ○ | 大　阪 ○ |
| 宮　城 ○ | 兵　庫 ○ |
| 秋　田 ○ | 奈　良 ○ |
| 山　形 ○ | 和歌山 ○ |
| 福　島 ○ | 鳥　取 ○ |
| 茨　城 ○ | 島　根 ○ |
| 栃　木 ○ | 岡　山 ○ |
| 群　馬 ○ | 広　島 ○ |
| 埼　玉 ○ | 山　口 ○ |
| 千　葉 ○ | 徳　島 ○ |
| 東　京 ○ | 香　川 ○ |
| 神奈川 ○ | 愛　媛 ○ |
| 新　潟 ○ | 高　知 ○ |
| 富　山 ○ | 福　岡 ○ |
| 石　川 ○ | 佐　賀 ○ |
| 福　井 ○ | 長　崎 ○ |
| 山　梨 ○ | 熊　本 ○ |
| 長　野 ○ | 大　分 ○ |
| 岐　阜 ○ | 宮　崎 ○ |
| 静　岡 ○ | 鹿児島 ○ |
| 愛　知 ○ | 沖　縄 ○ |
| 三　重 ○ | |

(注意事項)

1. 記入はすべてＨまたはＨＢの黒色鉛筆を使用してください。
2. 訂正するときは、プラスチックの消しゴムで丁寧に消し、消しくずを残さないでください。
3. 所定の記入欄以外には何も記入しないでください。
4. 解答用紙を汚したり、折り曲げたりしないでください。
5. マーク例

| 良い例 | ● |
|---|---|

| 悪い例 | ◐ ⬟ ⊖ ⊙ ⊙ ⊙ ⊘ |
|---|---|

| 解答番号 | 解答欄 1234567890 |
|---|---|
| 1 | ①②③④⑤⑥⑦⑧⑨⓪ |
| 2 | ①②③④⑤⑥⑦⑧⑨⓪ |
| 3 | ①②③④⑤⑥⑦⑧⑨⓪ |
| 4 | ①②③④⑤⑥⑦⑧⑨⓪ |
| 5 | ①②③④⑤⑥⑦⑧⑨⓪ |
| 6 | ①②③④⑤⑥⑦⑧⑨⓪ |
| 7 | ①②③④⑤⑥⑦⑧⑨⓪ |
| 8 | ①②③④⑤⑥⑦⑧⑨⓪ |
| 9 | ①②③④⑤⑥⑦⑧⑨⓪ |
| 10 | ①②③④⑤⑥⑦⑧⑨⓪ |
| 11 | ①②③④⑤⑥⑦⑧⑨⓪ |
| 12 | ①②③④⑤⑥⑦⑧⑨⓪ |
| 13 | ①②③④⑤⑥⑦⑧⑨⓪ |
| 14 | ①②③④⑤⑥⑦⑧⑨⓪ |
| 15 | ①②③④⑤⑥⑦⑧⑨⓪ |

| 解答番号 | 解答欄 1234567890 |
|---|---|
| 16 | ①②③④⑤⑥⑦⑧⑨⓪ |
| 17 | ①②③④⑤⑥⑦⑧⑨⓪ |
| 18 | ①②③④⑤⑥⑦⑧⑨⓪ |
| 19 | ①②③④⑤⑥⑦⑧⑨⓪ |
| 20 | ①②③④⑤⑥⑦⑧⑨⓪ |
| 21 | ①②③④⑤⑥⑦⑧⑨⓪ |
| 22 | ①②③④⑤⑥⑦⑧⑨⓪ |
| 23 | ①②③④⑤⑥⑦⑧⑨⓪ |
| 24 | ①②③④⑤⑥⑦⑧⑨⓪ |
| 25 | ①②③④⑤⑥⑦⑧⑨⓪ |
| 26 | ①②③④⑤⑥⑦⑧⑨⓪ |
| 27 | ①②③④⑤⑥⑦⑧⑨⓪ |
| 28 | ①②③④⑤⑥⑦⑧⑨⓪ |
| 29 | ①②③④⑤⑥⑦⑧⑨⓪ |
| 30 | ①②③④⑤⑥⑦⑧⑨⓪ |

| 解答番号 | 解答欄 1234567890 |
|---|---|
| 31 | ①②③④⑤⑥⑦⑧⑨⓪ |
| 32 | ①②③④⑤⑥⑦⑧⑨⓪ |
| 33 | ①②③④⑤⑥⑦⑧⑨⓪ |
| 34 | ①②③④⑤⑥⑦⑧⑨⓪ |
| 35 | ①②③④⑤⑥⑦⑧⑨⓪ |
| 36 | ①②③④⑤⑥⑦⑧⑨⓪ |
| 37 | ①②③④⑤⑥⑦⑧⑨⓪ |
| 38 | ①②③④⑤⑥⑦⑧⑨⓪ |
| 39 | ①②③④⑤⑥⑦⑧⑨⓪ |
| 40 | ①②③④⑤⑥⑦⑧⑨⓪ |
| 41 | ①②③④⑤⑥⑦⑧⑨⓪ |
| 42 | ①②③④⑤⑥⑦⑧⑨⓪ |
| 43 | ①②③④⑤⑥⑦⑧⑨⓪ |
| 44 | ①②③④⑤⑥⑦⑧⑨⓪ |
| 45 | ①②③④⑤⑥⑦⑧⑨⓪ |

**2024　高卒認定スーパー実戦過去問題集**
# 歴史

2024年 3月26日　初版　第1刷発行

**編集：J-出版編集部**
**制作：J-Web School**
**発行：J-出版**

〒112-0002 東京都文京区小石川2-3-4　第一川田ビル TEL 03-5800-0552
J-出版.Net　http://www.j-publish.net/


この本についてのご質問・ご要望は次のところへお願いいたします。
*企画・編集内容に関することは、J-出版編集部（03-5800-0552）
*在庫・不良品（乱丁・落丁等）に関することは、J-出版（03-5800-0552）
*定価はカバーに記載してあります。

ISBN978-4-909326-91-1 C7300 Printed in Japan